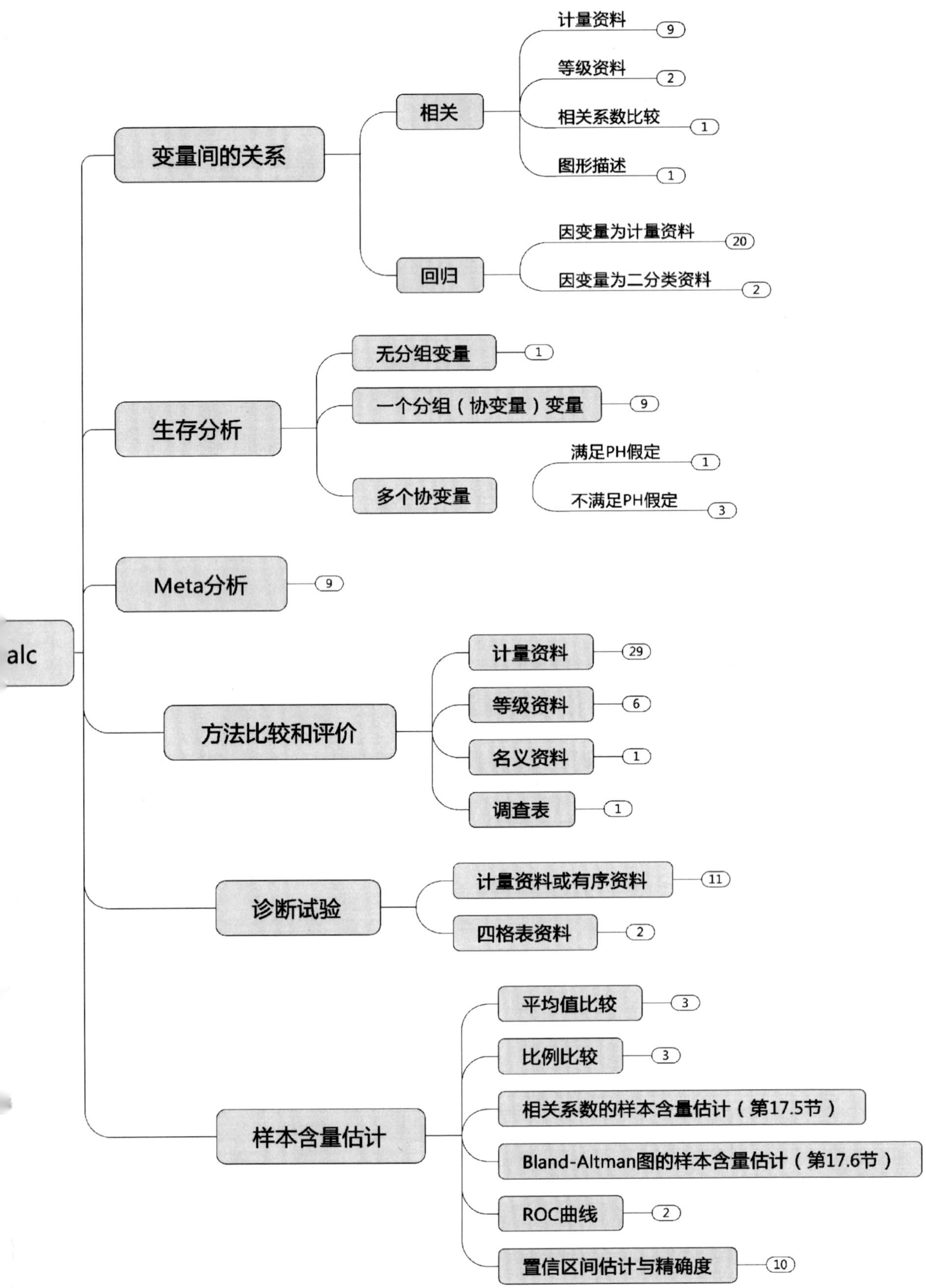
alc
变量间的关系
相关
计量资料 9
等级资料 2
相关系数比较 1
图形描述 1
回归
因变量为计量资料 20
因变量为二分类资料 2
生存分析
无分组变量 1
一个分组（协变量）变量 9
多个协变量
满足PH假定 1
不满足PH假定 3
Meta分析 9
方法比较和评价
计量资料 29
等级资料 6
名义资料 1
调查表 1
诊断试验
计量资料或有序资料 11
四格表资料 2
样本含量估计
平均值比较 3
比例比较 3
相关系数的样本含量估计（第17.5节）
Bland-Altman图的样本含量估计（第17.6节）
ROC曲线 2
置信区间估计与精确度 10

择的思维导图

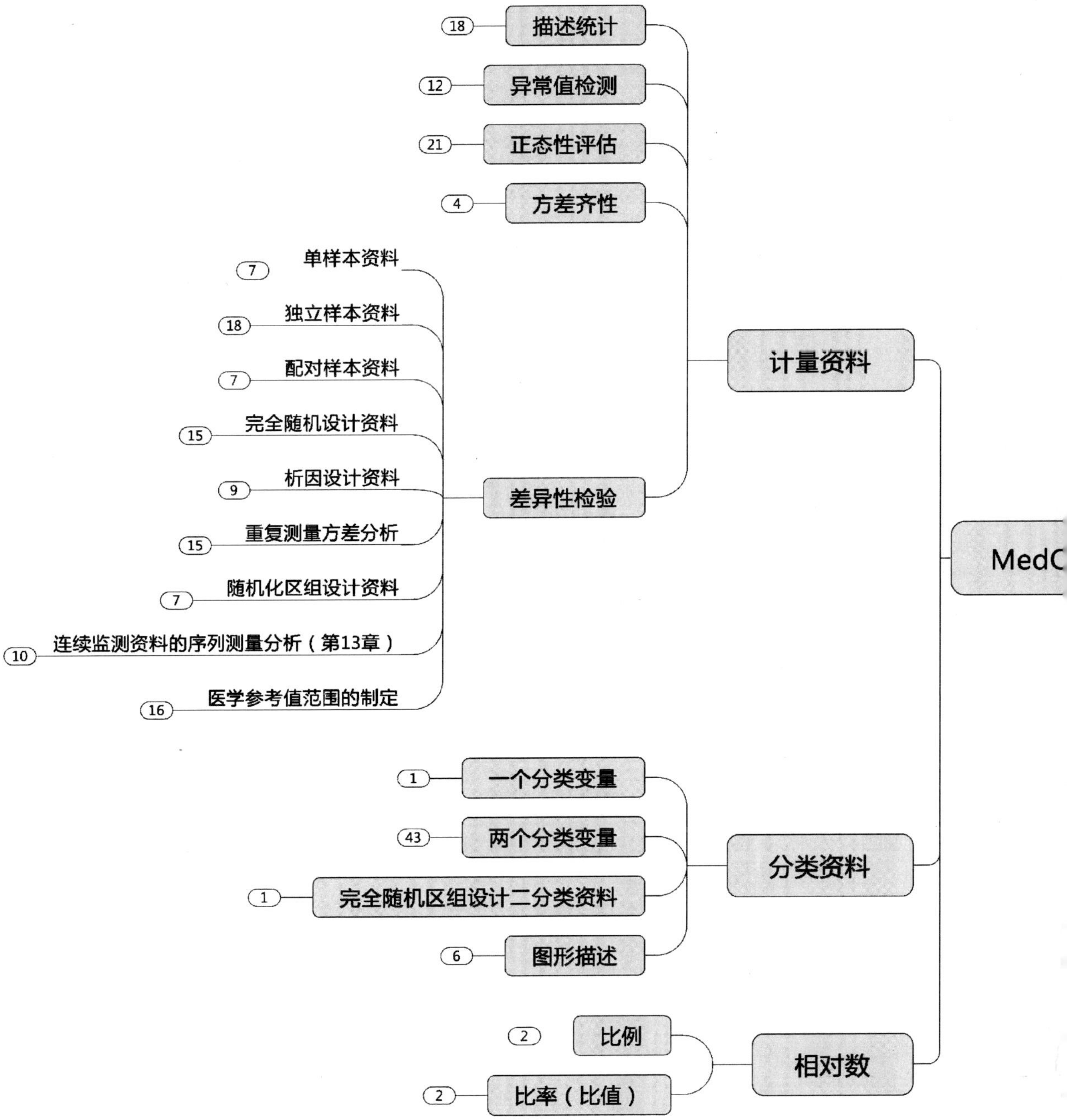
MedC
计量资料
描述统计
18
异常值检测
12
正态性评估
21
方差齐性
4
差异性检验
单样本资料
7
独立样本资料
18
配对样本资料
7
完全随机设计资料
15
析因设计资料
9
重复测量方差分析
15
随机化区组设计资料
7
连续监测资料的序列测量分析（第13章）
10
医学参考值范围的制定
16
分类资料
一个分类变量
1
两个分类变量
43
完全随机区组设计二分类资料
1
图形描述
6
相对数
比例
2
比率（比值）
2

统计方法选

Statistical Analysis

统计分析系列

◎ 李志辉　杜志成　主编

MedCalc 统计分析方法及应用

電子工業出版社
Publishing House of Electronics Industry
北京 · BEIJING

内 容 简 介

本书根据统计教学的特点，结合大量实例循序渐进地介绍MedCalc软件17.6版本的使用方法和统计应用，对软件界面、统计分析结果及统计图形均进行了详细的介绍。本书内容包括MedCalc入门、数据管理、计量资料的统计描述与正态性检验、分类资料的统计分析、相对数的估计与比较、方差齐性检验和t检验、方差分析、非参数检验、相关分析、回归、生存分析、Meta分析、连续监测资料的序列测量分析、医学参考值范围的制定、方法比较和评价、诊断试验及样本含量估计等，并对数据的结果和图形进行了统计学分析与推断。本书讲述的实例涵盖多个专业，能够满足不同专业读者的需要。书中的所有例题数据及以电子书格式提供的汉英、英汉词汇对照表均可在华信教育资源网www.hxedu.com.cn免费下载，以方便教师授课、读者进行操作练习和查询。

本书介绍的内容与方法可满足自然科学、社会科学、工业统计，特别是医学科学研究、药物和医疗器械临床试验、生物学、检验学等多学科、多专业、多层次的需要。本书可作为高等院校统计软件教材及参考书，也可作为研究生、科研单位相关专业科技人员、企事业单位管理人员、计算机工作者的学习参考书。

图书在版编目（CIP）数据

MedCalc统计分析方法及应用 / 李志辉，杜志成主编. —北京：电子工业出版社，2018.4
（统计分析系列）
ISBN 978-7-121-33869-4

I. ①M… II. ①李… ②杜… III. ①统计分析－应用软件－高等学校－教材 IV. ①C819

中国版本图书馆CIP数据核字(2018)第050683号

策划编辑：秦淑灵
责任编辑：苏颖杰
印　　刷：河北虎彩印刷有限公司
装　　订：河北虎彩印刷有限公司
出版发行：电子工业出版社
　　　　　北京市海淀区万寿路173信箱　邮编　100036
开　　本：787×1092　1/16　印张：18.25　插页：4　字数：480千字
版　　次：2018年4月第1版
印　　次：2025年8月第6次印刷
定　　价：59.00元

凡所购买电子工业出版社图书有缺损问题，请向购买书店调换。若书店售缺，请与本社发行部联系，联系及邮购电话：（010）88254888，88258888。

质量投诉请发邮件至zlts@phei.com.cn，盗版侵权举报请发邮件至dbqq@phei.com.cn。

本书咨询联系方式：qinshl@phei.com.cn。

编 委 会

前言

MedCalc 是一款专门为医学、生物学科学研究设计的统计软件，并在医学领域得到广泛应用。作为 ROC 曲线的经典统计软件，其在诊断试验 ROC 曲线分析的应用最为人熟知。此外，MedCalc 还包含了不少医学、生物学、检验学所特有的统计方法，如 Meta 分析、医学参考值范围的制定、连续监测资料的序列测量分析、方法比较和评价方法（如 Bland-Altman 图、Passing-Bablok 回归和 Deming 回归）等。然而，MedCalc 的适用范围远不仅限于医学、生物学及其相关专业，如基础统计、高级统计、Meta 分析、样本含量估算等功能可适用于所有需要统计学的专业。例如，连续监测资料的序列测量分析可用于病人、动物各种生理、病理监测指标、血药浓度指标的分析，大气、水环境中连续监测指标的分析；方法比较和评价方法可适用于各种测量方法的比较，如不同心理测量方法、诊断方法、各种测量设备或检验方法的比较可用于医学检验、医疗器械研究以及工业生产与研究测量和检验有关的领域；医学参考值范围的制定可用于生物学及其他自然科学的参考值范围的制定；等等。

MedCalc 采用易学易用的可视化操作界面，具有用户友好、快速和可靠的特点，软件虽然非常精巧（只需 20MB 左右空间），但具有强大的功能，有超过 220 个各种统计检验、绘图和样本含量估计功能，能够满足绝大部分专业的统计需求。

截至本书交付出版之日，笔者尚未发现国内有公开出版的 MedCalc 中文工具书，这在一定程度上影响了该软件得到更广泛和深入的应用，不少读者强烈呼吁出版 MedCalc 的中文教材。鉴于此，本书编委会决定在 MedCalc 17.6 版本的基础上全面介绍该软件的所有功能，本书的出版将填补国内的相关空白。学习本书可帮助读者实现对 MedCalc 从入门到精通。

本书特色

1．涵盖内容丰富：全书共详细介绍操作实例 152 个（其中数据管理方法 14 个、基础统计方法 67 个、高级统计方法 54 个、样本含量估计方法 17 个），提供实例数据文件 81 个，整理后的英汉及汉英对照词汇各 822 条（电子书格式）。

2．内容解释详尽：根据统计教学的特点，结合大量的实例循序渐进地介绍了 MedCalc 的使用方法，对所有界面、统计结果、统计图形都进行了详尽的解释。

统计结果的解读力求尽可能符合医学及相关专业科研和论文的特点，以便于读者在科研实际工作和撰写论文的过程中直接参考。

3．统计方法选择思维导图：很多读者不知道如何选择正确的统计方法，本书绘制了详细的统计方法选择思维导图，涵盖了全书各种统计方法及各种资料类型与研究目的，使读者能够按图索法，方便地选择正确的统计方法。

4．语言通俗易懂：全书力求以通俗易懂的语言介绍软件使用方法，尽量避免晦涩难懂的统计公式。

5．中英文对照：所有界面及统计结果的介绍均采用中英文对照的方式，英文专业词汇均与 MedCalc 17.6 英文版的软件界面及结果一致，中文专业词汇均参考《新编英汉·汉英统计大词典》(中国统计出版社于 2014 年 5 月出版)进行了逐一勘正。

6．适用于 MedCalc 软件各类版本：由于 MedCalc 具有向下兼容及具有多国语言版的特点，经多位读者试读，无论使用英文版、简体中文版还是较低版本软件，均不影响本书的阅读。读者也可以根据自身需要，设定不同的界面语言或输出语言(如英文或简体中文等)。

本书内容

全书共 17 章，第 1～2 章介绍 MedCalc 的基础知识，第 3～9 章介绍 MedCalc 各种基础统计方法，第 10～16 章介绍 MedCalc 各种高级统计方法，第 17 章介绍 MedCalc 样本含量估计方法。除纸质版外，本书还以电子书的格式提供“MedCalc 汉英词汇表”、“MedCalc 英汉词汇表”，读者可在华信教育资源网 www.hxedu.com.cn 免费下载阅读。

本书由李志辉、杜志成主编。

由于编者水平有限，加之编写时间仓促，书中难免存在不尽如人意的地方，敬请读者批评指正。鉴于版面有限，本书难以对各种统计理论及统计基础知识一一赘述，为了便于和读者沟通互动，编委会开设了微信公众号“一起学统计工具”和“统计咨询”，敬请关注。公众号提供了大量统计学习资源，包括各种统计及统计软件教学视频、海量的统计基础知识与技巧。读者可智能检索公众号所有历史文章，以及在公众号中进行免费咨询。读者如有反馈意见，请发电子邮件至 mchgz@163.com。

一起学统计工具　　　　统计咨询

编　者

2018 年 3 月于广州

目　录

第 1 章　MedCalc 入门

MedCalc 是 Medicine 和 Calculator 的缩写的组合，顾名思义，它是一款医学计算器软件。然而“计算器”这个名字显然不能充分反映该软件的性能，MedCalc 是一个专门为生物医学工作者设计的统计软件，它集统计、绘图、汇总资料检验和样本含量计算等功能于一身。与 SPSS 和 Minitab 一样，MedCalc 也是图形窗口界面，不需要任何语法命令编写基础，只需用鼠标操作即可。MedCalc 的早期版本只有英语一种语言，而当前版本可支持多国语言，极大方便了中文用户。与 SPSS 和 Minitab 相比，MedCalc 具有很多医学研究所需的特有功能，最为人熟知的是受试者工作曲线(ROC)下面积的比较功能，而且 MedCalc 是 ROC 分析的基准软件。统计学是具有共性的，其他专业的研究者也可以使用 MedCalc 进行统计分析。当然，医学研究的特有统计功能也非常适合于医学类似或相近的领域，如生物学、动植物学、检验、心理学、教育学、体育学及其相关专业。本书以 MedCalc 17.6 为例，全面介绍了它的统计、绘图、汇总资料检验及样本含量计算等功能。通过本书，读者可以从入门到精通 MedCalc。

1.1　MedCalc 主要功能

1.1.1　资料管理与计算

MedCalc 具有丰富的数据管理功能，包括按行排序(Sort rows)、排除与纳入(Exclude & Include)行或单元格、填充列(Fill column)、堆叠列(Stack columns)、随机生成样本(Generate random sample)、创建组(Create groups)[创建分位数组(Create groups form quantiles)、创建随机组(Create random groups)、创建用户定义组(Create user-defined groups)]、案例排行(Rank cases)、百分等级(Percentile ranks)、Z 分数(Z-scores)、幂变换(Power transformation)、病例-对照匹配(Case-Control matching)、编辑变量列表(Edit variables list)、编辑筛选条件列表(Edit filters list)、案例标识变量(Select variable for case identification)等。

1.1.2　统计功能

MedCalc 的统计功能分为以下 10 类。

(1) 汇总统计(Summary statistics)：百分位数(Percentiles)、其他平均值[截尾平均值(Trimmed mean)、几何平均值(Geometric mean)、调和平均值(Harmonic mean)]、检验正态分布(Test for normal distribution)、异常值检测(Outlier detection)。

(2) 相关(Correlation)与回归(Regression)：相关系数(Correlation coefficient)、偏相关(Partial correlation)、秩相关(Rank correlation)、散点图(Scatter diagram)、回归[线性回归(Linear regression)、多项式回归(Polynomial regression)]、散点图和回归线(Scatter diagram

& regression line)、多重回归(Multiple regression)、Logistic 回归(Logistic regression)、概率单位回归(剂量反应分析)[Probit regression (Dose-Response analysis)]和非线性回归(Nonlinear regression)。

(3)假设检验(Hypothesis test)：t检验(T-tests)[单样本t检验(One sample-test)、独立样本t检验(Independent samples t-test)、配对样本t检验(Paired samples t-test)]、秩和检验(Rank sum tests)[单样本符号秩和检验(Signed rank sum test (one sample))]、独立样本的Mann-Whitney检验[Mann-Whitney test (independent samples)]、配对样本Wilcoxon检验[Wilcoxon test(paired samples)]、方差比检验(F检验)[Variance ratio test (F-test)]、方差分析(ANOVA)[单向方差分析(One-way analysis of variance)、双向方差分析(Two-way analysis of variance)、协方差分析(Analysis of covariance)、重复测量方差分析(Repeated measures analysis of variance)、Kruskal-Wallis 检验(Kruskal-Wallis test)、Friedman 检验(Friedman test)]、交叉表(Crosstabs)[卡方检验(Chi-squared test)、Fisher 精确检验(Fisher's exact test)、McNemar 检验(McNemar test)、Cochran Q检验(Cochran's Q test)、相对危险度与优势比(Relative risk & Odds ratio)、频率条图(Frequencies bar charts)]。

(4)生存分析(Survival analysis)：Kaplan-Meier 生存分析(Kaplan-Meier survival analysis)和Cox比例风险回归(Cox proportional-hazards regression)。

(5)Meta 分析(Meta-analysis)：连续资料(Continuous measure)的Meta分析、相关(Correlation)系数的Meta分析、比例(Proportion)的Meta分析、相对危险度(Relative risk)的Meta分析、风险差(Risk difference)的Meta分析、优势比(Odds ratio)的Meta分析、ROC曲线下面积(Area under ROC curve)的Meta分析、通用逆方差法(Generic inverse variance method)。

(6)序列测量(Serial measurements)与参考区间(Reference intervals)：序列测量、参考区间、年龄相关参考区间(Age-related reference interval)，即正常值估计。

(7)方法对比与一致性评价：方法对比和评价(Method comparison & evaluation)[Bland-Altman图(Bland & Altman plot)、每个对象多次测量的Bland & Altman图(Bland-Altman plot with multiple measurements per subject)、多个方法的比较(Comparison of multiple methods)、山形图(Mountain plot)、Deming回归(Deming regression)、Passing-Bablok回归(Passing & Bablok regression)、两次测量的变异系数(Coefficient of variation from duplicate measurements)]、一致性与响应能力(Agreement & responsiveness)[组内相关系数(Intraclass correlation coefficient)、一致性相关系数(Concordance correlation coefficient)、评分者间的一致性κ系数(Inter-rater agreement (kappa))、Cronbach α系数(Cronbach's alpha)、响应能力(Responsiveness)]。

(8)ROC曲线(ROC curve)：ROC曲线分析(ROC curve analysis)、交互点图(Interactive dot diagram)、图与标准值(Plot versus criterion values)、图与患病率(Plot versus prevalence)、预测值(Predictive values)、区间似然比(Interval likelihood ratios)、比较ROC曲线(Comparison of ROC curves)。

(9)汇总资料的检验：单样本平均值的检验(Test for one mean)、单个比例的检验(Test for one proportion)、卡方检验(Chi-squared test)(可以进行趋势性卡方的计算)、四格表的Fisher精确检验(Fisher's exact test for a 2×2 table)、配对率的McNemar检验(McNemar test on paired proportions)、平均值(Means)[平均值的比较(t检验)(Comparison of means (t-test))、标准差的比较(F 检验)(Comparison of standard deviations (F-test))、相关系数的比较(Comparison of correlation coefficients)、两个比例的比较(Comparison of two proportions)、ROC 曲线下面积的比较(Comparison of areas under independent ROC curves)]、比率(Rate)[比率的置信区间(Confidence interval for a rate)、两个比率的比较(Comparison of two rates)]、相对危险度(Relative risk)、优势比(Odds ratio)、评分者间的一致性(Inter-rater agreement)、诊断试验(Diagnostic test)、2×k 表的似然比[Likelihood ratios (2×k table)]。

(10) 样本含量(Sample size)计算：单个平均值(Single mean)、单个比例(Single proportion)、两个平均值比较(Comparison of two means)、两个比例比较(Comparison of two proportions)、McNemar 检验(McNemar test)、相关系数(Correlation coefficient)、生存分析对数秩检验[Survival analysis (logrank test)]、Bland-Altman 图(Bland-Altman plot)、ROC 曲线下面积(Area under ROC curve)、两个 ROC 曲线比较(Comparison of two ROC curves)以及置信区间估计与精确度(Confidence Interval estimation & Precision)[单个平均值(Single mean)、单个比例(Single proportion)、平均值差(Difference between means)、配对样本平均差(Mean difference between paired samples)、比例差(Difference between proportions)、配对比例差(Difference between paired proportions)、两次测量的变异系数(Coefficient of Variation from duplicate measurements)、基于回归的参考限值(Regression-based reference limits)]的样本含量估计。

1.1.3　统计图形

MedCalc 可绘制 12 类统计图形：分布图(Distribution plots)[包括直方图(Histogram)、累积频率分布图(Cumulative frequency distribution)、正态图(Normal plot)、点图(Dot plot)、箱图(Box-and-whisker plot)]、数据对比图(Data comparison graphs)(包括条图、线图、箱形图、凹口箱形图、点图等)、多重对比图(Multiple comparison graphs)(包括条图、线图、箱形图、凹口箱形图、点图等)、复式多重对比图(Clustered multiple comparison graphs)(包括条图、线图、箱形图、凹口箱形图、点图等)、多变量图(Multiple variables graphs)(包括条图、线图、箱形图、凹口箱形图、点图、累积频率分布图等)、复式多变量图(Clustered multiple variables graphs)(包括条图、线图、箱形图、凹口箱形图、点图、累积频率分布图等)、多线图(Multiple line graph)、控制图(Control chart)、Youden 图(Youden plot)、极坐标图(Polar plot)、森林图(Forest plot)、函数图(Function plot)。

1.2　MedCalc 界面

1.2.1　主窗口

MedCalc 主窗口由菜单栏、工具栏、数据窗口、结果窗口、图形窗口和状态栏构成，见图 1-1。

主窗口各组成部分的作用如下。

1．菜单栏

通过选择菜单或子菜单可调用 MedCalc 的统计分析、绘图及其他命令，包括【文件(File)】、【编辑(Edit)】、【视图(View)】、【格式(Format)】、【工具(Tools)】、【统计

(Statistic)】、【图表(Graphs)】、【检验(Tests)】、【采样尺寸(Sample size)】、【窗口(Window)】和【帮助(Help)】等 11 个主菜单。

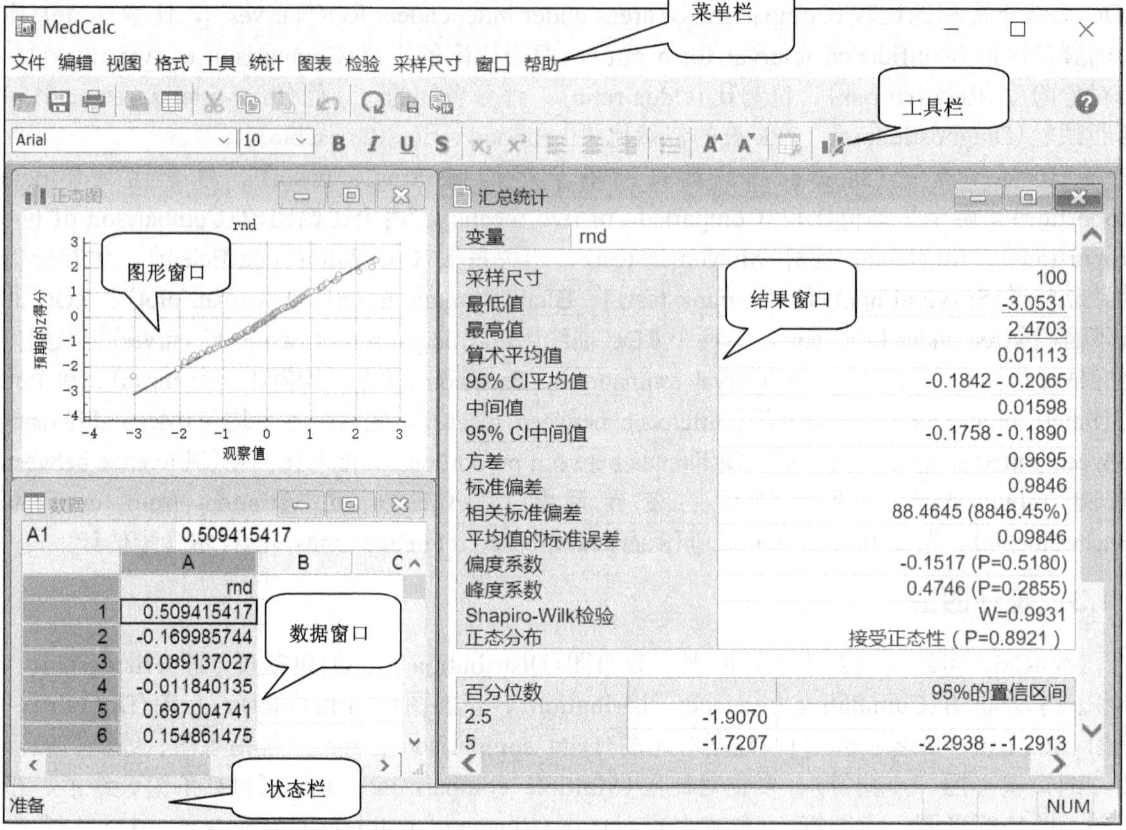

图 1-1 MedCalc 主窗口

2. 工具栏

工具栏是执行 MedCalc 命令的快捷方式，单击工具按钮即可执行操作或打开对话框。

3. 数据窗口

在数据窗口以电子表格形式显示数据(*.mcl)。每个工作表最多可包含 1048576 行和 16384 列。用户可在数据窗口中输入数据，改变变量名(列名)，调整列宽及列格式，剪切、复制或粘贴单元格，从列表中筛选案例等。

4. 结果窗口

结果窗口用于显示统计分析或其他操作生成的文本结果。用户可以通过工具栏中的【保存或附加至 Word 文件】将结果以 Word 的形式保存。

5. 图形窗口

图形窗口用于显示和编辑 MedCalc 绘制的高清图形。双击图形，可以在弹出的格式化图表(Format graph)界面(见图 1-2)中对图形进行修改，包括颜色方案、网格刻度等样式、标题、坐标轴、字体等。单击图形上的点时，可显示该点对应案例数信息的黄色备注。

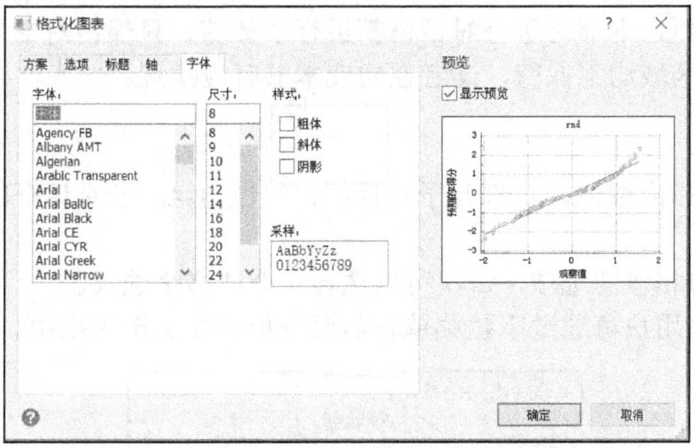

图 1-2　格式化图表界面

6．状态栏

状态栏显示程序的运行状态。

1.2.2　对话框

由于 MedCalc 主要采用图形界面方式操作，各统计、绘图及其他功能均可通过对话框实现。对话框分为主对话框（见图 1-3）和子对话框（见图 1-4）两种类型。

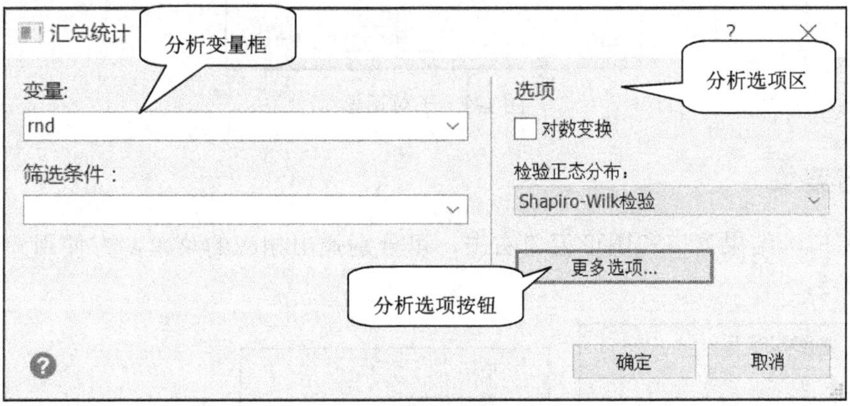

图 1-3　主对话框

1．主对话框

主对话框的选项主要分为如下几种类型。

(1) 分析变量框：用户可通过下拉菜单将需要分析的变量选入分析变量中。

(2) 分析选项区：用户可按照需要勾选需要进行的分析与操作，如对数变换。

(3) 分析选项按钮：单击相应的按钮可打开子对话框，在子对话框中设定分析和绘图的控制选项。例如，单击图 1-3 中的【更多选项(More options)】按钮，可打开汇总统计表选项(Summary statistics options)子对话框。

(4)【确定(OK)】按钮：确认本次操作并执行命令。

(5)【取消(Cancel)】按钮：取消本次操作，并不执行命令。

注：为了节省版面，本书对所有对话框都进行了裁剪，只保留对话框的主要操作面板部分，按钮及其他留白区域均不保留，读者在阅读本书时应注意。

2. 子对话框

单击主对话框的相应按钮，可打开子对话框，见图 1-4。子对话框的选项主要分为如下几种类型。

(1)勾选框：选择相应的选项，每次可以选择一个或多个选项。

(2)变量选择框：用户可通过下拉菜单将需要分析的变量选入框中。

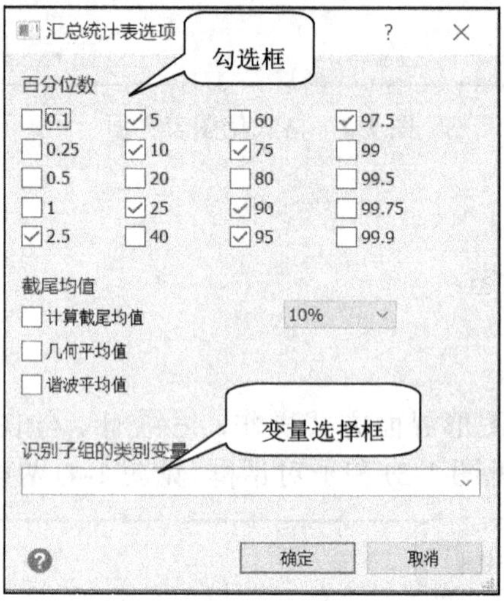

图 1-4　子对话框

1.2.3　弹出菜单

在数据窗口、结果窗口和图形窗口右击，可分别弹出相应的菜单，方便用户选择相应的命令，见图 1-5。

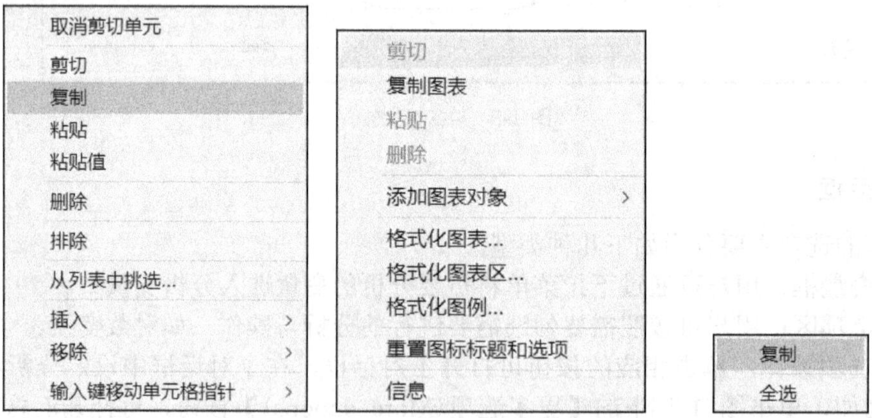

(a)数据窗口弹出菜单　(b)图形窗口弹出菜单　(c)结果窗口弹出菜单

图 1-5　弹出菜单

1.2.4　中英文界面的设置

MedCalc 支持中文、英语、法语、德语、意大利语、日语、韩语、波兰语、葡萄牙语、俄语和西班牙语等 11 种语言。下面将简单介绍从默认的简体中文界面转换为英文界面的方法。

选择【工具(Tools)】→【选项(Options)】菜单，打开工具选项对话框(见图 1-6)，在【语言(Language)】【用户界面(User-interface)】中选择【英语(English)】，单击“确定”按钮后即可启动英文界面。

注：用户可以同时启动英文和中文界面，比较中英文界面及结果的表述，以提高英文水平。

由于本书全书采用中英文对照，所有界面及输出结果的中文专业名词均附有标准的英文专业名词对照，因此用户无论选择上述何种组合，都不会影响本书的阅读和软件的使用。

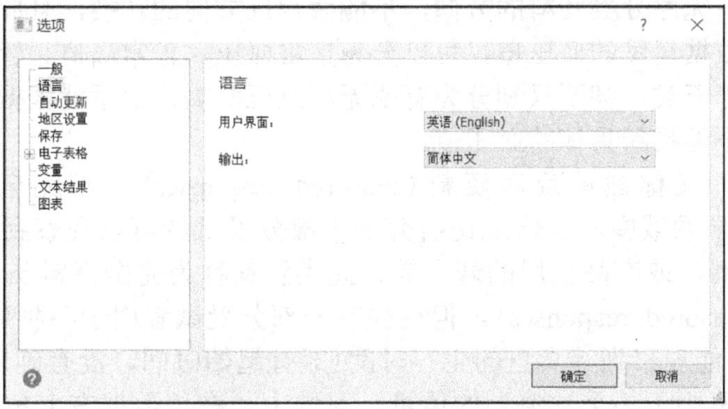

图 1-6　工具选项对话框

1.3　MedCalc 支持的数据类型

MedCalc 工作表可处理 3 种类型的资料：数字(Numeric)资料、文本(Text)资料和日期/时间(Date/Time)资料。

1．数字资料

数字资料又称数值型资料，通常由数字字符(0、1、2、3 等)组成。数字可以有正负号(+和−)和小数分隔符。如果要以指数(科学计数法)表示法输入数据，则数字值还可以包含字母 E，如 5.2E2。此外，还可以使用运算符进行输入，如输入“1+2-3*4/5”，将自动计算得到结果 0.6。若列或变量包含除数字、E、运算符之外的任何符号，则整个列的格式将被视为文本。

以数字工作表示的数据类型包括定量(quantitative)资料和定性(qualitative)资料。在生存分析等研究中，我们可能会遇到删失资料(censored data)。通常，不同类型的资料应采用不同的统计或绘图方法。

(1)定量资料：可以分为离散型(discrete)资料和连续型(continuous)资料。离散型资料只能取整数值，如每月的住院患者数、1 年的新生儿数。连续型资料可以取实数轴上的任意值，如血压、身高、体重等。需要注意的是，有一些测量值，如红细胞计数，虽然以“个”为单位时只能取整数值，但是以“千”或“万”为单位时又可以取小数值，所以通常把这些资料也视为连续型资料。定量资料常用平均值、标准差、t 检验、方差分析、相关或回归分析等进行描述和统计分析。

(2) 定性资料：也称分类资料(categorical data)，可以分为无序分类资料和有序分类资料。无序分类资料(unordered categorical data)也称名义资料(nominal data)。最简单的无序分类资料是二分类资料，如性别(男/女)、生存状态(生/死)。为了输入方便，常用代码 1/2 或 0/1 来表示各个取值，但这些取值仅仅是代码，不能进行如定量资料般的计算。无序多分类变量的各个分类之间没有等级或程度的差别，如血型(A/B/O/AB)，为了输入方便，这些资料也可以用数字代码 1/2/3/4 等来表示，同样不能用于计算。有序分类资料(ordinal categorical variable)也称等级资料(ranked data)、半定量资料，如治疗效果(无效/好转/显效/治愈)。临床检测中还经常用–、±、+、++、+++等来表示生化指标的浓度。定性资料常用率、构成比、卡方检验、非参数检验等进行描述和统计分析。

为了方便资料分析，可以将一种类型的资料转换为另一种类型。但是转换只能按定量资料→有序分类资料→无序分类资料的方向，不能做相反方向的转换，且此种转换会损失一定的信息量。例如，根据居民的血压值，可以分为正常血压、正常高值、轻度高血压、中度高血压、重度高血压等五类，甚至只划分为有或无高血压两类，但不能根据二分类结果来判断五分类的情况，更不能推断具体的血压值。

(3) 删失资料：又称截尾反应资料(censored responses)、不完全资料(uncompleted data)。例如，在医学领域中，临床随访研究中一部分受试者可以观察到死亡(或痊愈)，能得到准确的生存时间，或产品使用的寿命等，此类资料称为完全资料(completed data)或非截尾反应资料(uncensored responses)。但往往有一部分受试者由于各种原因(如迁移、中断治疗、失访等)，不能观察到其真正的生存时间(即有起始时间，没有确切的终止时间)，但能得到“生存时间不小于某个数值”的信息。习惯上，在该数据右上角标注“+”。统计分析中常用中位数、生存率、生存分析等。

2. 文本资料

文本资料是由字母、数字、空格和特殊字符混合组成的字符，如“Patient 1”或“Tom”，包含文本的单元格在工作表中会以蓝色字体显示。数字资料中的等级资料和名义资料也可以用文本字符表示，如性别(“男/女”)、满意程度(“非常不满意/满意/非常满意”)等。需要注意的是，文本资料仅能作为分组变量，在统计结果中按照字符顺序排序，如交叉表、方差分析等，而不能视为等级变量对待，如相关分析等。

3. 日期/时间资料

日期/时间资料包含日期(如 1801 年 12 月 1 日，即“1801.12.1”)、时间(如 12 点，即“12:00”)或二者皆有(如 1801 年 12 月 1 日 12 点，即“1801.12.1 12:00”)的数据。一般情况下，日期/时间资料是以文本格式表示的，MedCalc 可通过工具栏中的【格式化电子表格(Format spreadsheet)】按钮对日期/时间变量的格式进行设置。

1.4 MedCalc 文件类型

MedCalc 文件类型可分成两大类：储存数据的文件(见表 1-1)和储存输出结果的文件(见表 1-2)。可通过【文件(File)】菜单新建、打开、保存、导出或打印 MedCalc 支持的各种文件类型。

表 1-1 MedCalc 储存数据的文件

文件格式	说 明
MedCalc 文件(*.mcl)	当 mcl 文件被打开使用时，MedCalc 将锁定该文件，以防止其他程序或用户使用。随着软件版本的更新，MedCalc 的文件格式不断完善，当打开旧版本的文件时，软件自动转换至新版本，而旧版本的软件不能打开新版本的文件。所以建议用户升级到最新版本的 MedCalc
Excel 文件(*.xls, *.xlsx, *.xlsm)	可以选择 Excel 文件进行导入。若 Excel 文件包含多个工作表，则软件会弹出对话框供用户选择需要导入的工作表。MedCalc 会把 Excel 中的公式转换为计算的数值结果。导入程序支持 Excel 2.1 及以上版本的文件。在 Windows 8 或 Windows Server 2012 以前的操作系统版本，导入*.xlsx 时需要安装 Microsoft .NET Framework 4.0
OpenDocument 电子表格文件(*.ods)	MedCalc 可以读取 LibreOffice 或 OpenOffice 软件生成的 OpenDocument 电子表格文件
SPSS 文件(*.sav)	打开 SPSS 文件时，MedCalc 会弹出对话框供用户选择需要导入的变量
Dbase 文件(*.dbf)	MedCalc 可以导入 DBase III+或相关程序生成的*.dbf 文件。导入时如 SPSS 一样，用户可选择需要导入的变量。在 Dbase 文件中，缺失值通常由长度为列长度的最大数值编码，如 999 或 9999 等。用户可选择【编辑(Edit)】→【查找并替换(Find & replace)】菜单进行清除
Lotus 文件(*.wkl)	Lotus 文件可由 Lotus123(version 2)和 Symphony 软件生成。建议用户使用 Lotus 命令 Range Value(/RV)将 Lotus 文件原有的公式转换为数值后再导入 MedCalc
SYLK(*.slk)和 DIF(*.dif)文件	MedCalc 可支持导入 SYLK(Symbolic Link Format，符号链接格式)和 DIF(Data Interchange Format，数据交换格式)文件
Text 文件(*.txt、*.csv、*.prn)	对于 Text 文件，每行以回车符结束(ASCII 代码为 13)，代表一个案例。在格式化的文本文件中，各列以空格分隔，每列代表一个变量；在分隔符文件中，数据以逗号或分号等分隔，文本以单引号或双引号标记

表 1-2 MedCalc 储存输出结果的文件

结果类型	文件格式
图形	MedCalc 可导出的图形文件格式包括 Windows Enhanced Metafile(*.emf)、Windows Enhanced Metafile Plus(*.emf)、Windows Metafile(*.wmf)、TIFF(*.tiff)、Uncompressed TIFF(*.tif)、Monochrome TIFF(*.tif)、PNG(*.png)、GIF Graphics Interchange Format(*.gif)、BMP Device Independent Bitmap(*.bmp)、JPG(*.jpg)、PowerPoint slide(*.pptx)等 11 种
结果窗口	MedCalc 可将输出结果导出为 Word(*.docx)文件

1.5 MedCalc 工作表的基本操作和数据输入

1.5.1 工作表介绍

MedCalc 工作表又称数据窗口(见图 1-7)，与 Excel 类似，由列(变量)和行(案例)构成，行与列相交构成单元格。每个工作表可最多包含 1048576 行和 16384 列。工作表的第一行为单元格选中的位置及其取值，如图 1-7 中，A1 单元格值为“A”。第二行为列号，如 A、B、C 等。第三行为变量名，可以为中文、英文或任意字符，但名称不能重复。

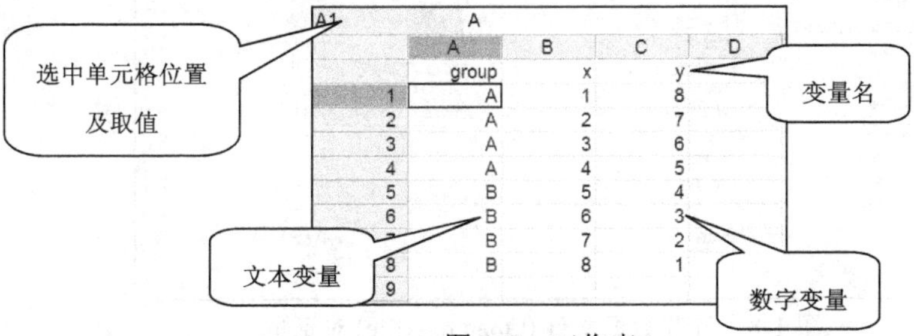

图 1-7 工作表

1.5.2 数据输入实例

利用 MedCalc 对资料进行分析，首先要建立工作表，下面用一个实例介绍建立工作表和输入数据的方法，并保存为“生化指标.mcl”。

【例 1-1】 某研究者为探讨 x 和 y 两个生化指标在 A 和 B 两种环境下的相关关系，收集了相应的数据(模拟数据)，见表 1-3，试建立 MedCalc 工作表。(生化指标.mcl)

表 1-3 待输入数据

group	x	y
A	1	8
A	2	7
A	3	6
A	4	5
B	5	4
B	6	3
B	7	2
B	8	1

根据不同的情况，上述数据可以使用如下 4 种常用的方法输入或导入 MedCalc 工作表。

方法一：直接输入

在白纸或表格中手抄或记录上述数据时，可直接在文件中输入。在输入之前根据用户的使用习惯按列或按行输入。MedCalc 可自动识别数据格式，一般情况下不需要特别设置数据类型。输入后的结果见图 1-7。

方法二：从 Word 中直接复制

如果用户已在 Word 中建立好表格，则可直接将 Word 表格中的数值复制至 MedCalc 工作表。

(1) 选择需要复制的内容(见表 1-3)，使用快捷键 Ctrl+C 或在 Word 表格上右击，选择弹出菜单中的【复制(Copy)】菜单项。

(2) 切换至 MedCalc，将光标定位在 A 列的变量名单元格中，使用快捷键 Ctrl+V 或右击选择弹出菜单中的【粘贴(Paste)】菜单项，结果见图 1-7。

方法三：从 Excel 中直接复制

操作同方法二。

方法四：从 Excel 中导入

对于量少的数据，可以采用前面的方法操作；但对于数据量大的 Excel 文件或有特殊的数据导入要求时，建议采用导入工作表文件的方法。具体操作方法如下。

选择【文件(File)】→【打开(Open)】菜单，打开数据文件(Open datafile)对话框，见图 1-8。通过左侧的导航窗口或顶部文件路径选择 Excel 文件的储存位置，在【文件名】右侧的文件类型下拉菜单中选择【Excel Worksheet (*.xls;*.xlsx; *.xlsm)】，选择文件“数据录入.xls”，单击【打开(Open)】按钮，导入后的结果见图 1-7。

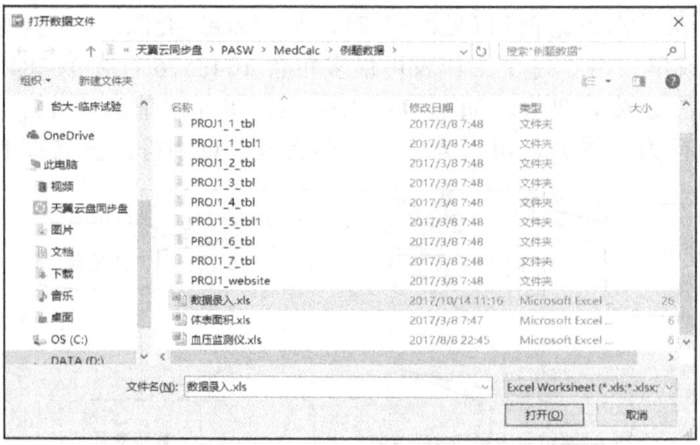

图 1-8 打开数据文件(Open datafile)对话框

新建的工作表可通过选择【文件(File)】主菜单中的【保存(Save)】或【另存为(Save as)】菜单项将项目文件保存为*.mcl 文件或其他格式的数据文件。

1.5.3　设置数据类型

虽然 MedCalc 可自动识别用户手工输入、复制或从其他数据库格式导入的数据，但难免会有识别错误的情况。在实际工作中，我们也可能需要将数据设置特定的类型，这时需要修改数据的类型，如将文本格式改为数字格式、将日期/时间格式改为文本格式或数字格式等。

用户可通过选择【格式(Format)】→【电子表格(Spreadsheet)】菜单，打开格式化电子表格(Format spreadsheet)对话框(见图 1-9)，对每列的格式(Format)、列宽度(Width)、小数(Decimals)、对齐方式(Alignment)、默认值(Default value)等进行修改。MedCalc 可设置的格式包括数字(General)、文本(Text)、日期(Date)、时间(Time)、日期时间(Date time)。其中，日期、时间、日期时间要求输入的文本格式分别为“1801.12.1”、“12:00”和“1801.12.1 12:00”(1801 年 12 月 1 日中午 12 点)。

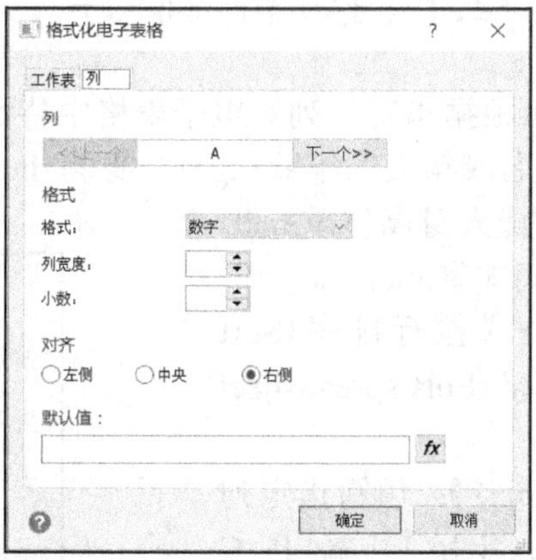

图 1-9　格式化电子表格(Format spreadsheet)对话框

第2章 数据管理

MedCalc 具有丰富的数据(data)管理功能，共有 15 大类，包括按行排序(Sort rows)、排除(Exclude & Include)行或单元格、填充列(Fill column)、堆叠列(Stack columns)、随机生成样本(Generate random sample)、创建组(Create groups)、案例排行(Rank cases)、百分等级(Percentile ranks)、Z 分数(Z-scores)、幂变换(Power transformation)、病例-对照匹配(Case-Control matching)、编辑变量列表(Edit variables list)、编辑筛选条件列表(Edit filters list)、案例标识变量(Select variable for case identification)、输入键移动单元格指针(Enter key moves cell pointer)。

2.1 按行排序

按行排序(Sort rows)功能可根据指定的列对电子表格中特定的行进行升序或降序排序。

【例 2-1】 现有某地 990 名成年人的年龄(age)、身高(height)、体重(weight)等资料，试按年龄从小到大进行排序。(成人身高体重.mcl)

1) 打开数据文件“成人身高体重.mcl”。

2) 选择【工具(Tools)】→【按行排序(Sort rows)】菜单，打开排序电子表格(Sort spreadsheet)对话框，见图 2-1。

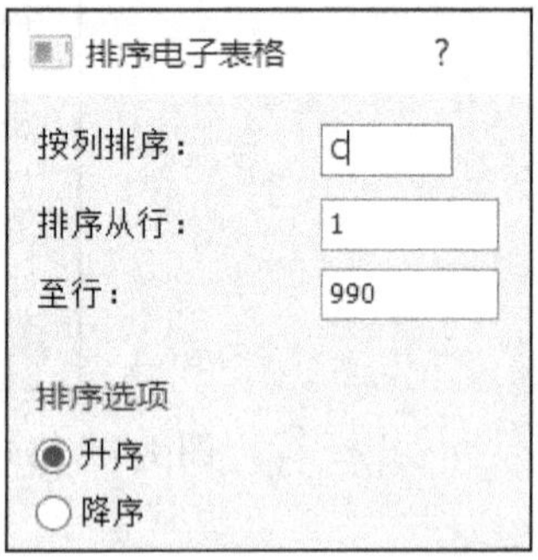

图 2-1 排序电子表格(Sort spreadsheet)对话框

- 【按列排序(Sort by column)】：填写指定列进行排序，本例“age(年龄)”位于 C 列，故输入“C”。如果【视图(View)】→【显示公式(Show formulas)】菜单未被勾选，则将对计算结果进行排序；否则，将对文字内容(Literal content)进行排序。
- 【排序从行(Sort from row)】：填写需要进行排序的电子表格的起始行，默认是第一行。
- 【至行(To row)】：填写需要进行排序的电子表格的结束行，默认是最后一行。
  - 【排序选项(Sort options)】。
    - 【升序(Ascending)】：将电子表格按照指定列进行升序排列。
    - 【降序(Descending)】：将电子表格按照指定列进行降序排列。

*完成上述操作后，单击【确定(OK)】按钮。

注：①所有 MedCalc 统计检验或程序都不会要求对电子表格进行排序；②【按行排序】命令只有在电子表格被打开或激活的状态下才能被使用。

2.2 排除数据

用户如果需要在统计分析中排除某些数据，可以通过以下方式进行：①选择电子表格中需要被排除的数据；可以选择某些(个)单元格，或者一行或多行(案例)。②选择【工具(Tools)】→【排除(Exclude)】菜单。

需要纳入已经被排除的数据，可以通过以下方式进行：①选择电子表格中需要被纳入的数据；可以选择某些(个)单元格，或者一行或多行(案例)。②选择【工具(Tools)】→【包含(Include)】菜单。

被选择排除的数据在电子表格(排除.mcl)中将会被标记为红色。

“排除”和“包含”命令也可以通过在选择需要被排除或纳入的数据后右击，在弹出菜单中选择命令(弹出菜单见图 1-5)。

如图 2-2 中方框部分所示，案例 4 的年龄变量已被排除，而案例 6 和案例 7 被整个排除，均标记为红色。

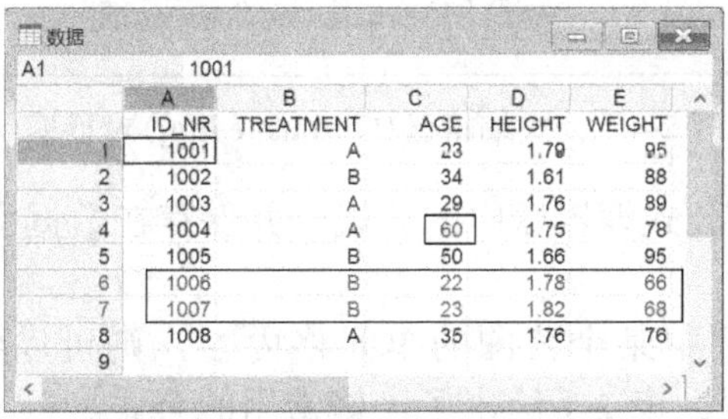

图 2-2　“排除”命令示意图

2.3　填　充　列

填充列(Fill columns)功能可对数据文件中的某一整列或某列中指定的行进行填充，填充的内容可以为一个固定值或一个公式，还可用于对某列中某个范围的单元格进行清除。

选择【工具(Tools)】→【填充列(Fill columns)】菜单，打开填充列(Fill columns)对话框，见图 2-3。

在填充列的操作中，有以下两个勾选框可供用户选择。

- 【将公式转换为数值(Convert formulas to values)】：勾选即将公式转换为其计算结果。
- 【仅填充空的单元格(Fill empty cells only)】：勾选即仅对空的单元格进行填充，所以会保存该列中已有的数值。

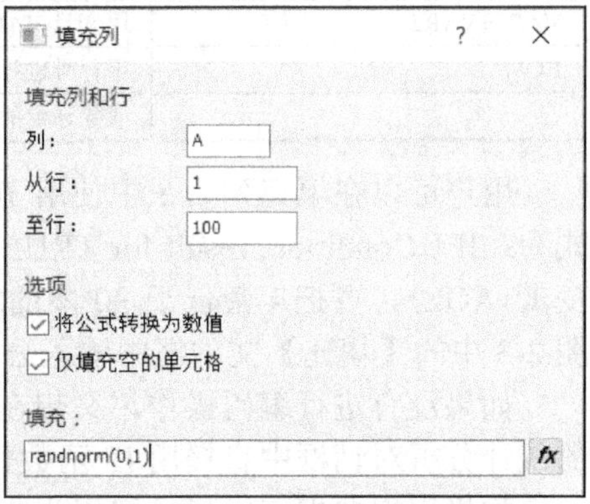

图 2-3　填充列(Fill columns)对话框

单击【填充(Fill with)】文本框右侧的【fx】按钮，可打开公式编辑器(Formula editor)对话框(见图 2-4)。在该对话框中，用户可以编写变量计算公式。比如，在 A 列的前 100 行填充服从正态分布(平均值为 0，标准差为 1)的随机数，用户可以在【列(Column)】中输入“A”、【从行(From row)】中输入“1”、【至行(to row)】输入“100”，然后在【填充(Fill with)】的【公式(Formula)】文本框中输入“randnorm(0,1)”。

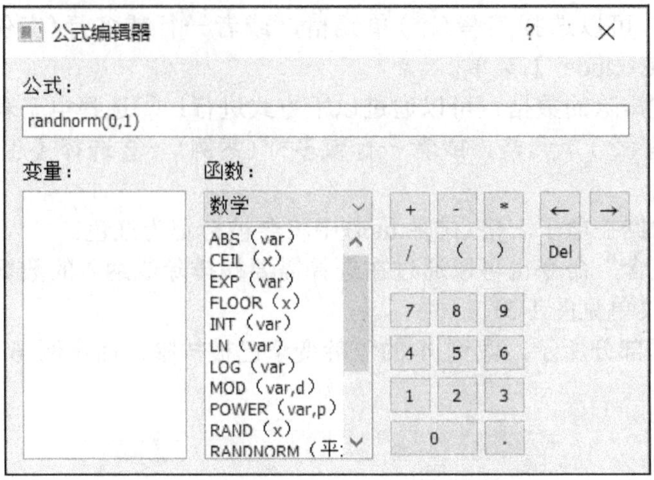

图 2-4 公式编辑器(Formula editor)对话框

在保存数据时，将会把公式编辑器中的公式一并保存在数据文件中，所以用户能够在后续的分析步骤中重新使用。

如果用户希望清除某列中某个范围的单元格内容，则可以将图 2-3 中的【填充(Fill with)】文本框进行留空处理。表 2-1 给出了一些常用的公式。

表 2-1 常用的公式列表

填　充	结　果
SQRT(VAR)	用变量 VAR 的平方根填充
IF(VAR<20,"A","B")	用 20 为界将变量 VAR 分为 A 和 B 两个类别
RAND(2)	用 1 或 2 进行随机填充
RANDNORM(0,1)	用服从平均值为 0、标准差为 1 的正态分布的随机数填充
VAR1+VAR2	用变量 VAR1 和变量 VAR2 的和填充
ROW	用行号进行填充
	清除选定的单元格内容

用户可以在填充列命令中使用 IF 函数将连续型变量转换为分类变量。IF 函数通用的格式为：IF(Condition, result for TRUE condition, result for FALSE condition)。假设有一个年龄变量(AGE)，要把年龄低于 30 岁的编码为 1，年龄在 30 岁及以上的编码为 2，用户可以在图 2-3 中的【填充】文本框中输入公式“IF(AGE < 30, 1, 2)”。

如果没有进行编码操作，又想在分析中将连续型变量当作分类变量处理，则可以在后续的统计分析对话框中直接用 IF 函数代替变量。

如果用户要把年龄变量编码为 3 段(小于 30 岁、30～39 岁、40 岁及以上)，则可以用嵌套的方式输入公式“IF(AGE < 30, 1, IF(AGE < 40, 2, 3))”。

2.4 堆 叠 列

堆叠列(Stack columns)功能可对将进行多因素分析或单因素分析的数据文件中的几列堆叠成一个新列。

【例 2-2】 重复测量资料在进行统计分析前通常需要进行堆叠列处理。现有重复测量资料，见表 2-2，试将数据进行“堆叠列”处理。(堆叠.mcl)

表 2-2　堆叠列数据

Patient	Hour12	Hour24
NP	3.87	3.1
AM	4.65	3.26
FS	2.34	3.18
CV	2.45	2.72

1) 打开数据文件“堆叠.mcl”。

2) 选择【工具(Tools)】→【堆叠列(Stack columns)】菜单，打开堆叠列(Stack columns)对话框，见图 2-5。

- 【来源：堆叠变量(Source: Variables to stack)】:
  - ○ 将需要进行堆叠处理的变量从左边的【可用变量(Variables of interest)】列表中选入到右边的【选定的堆叠变量(Selected variables)】列表中。
  - ○【带案例标识的变量(Variable with case identification)】：在下拉菜单中选择一个变量，该变量将对应每个堆叠变量进行复制。如果该处留空，则将以行号用作案例标识。

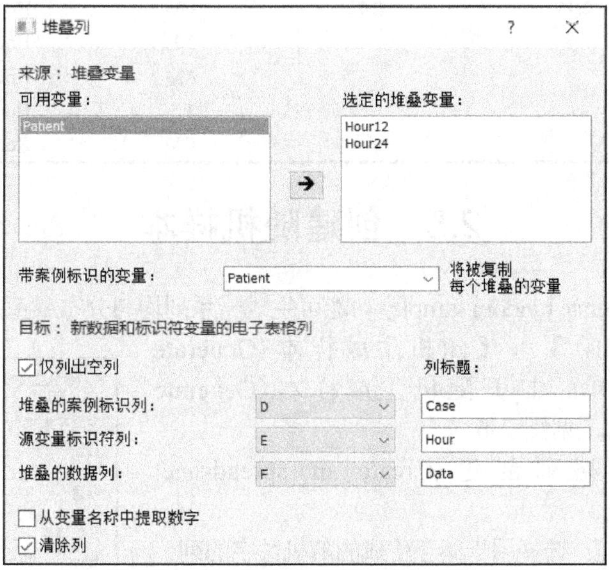

图 2-5　堆叠列(Stack columns)对话框

- 【目标：新数据和标识符变量的电子表格列(Target: Spreadsheet columns for new data and identifier variables)】。
  - ○【仅列出空列(List empty columns only)】：如果选择了该项，则下面的下拉菜单中只显示空的列。
    - 【堆叠的案例标识(Stacked case identification column)】：将会创建一列新的变量作为案例标识，该变量对应每一个堆叠变量进行复制。本例中将该变量命名为“Case”。
    - 【源变量标识符列(Source variables identifier column)】：将会创建一列新的变量作为堆叠变量名。本例中将该变量命名为“Hour”。
    - 【堆叠的数据列(Stacked data column)】：将会创建一列新的变量展示堆叠变量的数值。本例中将该变量命名为“Data”。
  - ○【从变量名称中提取数字(Extract numbers from variable names)】：如果堆叠变量命

中包含数字，比如本例中的“Hour12”和“Hour24”，则数据“12”和“24”将被提取出来作为源变量标识符列。

- ○【清除列(Clear columns)】：如果上面填充的列中选择了非空列，勾选该选项则会在创建新的变量前对选择的列进行清空操作。

*完成上述操作后，单击【确定(OK)】按钮。

3) 主要结果：进行堆叠列处理后的数据文件见表 2-3。其中，变量“Case”、“Hour”、“Data”为新生成的变量。

表 2-3　堆叠列处理后的数据文件

Patient	Hour12	Hour24	Case	Hour	Data
NP	3.87	3.1	NP	Hour12	3.87
AM	4.65	3.26	AM	Hour12	4.65
FS	2.34	3.18	FS	Hour12	2.34
CV	2.45	2.72	CV	Hour12	2.45
			NP	Hour24	3.1
			AM	Hour24	3.26
			FS	Hour24	3.18
			CV	Hour24	2.72

2.5　创建随机样本

随机生成样本(Generate random sample)功能可生成一系列均匀分布或正态分布的随机数字。

选择【工具(Tools)】→【随机生成样本(Generate random sample)】菜单，打开随机生成样本(Generate random sample)对话框，见图 2-6。

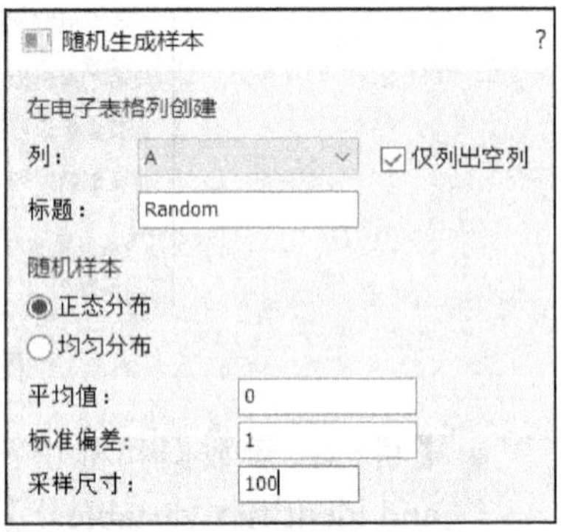

图 2-6　随机生成样本(Generate random sample)对话框

- ■【在电子表格列创建(Create in spreadsheet column)】。
  - ○【列(Column)】：选择用于储存生成的随机数字的列。
    - ●【仅列出空列(List empty columns only)】：如果勾选了此项，则在下拉菜单中仅展示空的列。
  - ○【标题(Header)】：设置储存随机数的列的变量名。本例中为“Random”。
- ■【随机样本(Random sample)】。
  - ○【正态分布(Normal distribution)】：需要输入【平均值(Mean)】和【标准偏差(Standard deviation)】，以及【采样尺寸(Sample size，样本含量)】。
  - ○【均匀分布(Uniform distribution)】：选择此项后，下方选项会相应变化，需要输入【最低(Minimum)】和【最高(Maximum)】值，以及【采样尺寸(Sample size，样本含量)】。如果最小值和最大值都是整数，则将只生成随机的整数。

*完成上述操作后，单击【确定(OK)】按钮。

被选中的列将以设定的随机数进行填充。

2.6 创建组

MedCalc 提供 3 种创建组的方法，包括创建分位数组(Create groups form quantiles)、创建随机组(Create random groups)和创建用户自定义组(Create user-defined groups)。

2.6.1 创建分位数组

创建分位数组(Create groups form quantiles)功能可根据一个连续型变量的分位数进行分组。

【例 2-3】 试按照年龄的四分位数将例 2-1 的资料分成 4 组。(成人身高体重.mcl)

1)打开数据文件“成人身高体重.mcl”。

2)选择【工具(Tools)】→【创建组(Create groups)】→【分位数组(From quantiles)】菜单，打开创建分位数组(Create groups from quantiles)对话框，见图 2-7。

- 【在电子表格列创建(Create in spreadsheet column)】。
  - 【列(Column)】：选择列用于储存生成的分组变量，默认为“F”。
    - 【仅列出空列(List empty columns only)】：如果勾选了此项，则在下拉菜单中仅展示空的列。
  - 【标题(Header)】：设置储存分组变量的列名。本例为“GROUP”。
    - 【清除列(Clear column)】：如果上面填充的列中选择了非空列，则勾选该选项将会在创建新的变量前对选择的列进行清空操作。
- 【数据(Data)】。
  - 【变量(Variable)】：在下拉菜单中选择需要进行分组的连续型变量。本例选择“age(年龄)”。
- 【组(Groups)】。
  - 【组数量(Number of groups)】：设置需要划分的组数。例如，按照四分位数可以创建 4 组。

*完成上述操作后，单击【确定(OK)】按钮。

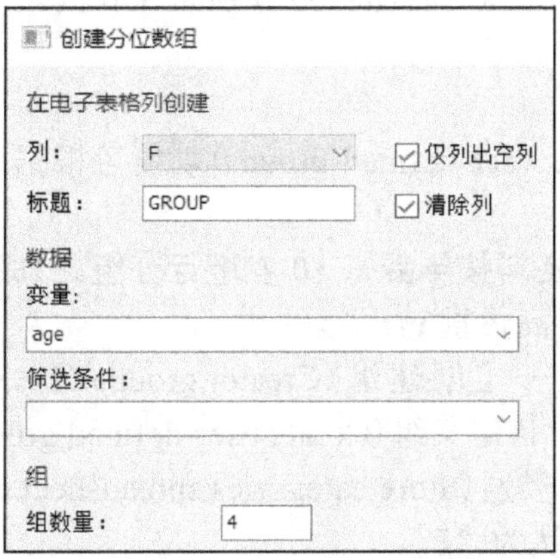

图 2-7 创建分位数组(Create groups from quantiles)对话框

3) 主要结果：F 列将增加一个变量“GROUP”，由 1、2、3、4 组成的分组变量，数值代表每个连续型数值所在的分组，各组例数分别为 260、256、238 和 236。

2.6.2 创建随机组

创建随机组 (Create random groups) 功能可对个案进行随机分组。

【例 2-4】 试将例 2-1 的资料随机分成 3 组。(成人身高体重.mcl)

1) 打开数据文件“成人身高体重.mcl”。

2) 选择【工具 (Tools)】→【创建组 (Create groups)】→【随机组 (Random groups)】菜单，打开创建随机组 (Create random groups) 对话框，见图 2-8。

【在电子表格列创建 (Create in spreadsheet column)】中的【列 (Column)】默认为“F”；【标题 (Header)】为“GROUP”。【带案例标识的变量 (Variable with case identification)】为“no (编号)”。【组数量 (Number of groups)】为“3”。其他选项同第 2.6.1 节。

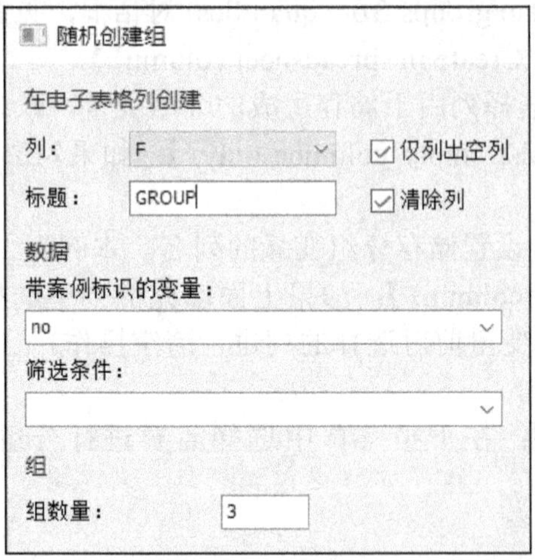

图 2-8 创建随机组 (Create random groups) 对话框

3) 主要结果：F 列将增加一个变量“GROUP”，由 1、2、3 组成的分组变量，数值代表每个案例编号对应所在的随机分组，各组例数分别为 330 例。

2.6.3 创建用户自定义组

创建用户自定义组 (Create user-defined groups) 功能可根据用户自定义界限将一个连续型变量生成一个分类变量。

【例 2-5】 试对例 2-1 的资料按年龄每 10 岁进行分组。(成人身高体重.mcl)

1) 打开数据文件“成人身高体重.mcl”。

2) 选择【工具 (Tools)】→【创建组 (Create groups)】→【用户定义组 (User-defined groups)】菜单，打开创建用户自定义组 (Create user-defined groups) 对话框，见图 2-9。

- 【在电子表格列中储存类别 (Store categories spreadsheet column)】。
  - 【列 (Column)】：默认为“F”。
  - 【标题 (Header)】：设定所选列的名称。本例为“GROUP”。
- 【标准和类别 (Criteria and categories)】：可输入 7 个分组的标准。

- 【如果(If)】：设定【变量(Variable)】为“age(年龄)”，【运算符(Operator)】为“≤”，【标准值(Criterion value)】为“30”，【组/类别(Group/category)】为“1”，即年龄≤30 的个案划分到第 1 组。
- 【否则如果(Else if)】：设定【变量(Variable)】为“age(年龄)”，【运算符(Operator)】为“≤”，【标准值(Criterion value)】为“40”，【组/类别(Group/category)】为“2”，即 30<年龄≤40 的个案划分到第 2 组。以此类推设定各年龄组的条件。
- 【否则，如果上述条件都不正确，(默认值)(Else，if none of the above conditions is true，(default value)】：设定上述条件都不符合的个案的分组。本例未设置。

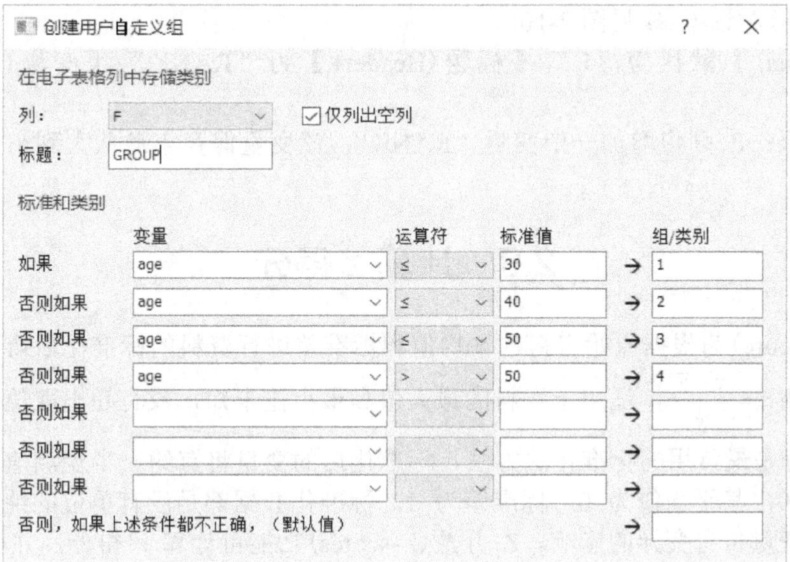

图 2-9　创建用户自定义组(Create user-defined groups)对话框

3)主要结果：F 列将增加一个变量“GROUP”，由 1、2、3 和 4 组成的分组变量，数值代表每个年龄对应所在的分组。

2.7　个 案 排 秩

案例排行(Rank cases)功能可根据数值变量进行排秩，并将秩次保存到一个变量中。

【例 2-6】　试对例 2-1 的资料按年龄进行排秩。(成人身高体重.mcl)

1)打开数据文件“成人身高体重.mcl”。

2)选择【工具(Tools)】→【案例排行(Rank cases)】菜单，打开案例排行(Rank cases)对话框，见图 2-10。

【列(Column)】默认为“F”，【标题(Header)】为“RANK”，【变量(Variable)】为“age(年龄)”。

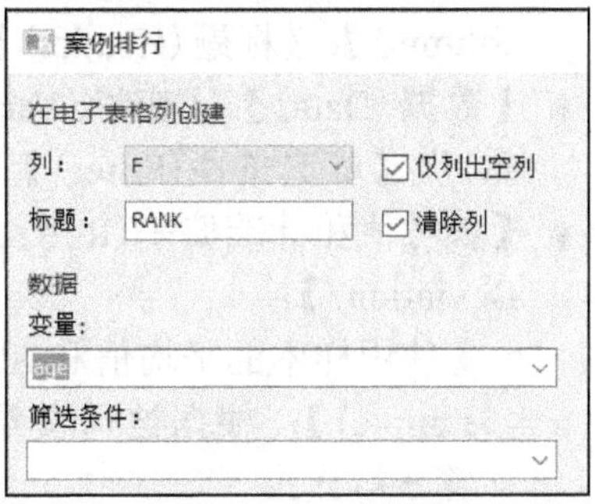

图 2-10　案例排行(Rank cases)对话框

3) 主要结果：F 列将增加一个变量“RANK”，该变量保存年龄从大到小排列的秩次，相同的年龄将取平均秩。

2.8 百分位数排秩

百分等级(Percentile ranks)功能可根据数值变量进行百分位数排秩，并将秩次保存到一个变量中。

【例 2-7】 试对例 2-1 的资料按年龄进行百分位数排秩。(成人身高体重.mcl)

1) 打开数据文件“成人身高体重.mcl”。

2) 选择【工具(Tools)】→【百分等级(Percentile ranks)】菜单，打开百分等级(Percentile ranks)对话框(参见图 2-10)。

【列(Column)】默认为“F”，【标题(Header)】为“RANK”，【变量(Variable)】为“age(年龄)”。

3) 主要结果：F 列将增加一个变量“RANK”，该变量保存年龄从大到小排列的百分位数秩。

2.9 计算 *z* 得分

z 得分(*z*-score)为根据原始资料的平均值和标准差进行资料的标准化后得到的标准化得分，计算公式为 $z=\dfrac{x-\bar{x}}{s}$，适用于资料的最大值和最小值未知，或有超出取值范围的离群值的情况。*z* 得分是最常用的标准化法方法，标准化后的变量将有约一半观测值小于 0，另一半观测值大于 0，其平均值为 0、标准差为 1。标准化数据都是没有单位的纯数量，可消除量纲(单位)和变量自身变异的影响。Z 分数(Z-scores)功能可计算 *z* 得分，并可对 *z* 得分进行扩展，即 $z=\dfrac{x-\text{参考值}}{s}$。

【例 2-8】 试对例 2-1 的资料计算男性身高的 *z* 得分。(成人身高体重.mcl)

1) 打开数据文件“成人身高体重.mcl”。

2) 选择【工具(Tools)】→【Z 分数(Z-scores)】菜单，打开 Z 分数(Z-scores)对话框，见图 2-11。

- 【在电子表格列创建(Create in spreadsheet column)】:【标题(Header)】为“ZScores”。
- 【数据(Data)】:【变量(Variable)】为“weight(体重)”,【筛选条件(Filter)】为“sex=1”。
- 【参考值和标准偏差(Reference value and Standard Deviation)】。
  - 【使用样本的平均值和 SD(Use mean and SD of sample)】：根据被选变量的平均值和标准差计算 *z* 得分。

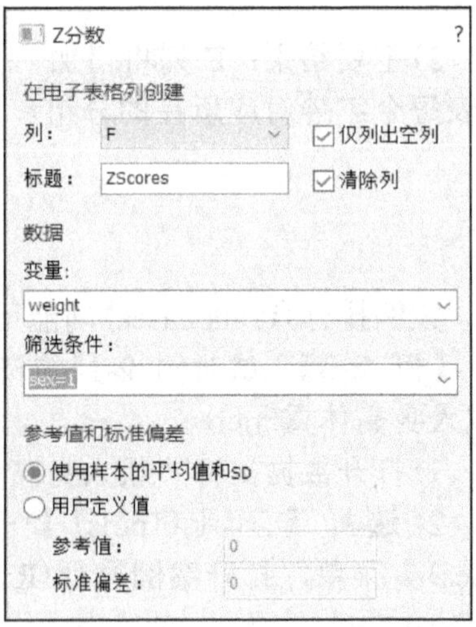

图 2-11 Z 分数(Z-scores)对话框

○【用户定义值(User-defined values)】：根据用户自定义的参考值和标准差计算 z 得分。

- 【参考值(Reference value)】：输入参考值。
- 【标准偏差(Standard Deviation)】：输入标准差。

*完成上述操作后，单击【确定(OK)】按钮。

3) 主要结果：F 列将增加一个变量 ZScores，为男性体重对应的 z 得分。

2.10 幂 变 换

多种统计分析方法都要求资料服从正态分布，或近似正态分布，当资料为偏态分布时，为了让资料满足线性模型的基本假设，即线性、正态性及方差齐性，需要对资料进行变换，幂转换(Power transformation)功能可实现该目的。幂变换的一个重要参数为 λ，公式如下：当 $\lambda \neq 0$ 时，$x(\lambda)=x^{\lambda}$；当 $\lambda=0$ 时，$x(\lambda)=\lg x$。

另外，用户还可以选择进行 Box-Cox 变换，公式如下：当 $\lambda \neq 0$ 时，$x(\lambda)=(x^{\lambda}-1)/\lambda$；当 $\lambda=0$ 时，$x(\lambda)=\lg x$。

当变换的变量包含非正数时，所有观测值均加上一个偏移参数 c，即 $x'=x+c$。

【例 2-9】 已知某指标(x)不服从正态分布(Shapiro-Wilk W=0.9529，P=0.0013)，试进行幂变换。(幂变换.mcl)

1) 打开数据文件“幂变换.mcl”。

2) 选择【工具(Tools)】→【幂转换(Power transformation)】菜单，打开幂转换(Power transformation)对话框，见图 2-12。

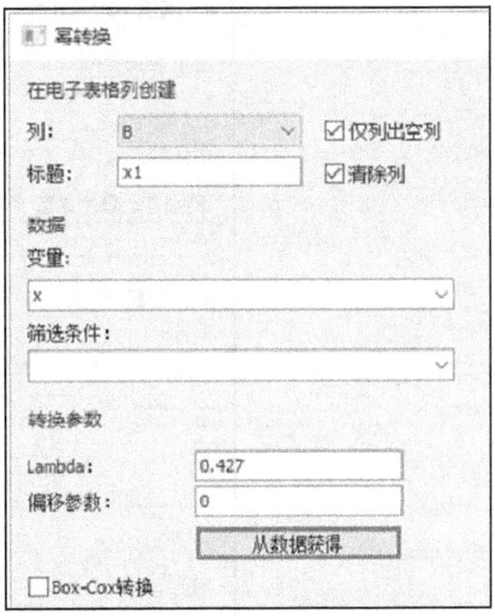

图 2-12　幂转换(Power transformation)对话框

■【在电子表格列创建(Create in spreadsheet column)】:【标题(Header)】为“x1”。

■【数据(Data)】:【变量(Variable)】为“x”。

■【转换参数(Transformation parameters)】:

○【Lambda】：输入幂参数 λ 值。

○【偏移参数(Shift parameter)】：当资料中存在负数时，将统一每个原始观测值加上常数 c，使所有数据均为正数，也称偏移参数。

○【从数据获得(Get from data)】：单击该按钮，自动计算最优的 λ 值和偏移参数。软件提供的 λ 值通常有 2～3 位小数。用户可以手动将默认 λ 值修改为特定值，如−3、−2、−1、−0.5、0、0.5、1、2、3。当用户没有勾选【Box-Cox 转换】，并且偏移参数为 0 时，上述 λ 值具有特殊的意义。例如，当 $\lambda=0$ 时，为对数变换；当 $\lambda=0.5$ 时，为平方根变换；当 $\lambda=-1$ 时，为倒数变换；当 $\lambda=1$ 时，不进行任何变换。

○【Box-Cox 转换(Box-Cox transformation)】：根据上述参数进行 Box-Cox 变换，本例未选择。

3) 重复上述步骤，【标题(Header)】为“x2”，【变量(Variable)】为“x”，【Lambda】为

“0.5”，并选择【Box-Cox 转换(Box-Cox transformation)】。其他选项不变。

四)主要结果：数据文件中增加 x1 和 x2 两个变量，分别进行正态性检验。x1 和 x2 的 Shapiro-Wilk *W* 值分别为 0.9869 和 0.9870；*P* 值分别为 0.4278 和 0.4388，均大于 0.05。变换后的资料服从正态分布。

2.11 病例-对照匹配

在医学研究的设计阶段，采用配对设计来控制混杂因素对研究结果的影响是常用的方法。例如，配对 t 检验、条件 Logistic 回归等方法常需把病例和对照按照年龄、性别等条件进行配对，形成多个匹配组。病例-对照匹配(Case-control matching)功能可按照指定的标准对病例和对照进行随机配对，MedCalc 可支持对 4 个变量进行配对。

【例 2-10】 某研究者收集了某病手术治疗和保守治疗各 50 名病人的生存资料，为了控制混杂因素，试按照相同性别、年龄相差不超过 2 岁的标准对两组病人进行配对。(病例-对照匹配.mcl)

1)打开数据文件“病例-对照匹配.mcl”。

2)选择【工具(Tools)】→【病例-对照匹配(Case-Control matching)】菜单，打开病例-对照匹配(Case-Control matching)对话框(1)，见图 2-13。

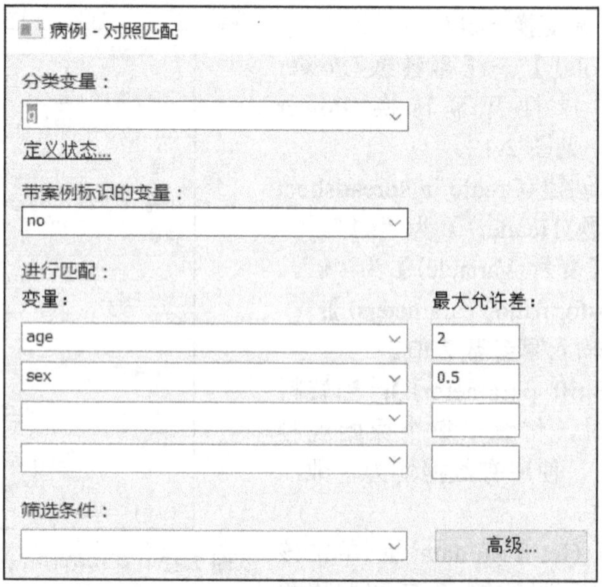

图 2-13 病例-对照匹配(Case-Control matching)对话框(1)

- 【分类变量(Classification variable)】：选择一个二分类变量以区分组别。通常以 0 表示对照，1 表示病例。如果用户数据不是采用此编码，则需要通过【定义状态(Define status)】链接进行自定义编码。本例为“g(分组)”
- 【带案例标识的变量(Variable with case identification)】：选择一个标识个案的指示变量，即个案的编号。如果未选择，则将采用行号进行代替。本例为“no(编号)。
- 【进行匹配(Match on)】：最多可选择 4 个【变量(Variable)】，每个变量都可以设定

【最大允许差(Maximum allowable difference, caliper)】，较小的最大允许差减小，将降低配对中的偏倚，但会降低成功配对的对数。

■ 【筛选条件(Filter)】：设定筛选条件，对某个亚组内部进行匹配，如“sex=1”。

○ 【高级(Advanced)】：单击该按钮可设定【迭代数目(Number of iterations)】和【随机数种子(Random-number seed)】。

3) 主要结果。

(1) 数据概况。手术治疗组(案例)和保守治疗组(对照)各 50 例病人，其中符合配对条件并成功配对的个案共有 39 对，见图 2-14。

(2) 配对变量的组间差异。MedCalc 把性别变量视为连续型变量处理，给出每个变量的平均值差、标准差、平均差的 95%CI、组间比较 P 值等信息。本例年龄比较的 P 值>0.05，性别的差别为 0，两组对象的性别和年龄的差别没有统计学意义，见图 2-14。

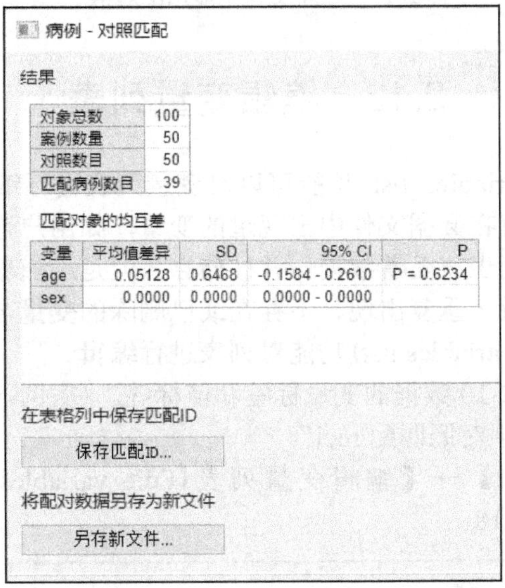

图 2-14　病例-对照匹配(Case-Control matching)对话框(2)

(3) 在表格列中保存匹配 ID(Save match IDs in spreadsheet column)。单击【保存匹配 ID(Save match IDs)】按钮，打开病例-对照匹配(Case-Control matching)对话框(3)，见图 2-15。将【标题(Header)】设置为“MatchID”，单击【确定(OK)】按钮。数据文件中将增加一列 MatchID 变量，匹配成功的案例后将出现变量“no(编号)”和变量“MatchID”的配对编号，没有配对成功的个案将留空。如图 2-16 所示，编号 1 和 59 的个案配对，编号 2 不能成功配对，编号 3 和 71 的个案配对，以此类推。

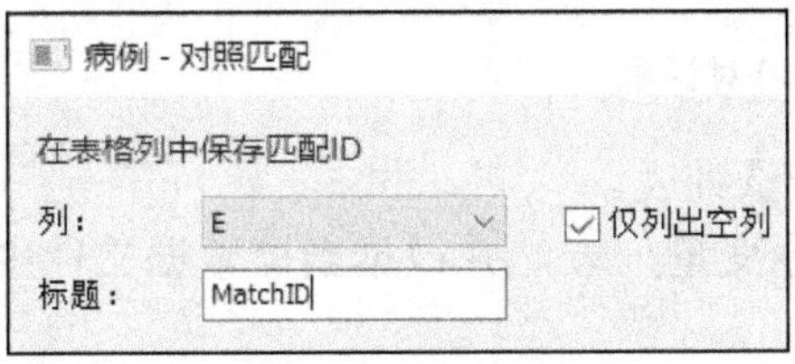

图 2-15　病例-对照匹配(Case-Control matching)对话框(3)

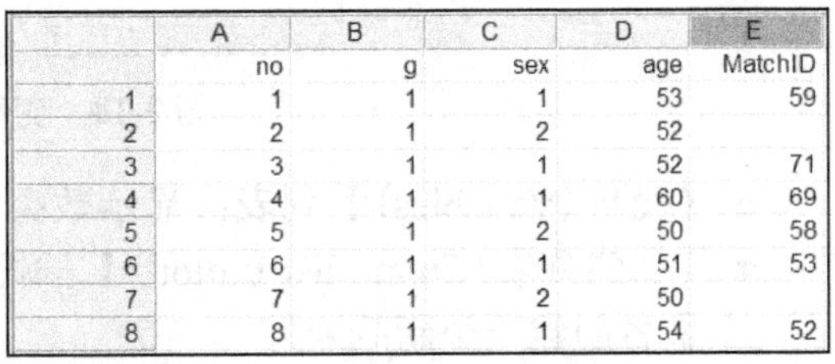

	A	B	C	D	E
	no	g	sex	age	MatchID
1	1	1	1	53	59
2	2	1	2	52	
3	3	1	1	52	71
4	4	1	1	60	69
5	5	1	2	50	58
6	6	1	1	51	53
7	7	1	2	50	
8	8	1	1	54	52

图 2-16　在源数据文件中显示配对情况

4．将匹配数据另存为新文件(Save as new file with paired data)。单击【另存新文件(Save as new file)】按钮将配对结果保存到新数据文件中(见图 2-17)，数据格式如下：以“_T”为后缀的变量为手术治疗组病例(病例组)的数据，以“_C”为后缀的变量为保守治疗组(对照组)的数据。如图 2-17 所示，编号 16 和 75 的个案配对，编号 47 和 71 的个案配对，以此类推。

	A	B	C	D	E	F	G	H	I
	no_T	g_T	sex_T	age_T		no_C	g_C	sex_C	age_C
1	16	1	2	50		75	0	2	51
2	47	1	1	52		71	0	1	52
3	41	1	1	58		61	0	1	59
4	8	1	1	54		59	0	1	54
5	17	1	1	57		55	0	1	56
6	18	1	1	52		72	0	1	52
7	21	1	1	52		79	0	1	52
8	11	1	1	54		64	0	1	55

图 2-17　在新文件中显示配对情况

2.12　编辑变量列表

编辑变量列表(Edit variables list)功能可以对变量列表进行编辑并设定变量标签和值标签。MedCalc 自动记录所有在数据文件中出现过的变量，如用户输入和从其他文件导入的数据等。保存数据时，变量列表将随着数据一并被储存。但是，随着时间的积累，变量列表可能会出现某些错误，如变量名重复出现、不存在或已删除的变量名仍然存在。因此，用户可以通过编辑变量列表(Edit variables list)功能对列表进行编辑。

【例 2-11】 试设定例 2-10 数据的变量标签和值标签。(病例-对照匹配.mcl)

1) 打开数据文件“病例-对照匹配.mcl”。

2) 选择【工具(Tools)】→【编辑变量列表(Edit variables list)】菜单，打开变量(Variables)对话框，见图 2-18。

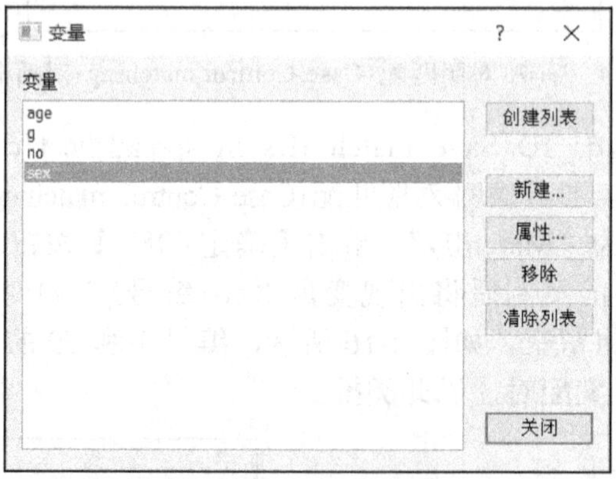

图 2-18　变量(Variables)对话框

- 【变量(Variables)】列表：显示数据文件的变量列表。
- 【创建列表(Create list button)】按钮：清除原变量列表，并根据当前数据文件中的变量名创建一个新列表。
- 【新建(New)】按钮：创建一个新变量。在变量属性(Variable properties)对话框(见

图 2-19) 中，用户可以为新变量输入公式、输入变量标签和值标签。

- 【属性 (Properties)】按钮：选中一个变量后，单击此按钮可编辑选中变量的属性。
- 【移除 (Remove)】按钮：选中一个或多个变量，单击此按钮可删除变量列表中的变量，但不会删除数据文件中对应列中的数据。
- 【清除列表 (Clear list)】按钮：删除变量列表中的所有变量。

3) 选中变量"sex"后，单击【属性 (Properties)】按钮，打开变量属性 (Variable properties) 对话框，见图 2-19。

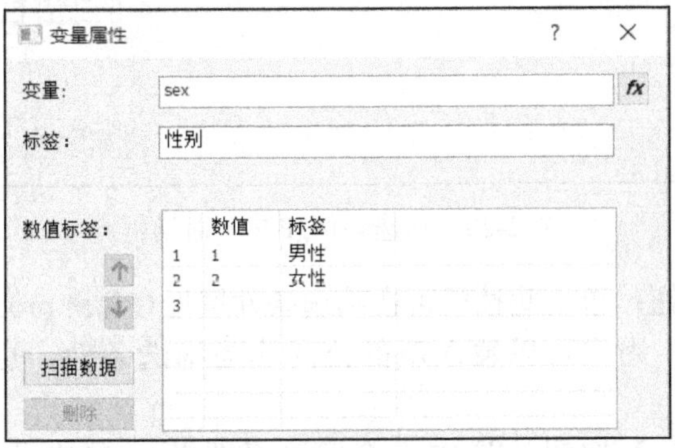

图 2-19　变量属性 (Variable properties) 对话框

在实际工作中，常用英文代表变量名，数字编码代表分类变量的水平，如 1 表示男性、2 表示女性，1 表示病例组、0 表示对照组，1 表示差、2 表示中、3 表示好等。但是如果变量用于绘图时，其变量及分类水平的含义则不能在图形中直观标识，因此需要预先设定变量标签和值标签。

- 【变量 (Variable)】：默认为用户选中的变量，也可以单击【*fx*】按钮，设定派生变量的公式。本例为默认变量名"sex"。
- 【标签 (Labels)】：设定变量标签，变量标签可标识统计图中变量。本例为"性别"。
- 【数值标签 (Value labels)】：设定变量中每个值的标签，值标签可标识图形中的子组。设定值标签的方法有两种：一是在单元格中直接输入变量中的【数值 (Value)】和【标签 (Label)】；二是单击【扫描数据 (Scan data)】按钮，扫描变量中的所有数值，然后在每个数值后输入标签的内容。

2.13　编辑筛选条件列表

编辑筛选条件列表 (Edit filters list) 功能可以对筛选条件列表进行编辑。在数据管理或数据分析的对话框中，用户可以通过设定筛选条件对其中一部分样本进行分析，这些筛选条件都会被记录在筛选条件列表中。

【例 2-12】 试设定例 2-1 的资料中确定男性和女性的筛选条件。(成人身高体重.mcl)

1) 打开数据文件"成人身高体重.mcl"。

2) 选择【工具 (Tools)】→【编辑筛选条件列表 (Edit filters list)】菜单，打开筛选条件 (Filter) 对话框，见图 2-20。

- 【筛选条件 (Filter)】列表：显示数据文件中已保存的筛选条件。

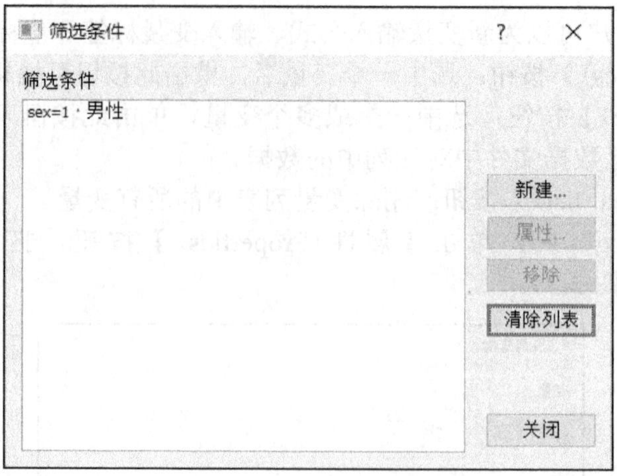

图 2-20 筛选条件(Filter)对话框

- 【新建(New)】按钮：单击此按钮可在筛选条件属性(Filter properties)对话框(见图 2-21)中新建筛选条件，用户可以输入新的公式作为筛选条件，也可以为筛选条件添加描述性的标签。
- 【属性(Properties)】按钮：选中一个筛选条件后，单击此按钮可在筛选条件属性(Filter properties)对话框(见图 2-21)中编辑筛选条件的属性，如公式和标签等。
- 【移除(Remove)】按钮：选中一个或多个筛选条件后，单击此按钮，可删除选中的筛选条件。
- 【清除列表(Clear list)】按钮：清除列表所有筛选条件。

3)单击【新建(New)】按钮，打开筛选条件属性(Filter properties)对话框，见图 2-21。

- 【筛选条件(Filter)】：输入筛选条件，如变量“TREATMENT”包含编码 0 和 1 分别表示治疗组和对照组的病例，可直接输入“TREATMENT=0”筛选对照组的个案。可以使用“AND()”或“OR()”等函数输入不同的组合条件，也可以单击【*fx*】按钮，在公式编辑器中编辑公式。本例为“sex=2”。
- 【标签(Label)】：设定描述筛选条件的标签，该标签可在结果和图形中显示。本例为“女性”。

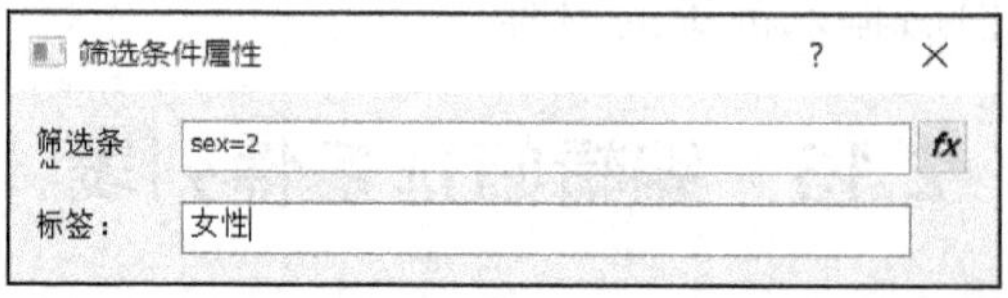

图 2-21 筛选条件属性(Filter properties)对话框

2.14 个案标识变量

案例标识变量(Case identification variable)功能可选择一个或多个变量作为个案识别变量，该变量可在统计图中用于标识个案。

【例 2-13】 试将例 2-1 的资料中“no(编号)”设为个案标识变量。(成人身高体重.mcl)

1)打开数据文件“成人身高体重.mcl”。

2) 选择【工具(Tools)】→【案例标识变量(Case identification variable)】菜单，打开案例识别变量(Case identification variable)对话框，见图 2-22。

- 【选择案例识别的变量(Select variable for case identification)】：选择作为个案识别的变量。本例为“no(编号)”。值得注意的是，用户可以在对话框中输入多个变量的组合。例如，数据文件中包含“NAME”和“FIRST_NAME”两个变量，用户可以在输入框中输入“CONCAT(FIRST_NAME," ",NAME)”。此外，还可以单击【fx】按钮，在公式编辑器中设定组合型的公式。如果未设置个案识别变量，MedCalc 则将使用数据文件中的行号对个案进行标注。

图 2-22　案例识别变量(Case identification variable)对话框

2.15　设定数据输入方向

输入键移动单元格指针(Enter key moves cell pointer)功能下共有两个子菜单，包括【向下(down)】和【右侧(Right)】两个子菜单，选中相应的子菜单可控制输入方向。

- 【向下(Down)】子菜单：回车后，单元格指针将移动到相同列的下方单元格，即按照从上往下的方向输入数据。
- 【右侧(Right)】子菜单：回车后，单元格指针将移动到同一行中右侧的单元格，即按照从左往右的方向输入数据。

第3章　计量资料的统计描述与正态性检验

MedCalc 可对计量资料进行汇总统计及正态性检验，检测计量资料中的可疑异常值，并绘制直方图、累积频率分布图、正态图与 Q-Q 图、点图和箱形图等。

3.1　计量资料的汇总统计量

汇总统计(Summary statistics)功能可计算样本含量(sample size)、极差(range)、平均值(mean)、平均值的 95%CI(95% confidence interval for the mean)、中位数(median)、中位数的 95%CI(95% confidence interval for the median)、方差(variance)、标准差(Standard Deviation，SD)、相对标准差(relative standard deviation)、平均值的标准误(Standard Error of the Mean，SEM)、常用的百分位数(percentiles)及截尾均值(trimmed mean)。此外，还可以对原始资料进行对数变换(logarithmic transformation)，并对原始资料或变换后的资料进行正态性检验(Tests for normal distribution)。

3.1.1　原始资料的汇总统计量与正态性检验

【例 3-1】 某克山病区测得 11 例急性克山病患者与 13 名健康人的血磷值(x，mg%)如下：

患者：2.60、3.24、3.73、3.73、4.32、4.73、5.18、5.58、5.78、6.40、6.53；健康人：1.67、1.98、1.98、2.33、2.34、2.50、3.60、3.73、4.14、4.17、4.57、4.82、5.78。

上述资料已建立数据文件，变量为 x(血磷值)，group(分组)：1=患者、2=健康人，试对其进行描述统计及正态性检验。(克山病.mcl)

1)打开数据文件“克山病.mcl”。

2)选择【统计(Statistics)】→【汇总统计(Summary statistics)】菜单，打开汇总统计(Summary statistics)主对话框，见图 3-1。

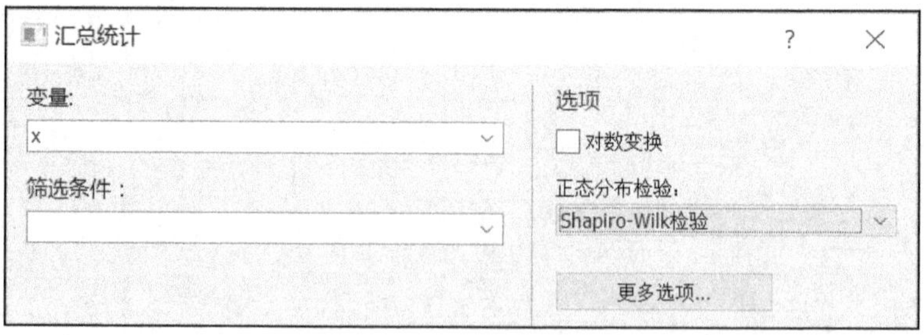

图 3-1　汇总统计(Summary statistics)主对话框

- 【变量(Variable)】：输入包含分析资料的变量。本例为“x(血磷值)”。
- 【筛选条件(Filter)】：设定进行统计分析的个案子组。例如，若只分析克山病人血磷值的汇总统计量，则应输入“group=1”。

- 【选项(Options)】。
  - 【对数变换(Logarithmic transformation)】：当资料为正偏态(positively skewed)时，可考虑进行对数变换，MedCalc 将给出逆变换结果，逆变换的平均值称为几何平均值。由于方差、标准差和平均值的标准误没有逆变换的意义，因此 MedCalc 不报告这些统计量。
- 【正态分布检验(Tests for normal distribution)】：正态性检验的 H_0 为资料服从正态分布，H_1 资料不服从正态分布，一般取 α=0.05 水准。包括如下几种正态性检验方法。
  - 【Shapiro-Wilk 检验(Shapiro-Wilk test)】：Shapiro-Wilk 检验又称 W 检验法，Shapiro-Wilk *W* 统计量(*W* statistic)可用于检验随机样本是否来自正态分布(normal distribution)的总体。*W* 值较小时，表明资料偏离正态性；*W* 值可用于 $3 \leqslant n \leqslant 5000$ 的资料，常用于小样本($3 \leqslant n \leqslant 50$)资料的正态性检验。
  - 【Shapiro-Francia 检验(Shapiro-Francia test)】：Shapiro-Francia 检验又称 W′检验法，Shapiro-Francia *W′*统计量(*W′* statistic)可用于检验随机样本是否来自正态分布(normal distribution)的总体。*W′*值较小时，表明资料偏离正态性；*W′*值可用于 $5 \leqslant n \leqslant 5000$ 的资料。W 检验法和 W′ 检验法的效率最高。
  - 【D′Agostino-Pearson 检验(D′Agostino-Pearson test)】：又称 D 检验法，联合偏度(skewness)和峰度(kurtosis)系数计算单独的 *P* 值，其效率也较高，适用于 $50 \leqslant n \leqslant 1000$ 的资料。
  - 【Kolmogorov-Smirnov 检验(Kolmogorov-Smirnov test)】：对样本累积分布(sample cumulative distribution)和正态累积分布(normal cumulative distribution)的最大差异进行 Lilliefors 显著性校正(lilliefors significance correction)，常用于 $n > 50$ 的资料的正态性检验。
  - 【卡方检验(Chi-squared test)】：χ^2 拟合优度检验(chi-squared goodness-of-fit test)可用于分箱资料(binned data)的检验，即将资料进行分组，适用于任意频数分布的拟合优度检验，并非检验正态性的专用方法。与上述检验相比，其检验效率不够高，需要更大的样本含量。

3) 单击【更多选项(More options)】按钮，打开汇总统计表选项(Summary statistics options)对话框，见图 3-2。

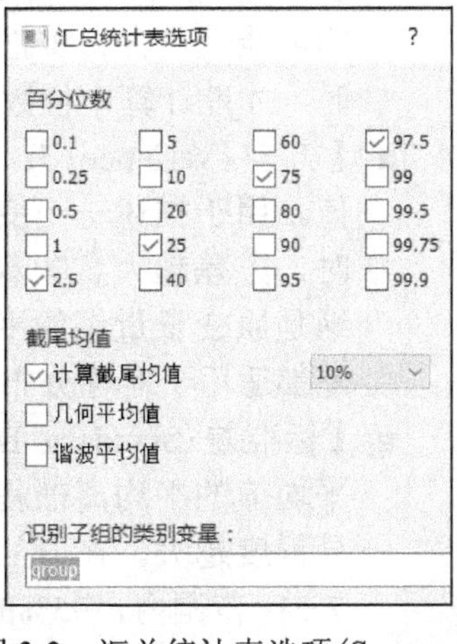

图 3-2 汇总统计表选项(Summary statistics options)对话框

- 【百分位数(Percentiles)】：选择需计算的百分位数。本例选择 $P_{2.5}$、P_{25}、P_{75}、$P_{97.5}$。
  - 【计算截尾均值(Trimmed mean)】：在计算截尾平均值时，忽略两端指定百分比的观测值。例如，选择 10%时，最大的和最小的 5%观测值将不参与截尾平均值的计算。本例选择“10%”。
  - 【几何平均值(Geometric mean)】：计算几何平均值，当选择【对数变换(Logarithmic transformation)】后，由于报告平均值已经是几何平均值，该选项失效。
    - 【谐波平均值(Harmonic mean，调和平均值)】：当选择【对数变换(Logarithmic transformation)】后，该选项失效。

- 【识别子组的类别变量(Categorical variable to identify subgroups)】：选择一个分类变量(categorical variable)，MedCalc 将根据分类变量的分组计算各组的汇总统计量。本例为“group(分组)”。

4)主要结果与分析。

(1)汇总统计量(Summary statistics)包括所有个案(见结果 3-1)、患者(见结果 3-2)及健康人(见结果 3-3)的汇总统计量如下所述。

- 【样本含量(Sample size)】：参与计算的个案数。
- 【最低值(Lowest value)】：即最小值，其数值有下画线，单击该值可切换到工作表中与最小值对应的数值。
- 【最高值(Highest value)】：即最大值，其数值有下画线，单击该值可切换到工作表中与最大值对应的数值。
- 【算术平均值(Arithmetic mean)】：算术平均值为所有观测值之和除以样本含量 n 的商。常用于描述一组同质观测值的集中趋势。适用于描述服从对称分布变量的平均水平，因为平均值位于分布的中心，能反映全部观测值的平均水平，特别是对于服从正态分布或近似正态分布的变量。由于平均值是包括极值在内的所有资料的平均水平，因此它不能代表偏态分布资料的集中趋势。大多数统计分析采用平均值作为标准基准点(standard reference point)，常用 μ 表示总体平均值(population mean)、$\overline{x}$ 表示样本平均值(sample mean)。
- 【平均值的 95%CI(95% CI for the mean)】：总体平均值的 95%置信区间，即有 95%的可能性包含真实总体平均值(true population mean)数值范围。
- 【中位数(Median)】：将样本含量为 n 的资料从小到大(升序)排序，位于中间的数值(序号为 $\frac{n+1}{2}$ 的值)，中位数与第 50 百分位数(P_{50})相等。当资料服从正态分布时，中位数等于算术平均值。中位数对于极端值或奇异值不敏感，因此当资料不服从正态分布时，中位数评价集中趋势效果将优于算术平均值。
- 【中位数的 95%CI(95% CI for the median)】：总体中位数的 95%置信区间，即有 95%的可能性包含真实总体中位数(true population median)数值范围。当样本含量足够大时，才能计算中位数的 95%CI。
- 【方差(Variance)】：(s^2)又称均方差，为所有值与算术平均值的差值的平方的平均值。用于描述一个变量的所有观测值与总体平均值的平均离散程度。同类资料比较时，方差越大意味着资料的离散程度越大，或者说变量的变异程度越大。方差的量纲是原变量量纲的平方，容易使人混淆，因此通常以标准差代替方差。方差和标准差都适用于对称分布的变量，特别对服从正态分布或者近似正态分布的变量。
- 【标准差(Standard Deviation)】：方差的平方根，用于描述一个变量的所有观测值与平均值的平均离散程度，标准差越大意味着资料的离散程度越大，或者说变量的变异程度越大。在服从正态分布(normal distribution)的资料中，大约 68%的观测值在 $\overline{x}\pm 1s$ 范围内，95%的个案在 $\overline{x}\pm 2s$ 范围内，99.7%的观测值落于 $\overline{x}\pm 3s$ 范围内。由于标准差的量纲和原变量的量纲相同，因此标准差比方差更方便和直观。常用 σ 表示总体标准差(standard deviation of a population)，用 s 表示样本标准差(standard deviation of a sample)。

- 【相对标准差(Relative Standard Deviation，RSD)】：标准差除以平均值，变异系数(Coefficient of Variation，COV)等于 RSD×100，COV 为相对变异(relative variability)的度量。COV 越大，表示离散程度越大。COV 为无量纲数(dimensionless number)，因此可用于比较平均值明显不同的总体的离散程度。
- 【平均值的标准误(Standard Error of the Mean，SE)】：为标准差除以样本含量的平方根，当资料服从正态分布或近似正态分布时，总体平均值有 95%的把握落在 $\bar{x}\pm t\times \mathrm{SE}$ 中，t 为自由度为 $n-1$ 的 t 分布中置信度为 95%所对应的 t 值，当样本含量足够大时，t 接近 1.96。平均值标准误用于测量样本平均值估计总体平均值精确程度及计算总体平均值的置信区间(Confidence Interval，CI)。平均值 SE 越小，表示对 μ 的估计越精确。标准差越大，平均值 SE 越大。样本含量 n 越大，平均值 SE 越小。平均值 SE 可用于估计样本之间的变异性(variability)，而标准差则反映单个样本内的变异性。将观测平均值与假设值进行比较，如果两者的差值与其 SE 的比值的绝对值大于 2，则可粗略断定两个值不同。
- 【偏度系数(Skewness)】：可用于测量变量分布的对称度(degree of symmetry)。如果 $P<0.05$，则可认为变量的对称性与正态分布(偏度系数为 0)不同。理论上，总体偏度为 0 时，分布是对称，取正值时，为正(右)偏峰，其分布有较长的右尾；取负值时，为负(左)偏峰，其分布有较长的左尾。偏度与其标准误比值的绝对值大于 2 时，表明分布偏离对称。偏度系数的意义见图 3-3。

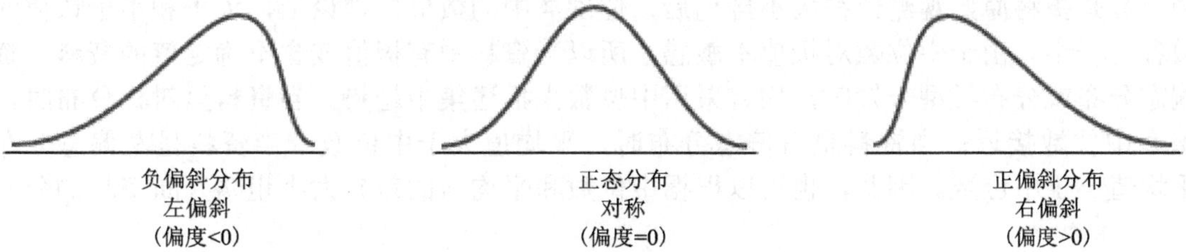

图 3-3　偏度系数的意义

- 【峰度系数(Kurtosis)】：峰度系数用于测量变量分布的峰度和平坦度。如果 $P<0.05$，则可认为变量的峰度与正态分布(峰度系数为 0)不同。理论上正态分布的峰度为 0，取正值时，其分布较正态分布的峰尖峭；取负值时，其分布较正态分布的峰平阔。峰度系数的意义见图 3-4。

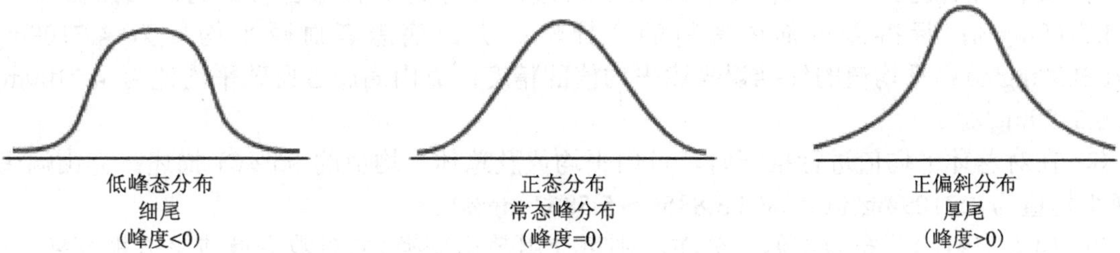

图 3-4　峰度系数的意义

本例所有个案及分组个案的偏度系数和峰度系数对应的 P 值均大于 0.05，可认为各分析的资料均服从正态分布。

■ 【百分位数(Percentiles)】：又称分位数(centiles)，样本含量为 n 时，按数值从小到大排序，第 P 百分位数(P_p)为秩次 $R(p)$ 对应的观测值，

$$R(p) = 0.5 \times \frac{pn}{100}$$

当秩次 $R(p)$ 为整数时，其百分位数与样本值一致，如果 $R(p)$ 为小数，则百分位数位于与 $R(p)$ 相邻的秩次之间，MedCalc 将采用插值法计算百分位数。值得注意的是，百分位数估计要求有足够的样本含量，P_5 和 P_{95} 要求样本含量 $n \geqslant 20$，P_{10} 和 P_{90} 要求 $n \geqslant 10$。百分位数的含义为 p%的观测值小于 P_p，例如，有 10%的观测值小于 P_{10}。P_{25} 称为第 1 四分位数(Q_1)或下四分位数，P_{50} 称为第 2 四分位数(Q_2)或中位数，P_{75} 称为第 3 四分位数(Q_3)或上四分位数。

Q_3 与 Q_1 的差值称为四分位数间距(Interquartile Range，IQR)。即 Q_3 与 Q_1 之间的距离 Q_3–Q_1，IQR 跨越资料中间部分(即 50%)，同类资料比较时，IQR 越大意味着资料的变异越大。IQR 可用于各种分布的资料，特别是服从偏斜分布的资料，常把中位数和 IQR 结合起来描述变量的平均水平和变异程度。与极差相比，IQR 较稳定，受两端极大或极小数据的影响小，但仍未考虑资料中每个观测值的离散程度。

95%的观测值位于 $P_{2.5}$ 和 $P_{97.5}$ 之间，两者之间的距离称为 95%中心间距(95% central range)。同理，P_5 和 P_{95} 之间的距离称为 90%中心间距，P_{10} 和 P_{90} 之间的距离称为 80%中心间距。这些指标常用于描述非正态分布的离散趋势。

中位数是指将原始观测值按大小排列后，位次居中的数值。理论上，大于和小于该值的个案数各占一半。由于中位数对极值不敏感，所以当资料中有极值或含不确定值的资料，资料呈偏态分布或分布类型未知时，均宜采用中位数来描述集中趋势。当资料呈对称分布时，平均值和中位数接近；当资料呈右偏态分布时，平均值大于中位数；当资料呈左偏态分布时，平均值小于中位数。因此，也可以根据中位数和平均值的差异大小粗略判断资料的分布类型。

■ 【截尾均值(Trimmed mean)】：剔除一定比例的最(高和低)极值(extreme value)后的平均值。由于截尾平均值减小了极值对平均值的影响，因此更适合描述具有离群值(outlier)数据的集中趋势。MedCalc 可计算截尾平均值及总体截尾平均值的 95%CI。

(2)汇总统计量的描述。

在论文写作时常需对汇总计量进行描述，汇总统计量描述可参考如下方式进行描述。

① 资料的描述包括样本含量和算术平均值：共有克山病患者 11 例，其血磷平均值为 4.7109mg%；标准差可描述资料的变异性：克山病患者血磷平均值为 4.7109mg% (SD1.3030mg%)；平均值的标准误描述平均值的精度：克山病患者血磷平均值为 4.7109mg% (SE 0.3929mg%)。

② 在对总体平均值进行推断时，可用平均值及总体平均值的 95%CI 描述：克山病患者血磷平均值为 4.7109mg%(95%CI 3.8356～5.5863 mg%)。

③ 如果资料的分布为正偏态分布，则可使用数据变换(如对数变换或平方根变换)使之服从正态分布。计算后需将结果逆变换为原始尺度，但 MedCalc 不报告逆变换后的标准差和平均值的标准误，可使用反对数的置信区间(对数变换)或置信区间的平方(平方根变换)。由于置信区间的结果是非对称的，可反映分布的形状。例如，将资料进行对数变换后，平均

值为 1.408，95%CI 为(1.334，1.482)，将其反对数后，可报告：平均值为 25.6mm（95% CI 21.6，30.3mm）。

④ 如果经对数变换或其他变换后，资料仍不分服从正态分布，则最好报告中位数和百分位数间距，如 IQR、90%或 95%中心间距：克山病患者血磷值的中位数为 4.7300 mg%（95%中心间距 2.6320，6.5235mg%）。读者可根据样本含量决定选择 IQR、90%或 95%中心间距。

结果 3-1　所有案例

样本含量		24
最小值		1.6700
最大值		6.5300
算术平均值		3.9763
平均值的 95%CI		3.3640–4.5885
中位数		3.9350
中位数的 95%CI		3.0779–4.7528
方差		2.1024
标准差		1.4500
相对标准差		0.3647（36.47%）
平均值的标准误差		0.2960
偏度系数		0.1004（P=0.8214）
峰度系数		–0.9935（P=0.1560）
D'Agostino-Pearson 检验正态分布		接受正态性(P=0.3564)
10%截尾均值(n=22)		3.9650
截尾均值的 95% CI		3.3061–4.6239
百分位数		95%的置信区间
2.5	1.7010	
5	1.8870	
25	2.5500	1.9800–3.7300
75	5.0000	4.1937–5.9983
95	6.4390	
97.5	6.5170	

结果 3-2　子组：分组 = 1

样本含量		11
最小值		2.6000
最大值		6.5300
算术平均值		4.7109
平均值的 95%CI		3.8356–5.5863
中位数		4.7300
中位数的 95%CI		3.6420–5.8914
方差		1.6977
标准差		1.3030
相对标准差		0.2766（27.66%）
平均值的标准误差		0.3929
偏度系数		–0.09479（P=0.8810）
峰度系数		–1.1501（P=0.3170）
D'Agostino-Pearson 检验正态分布		接受正态性(P=0.5994)
百分位数		95%的置信区间
2.5		
5	2.6320	
25	3.7300	
75	5.7300	
95	6.5235	
97.5		

(3) 单击汇总统计(Summary statistics)结果窗口右下角的盒形图(Box-and-whisker plot)超链接，打开盒形图(Box-and-whisker plot)窗口，【变量(Variable)】选择“x(血磷值)”，【筛选条件(Filter)】分别输入“group=1”和“group=2”，【选项(Options)】选择【标绘所有数据(Plot all data)】，【图表方向(Graph orientation)】选择【垂直(Vertical)】。从图 3-5 和图 3-6 可见，克山病人的血磷值的中位数(中线位置)高于健康人。

(4) 正态性检验，重复上述操作，【检验正态分布(Tests for Normal distribution)】分别选择各种方法，结果见表 3-1。

正态分布检验的结果表示为“接受正态性(accept Normality)”或“拒绝正态性(reject Normality)”，并显示正态性检的统计量及 P 值。如果 $P>0.05$，则可接受资料服从正态分布的假设并显示结论“接受正态性(accept Normality)”。如果 $P<0.05$，则拒绝资料服从正态分

布的假设并显示“拒绝正态性(reject Normality)”的结论。对于不服从正态分布的资料，算术平均值和标准差将不能准确描述样本的特征，此类样本不适合进行参数检验，如 t 检验等。此时，需变换后使之服从正态分布后，使用 t 检验，或使用非参数检验在比较两个非正态样本的差异，或使用秩相关(rank correlation)估计两者的相关性。如果样本含量太小，则可能不能进行所选的检验，并出现相应的提示，此时可使用直方图或累积频率分布来直观地描述分布的对称度和峰度。本例中病人组因例数过少无法进行 χ^2 拟合优度检验外，其他检验 P 值均大于 0.05，因此可认为各组血磷值均服从正态分布。

结果 3-3 子组：分组 = 2

样本含量		13
最小值		1.6700
最大值		5.7800
算术平均值		3.3546
平均值的 95%CI		2.5664–4.1428
中位数		3.6000
中位数的 95%CI		2.1660–4.3574
方差		1.7014
标准差		1.3044
相对标准差		0.3888 (38.88%)
平均值的标准误差		0.3618
偏度系数		0.3365 (P=0.5676)
峰度系数		−1.0630 (P=0.3136)
D'Agostino-Pearson 检验正态分布		接受正态性(P=0.5111)
百分位数		95%的置信区间
2.5		
5	1.7165	
25	2.2425	1.6770–3.5760
75	4.2700	3.6028–5.7582
95	5.6360	
97.5		

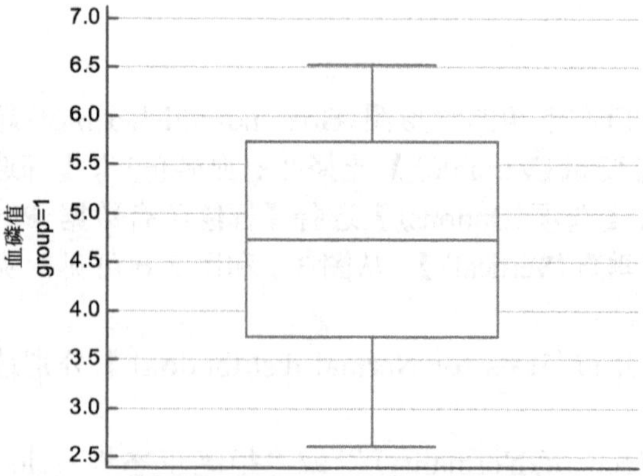

图 3-5 克山病人血磷值的箱形图

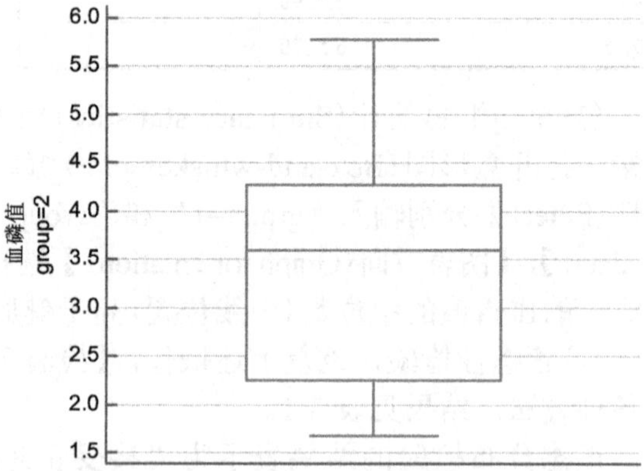

图 3-6 克山病人血磷值的箱形图

表 3-1　血磷值不同正态性检验方法的结果

分组	Shapiro-Wilk 检验		Shapiro-Francia 检验		D'Agostino-Pearson 检验	Kolmogorov-Smirnov 检验		χ^2 拟合优度检验	
	W	P 值	W'	P 值	P 值	D	P 值	χ^2	P 值
所有个案	0.9581	0.4011	0.9755	0.7114	0.3564	0.1204	P>0.10	0.8472	0.810
病人	0.9599	0.7700	0.9749	0.9210	0.5994	0.1379	P>0.10	无法评估	
健康人	0.9267	0.3087	0.9702	0.8259	0.5111	0.2054	P>0.10	0.6575	0.197

判断检验资料是否满足正态性，要分别对各组资料进行正态性检验，但在实践中主要根据专业知识判断，当各组例数较少时尤其如此，必要时，应对资料进行正态性检验。例如，在实际工作中，根据经验得知，有些医学指标，如身高、体重、白细胞、红细胞、血红蛋白、血压等指标服从正态分布，对这些指标不必做正态性检验。

3.1.2　对数变换资料的汇总统计量

偏态分布的资料不能满足参数统计检验(parametric statistical test)的假设，使用参数统计检验，如 t 检验、方差分析、线性回归等，将产生误导性的结果。某些情况下，数据变换可使之满足假设。医学、生物学中的某些指标，如环境监测中某种有害物质的浓度、食品中农药残留量、某些临床检验结果、血清抗体滴度、某些疾病的潜伏期以及医院病人住院天数等，常常服从对数正态分布(log-normal distribution)，即通过对数变换(log-transformation)后的数值服从正态分布。对于某些具有较大的离群值(outlier)的资料，对数变换有时也会有所作用。

对数变换的原理是，假设 x 为原始值，则变换值 $x' = \lg x$，逆变换值 $x = 10^{x'}$。变换值平均值的逆变换值称为几何平均值(geometric mean)，其置信区间并不对称。

【例 3-2】　某年某市调查了 200 例正常成人血铅含量(单位：μg/100g)，并已建立了数据文件，试对血铅含量进行正态性检验并进行对数变换。[血铅含量.mcl，变量为 Pb(血铅含量)]

1) 打开数据文件“血铅含量.mcl”。

2) 汇总统计(Summary statistics)主对话框(参见图 3-1)中，【变量(Variable)】为“Pb(血铅含量)”，【正态分布检验(Tests for Normal distribution)】选择【Shapiro-Francia 检验(Shapiro-Francia test)】，结果见结果 3-4。

3) 主要结果与分析(一)：成人血铅含量的 Shapiro-Francia 正态性检验结果为 W'=0.9135、P<0.0001，按 α=0.05 水准，拒绝正态性，表明成人血铅含量不服从正态分布，见结果 3-4。

4) 重复第二步，汇总统计(Summary statistics)主对话框(参见图 3-1)中，选择【选项(Options)】中的【对数变换(Logarithmic transformation)】，其他选项同第二步，结果见结果 3-5。

5) 主要结果与分析(二)：根据专业知识判断，成人血铅含量服从对数正态分布，对血铅含量进行对数变换后进行 Shapiro-Francia 正态性检验，结果为 W'=0.9917、P=0.2692，按 α=0.05 水准，接受正态性，表明血铅含量对数变换后的资料服从正态分布，见结果 3-5。

结果 3-4

样本含量	200
最小值	3.0000
最大值	60.0000
算术平均值	17.0850
平均值的 95%CI	15.6432–18.5268
中位数	15.0000
中位数的 95%CI	13.0000–17.0000
方差	106.9123
标准差	10.3398
相对标准差	0.6052（60.52%）
平均值的标准误差	0.7311
偏度系数	1.2244（P<0.0001）
峰度系数	1.8098（P=0.0010）
Shapiro-Francia 检验 正态分布	W'=0.9135 拒绝正态性(P<0.0001)

结果 3-5

样本含量	200
最小值	3.0000
最大值	60.0000
几何平均值	14.2738
平均值的 95%CI	13.0975–15.5557
中位数	15.0000
中位数的 95%CI	13.0000–17.0000
偏度系数	–0.1749（P=0.3031）
峰度系数	–0.5660（P=0.0291）
Shapiro-Francia 检验 正态分布	W'=0.9917 接受正态性(P=0.2692)

3.2　计量资料的异常值检测

测量资料中有时会有个别数值过大或过小、与总体严重偏离的可疑数据，这种数值称为离群值(outlier)或极端值(extreme value)。离群值有两种可能：一是测量值随机波动的极度表现，即极值，它虽然与其余数据相差较远，但仍然处于统计上所允许的合理误差范围之内，其余数据属于同一总体，是局内值；二是与其余数据不属于同一总体的异常值，是局外值。如果在测量资料中混有局外值，则必然会歪曲试验结果，此时若能将该值舍弃，则将使结果更符合客观实际情况。但若将本来不是异常的测量值主观地作为异常值舍弃，则虽然得到分散很小、精度很高的结果，但此结果实质上是虚假的，并不是客观情况的真实反映。异常值检测(Outlier detection)是在样本资料中检测异常的观测值(又称离群值)。其假设为，H_0：样本中的所有值均来自同一正态分布的总体；H_1：样本中的其中一个值不是来自同一正态分布的总体。对于同一样本，不要重复进行离群值检验，如果删除离群值后重复检验，则可能会存在误删非离群值的风险。

【例 3-3】 现有某地 990 名成年人的身高(height)资料，试对男性(sex=1)的身高资料进行异常值检测。(成人身高体重.mcl)

1)打开数据文件“成人身高体重.mcl”。

2)选择【统计(Statistics)】→【异常值检测(Outlier detection)】菜单，打开异常值检测(Outlier detection)对话框，见图 3-7。

- 【变量(Variable)】选择“height(身高)”。
- 【筛选条件(Filter)】输入“sex=1”。
- 【异常值检测方法(Methods of outlier detection)】：可选择以下项。
  - 【Grubbs-左侧(Grubbs-left-sided)】：进行 Grubbs 检验(Grubbs' test)，只检查最小值。
  - 【Grubbs-右侧(Grubbs-right-sided)】：进行 Grubbs 检验，只检查最大值。
  - 【Grubbs-两侧(Grubbs-double-sided)】：进行 Grubbs 检验，检查两侧的最极端值。

○【生成的 ESD 检验(Generalized ESD test，广义 ESD 检验)】：广义极值学生化分布离差(Generalized Extreme Studentized Deviate(ESD))检验可一次检测多个异常值。

- 【检验最大量的异常值(Test for maximum number of outliers)】：输入最多可检测异常值数，默认为 10。

○【Tukey】：Tukey 检验可检出两侧的多个异常值，结果分为“外部值(outside)”和“远离值(far out)”两种类型。外部值(outside value)是指超出内部范围(inner fences)的数值，即小于下四分位数(lower quartile，Q_1)减 1.5 倍四分位数间距(interquartile range，IQR)或大于上四分位数(upper quartile，Q_3)加 1.5 倍 IQR 的数值，可区分属于特定分布和分布之外的数值。远离值(far out value)是指超出外部范围(outer fences)的数值，即小于 Q_1 减 3 倍 IQR 或 Q_3 加 3 倍 IQR 的数值，这些数据远远在分布之外，应特别注意。

注：单侧 Grubbs 检验(single-sided Grubbs' tests)的敏感性比双侧检验高。Grubbs 检验只能用于检测单个异常值，检测多个异常值时，不能够删除异常值后重复使用 Grubbs 检验，而应使用广义 ESD 检验。

■【选项(Options)】。

○【Alpha 级(Alpha level，α 水平)针对 Grubbs 和 ESD 检验(for Grubbs' and ESD test)】：仅能用于 Grubbs 检验和广义 ESD 检验，可设定 0.10～0.001 之间的 α 水平，较高的 α 水平的敏感性较好，可以较迅速地检出异常值，但可能导致假阳性(false-positive)结果。

- 【对数变换(Logarithmic transformation)】：异常值检测方法假设资料服从近似正态分布(approximately normal distribution)，如资料不服从正态分布，则可考虑将资料进行对数变换后再进行分析。

■【检验正态分布(Tests for Normal distribution)】：选择【Shapiro-Francia 检验(Shapiro-Francia test)】，参见第 3.1.1 节相关内容。

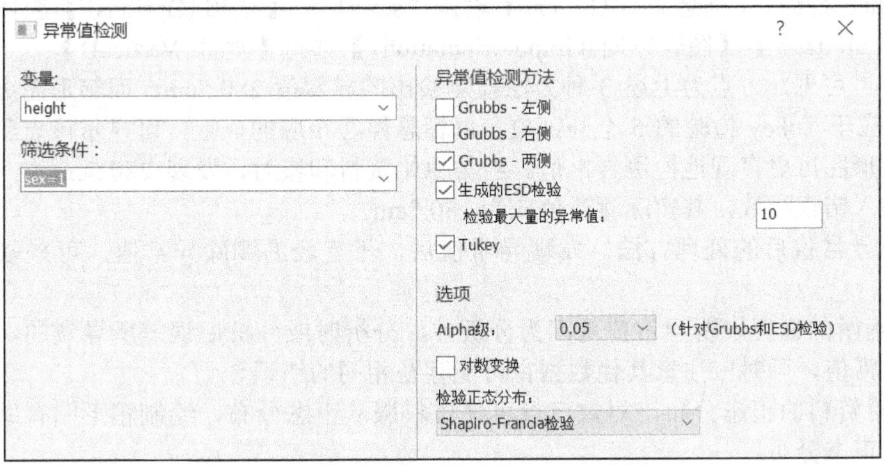

图 3-7　异常值检测(Outlier detection)对话框

3)主要结果与分析。

(1)基本统计量：本例共检测 668 名男性身高的测量值，最小值为 155.00cm，最大值为

280.50cm，平均值为 170.67cm，中位数为 170.00cm，Shapiro-Francia 正态性检验结果为 W'=0.7528、P<0.0001，按 α=0.05 水准，拒绝正态性，本例中最大值为 280.50cm，根据常识判断，该值可能有问题，男性身高不服从正态分布，似乎与常识不相符，可能是因为资料中存在异常值，导致正态性检验结果显示资料不服从正态分布。核对原始资料将数值修订后，重新进行正态性检验，结果显示资料服从正态分布，见结果 3-6。

但某些拒绝正态性的情况，我们可考虑将资料进行对数变换后再进行分析。

(2) 本例采用了 3 种方法检测异常值，其中双侧 Grubbs 检验、Tukey 检验、广义 ESD 检验均检出一个相同的异常值 280.5cm，该值与我们的常识不相符，应重点关注，并检查原始资料，确定是否因数据输入错误造成。Tukey 检验检出了 6 个外部值，这些数值属于身高正态分布之外的数据值，也应与原始资料进行核对，见结果 3-7。

结果 3-6

样本含量	668
最小值	155.0000
最大值	280.5000
算术平均值	170.6714
中位数	170.0000
标准差	7.1428
偏度系数	5.5232 (P<0.0001)
峰度系数	82.8209 (P<0.0001)
Shapiro-Francia 检验 正态分布	W'=0.7528 拒绝正态性 (P<0.0001)

结果 3-7　疑似异常值

Grubbs–两侧（alpha 级 0.05）	
280.5	
Tukey, 1977	
外部值	155 186 186.5 187 188 190.5
远离值	280.5
生成的 ESD 检验（alpha 级 0.05）	
280.5	

4) 绘制男性身高的箱形图：单击异常值检测 (Outlier detection) 结果窗口右下角的盒形图 (Box-and-whisker plot) 超链接，打开盒形图 (Box-and-whisker plot) 窗口，【变量 (Variable)】选择“height (身高)，【筛选条件 (Filter)】输入“sex=1”，【选项 (Options)】选择【标绘所有数据 (Plot all data)】，【图表方向 (Graph orientation)】选择【垂直 (Vertical)】。

从图 3-8 可见，方点为上述 3 种方法检测检出的异常值 280.5cm，而箱形图虚线外侧的 5 个圆点对应于 Tukey 检验的 5 个外部值，鼠标悬停在相应的点上，可显示该点所在的个案号，可见箱形图可更直观地检测异常值。经与原始资料和核对，发现 280.5cm 位于第 46 号个案，因输入错误导致，其实际测量值应为 180.5cm。

5) 发现异常值后的处理方法。发现异常值后，不宜轻易删除异常值，可采取如下处理方法。

(1) 有确凿的证据表明异常值是因为分析前、分析时或分析后误差所导致的，应核对修正或剔除异常值，同时应注意其他数据也可能存在相同的错误。

(2) 检验资料的正态分布，对数变换可使资料服从正态分布，绘制箱形图有助于判断资料是否服从正态分布。

(3) 用仅次于最大值或最小值的非异常值来替换异常值。

(4) 保留异常值并使用不依赖正分布假设的稳健或非参数统计方法。

(5) 分别按接受或怀疑异常值两种情况进行统计分析和报告。

无论采取何种方法，都应在报告中提及异常值及其处理方法。

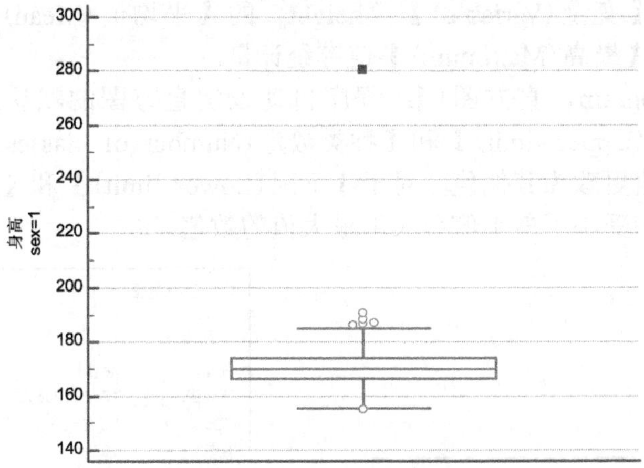

图 3-8　成年男性身高的箱形图

3.3　分　布　图

MedCalc 的分布图包括直方图(Histogram)、累积频率分布图(Cumulative frequency distribution graph)、正态图(Normal plot)、点图(Dot plot)和箱形图(Box-and-whisker plot)。这些统计图可帮助我们深入了解样本资料的分布。

3.3.1　直方图

直方图是一种二维统计图，用于表示连续变量的频数分布。它是根据资料分布情况，以观测资料的组距为横坐标、以频数或频率为纵坐标的一系列连接起来的矩形图。直方图可直观评价分布是否对称、是否服从正态(Gaussian)分布、分布是否不对称或偏斜。对于非正态分布，平均值和标准差不能准确描述数据的特征，应使用中位数、四分位数及百分位数等统计量进行描述。此外，直方图还可以发现异常值、制定正常值范围、显示资料的波动状态，判断相关条件的稳定性，提示施加干预措施的方向。

【例 3-4】 对例 3-3 的异常值修正后绘制男性身高的直方图。(成人身高体重.mcl)

1) 打开数据文件“成人身高体重.mcl”。

2) 选择【统计(Statistics)】→【分布图(Distribution plot)】→【柱状图(Histogram，直方图)】菜单，打开柱状图(Histogram，直方图)对话框，见图 3-9。

- 【变量(Variable)】：选择“height(身高)”。
- 【筛选条件(Filter)】：输入 “sex=1”。
- 【选项(Options)】。
  - 【显示正态分布(Show Normal distribution)】：根据分析资料的平均值和标准差拟合正态分布曲线(normal distribution curve)。
  - 【相关频率(%)(Relative frequency (%))】：以百分比(percentage)表示频率(frequency)。

3) 单击【确定】按钮，打开定义柱状图(Define histogram)对话框，见图 3-10。

对话框中可显示【变量(Variable)】“height”的【平均值(Mean)】、【SD(标准差)】、【最低(Minimum)】和【最高(Maximum)】值等统计量。

- 【柱状图(Histogram，直方图)】：程序自动设定直方图的默认选项：【下限(Lower limit)】、【上限(Upper limit)】和【种类数量(Number of classes，分组数)】。读者也可以将这些数值更改为其他值，对于【下限(Lower limit)】和【上限(Upper limit)】值，程序将不接受小于最小值和大于最大值的数值。

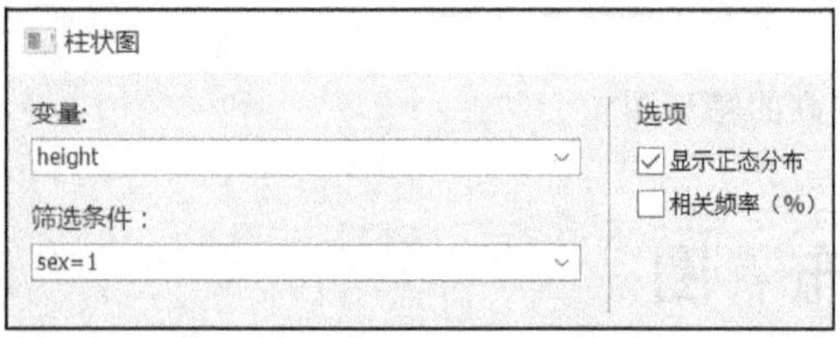

图 3-9 柱状图(Histogram，直方图)对话框

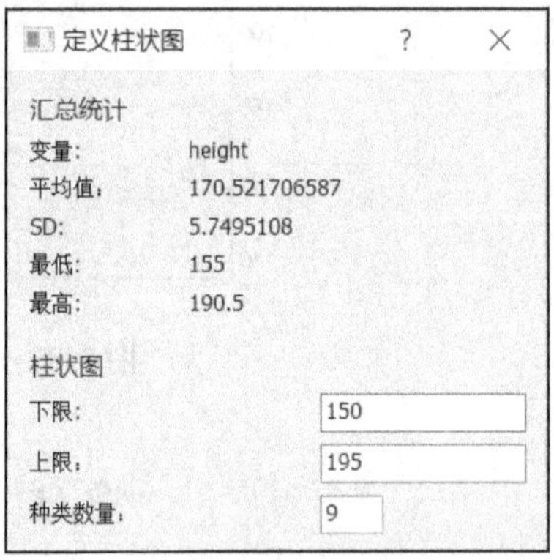

图 3-10 定义柱状图(Define histogram)对话框

4)主要结果与解释：直方图可直观评价资料是否对称，如正态分布或分布是否对称或偏斜。直方图的纵坐标为频率，横坐标为成年男性身高。从直方图可见，成年男性身高的分布呈钟形，两头低、中间高、左右对称，直方图与 $N(170.52, 5.75^2)$ 的正态曲线拟合较好，表明成年男性的身高服从正态分布，见图 3-11。

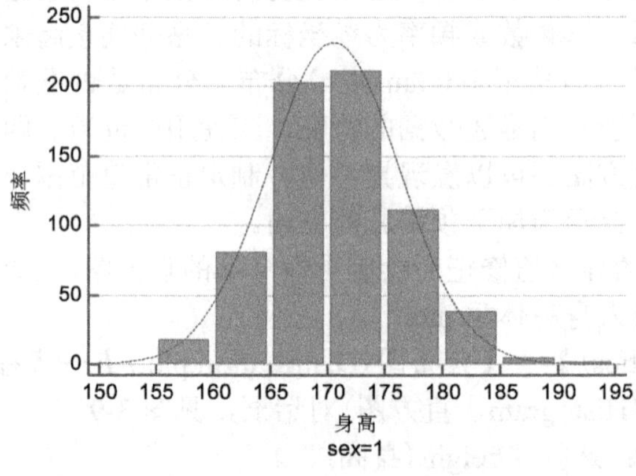

图 3-11 成年男性身高的直方图

3.3.2 累积频率分布图

累积频率分布(cumulative frequency distribution)是频率分布(frequency distribution)的累积形式。累积频率分布图(Cumulative frequency distribution graph)功能可绘制累积频率多边形(cumulative frequency polygon)和/或累积点图(cumulative dot plot)，并可拟合累积正态分布曲线(cumulative normal distribution curve)。

【例 3-5】 已知 1985 年某省农村 120 例正常男童胸围(单位：cm)的测量结果，试绘制男童胸围累积频率多边形。(男童胸围. mcl)

1) 打开数据文件"男童胸围.mcl"。

2) 选择【统计(Statistics)】→【分布图(Distribution plot)】→【累计频率分布(Cumulative frequency distribution)】菜单，打开累计频率分布(Cumulative frequency distribution)主对话框，见图 3-12。

- 【变量(Variable)】选择"chest(胸围)"。
- 【选项(Options)】。
  - 【累计多边形(Cumulative polygon)】：绘制累积频率多边形。
  - 【累计点状图(Cumulative dot plot)】：绘制累积点图。
  - 【显示正态分布(Display Normal Distribution)】：根据分析资料的平均值和标准差拟合累积正态分布曲线(cumulative normal distribution curve)，该曲线是一条光滑的曲线。当同时选择【显示正态分布(Display Normal Distribution)】及【累计多边形(Cumulative polygon)】和/或【累计点状图(Cumulative dot plot)】时，可直观地比较观测频率分布(observed frequency distribution)和理论正态分布(theoretical normal distribution)，用于评价正态分布与样本资料的拟合程度，当累积频率多边形或累积点图与累积正态分布曲线基本重合时，表明资料服从正态分布。

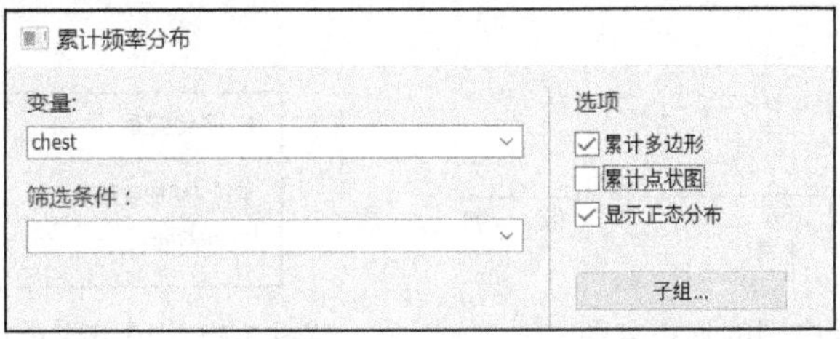

图 3-12　累计频率分布(Cumulative frequency distribution)主对话框

3) 主要结果与分析。

(1) 累积频率多边形的纵轴为累积频率，横轴为男童胸围，图 3-13 中的阶梯状曲线为男童胸围的累积频率多边形，光滑的虚线为根据男童胸围的平均值和标准差拟合的累积正态分布曲线，两条曲线基本重叠，表明男童的身高服从正态分布。

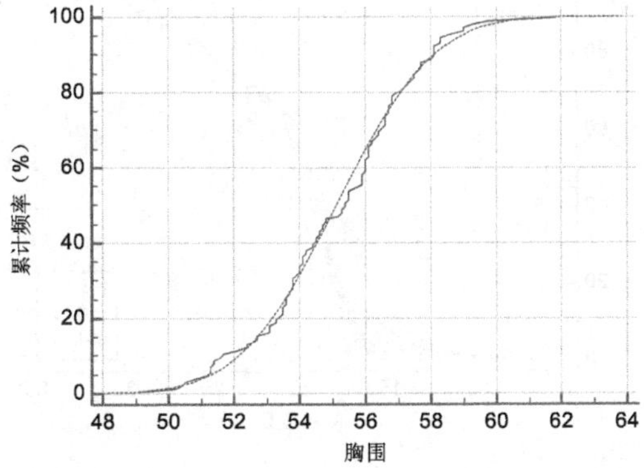

图 3-13　男童胸围的累积频率多边形

(2)如果【选项(Options)】选择【累计点状图(Cumulative dot plot)】和【显示正态分布(Display Normal Distribution)】，则绘制带有累积正态分布曲线的累积点图，见图 3-14。

【例 3-6】 某医学研究人员为了研究青春期女孩的肥胖症，收集了青春期女孩的肥胖相关指标，试绘制按照“初潮与否(menarche)：1=已初潮，0=未初潮”分组的体重指数（BMI）多重累积分布频率图。(身体脂肪率.mcl)

1)打开数据文件“身体脂肪率.mcl”。

2)累计频率分布(Cumulative frequency distribution)主对话框(参见图 3-12)中，【变量(Variable)】选择“BMI(体重指数)”，【选项(Options)】选择【累计点状图(Cumulative dot plot)】和【显示正态分布(Display Normal Distribution)】。

3)单击【子组(Subgroups)】按钮，打开子组变量(Subgroup variable)对话框，见图 3-15。

【识别子组的类别变量(Categorical variable to identify subgroups)】：选择用于多重累积分布频率图的分组变量，本例选择“menarche(初潮)”。

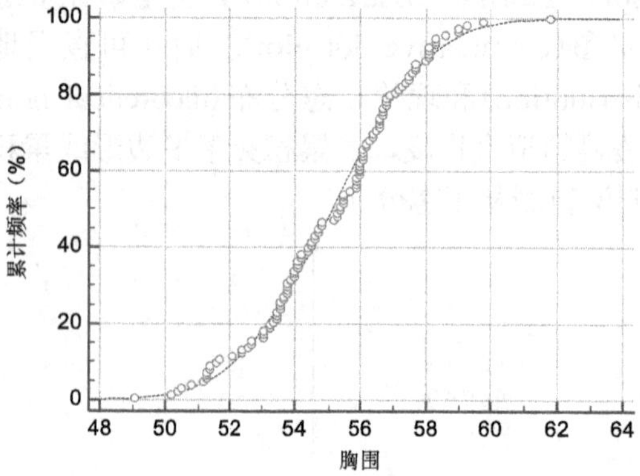

图 3-14　男童胸围的累积点图

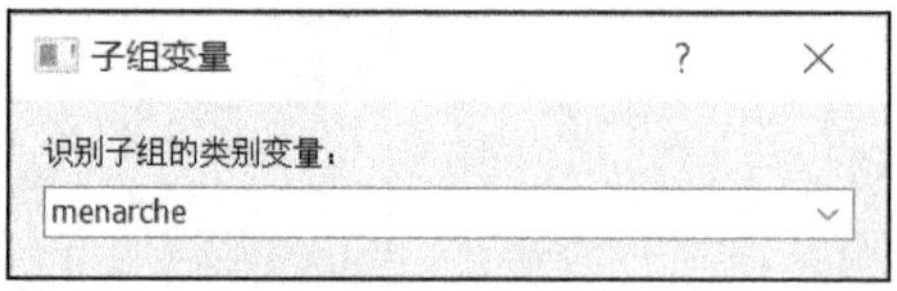

图 3-15　子组变量(Subgroup variable)对话框

4)主要结果与分析：多重累积分布频率图由两组曲线组成，位于图中上方的一组曲线为未初潮青春期女孩 BMI 的累积分布频率图，下方的一组曲线为已初潮青春期女孩 BMI 的累积分布频率图。在两组曲线中，绝大部分点和累积正态分布曲线并不重合，表明两组研究对象的 BMI 均不服从正态分布，见图 3-16。

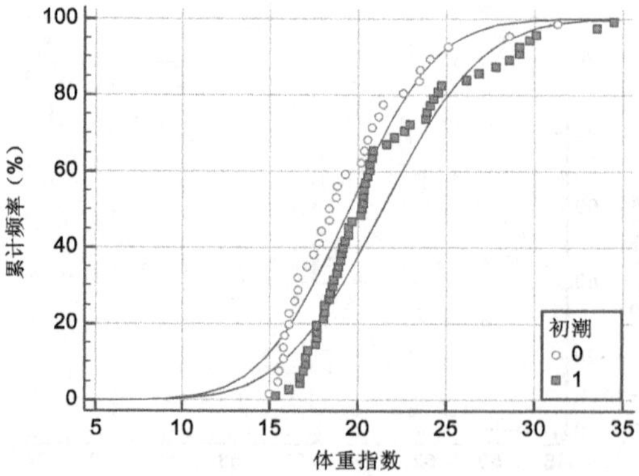

图 3-16　青春期女孩 BMI 的多重累积分布频率图

3.3.3　正态图与 Q-Q 图

正态图(normal plot)是评价样本资料分布正态性的图形工具，其横轴显示观测值，纵轴显示基于观测值秩次与平均值差值的期望标准差数(z 得分)。如果绘制 Q-Q 图，则横轴显示观测值的 z 得分。图中的直线参考线表示正态分布，如果图中的散点基本呈直线，则可粗略认为观测资料服从正态分布。

【例 3-7】 试根据例 3-5 的资料绘制正常男童胸围的正态图和 Q-Q 图。(男童胸围.mcl)

1) 打开数据文件“男童胸围.mcl”。

2) 选择【统计(Statistics)】→【分布图(Distribution plot)】→【正态图(Normal plot)】菜单，打开正态图(Normal plot)主对话框，见图 3-17。

- 【变量(Variable)】选择“chest(胸围)”。
- 【筛选条件(Filter)】：设定进行统计分析的个案子组。本例未选择。
- 【选项(Options)】：
  - 【Q-Q 图(Q-Q plot)】：选择此项将绘制 Q-Q 图，Q-Q 图又称分位数-分位数图(quantile-quantile plot)，无论是正态图还是 Q-Q 图，均只能粗略评价资料是否服从正态分布。本例未选择。
- 【检验正态分布(Tests for Normal distribution)】：选择【Shapiro-Wilk 检验(Shapiro-Wilk test)】。

3) 主要结果与分析。

(1) 正常男童胸围的正态图，其纵轴为期望 z 得分(对应距离平均值的期望标准差数)，横轴为胸围的实际测量值，图 3-18 中的直线参考线表示正态分布，如果样本资料接近正态分布，则数据点将接近该直线参考线。本例圆点靠近直线参考线的两侧，基本呈一条直线，可粗略认为男童的胸围测量值服从正态分布。

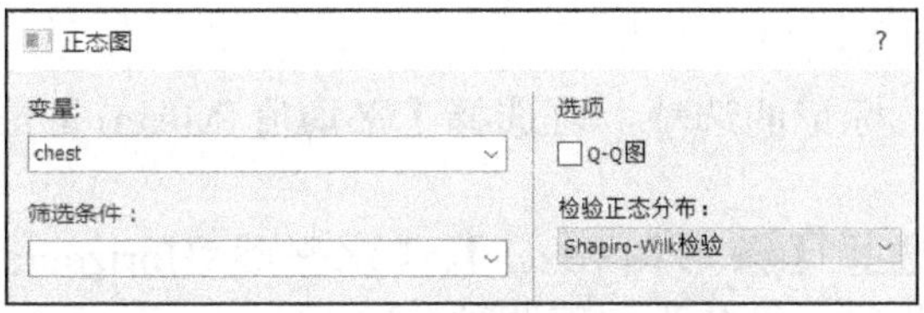

图 3-17　正态图(Normal plot)主对话框

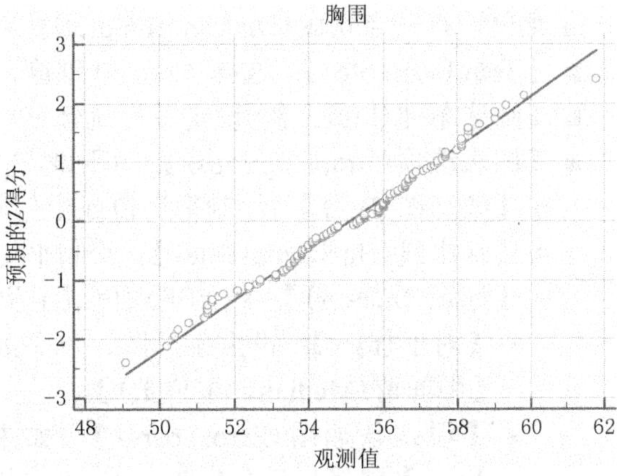

图 3-18　正常男童胸围的正态图

(2)【选项(Options)】如果选择了【Q-Q 图(Q-Q plot)】，则可绘制 Q-Q 图(见图 3-19)，与图 3-18 不同的是，横轴为观测 z 得分($z=\dfrac{x-\bar{x}}{s}$)，图 3-19 中的圆点靠近直线参考线的两侧，基本呈一条直线，可粗略认为男童的胸围测量值服从正态分布，结论与图 3-18 所示一致。

(3)右击正态图或 Q-Q 图，选择【信息(Information)】子菜单，可显示胸围的汇总统计量以及正态性检验结果，Shapiro-Wilk 检验结果为 W=0.9906、P=0.5897、按 α=0.05 水准，接受正态性，见结果 3-8。

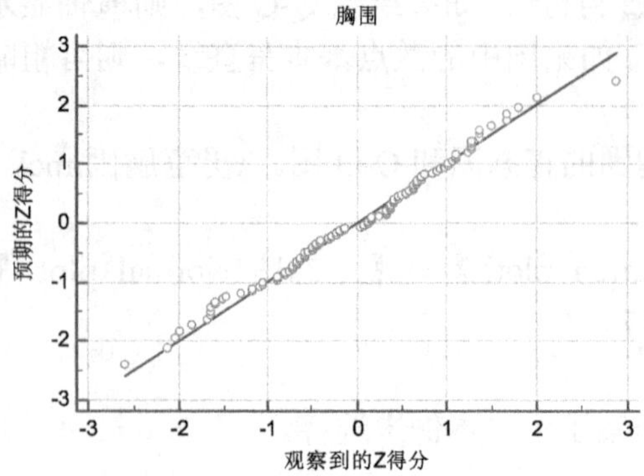

图 3-19 正常男童胸围的 Q-Q 图

结果 3-8

变量	chest 胸围
样本含量	120
最小值	−2.5956
最大值	2.8794
算术平均值	55.1208
标准差	2.3197
Shapiro-Wilk 检验 正态分布	W=0.9906 接受正态性(P=0.5897)

3.3.4 点图

点图(Dot plot)功能可绘制单变量点图以及与不同图形选项的组合，如条图(bar)、平均值或中位数标注的水平线(line)或标记(marker)、不同的误差条(error bars)，如 95% CI 或各种百分位数范围以及箱形图(box-and-whisker plot)，通过这些图形可评估资料的分布。

【例 3-8】 已知某地区 130 名正常成年男子红细胞数(RBC，单位：万/mm^3)，试绘制点图。(红细胞. mcl)

1)打开数据文件“红细胞.mcl”。

2)选择【统计(Statistics)】→【分布图(Distribution plot)】→【点状图(Distribution plot)】菜单，打开点状图(Distribution plot)主对话框，见图 3-20。

- 【变量(Variable)】：选择“rbc(红细胞)”。
- 【筛选条件(Filter)】：设定进行统计分析的个案子组。本例未选择。
- 【图表选项(Graph options)】：可同时选择以下一个或多个选项。
  - 【条形图(Bar)】：绘制平均值或中位数的条形图。
  - 【水平线(Horizontal line)】：绘制平均值或中位数的水平线。
  - 【标记(Marker)】：绘制平均值或中位数的标记。
    - 【对于(for)】：设定条形图、水平线、标记的选项，可选择【平均值(Mean)】或【中间值(Median，中位数)】。
    - 【误差条形图(Error bars)】：如果选择【条形图(Bar)】、【水平线(Horizontal line)】或【标记(Marker)】，可选择此项。可分为如下两种情况。

① 如果选择【平均值(Mean)】，则可选择【无(none)】、【95%CI 平均值(95% CI for the mean，平均值的 95%CI)】、【1 SD】、【2 SD】、【3 SD】、【1 SEM】或【范围(Range，极差)】。列表中并无“2 SEM”的选项，当样本含量较大时，$\bar{x}\pm2$SE 对应于总体平均值的 95%CI；当样本含量较小时，95%CI 根据 $\bar{x}\pm t\times$SE 计算，t 为对应于 t 界值表中 $\nu=n-1$ 的面积 A=95%的值。虽然“1 SEM”的误差条更窄，但误差条的结果将不可靠，特别是各组例

数不同时，因此不推荐选择此项。而 95%CI 将是更好的比较平均值差异的有效手段，也可以使用 2SD 表示资料的变异性。

② 如果选择【中间值(Median，中位数)】，则可选择【无(none)】、【95%CI 中间值(95% CI for the median，中位数的 95%CI)】、【25-75 百分位数(25～75 percentile)】、【10-90 百分位数(10～90 percentile)】、【5-95 百分位数(5～95 percentile)】、【2.5-97.5 百分位数(2.5～97.5 percentiles)】、【1-99 百分位数(1～99 percentile)】或【范围(range，极差)】。当样本含量较小时，图形将不能计算和显示总体中位数的 95%CI。如果使用百分位数范围，则需根据观测例数进行选择，1～99 百分位数至少需要 100 例观测值，5～95 百分位数至少需要 20 例，10～90 百分位数至少需要 10 例，而 25～75 百分位数至少需要 4 例。

- 【盒形图(Box-and-whisker plot，箱形图)】：绘制箱形图，其详细解释参见第 3.3.5 节。
- 【对数变换(Logarithmic transformation)】：对于需要对数变换的资料，如资料为正偏态时，应选择此项。

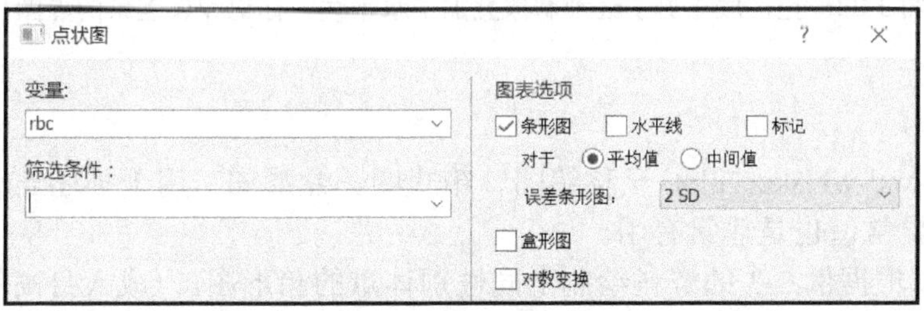

图 3-20 点状图(Distribution plot)主对话框

3) 主要结果与分析。

(1) 点图中，每个圆点代表 1 个观测值，点的分布呈中间大两头小的对称纺锤形，在点图中叠加了平均值的条形图以及 $\bar{x}\pm 2s$ 的误差条，条形图顶端的横线位于误差条的中央，可粗略判断正常成年男子红细胞数服从正态分布，见图 3-21。

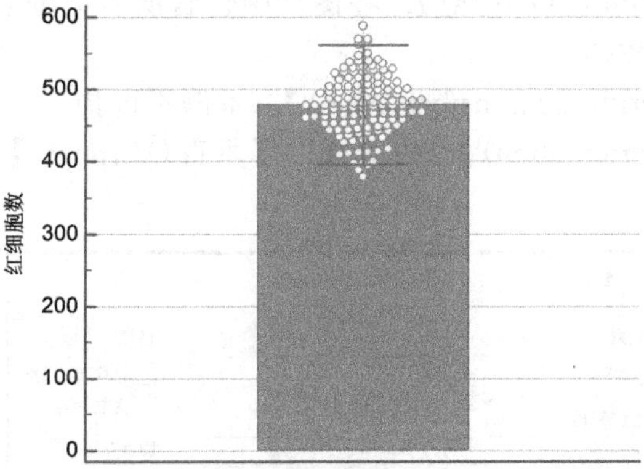

图 3-21 正常成年男子红细胞数叠加了条形图和误差条的点图

(2) 如果【图表选项(Graph options)】选择【水平线(Horizontal Line)】和【标记(Marker)】，【对于(for)】选择【中间值(Median，中位数)】，【误差条形图(Error bars)】选择【25-75 百分位数(25～75 percentile)】，则可绘制叠加了水平线、标记及误差条的点图。

中间较长的水平线和红色方点表示正常成年男子红细胞数的中位数，位于 25～75 百分位数误差条的中央，表明正常成年男子红细胞数为对称分布，见图 3-22。

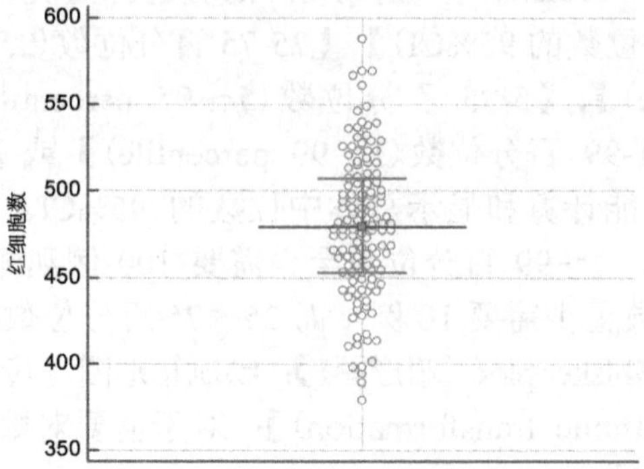

图 3-22 正常成年男子红细胞数叠加了水平线、标记和误差条的点图

3.3.5 箱形图

箱形图(box-and-whisker plot)又称箱图、箱式图、盒形图，用于描述连续性变量的分布特征，对于检测异常值也是非常有用。

【例 3-9】 试根据例 3-3 的资料绘制不同性别体重的箱形图。(成人身高体重.mcl)

1)打开数据文件“成人身高体重.mcl”。

2)选择【统计(Statistics)】→【分布图(Distribution plot)】→【盒形图(Box-and-whisker plot)】菜单，打开盒形图(Box-and-whisker plot)主对话框，见图 3-23。

- 【变量(Variable)】：本例选择“weight(体重)”。
- 【筛选条件(Filter)】：本例为“sex=2”。
- 【选项(Options)】。
  - 【标绘所有数据(Plot all data)】：在图形中包含所有数据点，此选项的优势是在图形中不隐瞒真实数据。
  - 【对数变换(Logarithmic transformation)】：本例不选择。
- 【图表方向(Graph orientation)】：可选择以【垂直(Vertical)】或【水平(Horizontal)】方向绘制盒形图。

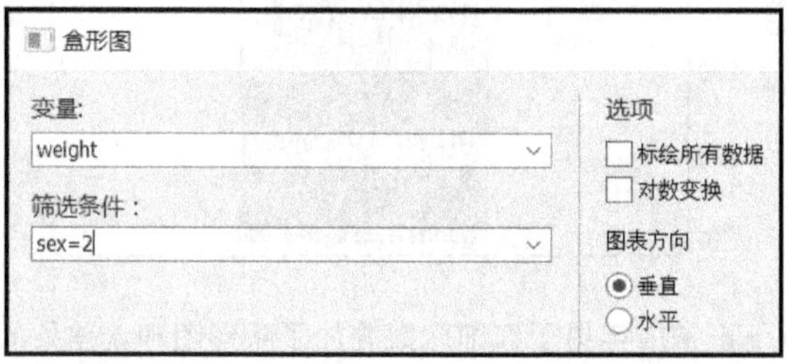

图 3-23 盒形图(Box-and-whisker plot)主对话框

3)主要结果与分析。

(1)箱形图可表现连续性变量的 5 个特征值，即最小值、下四分位数(P_{25}，Q_3)、中位数

(P_{50})、上四分位数(P_{75}，Q_1)、最大值。由 P_{25} 和 P_{75} 构成箱形图的“箱体”部分，P_{25} 和扣除异常值以外的最小值之间、P_{75} 和扣除异常值以外的最大值之间分别构成“箱子”的上下两条“触须”。异常值(outlier)又称离群值，指大于 1.5 倍 IQR 的数值，用橙色圆圈“○”表示。大于 3 倍 IQR 的数值称为极端值(extreme)，用红色方框“□”表示。箱形图可用于描述某个连续型数值变量的分布特征(集中趋势和离散趋势)，也可用于比较不同类别之间某个连续型数值变量分布特征的差异。如果代表中位数的中间粗横线位于箱子的中部，则提示资料分布为对称分布；如果中间粗横线偏下或偏上，则提示资料分布为正偏态或负偏态分布。箱子越长，表示资料的波动范围越大；箱子越短，表示资料的波动范围越小。

(12)箱形图反映了某地正常成年女性体重测量值的分布特点，中间的红线为体重的中位数，箱体顶线和底线为 IQR 的范围，中位数线位于箱体中部偏下的位置，提示体重的分布可能是有偏的，本例有 7 个异常值。箱形图与直方图结合使用，能够更全面、直观地展示资料的分布特征，见图 3-24。

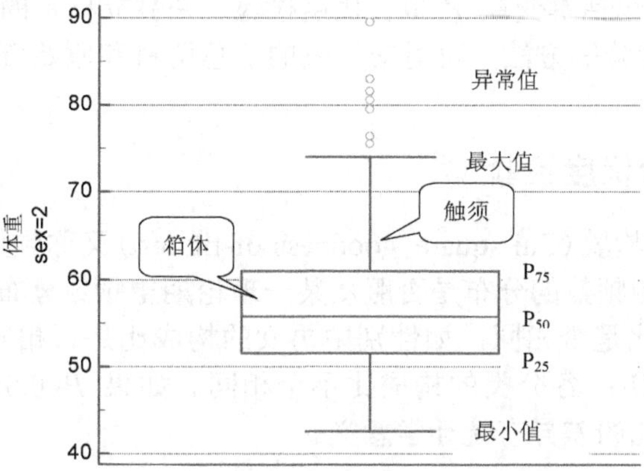

图 3-24　某地正常女性体重的箱形图

(13)如果【变量(Variable)】选择“weight(体重)”，【筛选条件(Filter)】为“sex=1”。【图表方向(Graph orientation)】选择【水平(Horizontal)】，则图形如图 3-25 所示，有一个远离箱体的红色方点(极端值)，鼠标悬停在该点上方时，可显示该数值位于案例 216，该值明显与常理不相符，应核对其准确性。

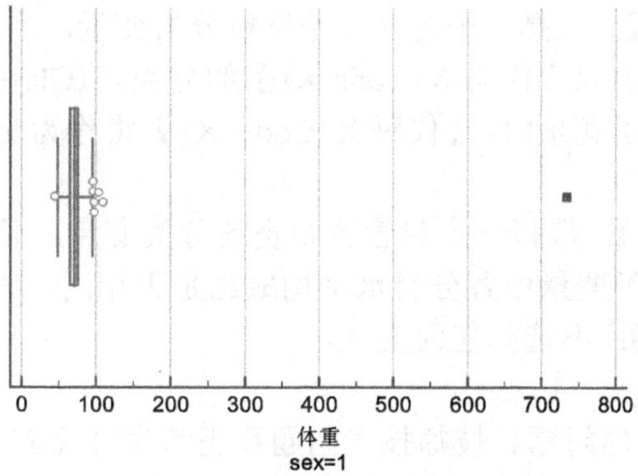

图 3-25　某地正常男性体重的箱形图

第4章 分类资料的统计分析

MedCalc 分类资料的统计分析可进行一系列假设检验及绘制各种条图。假设检验包括单变量 χ^2 拟合优度检验、两独立样本的 Pearson χ^2 检验、有序 $R\times2$ 表资料的 χ^2 趋势检验、四格表资料的 Fisher 精确检验、配对四格表资料的 McNemar 检验、完全随机区组设计二分类资料的 Cochran Q 检验等，并可绘制简单条图、复式条图、分段条图、构成比条图等。

4.1 χ^2 检 验

MedCalc 的 χ^2 检验包括单变量 χ^2 拟合优度检验、两独立样本的 Pearson χ^2 检验、有序 $R\times2$ 表资料的 χ^2 趋势检验等方法，可对交叉表的汇总资料和原始资料进行分析，并可绘制各种类型的条图。

4.1.1 单变量 χ^2 拟合优度检验

单变量 χ^2 拟合优度检验(Chi-square goodness-of-fit test)又称频数分布拟合优度的 χ^2 检验，可用于判断实际观测频数的分布是否服从某一理论期望频数分布，比如判断某个分类变量中各分类水平的构成比是否相同，如性别中男女的构成比是否相同。其检验假设为 H_0：各分类的构成比相同；H_1：各分类的构成比不全相同。如果 $P<0.05$，则可拒绝 H_0，接受 H_1，不同分类水平构成比的差异有统计学意义。

1. 原始资料的单变量 χ^2 拟合优度检验

【例 4-1】 某医学美容院对某年的顾客抱怨原因进行了分析，试问 4 种抱怨原因的构成比是否有差异？(抱怨原因.mcl)

1) 打开数据文件：“抱怨原因.mcl”。

2) 选择【统计(Statistics)】→【交叉表(Crosstabs)】→【卡方检验(Chi-squared test)】菜单，打开卡方检验(Chi-squared test)对话框，见图 4-1。

- 【代码 X(Code X)】：选择一个包含原始资料分类变量，当【代码 Y(Code Y)】不选择任何变量时，将生成【代码 X(Code X)】的分类表(Classification table)；当【代码 Y(Code Y)】选择了变量时，【代码 X(Code X)】将作为交叉表的列变量。本例选择“抱怨原因”。
- 【代码 Y(Code Y)】：选择一个包含原始资料分类变量，并作为交叉表的行变量，由于本例比较单个分类变量中各分类水平构成比是否相同，因此不选择此项。
- 【筛选条件(Filter)】：不选择任何变量。

3) 主要结果与分析。

(1) 顾客自身问题、管理问题、技师技术问题和正常生理反应 4 种抱怨原因的构成比分别为 45.9%、27.3%、6.4%和 20.5%，见结果 4-1。

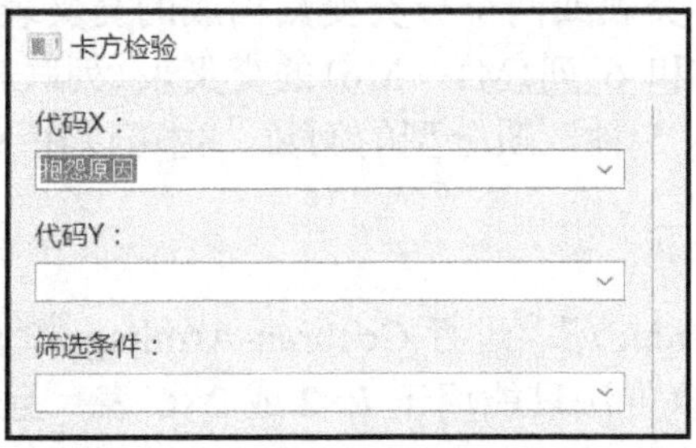

图 4-1　卡方检验(Chi-squared test)对话框

结果 4-1

代码 X	抱怨原因	
顾客自身问题	195	45.9%
管理问题	116	27.3%
技师技术问题	27	6.4%
正常生理反应	87	20.5%
总和	425	100.0%

(2) χ^2=137.626，P<0.0001，按 α=0.05 水准，拒绝 H_0，接受 H_1，差异有统计学意义，可认为顾客抱怨原因的构成比不全相等，见结果 4-2。

结果 4-2　卡方检验

卡方	137.626
DF	3
显著性水平	P < 0.0001

4) 单击卡方检验结果右下角的【频率表(Frequencies bar)】按钮，打开频率表(Frequencies chart)对话框。【代码 X(Code X)】选择“抱怨原因”,【图表类型(Graph types)】选择【简单列(Simple column)】。

5) 图形结果分析：绘制的图形为顾客抱怨原因的简单条图，条形的长度为各分类的计数，按各抱怨原因例数从大到小排列，依次为顾客自身问题、管理问题、正常生理反应和技师技术问题，见图 4-2。

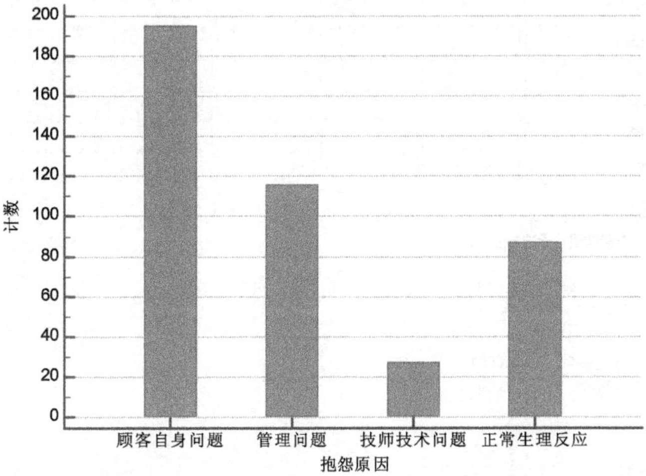

图 4-2　某医学美容院的顾客抱怨原因

2. 汇总资料的单变量 χ^2 拟合优度检验

【例 4-2】 某医生对 12 岁以下的盗汗小儿进行 5 种体质分型，其中均衡质 7 例、阴虚质 30 例、阳虚质 46 例、气虚质 12 例、痰湿质 8 例，试比较这 5 种体质分型的构成比是否相同。

1) 选择【检验(Tests)】→【卡方检验(Chi-squared test)】菜单，打开卡方检验(Chi-squared test)对话框，见图 4-3。

- 【检验数据(Test data)】：输入一个分类变量分类表或两个分类变量构成的交叉表，仅能使用汇总资料，最多可输入 9 行(N1～N9)和 6 列(M1～M6)的交叉表(列联表)的汇总资料，即 9×6 表。本例在 M1 列依次输入 5 种气质分型的例数，也可以在 N1 行依次输入上述数据。
- 【选项(Options)】。
    - 【对趋势进行卡方检验(Chi-squared test for trend)】：进行 Cochran-Armitage 趋势卡方检验(Cochran-Armitage test for trend)，该方法只能用于 R×2 或 2×C 表，且 R 或 C 为有序分类。
- 【结果(Results)】：单击【检验(Test)】按钮后，可显示统计结果。
- 【注释(Comment)】：可输入结果的注释，注释内容将在打印稿中显示。

*完成上述操作后，单击【检验(Test)】按钮。

2) 主要结果与解释：χ^2=55.88，$P < 0.0001$，按 α=0.05 水准，拒绝 H_0，接受 H_1，差异有统计学意义，可认为盗汗小儿 5 种体质分型的构成比不全相等，见图 4-3。

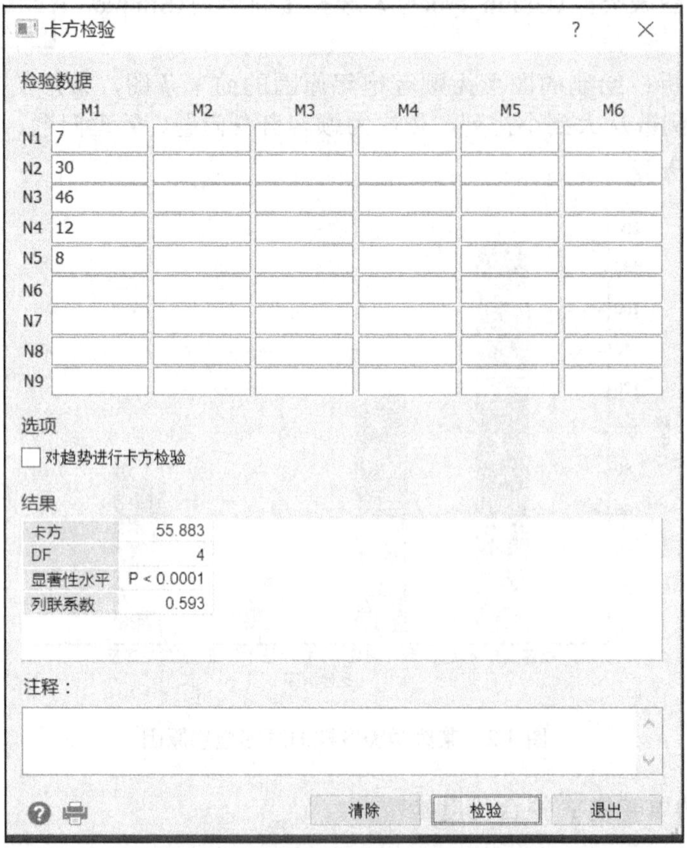

图 4-3 卡方检验(Chi-squared test)对话框

4.1.2 两独立样本的 Pearson χ^2 检验

Pearson χ^2 检验是在原假设下对资料的观测分布(observed distribution)和期望分布(expected distribution)进行比较，主要用于检验两个或多个分类变量(性别或职业等)总体率

(或构成比)是否有差异或两个变量之间是否关联，可用于 $R \times C$ 表(含四格表)。χ^2 检验要求理论频数不宜太小，否则将导致分析的偏性，四格表要求每个格子的期望频数 $E \geq 5$，且总例数 $n \geq 40$，而 $R \times C$ 表不宜有 1/5 以上格子的 $E<5$，或者有任意一个格子的 $E<1$。

1. 两独立样本原始资料的 χ^2 检验

【例 4-3】 某猪场采用两种配种方法进行配种，即单次配和两次配，记录其受胎结果(受胎和未受胎)，试检验两种配种方法的受胎率是否有差异。(配种.mcl)

1) 打开数据文件“配种.mcl”。

2) 卡方检验(Chi-squared test)对话框(参见图 4-1)中，【代码 X(Code X)】选择“受胎情况”(列变量)，【代码 Y(Code Y)】选择“配种方法”(行变量)。

3) 主要结果与解释。

(1) 配种方法为单次配的受胎率为 61.8%，两次配的受胎率为 89.2%，见结果 4-3。

(2) χ^2=28.85，P<0.0001，按 α=0.05 水准，拒绝 H_0，接受 H_1，差异有统计学意义，可认为两次配的受胎率高于单次配的受胎率，见结果 4-4。

结果 4-3

代码 X	受胎情况		
代码 Y	配种方法		
	代码 X		
代码 Y	受胎	未受胎	
单次配	110 61.8% RT 48.7% CT 35.7% GT	68 38.2% RT 82.9% CT 22.1% GT	178 (57.8%)
两次配	116 89.2% RT 51.3% CT 37.7% GT	14 10.8% RT 17.1% CT 4.5% GT	130 (42.2%)
	226 (73.4%)	82 (26.6%)	308

注：RT: %总计行；CT: %总计列；GT: %总计数。

结果 4-4 卡方检验

卡方	28.849
DF	1
显著性水平	P < 0.0001
列联系数	0.293

(3) $R \times C$ 表原始资料的 χ^2 检验的操作方法同例 4-3，在此不再赘述。

2. 两独立样本汇总资料的 χ^2 检验

【例 4-4】 为探讨埃兹蛋白(Ezrin)在胃癌组织中的表达情况，采用免疫组化法检测 50 例胃癌组织，25 例胃黏膜不典型增生和 25 例正常胃黏膜中 Ezrin 的表达，结果见表 4-1，试问不同胃组织 Ezrin 表达阳性率是否相同？

表 4-1 Ezrin 在不同胃组织中的表达

组织	观测例数	阳性例数	阴性例数	阳性率(%)
正常胃黏膜	25	7	18	28.0
不典型增生	25	11	14	44.0
胃癌组织	50	43	7	86.0
合计	100	61	39	61.0

1) 卡方检验(Chi-squared test)对话框(见图 4-4)中，在【检验数据(Test data)】的 M1 列和 M2 列中依次输入上述资料。

*完成上述操作后，单击【检验(Test)】按钮。

2) 主要结果与解释：χ^2=27.62，P<0.0001，按 α=0.05 水准，拒绝 H_0，接受 H_1，差异有统计学意义，可认为 3 种胃组织 Ezrin 表达阳性率不全相同，见结果 4-5。

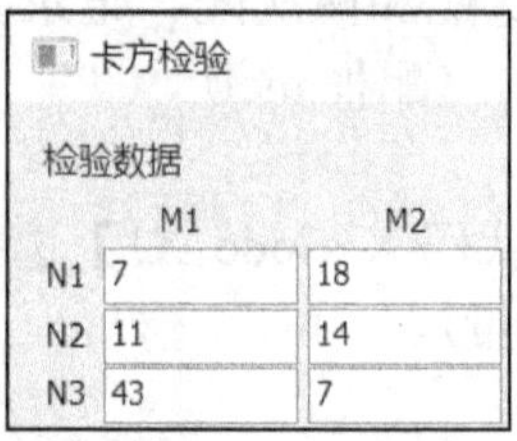

图 4-4　卡方检验(Chi-squared test)对话框

结果 4-5

卡方	27.617
DF	2
显著性水平	P < 0.0001
列联系数	0.465

3) 将上述 3×2 表两两拆分成 3 个四格表，参照第一步分别将数据输入卡方检验(Chi-squared test)对话框(参见图 4-4)。由于 3 种药物治疗的有效率有差异，有必要进行两两比较，采用 Bonferroni 法调整检验水准，两两比较结果见表 4-2。

表 4-2　3 种组织 Ezrin 表达阳性率的两两比较

对比组	阳性率对比(%)	χ^2	P
正常胃黏膜–不典型增生	28.0 和 44.0	1.36	P=0.2433>0.0167
正常胃黏膜–胃癌组织	28.0 和 86.0	24.89	P<0.0001<0.0167
不典型增生–胃癌组织	44.0 和 86.0	14.39	P=0.0001<0.0167

正常胃黏膜与不典型增生比较，Ezrin 表达阳性率没有统计学差异，正常胃黏膜和胃癌组织比较、不典型增生和胃癌组织比较，Ezrin 表达阳性率有统计学差异。

【例 4-5】 某研究组为了解不同民族血型分布情况，获得的资料见表 4-3，试问不同民族的血型是否有差异？

表 4-3　不同民族受检者的血型分布

民族	血型				合计
	A	B	O	AB	
汉族	60	70	45	100	275
回族	43	32	19	31	125
满族	19	23	22	20	84
合计	122	125	86	151	484

1) 卡方检验(Chi-squared test)对话框(参见图 4-3)中，在【检验数据(Test data)】的 M1～M4 列及 N1～N3 行依次输入上述数据。

*完成上述操作后，单击【检验(Test)】按钮。

2) 主要结果与分析。

(1) χ^2=15.35，P=0.0177，按 α=0.05 水准，拒绝 H_0，接受 H_1，差异有统计学意义，可认为 3 个民族的血型构成比不全相同，即民族与血型有关联性，见结果 4-6。

(2) 列联系数(contingency coefficient)属于独立性卡方检验，可用于描述两个分类变量之间的关联程度，系数值介于 0～1 之间，越接近 0，说明两个分类变量越几乎没有关系；越接近 1，说明关系越密切。四格表资料的列联系数最大值为 0.707，如需获得更大的系数值，则决于表格的行数与列数。民族与血型的列联系数为 0.175，见结果 4-6。

结果 4-6

卡方	15.347
DF	6
显著性水平	P = 0.0177
列联系数	0.175

4.1.3　有序 $R\times 2$ 表资料的 χ^2 趋势检验

Cochran-Armitage χ^2 趋势检验(Cochran-Armitage test for trend)用于评估二分变量与有序分类变量($R\times 2$ 表)的关联性，该检验将比普通 χ^2 检验提供更多的信息，但不适用于评估二分变量与无序分类变量的关联性。某些病例-对照研究或队列研究，调查的危险因素是分等级的，如饮酒以克或毫升分等级，日光照射以小时、天来分等级等。这时我们就应进行趋势检验，观察随着暴露剂量的增加，其 RR、OR 或阳性率是否也随之增大，常用于评估危险因素与疾病有无剂量效应或时间效应的关系。

【例 4-6】 某地 1993—1999 年损伤与中毒的病死率见表 4-4，试问病死率有无上升趋势？

表 4-4　某地 1993—1999 年损伤与中毒的病死率

年度	发病人数	存活人数	病死人数	病死率(%)
1993	580	572	8	1.38
1994	571	559	12	2.1
1995	680	664	16	2.35
1996	760	730	30	3.95
1997	942	912	30	3.18
1998	1100	1048	52	4.73
1999	1085	1034	51	4.7

1) 卡方检验(Chi-squared test)对话框(参见图 4-3)中，在【检验数据(Test data)】的 M1 列依次输入存活人数，在 M2 列依次输入病死人数，并选择【对趋势进行卡方检验(Chi-squared test for trend)】。

*完成上述操作后，单击【检验(Test)】按钮。

2) 主要结果与分析。

(1) χ^2=21.03，P<0.0001，按 α=0.05 水准，拒绝 H_0，接受 H_1，可认为某地 1993—1999 年损伤与中毒的病死率有上升的趋势，见结果 4-7。

(2) 原始资料的 χ^2 检验功能中，当输入的变量为 $R\times 2$ 表时，会自动进行 χ^2 趋势检验，其操作方法同例 4-3，在此不再赘述。

结果 4-7

卡方(趋势)	21.029
DF	1
显著性水平	P < 0.0001

4.2　四格表资料的 Fisher 精确检验

Fisher 精确检验(Fisher's exact test)又称确切概率法，为二进制变量(binary variable)的独立性检验，可计算精确 P 值(exact P-value)，用于 2×2 四格表。其检验假设 H_0 为两个变量无关联或期望比例无差异，H_1 为两个变量有关联或期望比例有差异。MedCalc 不提供 Yates 连续校正(Yates' continuity correction)功能，因此当四格表资料不满足 Pearson χ^2 检验的条件($E\geqslant5$，且 $n\geqslant40$)时，可使用 Fisher 精确检验，通常认为该检验的 P 值对于所有样本含量都是准确的。

4.2.1 原始资料的 Fisher 精确检验

【例 4-7】 某单位研究胆囊腺癌、胆囊腺瘤的 P_{53} 基因表达，对同期手术切除的胆囊腺癌、胆囊腺瘤标本各留 10 份。用免疫组检测 P_{53} 基因，资料见表 4-5，试问胆囊腺癌和胆囊腺瘤的 P_{53} 基因表达阳性率有无差异？(P53 基因.mcl)

表 4-5 胆囊腺癌和胆囊腺瘤 P_{53} 基因表达阳性率的比较

病种	阳性	阴性	合计
胆囊腺癌	6(3.5)	4	10
胆囊腺瘤	1(3.5)	9	10
合计	7	13	20

注：括号内为期望频数。

本例 $n<40$，且有两个格子的期望频数<5，宜用四格表资料的 Fisher 精确检验。

1) 打开数据文件“P53 基因.mcl”。

2) 选择【统计(Statistics)】→【交叉表(Crosstabs)】→【Fisher 精确检验(Fisher's exact test)】菜单，打开 Fisher 精确检验(Fisher's exact test)对话框，参见图 4-1。

【代码 X(Code X)】选择“P53 基因表达”(列变量)，【代码 Y(Code Y)】选择“病种”(行变量)。

3) 主要结果与分析。

(1) 胆囊腺癌 P_{53} 基因表达阳性率为 60.0%，胆囊腺瘤 P_{53} 基因表达阳性率为 10.0%，见结果 4-8。

(2) Fisher 精确检验结果为 P=0.057，按 α=0.05 水准，不拒绝 H_0，差异无统计学意义，尚不能认为胆囊腺癌和胆囊腺瘤的 P_{53} 基因表达阳性率不同，见结果 4-9。

结果 4-8

分类 X	P53 基因表达		
分类 Y	病种		
	分类 X		
分类 Y	阳性	阴性	
胆囊腺癌	6 60.0% RT 85.7% CT 30.0% GT	4 40.0% RT 30.8% CT 20.0% GT	10 (50.0%)
胆囊腺瘤	1 10.0% RT 14.3% CT 5.0% GT	9 90.0% RT 69.2% CT 45.0% GT	10 (50.0%)
	7 (35.0%)	13 (65.0%)	20

RT: %总计行； CT: %总计列； GT: %总计数

结果 4-9 Fisher 精确检验

P = 0.057275542

4.2.2 汇总资料的 Fisher 精确检验

【例 4-8】 某医学院抽样调查大学四年级和五年级近视患病情况，四年级近视患病率为 7.14%，五年级近视患病率为 35.71%，见表 4-6，试问大学四年级与五年级学生的近视患病率是否不同？

本例 $n\geqslant40$，且有两个格子的期望频数<5，可考虑使用校正 χ^2 检验，但是 MedCalc 不提供 Yates 连续校正(Yates' continuity correction)功能，可用 Fisher 精确检验代替校正 χ^2 检验。

表 4-6　两个年级大学生的近视患病率比较

年级	近视	非近视	合计	近视率(%)
四年级	2(4.7)	26	29	7.14
五年级	5(2.3)	9	14	35.71
合计	7	35	42	16.67

注：括号内为期望频数。

1) 选择【检验(Tests)】→【Fisher 精确检验(Fisher's exact test)】菜单，打开 Fisher 精确检验(Fisher's exact test)对话框，见图 4-5。

- 【2×2 表格(2×2 table)】：依次输入四格表的数据。
- 【结果(Result)】：单击【检验(Test)】按钮可得到 Fisher 精确检验结果。

*完成上述操作后，单击【检验(Test)】按钮。

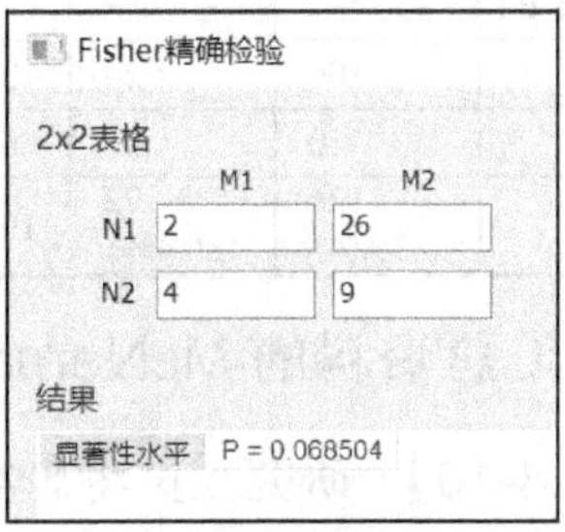

图 4-5　Fisher 精确检验(Fisher's exact test)对话框

2) 主要结果与分析：Fisher 精确检验，P=0.068，按 α=0.05 水准，不拒绝 H_0,差异无统计学意义，尚不能认为两个年级学生的近视患病率不同。

4.3　配对四格表资料的 McNemar 检验

McNemar 检验(McNemar test)用于配对计数资料(2×2 表)的分析，主要分析配对资料中控制组和处理组的频率或比例是否有差异，对于比较同一批观测对象用药前后或试验前后的结果有无差异时非常有用。配对资料中控制组和处理组均为二进制资料，如“是”或“否”、“阳性”或“阴性”、“有反应”或“无反应”等。该检验只适用于二分变量，对于非二分变量，应在分析前进行数据变换。

4.3.1　原始资料的 McNemar 检验

【例 4-9】 有 198 份样品，每份样品分别接种在 A、B 两种培养基上，试问两种培养基的阳性率是否不同？(培养基.mcl)

1) 打开数据文件“培养基.mcl”。

2) 选择【统计(Statistics)】→【交叉表(Crosstabs)】→【麦内玛检验(McNemar test)】菜单，打开 McNemar 检验(McNemar test)对话框，参见图 4-6。

【分类 A(Classification A)】选择“A 培养基”，【分类 B(Classification B)】选择“B 培养基”。

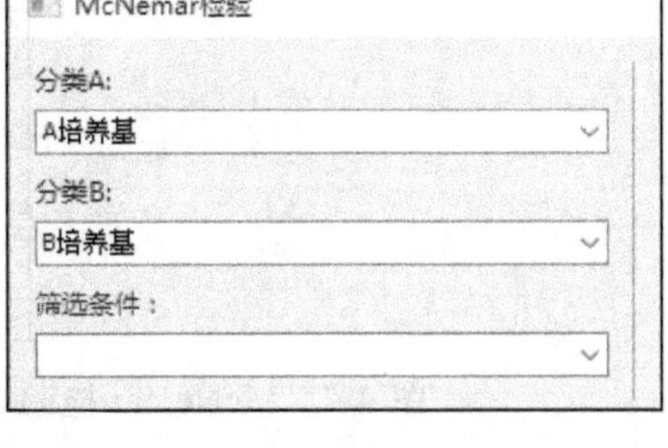

图 4-6　McNemar 检验(McNemar test)

3) 主要结果与分析。

(1) A 培养基阳性率为 36.4%，B 培养基的阳性率为 34.3%，见结果 4-10。

(2) McNemar 检验的两组阳性率的差值为 2.02%，总体阳性率差值的 95%CI 为(–4.96,

8.72)%，P=0.6516，按 α=0.05 水准，不拒绝 H_0，差异无统计学意义，尚不能认为 A、B 两种培养基的阳性率不同，见结果 4-11。

结果 4-10

分类 A	A 培养基		
分类 B	B 培养基		
	分类 A		
分类 B	－	＋	
－	106	24	130 (65.7%)
＋	20	48	68 (34.3%)
	126 (63.6%)	72 (36.4%)	198

结果 4-11　McNemar 检验

差异	2.02%
95% CI	–4.96–8.72

精确概率（二项分布）

显著性	P = 0.6516

4.3.2　汇总资料的 McNemar 检验

【例 4-10】 研究人员将患霍奇金病的病人和非病人按性别及年龄差别在 5 岁以内进行配对，得到 85 对观测对象。两组人群的扁桃体切除分为“切除”和“未切除”，数据见表 4-7，试问配对的两组人群扁桃体切除率有否差异？

表 4-7　两组病人扁桃体切除情况

		（非病人组）对照组		合计
		切除	未切除	
（病人组）处理组	切除	26	15	41
	未切除	7	37	44
合计		33	52	85

1）选择【检验(Tests)】→【McNemar 检验(搭配比例)(McNemar test (tabulated data))】菜单，打开 McNemar 检验(搭配比例)(McNemar test (tabulated data))对话框，见图 4-7。

- 【2×2 表格(2×2 table)】：依次将两组对象的扁桃体切除数和未切除数输入对应的【阳性(Pos.)】和【阴性(Neg.)】框中。

*完成上述操作后，单击【检验(Test)】按钮。

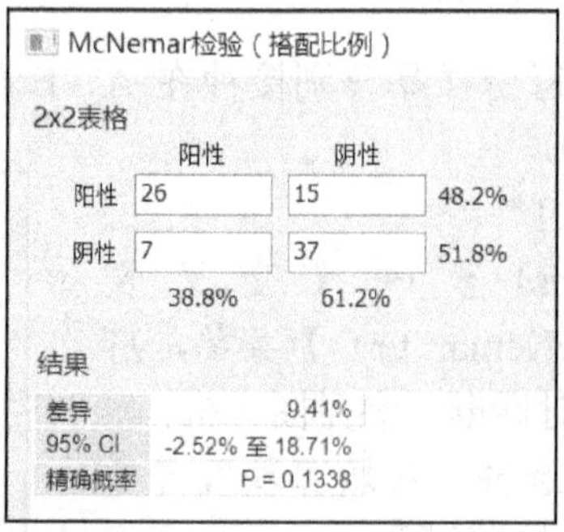

图 4-7　McNemar 检验(搭配比例)(McNemar test (tabulated data) test)对话框

2）主要结果与分析：病人组的扁桃体切除率为 48.2%，非病人组的扁桃体切除率为 38.8%，两者的率差为 9.41%，95%CI 为(–2.52，18.71)%。McNemar 检验，P=0.134，按 α=0.05 水准，不拒绝 H_0，差异无统计学意义，不能认为两组人群的扁桃体切除率有差异，见图 4-7。

4.4　完全随机区组设计二分类资料的 Cochran Q 检验

在完全随机区组设计的试验研究中，如果观察对象对处理的反应只有两种可能：“成功”或“失败”。例如，给镇痛病人服用镇痛药，疼痛缓解为“成功”记为 1，疼痛不缓解为“失败”记为 0，这种资料可进行 Cochran Q 检验（Cochran's Q test）。Cochran Q 检验与 Friedman 检验相同，是 McNemar 检验向多样本情况的扩展，其检验假设为 H_0 为各处理组效应相同，H_1 为各处理组效应不全相同。该方法的应用条件要求资料有 R 个区组和 C 个处理组构成，试验结果为二分变量，并以列联表展示结果。各区组的选择是随机的，且要求各区组个数 R 值不能太少。例如，在问卷调查中，常需要受访者对某个提问确定等级，最简单的是只有两个答案，受访者只在“是”或“否”中选择，此时，可以用 Cochran Q 检验。

【例 4-11】 某医学院为了比较电视教学、课堂讲授、现场带教 3 种教学方法对于某手术方法的学习效果，抽取部分学生分为 18 组，每组匹配 3 名基础相近的学生，各组中的 3 名学生被随机分配接受某种教学方法。实施不同教学方法后进行测验，合格为有效，记为“1”；不合格为无效，记为“0”。试问 3 种教学方法的学习效果有无差异？（手术教学.mcl）

1）打开数据文件“手术教学.mcl”。

2）选择【统计（Statistics）】→【交叉表（Crosstabs）】→【科克伦 Q 检验（Cochran's Q Test）】菜单，打开 Cochran Q 检验（Cochran's Q test）对话框，见图 4-8。

- 【变量（Variables）】：可选择两个或以上的二分变量（数值必须为 0 或 1），1 表示成功（或存在），0 表示失败（或不存在）。
- 【选项（Options）】：
  - 【显著性水平（Significance level）】：设定事后检（post-hoc test）的显著性水平，当 Cochran's Q 检验结果的 P 值小于此显著性水平时，使用 Sheskin 法进行变量间的两两比较。

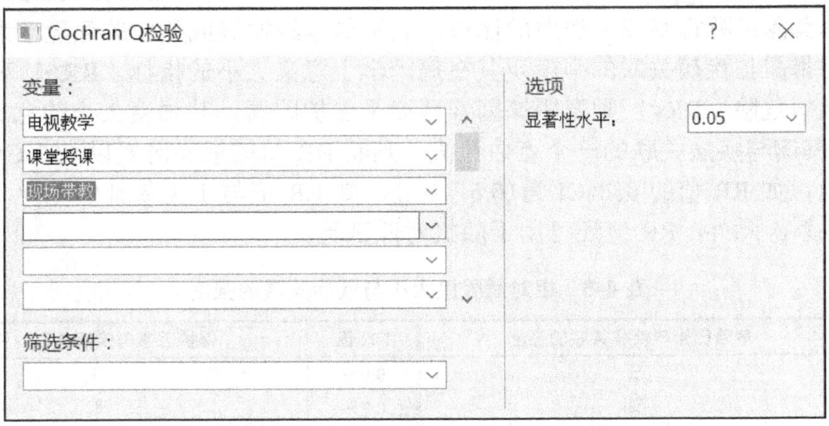

图 4-8　Cochran Q 检验（Cochran's Q test）对话框

3）主要结果与分析。

（1）频率表中，学生在 3 种教学方法中的测验合格率从小到大依次为电视教学（16.67%）、课堂授课（66.67%）和现场带教（66.67%），见结果 4-12。

(2) 在 Cochran Q 检验中，Q=13.00，P=0.002，按 α=0.05 水准，拒绝 H_0，接受 H_1，差异有统计学意义，可认为 3 种教学方法的学生测验合格率不全相等，见结果 4-13。

结果 4-12 频率

变量	数值		比例（%）
	0	1	
电视教学	15	3	16.67
课堂授课	6	12	66.67
现场带教	5	13	72.22

(3) 对于 Cochran Q 检验，P<0.05，因此软件自动对 3 种教学方法的教学效果进行两两比较，在多重比较的结果中，当两种方法的合格率间差值大于 40.63%时，按 α=0.05 水准，认为两种方法的教学效果有统计学差异。结合多重比较表，同一行中位于不同格子的教学方法的效果有统计学差异，见结果 4-14。结合结果 4-12，按 α=0.05 水准，认为课堂授课和现场带教的教学效果优于电视教学。

结果 4-13 Cochran Q 检验

n	18
Cochran Q	13.0000
DF	2
显著性	0.002

结果 4-14 多重对比

变量	与变量 nr 不同（P<0.05）
（1）电视教学	（2）（3）
（2）课堂授课	（1）
（3）现场带教	（1）

所需的最小差异（%）：40.6318

4.5 四格表资料的相对危险度与优势比

MedCalc 可计算四格表资料的相对危险度（RR）、需治疗人数（NNT）和优势比（OR）及其 95%CI，以及 RR 值和 OR 值的 z 统计量与 P 值。RR、OR 和 NNT 是流行病学队列研究、病例-对照研究和临床试验研究的重要指标。

4.5.1 队列研究的相对危险度

相对危险度（Relative Risk，RR），又称风险比（risk ratio）或率比（rate ratio），是队列研究中暴露组和非暴露组死亡率或发病率的比值，表示暴露组发病或死亡的危险性为非暴露组的倍数，是说明暴露与疾病关联的强度及其在病因学上意义大小的指标。RR>1 表明该暴露因素可能增加疾病危险；RR<1 则表明该因素可能是保护因素，其强度大小的意义见表 4-8。RR 值是评估暴露与疾病关联的一个点估计值，判断 RR 值的意义时要以 95%CI 为准，如果包含了 1 在内，如 RR 值的 95%CI 为（0.6，1.2），则 RR 值与 1 无统计学差异，认为疾病与暴露因素无联系。此外，RR 值还可用于随机对照试验。

表 4-8 相对危险度大小与疾病关联的强度

RR 值	危险因素与疾病关联的强度	RR 值	保护因素与疾病关联的强度
1.0～	无	0.9～	无
1.2～	弱	0.7～	弱
1.5～	中	0.4～	中等
3.0～	强	0.1～	强
10～	很强	<0.1	很强

【例 4-12】 1953 年湖北省雨量较多，一些地区爆发急性钩端体螺旋体病。同年，这些地区的脑脉管炎病人明显增多，为了验证两者是否有联系，选择钩体病爆发地区确诊为钩体

病的病人为暴露组，当地健康人群为非暴露组，两组在年龄、性别方面均有可比性，观察 1 年，试计算其 RR 值。(钩体病.mcl)

1) 打开数据文件“钩体病.mcl”。

2) 选择【统计 (Statistics)】→【交叉表 (Crosstabs)】→【相对风险和机会比 (Relative risk & Odds ratio)】菜单，打开相对风险和机会比 (Relative risk & Odds ratio) 对话框，见图 4-9。

- 【结果 (Outcome)】：选择表示结局的二分变量，通常用 0 和 1 表示，1 表示“死亡”、“发病”、“阳性”、“坏结局”等，0 表示“存活”、“未发病”、“阴性”、“好结局”等。如果用其他值表示，则数值较大或排序较后者表示“死亡”、“发病”、“阳性”等，数值较小或排序较前者表示“存活”、“未发病”、“阴性”等。本例选择“脑脉管炎”，其变量值为：0 未发病，1 发病。

注：必须按照上述规则设定结果变量值，否则会导致计算结果错误。

- 【组 (Group)】：选择表示分组的二分变量，通常用 0 和 1 表示，1 表示“暴露”、如“吸烟”、“接触有毒物质”、“接受辐射”、“孕早期服药”等；0 表示“非暴露”。也可以用其他文本和字符表示。本例选择“分组”，其变量值为“健康人”、“钩体病人”。
- 【选项 (Options)】。
  - 【相对风险 (Relative risk)】：计算相对危险度，本例选择此项。
  - 【需要治疗的患者数 (NNT) (Number Needed to Treat (NNT))】：计算需治疗人数 (NNT)。
  - 【机会比 (Odds ratio)】：计算优势比。

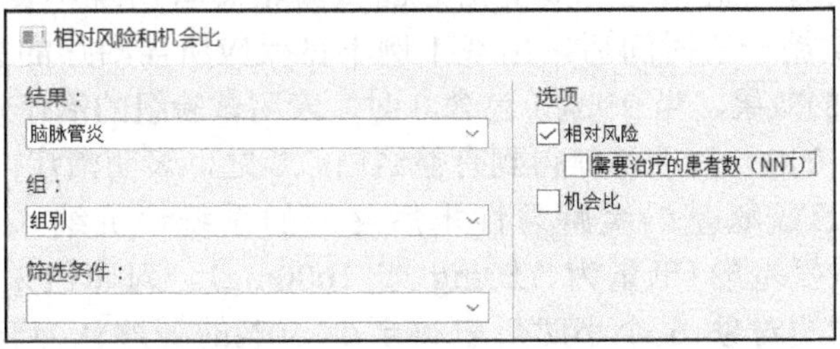

图 4-9　相对风险和机会比 (Relative risk & Odds ratio) 对话框

3) 主要结果与分析。

(1) 健康人脑脉管炎的发病率为 1/818×100%=0.12%，钩体病人脑脉管炎的发病率为 12/363=3.31%，钩体病人组的脑脉管炎发病率是健康人群的 (12/363)/(1/818)=27.04 倍，见结果 4-15。

(2) MedCalc 同时计算两组人群的 RR 值，应正确设定暴露组，才能得到正确的结果，MedCalc 假设第二组 (按字母排序) 默认为暴露组，如果第一组为暴露组，则需要进行重新设定。本例选择暴露组为钩体病人。RR=27.04>1，即钩体病人组的脑脉管炎发病率是健康人群的 27.04 倍 (结论与前述一致)，其 95%CI 为 (3.53，207.19)，不包含 1，按 α=0.05 水准，RR 值与 1 的差异有统计学意义，可认为钩体病是脑脉管炎的危险因素，见结果 4-16。

(3) RR 值的 z 统计量为 3.17，P=0.0015，按 α=0.05 水准，可认为 RR 值与 1 的差异统计学意义，其中一组对象发生脑脉管炎的危险性高于另外一组，即钩体病与脑脉管炎的发病有关联，见结果 4-16。

结果 4-15

结果	脑脉管炎		
组	组别		
	组		
结果	钩体病人	健康人	
0 未发病	351	817	1168 (98.9%)
1 发病	12	1	13 (1.1%)
	363	818	1181

结果 4-16 相对风险和机会比

暴露组：钩体病人

相对风险	27.0413
95% CI	3.5292–207.1930
Z 统计量	3.174
显著性水平	P = 0.0015

4.5.2 临床试验的需治疗人数

需治疗人数(Number Needed to Treat ，NNT)又称需处理数，可把抽象的率转变为 1 个具体的频数，使临床试验结果转化为临床实践应用的指标，具有表达统计学意义及临床意义的双重作用，是一个衡量临床治疗效果、指导临床决策的有用工具。在临床试验中，如果试验组同对照组相比，接受治疗的试验组患者发生不良事件的概率减少时，NNT 为某种治疗措施实施一段时间后，预防 1 例发生不良事件所需治疗的患者数, NNT 值越小越好；如果试验组同对照组相比，接受治疗的试验组患者出现好的结局事件的概率增加时，NNT 为某种治疗措施实施一段时间后，出现 1 例好的结局所需治疗的患者数。当 NNT 为负值(劣势)时，又称 NNH(Number Needed to Harm)，即某种干预引起 1 例某种不良事件所需要的人数，表明治疗措施产生的有害效应，NNH 用于评价干预造成的有害效应，NNH 的绝对值越大越好。如果试验组同对照组相比，接受治疗的试验组患者出现不良反应的概率增加时，NNH 为某种治疗措施实施一段时间后，出现 1 例不良反应所需治疗的患者数。根据 NNT 的 95%CI 可判断的试验组的效果，当 95%CI 包含 0 时，表明试验组的治疗效果与对照组无统计学差异。当 95%CI 均大于 0 时，表明治疗得到有益结局；反之，表明治疗得到不良结局。

【例 4-13】 在对乙酰氨基酚缓解急性术后疼痛的系统评价纳入了 28 个随机对照试验，试验组采用对乙酰氨基酚(剂量为 750mg 或 1000mg)，对照组采用安慰剂，病人发生中等到严重的术后疼痛的对象 6 个小时后获得至少 50%的缓解认为有效，结果见表 4-9，试计算其 NNT。

表 4-9 对乙酰氨基酚缓解急性术后疼痛效果与对照组的比较

组别	有效	无效	合计	有效率(%)
对乙酰氨基酚组	876	1027	1903	46.03
安慰剂组	241	1088	1329	18.13
合计	1117	2115	3232	34.56

1) 选择【检验(Tests)】→【相对风险(Relative risk)】菜单，打开相对风险(Relative risk)对话框，见图 4-10。

- 【暴露组(Exposed group)】：输入队列研究中暴露组或临床试验中试验组的资料。
  - 【数字阳性(坏)结果(Number positive (bad) outcome)】：输入暴露组或试验组的阳性结果或不良结局的例数，如“死亡”、“发病”、“阳性”或“坏结局”等，本例输入对乙酰氨基酚组的无效例数“1027”。
  - 【数字阴性(好)结果(Number negative (good) outcome)】：输入暴露组或试验组的

阴性结果或良好结局的例数，如“存活”、“未发病”、“阴性”或“好结局”等，本例输入对乙酰氨基酚组的有效例数“876”。

■ 【控制组(Control group)】：输入队列研究中非暴露组或临床试验中对照组的资料。

　○ 【数字阳性(坏)结果(Number positive (bad) outcome)】：输入非暴露组或对照组的阳性结果或不良结局的例数，如“死亡”、“发病”、“阳性”或“坏结局”等，本例输入安慰剂组的无效例数“1088”。

　○ 【数字阴性(好)结果(Number negative (good) outcome)】：输入非暴露组或对照组的阴性结果或良好结局的例数，如“存活”、“未发病”、“阴性”或“好结局”等，本例输入安慰剂组的有效例数“241”。

■ 【选项(Options)】：选择【计算需要治疗的患者数(NNT) (Calculate Number Needed to Treat (NNT))】。

*完成上述操作后，单击【检验(Test)】按钮。

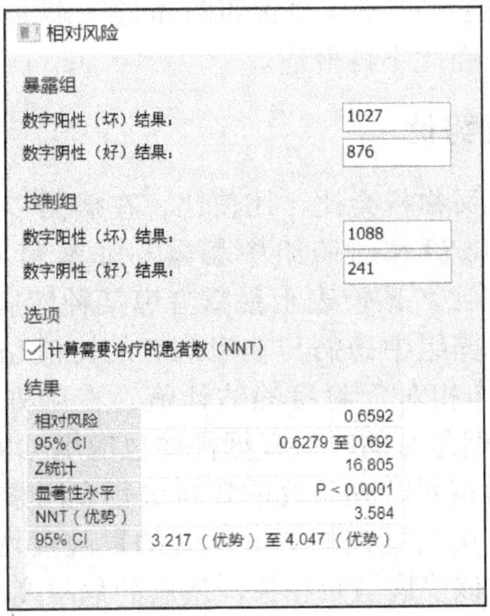

图 4-10　相对风险(Relative risk)对话框

2) 主要结果与分析：MedCalc 可对 NNT 进行点估计和区间估计，NNT 值为 3.58，表明每治疗 4 个发生中等到严重的术后疼痛的对象采用对乙酰氨基酚治疗后，有 1 个对象获得至少 50%的缓解，而对照组没有 1 例获得相同的效果。其 95%CI 为(3.22，4.05)，不包含 0，按 α=0.05 水准，可认为对乙酰氨基酚缓解急性术后疼痛效果与安慰剂组不同。NNT 值和 95%CI 均为正值(优势)，表明对乙酰氨基酚对缓解急性术后疼痛有效果。

【例 4-14】 某系统评价收集了使用了 β-受体阻断剂的对象是否会在手术期间出现低血压，数据见表 4-10，试计算其 NNT。

表 4-10　β-受体阻断剂与对照组导致手术期间出现低血压的情况

组别	出现低血压	未出现低血压	合计	不良反应率(%)
β-受体阻断剂组	460	1398	1858	24.76
对照组	280	1283	1563	17.91
合计	740	2681	3421	21.63

1）相对风险（Relative risk）对话框（参见图 4-10）中，【暴露组（Exposed group）】中的【数字阳性（坏）结果（Number positive (bad) outcome）】为 β-受体阻断剂组中出现低血压的例数“460”，【数字阴性（好）结果（Number negative (good) outcome）】为 β-受体阻断剂组中未出现低血压的例数“1398”；【控制组（Control group）】中的【数字阳性（坏）结果（Number positive (bad) outcome）】为对照组组中出现低血压的例数“280”，【数字阴性（好）结果（Number negative (good) outcome）】为对照组中未出现低血压的例数“1283”；选择【选项（Options）】中的【计算需要治疗的患者数（NNT）（Calculate Number Needed to Treat (NNT)）】。

2）主要结果与分析：NNT 值为–14.61，其 95%CI 为（–24.49，–10.41），均为负值 0（劣势），NNT 变成 NNH，表明每 14 个使用 β-受体阻断剂组的对象中，至少有 1 个会出现需要治疗的手术期间心动过缓（不良结局），见结果 4-17。

结果 4-17

相对风险	1.3820
95% CI	1.2106 至 1.5778
Z统计	4.787
显著性水平	P < 0.0001
NNT（劣势）	14.612
95% CI	24.49（劣势）至 10.413（劣势）

除了使用汇总资料计算 NNT 外，还可以参照例 4-12 的方法用原始资料计算 NNT，在此不再赘述。

4.5.3 病例-对照研究的优势比

优势比（Odds Ratio，OR）又称机会比、比值比，在病例-对照研究中，优势比指病例组中暴露与非暴露人数的比值（*a*/*b*）和对照组中暴露与非暴露人数的比值（*c*/*d*）的比，得出 OR=*ad*/*bc*，所以又称交叉乘积比，该值表示暴露者患某种疾病的危险性较无暴露者高的程度。在队列研究中，指的是暴露组中患病与非患病者的比值（*a*/*c*）和非暴露组中患病与非患病者的比值（*b*/*d*）的比，也用作相对危险度的估计值。在队列研究中，可以计算相对危险度，所以一般不计算比值比，但是有的时候根据需要也应用 OR 值作为联系的强度的指标。例如，在应用 Logistic 回归模型对队列研究的资料进行多因素分析时，即应用 OR 值。当 OR>1 时，表明暴露因素与该疾病呈正相关，疾病的危险度增加，OR 值越大，危险度越大；当 OR<1 时，表明暴露与该疾病呈负相关，疾病的危险度减少，OR 值越小，保护作用越强；当 OR=1 或接近于 1 时，表明暴露因素与患病之间无联系。OR 值通常适用于病例-对照研究，也可以运用于前瞻性的研究。当所研究疾病的发病率较低时 OR 值近似于 RR 值，故在回顾性研究中可用 OR 值估计 RR 值，其解释与 RR 值相同。判断 OR 值的意义时要以 95%CI 为准，如果包含了 1 在内，例如 OR 值的 95%CI 为（0.6，1.2），说明无统计学差异，认为暴露与疾病的危险度无关。

【例 4-15】 某项吸烟与食管癌关系的病例-对照研究的资料见数据文件“食管癌.mcl”，试计算其 OR 值。

1）打开数据文件“食管癌.mcl”。

注：本数据文件与例 4-11 不同，“钩体病.mcl”的变量值为文本值，本例为数值代码，包含两个变量：吸烟（1 表示有，0 表示无）、分组（1 表示病例组，0 表示对照组）。

2）相对风险和机会比（Relative risk & Odds ratio）对话框（参见图 4-9）中，【结果（Outcome）】选择“分组”，【组（Group）】选择“吸烟”，【选项（Options）】选择【机会比（Odds ratio）】。

3）主要结果与分析。

（1）阅读暴露组为 1 的结果，OR=2.87，表明吸烟者患食管癌的危险性是不吸烟者的

2.87 倍，其 95% CI 为(2.17，3.78)，均大于 1，按 α=0.05 水准，表明吸烟者患食管癌的危险性高于不吸烟者，即吸烟是食管癌的危险因素，吸烟者发生食管癌风险是不吸烟者的 2.17～3.78 倍，见结果 4-18。

结果 4-18　相对风险和机会比

机会比	2.8650
95% CI	2.1700–3.7827
Z 统计	7.425
显著性水平	P < 0.0001

(2) OR 值的 z 统计量为 7.425，P<0.0001，按 α=0.05 水准，表明 OR 值与 1 的差异有统计学意义，其中一组发生食管癌的危险性高于另外一组，即吸烟与食管癌的发生有关联，见结果 4-18。

【例 4-16】 为了解某些环境因素对鼠伤寒杆菌感染爆发的作用，肯尼亚某儿童医院对此进行了病例-对照研究。病例组为某年下半年住院的病人中血液培养确诊鼠伤寒杆菌阳性者(儿童)。对照组为同期住院的儿童中，性别和年龄与病例组构成相近，且已排除腹泻病的其他病例。其调查资料见表 4-11，试分析没有卫生厕所与儿童鼠伤寒感染的关联强度。

表 4-11　鼠伤寒杆菌感染与卫生条件的关系的病例-对照研究

		病例组(n=32)	对照组(n=108)
没有卫生厕所	是	31	49
	否	1	59
没有抽水设备	是	25	23
	否	7	85
家畜不圈养	是	27	50
	否	5	58
饮自己的牛奶(不消毒)	是	21	18
	否	11	90

1) 选择【检验(Tests)】→【机会比(Odds ratio)】菜单，打开机会比(Odds ratio)对话框，见图 4-11。

- 【阳性(坏)结果的案例(Case with positive(bad) outcome)】：输入阳性或不良结局，如“死亡”、“发病”、“阳性”、“坏结局”等的例数。
  - 【暴露组中的数量(Number in exposed group)】：暴露组中出现阳性或不良结局的例数，本例为没有卫生厕所的家庭中感染鼠伤寒杆菌的儿童数“31”。
  - 【控制组中的数量(Number in control group)】：对照组中出现阳性或不良结局的例数，本例为有卫生厕所的家庭中鼠伤寒杆菌感染的儿童数“1”。

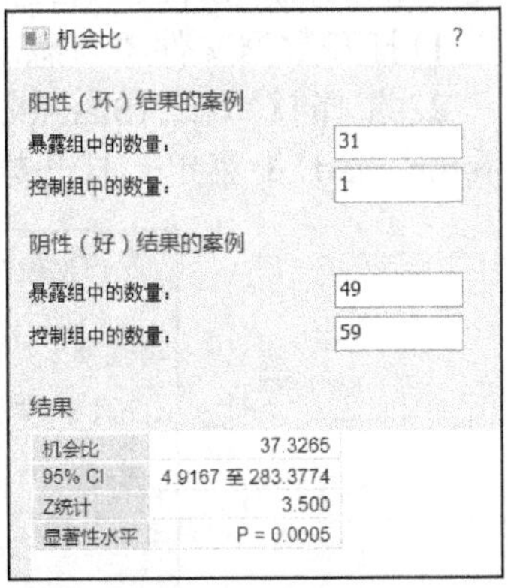

图 4-11　机会比(Odds ratio)对话框

- 【阴性(好)结果的案例(Case with negative(good) outcome)】：输入阴性或良好结局，如“存活”、“未发病”、“阴性”、“好结局”等的例数。
  - 【暴露组中的数量(Number in exposed group)】：暴露组中出现阴性或良好结局的例数，本例为没有卫生厕所的家庭中未感染鼠伤寒杆菌感染的儿童数“49”。
  - 【控制组中的数量(Number in control group)】：对照组中出现阴性或良好结局的例数，本例为有卫生厕所的家庭中未感染鼠伤寒杆菌的儿童数“59”。

*完成上述操作后，单击【检验(Test)】按钮。

2)主要结果与分析：OR 值的 z 统计量为 3.40，P=0.0005，按 α=0.05 水准，可认为家庭没有卫生厕所与儿童鼠伤寒感染有关联。OR 值反映了家庭没有卫生厕所与儿童鼠伤寒感染的关联强度，家庭没有卫生厕所的儿童发生伤寒感染的危险性是家庭有卫生厕所的儿童的 37.33 倍，OR 值的 95%CI 为(4.92，283.38)，见图 4-11。

4.6 分类资料的条图

条图(column chart)又称条形图、柱状图，用相同宽度直条的高度表示相互独立的非连续性资料，用于性质相似的分类资料的比较，通过条图可容易地看出各分类的统计量的大小或所占的比例。条图可以横放，也可以竖放，两者没有本质区别。通常纵轴表示数量，横轴表示分组标志。表示指标数量的尺度必须从 0 开始，不宜折断，否则会改变各直条长度的比例，使人产生错觉。对于单个分类变量，可绘制简单条图(simple column chart)，对于两个分类变量可绘制复式条图(clustered column chart)、分段条图(stacked column chart)和构成比条图(percent column chart)。

4.6.1 简单条图

简单条图(simple column chart)又称单式条图，为按一个统计指标、一个因素分组的条图，可用于描述单个分类变量中各类的大小，直条的高度表示每类的例数。

【例 4-17】 某市妇幼保健院对该地 910 名在校学生进行性知识调查，调查对象按性别：1(男)、2(女)和年龄组分组：1(≤14 岁)、2(14～20 岁)、3(20 岁以上)，调查受访者对自慰的看法：1(获得性满足的正常行为)，2(偶尔为之并不会影响健康，但过度会影响健康)，3(会对健康产生损害)，4(不道德的行为)，5(其他)，6(不了解)，试绘制在校学生对自慰看法的简单条图。(自慰.mcl)

1)打开数据文件“自慰.mcl”。

2)选择【统计(Statistics)】→【交叉表(Crosstabs)】→【频率条形图(Frequencies column chart)】菜单，打开频率表(Frequencies chart)对话框，见图 4-12。

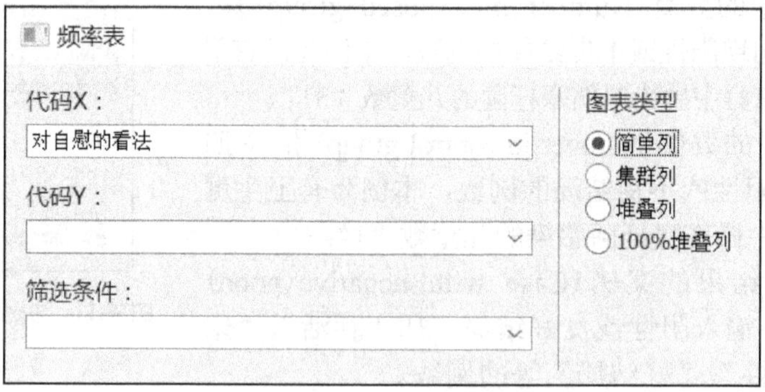

图 4-12 频率表(Frequencies chart)对话框

- 【代码 X(Code X)】：选择一个文本或数值分类变量，本例为“对自慰的看法”。
- 【代码 Y(Code Y)】：选择一个分类变量，本例未选择。

■【筛选条件(Filter)】：不选择任何变量。
■【图表类型(Graph types)】：可选择。
  ○【简单列(Simple column)】：绘制简单条图。
  ○【群集列(Clustered column)】：绘制复式条图。
  ○【堆叠列(Stacked column)】：绘制分段条图。
  ○【100%堆叠列(100% Stacked column)】：绘制 100%分段条图。

3) 主要结果与分析：条图分为横向条图和纵向条图两种，MedCalc 绘制的是纵向条图，其横轴为组别，纵轴为频数。图 4-13 直观描述了某地在校学生对自慰不同看法的人数。

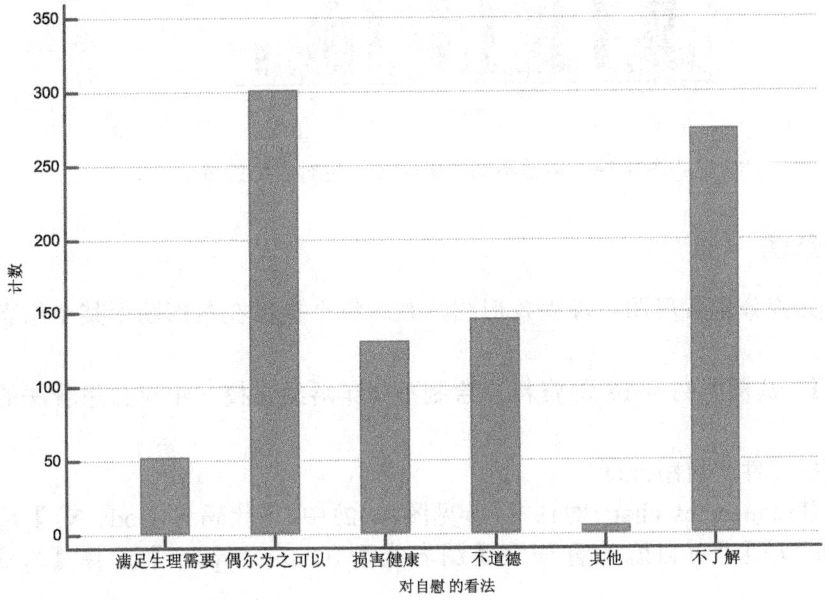

图 4-13　某地在校学生对自慰的看法

4.6.2　复式条图

复式条图又称分类条形图，是简单条图的扩展，即在简单条图的基础上加上一个分类因素。复式条图以组为单位，每组内包括两个或以上直条，各组内直条的排列顺序应一致，同一组内的直条间不留间隙，直条所表示的类别应有图例说明。复式条图可用于表示两个或多个指标的大小，通常用于同一个指标下两组或多组之间数值大小的比较。

【例 4-18】 试根据例 4-17 的资料，绘制不同年级在校学生对自慰看法的复式条图(自慰.mcl)。

1) 打开数据文件“自慰.mcl”。

2) 频率表(Frequencies chart)对话框(参见图 4-12)中，【代码 X(Code X)】选择“年级”，【代码 Y(Code Y)】选择“对自慰的看法”，【图表类型(Graph types)】选择【群集列(Clustered column)】。

3) 主要结果与分析：复式条图可比较某地不同年级在校学生对自慰的看法有何不同，比简单条图提供了更多的信息，见图 4-14。

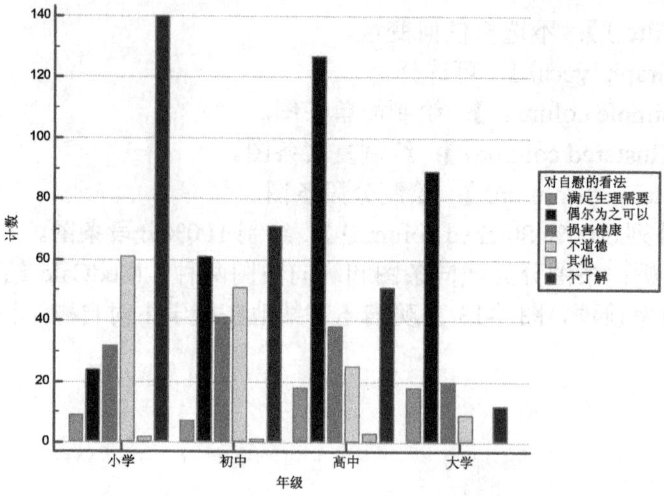

图 4-14 某地不同年级在校学生对自慰的看法

4.6.3 分段条图

分段条图又称分量条形图、堆积条形图，表示每个指标在条形图中某个因素各水平的构成情况。

【例 4-19】 试根据例 4-17 的资料，绘制不同年龄组在校学生对自慰看法的分段条图。（自慰.mcl）

1）打开数据文件“自慰.mcl”。

2）频率表（Frequencies chart）对话框（参见图 4-12）中，【代码 X（Code X）】选择“年龄”，【代码 Y（Code Y）】“对自慰的看法”，【图表类型（Graph types）】选择【堆叠列（Stacked column）】。

3）主要结果与分析：分段条图可以看作简单条图和复式条图的组合，即在一个分类变量的简单条图中描述另一个分类变量在前者各分类中的构成，见图 4-15。

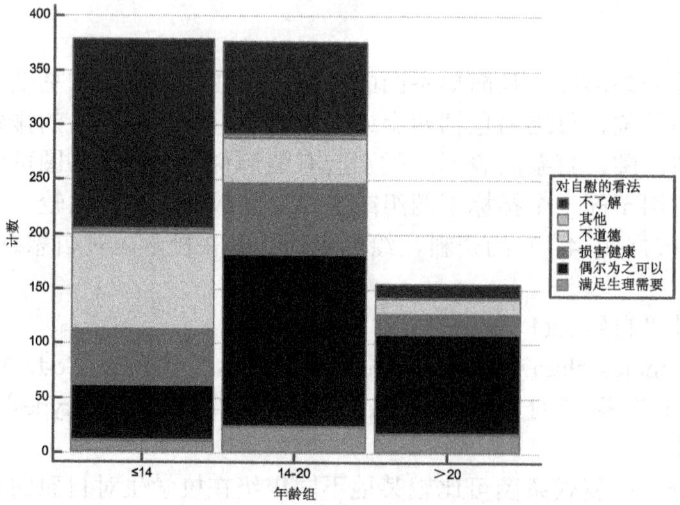

图 4-15 某地不同年龄组在校学生对自慰的看法

4.6.4　构成比条图

构成比条图(percentage column graph)又称百分条图或 100%分段条图(100% stacked column)，用于表示全体中各部分的比例，以整个直条面积表示该事物的全体，以分段面积表示各组成部分占全体的比例。绘制时纵坐标标尺的长度与直条相等，等距划分为 100 等份，每一刻度单位所截段为整个直条的 1%，截段所占的图段标以不同的线条或颜色，并做图例说明。构成比条图用于比较多个分类资料的构成比的差异。

【例 4-20】 试根据例 4-17 的资料，绘制不同年龄组在校学生对自慰看法的构成比条图。(自慰.mcl)

1) 打开数据文件“自慰.mcl”。

2) 频率表(Frequencies chart)对话框(参见图 4-12)中，【代码 X(Code X)】选择“年龄组”，【代码 Y(Code Y)】“对自慰的看法”，【图表类型(Graph types)】选择【100%堆叠列(100% Stacked column)】。

3) 主要结果与分析：图 4-16 为 3 个年龄组在校学生对自慰看法的百分条图，横轴为组别，纵轴为百分比，直观描述了不同年龄组在校学生对自慰不同看法的构成比，以“满足生理需要”、“偶尔为之可以”为例，随着年龄的增长，选择这两项的构成比越来越大。

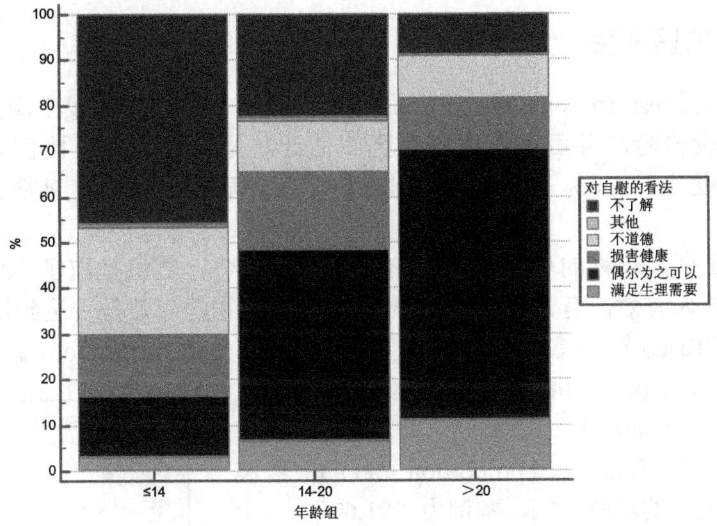

图 4-16　某地不同年龄组在校学生对自慰的看法

第 5 章　相对数的估计与比较

医学研究中常用的相对数指标包括比、比例和率 3 种，两个绝对数之比称为比(ratio)，又称相对比；当比的分子是分母的一部分时，称为比例(proportion)，又称结构相对数或构成比；当比例与时间有关系时称为率(rate)，或称强度相对数。在应用中有时习惯将某些比例称为率，如患病率、治愈率等，也可称为强度相对数。MedCalc 可进行比例和比率的点估计和置信区间估计，以及对两组比例和比率进行假设检验。

5.1　比例的估计与比较

比例表示事物内部某部分个体数与该事物各部分个体数的总和之比，用来说明各构成部分在总体中所占的比例或分布，又称构成比，大多数率是构成比，分子是分母的一部分，分子和分母代表的是同一人群。

5.1.1　单个比例的区间估计与检验

一个比例的检验(Test for one proportion)可用于确定特定事件的发生率是否等于目标值(target value)的假设检验，并可进行比例的区间估计。原假设为总体比例等于假设值，即 H_0：$p=p_0$，备择假设 H_1：$p \neq p_0$。常见的比例资料有常见病的发病率、某病的复发率、治愈率、合格率等。

【例 5-1】 为研究某药物的疗效(其设计有效率为 90%)，随机抽取了 300 名患者进行假设检验，结果为 275 人有效，有效率为 91.67%，试问该药物的疗效是否达到设计的有效率？

1) 选择【检验(Tests)】→【一个比例的检验(Test for one proportion)】菜单，打开一个比例的检验(Test for one proportion)对话框，见图 5-1。

- 【检验数据(Test data)】。
  - 【观察比例(%)(Observed proportion (%))】：输入以百分数表示的观测比例，本例为“91.67”。
  - 【采样尺寸(Sample size，样本含量)】：输入样本含量或总观测数，本例为“300”。
  - 【无假设值(%)(Null Hypothesis value (%)，零假设值)】：输入一个以百分数表示的预先指定的比例，用于与观测比例比较，本例为“90”。

*完成上述操作后，单击【检验(Test)】按钮。

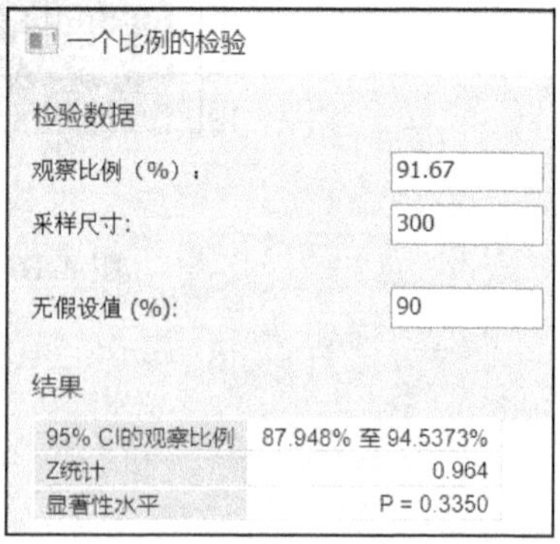

图 5-1　一个比例的检验(Test for one proportion)对话框

2) 主要结果与分析：MedCalc 计算率的精确 Clopper-Pearson 置信区间，该药物总体有效率的 95%CI 为(87.95，94.54)%，z=0.97，P=0.335，按 α=0.05 水准，该药物有效率与设计有效率的差别无统计学意义，即该药物的疗效达到了设计的有效率，见图 5-1。

5.1.2　两个独立样本比例的比较

比例对比(Comparison of proportions)功能可对两个独立样本的比例的汇总资料进行卡方检验，以比较两个总体比例是否有统计学差异，其原假设为两个总体比例之间的差异有统计学意义，即 H_0：$p_1=p_2$，备择假设 H_1：$p_1 \neq p_2$。当总例数小于 20 时，建议进行 Fisher 精确检验。

【例 5-2】 为考察在常规治疗的同时辅以心理治疗的效果，某医院将同种疾病的患者随机分成“常规治疗组”和“常规与同时辅以心理治疗组”。经一个疗程治疗后，以相同的标准衡量，常规组 80 名患者中，有效者 48 名，有效率为 60.00%；常规与同时辅以心理治疗组 75 名患者中，有效者 55 名，有效率为 73.33%。试判断就总体而言，两种疗法的有效率是否确有差异。

1) 选择【检验(Tests)】→【平均值(Comparison of)】→【比例(Proportions)】菜单，打开比例对比(Comparison of proportions)对话框，见图 5-2。

- 【第 1 组数据(1st set of data)】：本例输入常规组的资料。
  - 【比例(%)(Proportions(%)】：本例输入常规组的有效率“60.00”。
  - 【案例数量(Number of cases)】：本例输入常规组的例数“80”。
- 【第 2 组数据(2nd set of data)】：本例输入联合组的资料。
  - 【比例(%)(Proportions(%)】：本例输入联合组的有效率“77.33”。
  - 【案例数量(Number of cases)】：本例输入联合组的例数“75”。

*完成上述操作后，单击【检验(Test)】按钮。

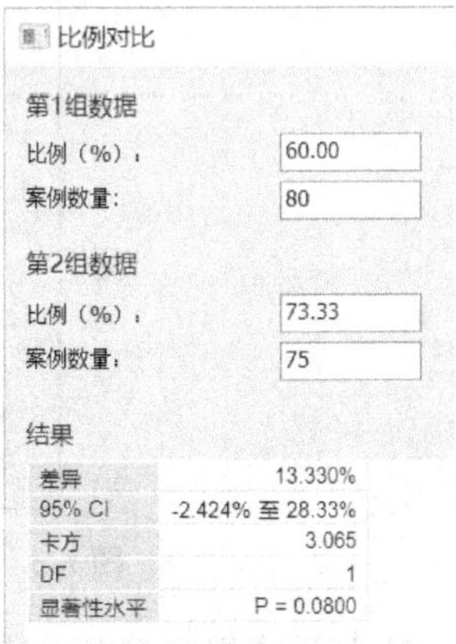

图 5-2　比例对比(Comparison of proportions)对话框

2) 主要结果与分析：常规治疗组和常规与同时辅以心理治疗组有效率的差值为 13.33%，总体比例差值的 95% CI 为(−2.42，28.33)%，包含 0。χ^2=3.07，P=0.08，按 α=0.05 水准，差别无统计学意义，尚不能认为两种疗法的有效率有差别，见图 5-2。

5.2　比率的区间估计与检验

比率(rate)又称率，是一个计数(count)与另外一个测量值(measurement)的比值(ratio)。医学研究中有些率的分母并非观测对象的总数，如婴儿死亡率、儿童死亡率的分母是同地区的活产数，队列研究的发病率或死亡率的分母为随访人年数。此外，医学研究中常用相对比(两个有关指标之比)来说明两指标的比例关系。两个指标可以性质相同，如不同时期发病数之比、人口性别比等；也可以性质不同，如医院的门诊人次与病床数之比。

5.2.1　比率的置信区间

比率的置信区间(confidence interval for a rate)可对比率进行点估计和 95%置信区间估计。

【例 5-3】 某地 2009 年 5 岁以下儿童的死亡数为 66 例，该地同年活产数为 7210，试估计该地 2009 年 5 岁以下儿童死亡率。

1) 选择【检验(Tests)】→【比率(Rates)】→【比率的置信区间(Confidence interval for a rate)】菜单，打开比率的置信区间(Confidence interval for a rate)对话框，见图 5-3。

■【检验数据(Test data)】。

○【分子(例如计数的数字或活动)(Numberator(e.g. number or events counted))】：输入事件的观测数，本例为 5 岁以下儿童死亡数“66”。

○【分母(例如总人年数)(Denominator(e.g. total person-years))】：输入计算率(或比)的分母，本例为该地同年活产数“7210”。

- 【表述结果为 1:X(Express result as 1:X)】：选择此项可以 1:X 表示率(或比)，如 10/200 的比等于 0.05，或 1:20。

*完成上述操作后，单击【检验(Test)】按钮。

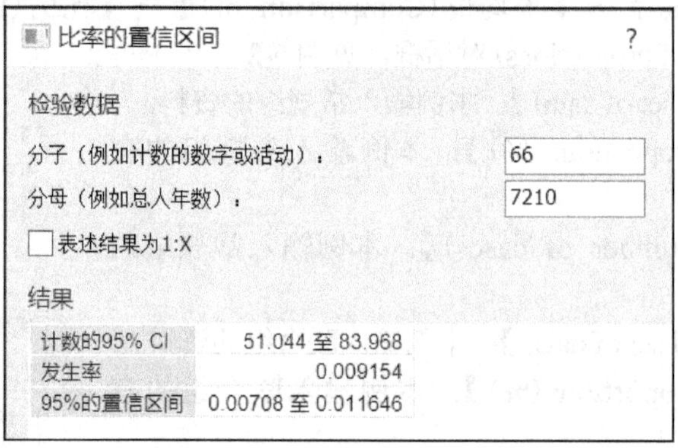

图 5-3　比率的置信区间(Confidence interval for a rate)对话框

2) 主要结果与分析：某地 2009 年 5 岁以下儿童的死亡数(分子)的 95%CI 为(51.05，83.97)(Poisson)。5 岁以下儿童死亡率为 9.15‰(0.00915)，总体死亡率的 95%CI 为(7.08，11.65)‰。

3) 如选择【表述结果为 1:X(Express result as 1:X)】，则将得到如下结果：某地 2009 年 5 岁以下儿童死亡率为 1:109，其 95%CI 为(1:141，1:86)，见结果 5-1。

【例 5-4】 某地出生监测中，2010—2011 年住院分娩活产婴儿男性 41157 例、女性 35922 例，试估计该地区 2010—2011 年的住院婴儿出生性别比。

1) 比率的置信区间(Confidence interval for a rate)对话框(参见图 5-3)中，【检验数据(Test data)】的【分子(例如计数的数字或活动)(Numberator(e.g. number or events counted))】为“41157”、【分母(例如总人年数)(Denominator(e.g. total person-years))】为“35922”。

*完成上述操作后，单击【检验(Test)】按钮。

2) 主要结果与分析：某地 2010—2011 年住院婴儿出生性别比为 114.57:100(1.1457)，总体出生性别比的 95%CI 为(113.47:100，115.69:100)，见结果 5-2。

结果 5-1

计数的 95%CI	51.044 至 83.968
发生率	1:109
95%的置信区间	1:141 至 1:86

结果 5-2

计数的 95%CI	40760 至 41557
发生率	1.1457
95%的置信区间	1.1347 至 1.1569

5.2.2 两个独立样本比率的比较

两个比率对比(Comparison of two rates)可比较两组的相对比(或率)。

【例 5-5】 在对 35 岁以上英国医生吸烟与肺癌的联系的队列研究中，第一阶段的随访是在 4.5 年后进行的，吸烟者的暴露人年数为 98090 人·年，肺癌死亡 85 例；非吸烟者的暴露人年数是 15107 人·年，肺癌死亡 1 例，试比较吸烟与非吸烟者的肺癌死亡密度有无差别。

1) 选择【检验(Tests)】→【比率(Rates)】→【两个比率对比(Comparison of two rates)】菜单，打开两个比率对比(Comparison of two rates)对话框，见图 5-4。

【检验数据(Test data)】分别输入【第 1 组(1st group)】和【第 2 组(2nd group)】的【分子(例如计数的数字或活动)(Numberator(e.g. number or events counted))】和【分母(例如总人年数)(Denominator(e.g. total person-years))】。通常建议【第 1 组(1st group)】为暴露组，【第 2 组(2nd group)】为非暴露组。

*完成上述操作后，单击【检验(Test)】按钮。

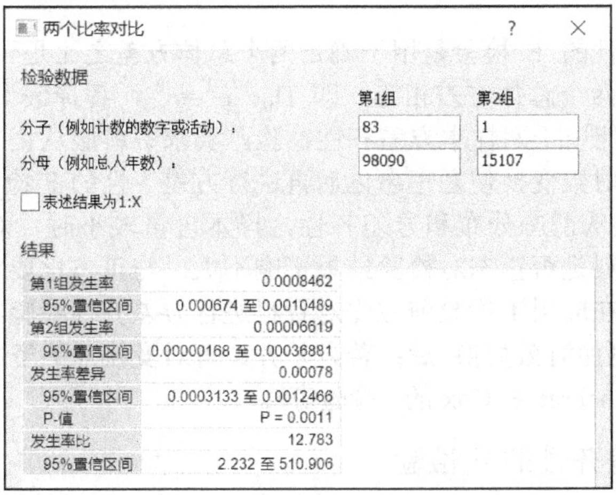

图 5-4 两个比率对于(Comparison of two rates)对话框

2) 主要结果与分析。

(1) 在本研究中，吸烟组者肺癌死亡密度为 84.62/10 万人·年，总体死亡密度的 95%CI 为(67.40，104.89)/10 万人·年；非吸烟组的肺癌死亡密度为 6.62/10 万人·年，总体死亡密度的 95%CI 为(0.19，36.88)/10 万人·年。

(2) 两组肺癌死亡密度的差值(R_1–R_2)为 78.00/10 万人·年，95%CI 为(31.33，124.66)/10 万人·年，其 P=0.0011，按 α=0.05 水准，可认为两组相对比(或率)的差别有统计学意义，即两组人群肺癌的死亡密度的有差别，差值>0，表明吸烟者的肺癌死亡密度高于非吸烟者。

(3) 发生率比为 R_1 和 R_2 的比值，即相对危险度(RR)，为 12.78，表示吸烟者发生肺癌死亡的危险性是非吸烟者的 12.78 倍，其 95%CI 为(2.23，510.91)，不包含 1，表明 RR 与 1 的差别有统计学意义，即吸烟是肺癌的危险因素。

第6章 方差齐性检验和t检验

t检验包括单样本t检验(one-sample t-test)、独立样本t检验(2-sample t-test)和配对样本t检验(paired t-test)。当σ未知且样本含量n较小(如$n<60$)时，理论上要求t检验的样本随机地来自正态分布的总体；两小样本平均值比较时，还要求两样本所对应的总体方差相等($\sigma^2_1=\sigma^2_2$)，即方差齐性。而在实际应用中，即使与上述条件略有偏离，也对结果影响不大。而在大样本的条件下，许多分布都渐近于正态分布。

6.1 独立样本方差齐性的F检验

两独立样本方差齐性的F检验是用于确定两个总体方差之比是否等于1的假设检验，即方差齐性，其原假为两个总体方差相等，即H_0：$\sigma^2_1=\sigma^2_2$，备择假设H_1：$\sigma^2_1\neq\sigma^2_2$，一般取$\alpha=0.1$水准。F检验只能用于两样本方差齐性检验，要求资料服从正态分布，对于不服从正态分布的资料，可使用对数变换使之正态化后再进行方差齐性的F检验。独立样本t检验主要要求资料(或残差)服从正态分布和方差齐性，样本含量较小时，对资料的正态性要求较高；样本量较大时，资料是否正态对检验结果影响不大。与正态性要求相比，方差不齐对检验结果影响较大，因此在应用t检验前应先对资料进行方差齐性检验，对不满足方差齐性的资料可以经资料变换(例如对数变换)后；若方差齐，可对变换后的资料进行t检验，或直接采用近似t检验，(如Cochran & Cox的t'检验等)。

6.1.1 原始资料方差齐性的F检验

【例6-1】 一个环境控制检验员怀疑一个河边的社区往河里排放半处理的污水，这会导致河水中被溶解氧气的变化。为了证实这一怀疑，分别在这个城镇的上下游各随机抽取了15个水样，测量这30个水样中被溶解的氧气浓度(单位：10^{-6})，见表6-1，数据文件为“水样.mcl”，工作表列为“position(位置)：1=上游，2=下游”和“O2(氧气浓度)”，试问上下游河水中的氧气浓度方差是否相等？

表6-1 上下游的氧气浓度测量值(单位：10^{-6})

位置	氧气浓度
上游	5.2、4.8、5.1、5、4.9、4.8、5、4.7、4.7、5、4.7、5.1、5、4.9、4.9
下游	4.2、4.4、4.7、4.9、4.6、4.8、4.9、4.6、5.1、4.3、5.5、4.7、4.9、4.8、4.7

1)打开数据文件“水样.mcl”。

2)选择【统计(Statistics)】→【方差比检验(F检验)(Variance ratio test (F-test))】菜单，打开方差比检验(F检验)(Variance ratio test (F-test))对话框，见图6-1。

- 【采样1(Sample，样本1)】的【变量(Variable)】选择“O2(氧气浓度)”，【筛选条件(Filter)】为“position=1”。

- 【采样 2(Sample，样本 2)】的【变量(Variable)】选择“O2(氧气浓度)”，【筛选条件(Filter)】为“position=2”。
- 【选项(Options)】。
  - 【对数变换(Logarithmic transformation)】：如果选择此项，则由于对数的方差未能有意义地逆变换，MedCalc 将计算对数变换尺度的方差比。

3)主要结果与分析。

(1)上游氧气浓度的方差为 0.02457，下游氧气浓度的方差为 0.1026，见结果 6-1。

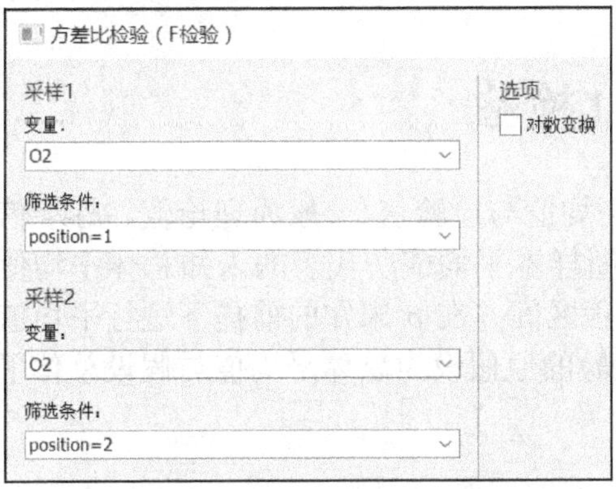

图 6-1　方差比检验(F 检验)(Variance ratio test (F-test))对话框

结果 6-1

样本 1		
变量	O_2 氧气浓度	
筛选条件	position=1	
样本 2		
变量	O_2 氧气浓度	
筛选条件	position=2	
	样本 1	样本 2
样本含量	15	15
算术平均值	4.9200	4.7400
平均值的 95%CI	4.8332–5.0068	4.5626–4.9174
方差	0.02457	0.1026
标准差	0.1568	0.3203
平均值的标准误	0.04047	0.08269

(2)F 统计量为较大的方差与较小的方差的比值(σ_2^2/σ_1^2)，即方差比，为 4.1744，P=0.011，按 α=0.10 水准，拒绝 H_0，接受 H_1，差异有统计学意义，可认为上下游氧气浓度的方差不齐，不宜直接使用独立样本 t 检验，见结果 6-2，可考虑采用 t'检验。

结果 6-2 方差比检验(F 检验)

方差比	4.1744
显著性水平	P = 0.011

6.1.2　汇总资料方差齐性的 F 检验

汇总资料方差齐性的 F 检验可比较两个独立样本的已知标准差。如果两个方差的差异无统计学意义，则其比值将接近 1。

【例 6-2】 为研究国产四类新药阿卡波糖的降糖效果，某医院用 40 名Ⅱ型糖尿病患者进行同期随机对照试验。研究者将这些患者随机等分到试验组(用阿卡波糖胶囊)和对照组(用拜糖苹胶囊)，分别测得试验开始前和试验 8 周时的空腹血糖，阿卡波糖组空腹血糖的下降平均值和标准差为 2.0650±3.0601mmol/L，拜糖苹组空腹血糖的下降平均值和标准差为 2.6250±2.4205mmol/L，试进行方差齐性检验。

1)选择【检验(Tests)】→【平均值(Comparison of)】→【标准差(F 检验)(Standard deviations (F-test))】菜单，打开标准偏差的对比(F 检验)(Comparison of standard deviations (F-test))对话框，见图 6-2。

本功能需输入标准差，如果比较两个方差，则需先取两个方差的平方根。分别输入【第 1 组数据(1st set of data)】和【第 2 组数据(2nd set of data)】的【标准差偏差(Standard deviations，标准偏差)】和【案例数量(Number of cases)】。

*完成上述操作后，单击【检验(Test)】按钮。

2)主要结果与分析：方差齐性检验结果为 F=1.5983、P=0.315，按 α=0.1 水准，不拒绝 H_0，差异无统计学意义，尚不能认为两组人群空腹血糖下降值的方差不齐，见图 6-2。

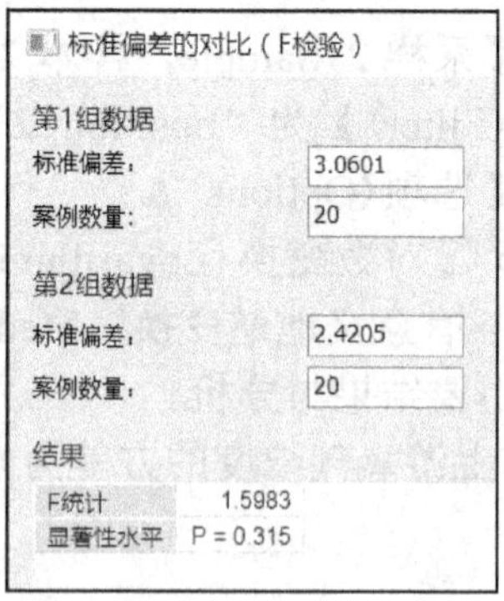

图 6-2 标准偏差的对比(F 检验)(Comparison of standard deviations (F-test))对话框

6.2 单样本 t 检验

单样本 t 检验(one-sample t-test)适用于样本平均值与检验值(一般为理论值、标准值或经过大量观测所得的稳定值等)的比较，目的是推断样本平均值所代表的未知总体平均值与已知总体平均值有无差异。单样本 t 检验可计算置信区间并在 σ 未知的前提下进行平均值的假设检验，其应用条件是资料服从正态分布。该检验的原假设为总体平均值与假设总体平均值相等，即 H_0：$\mu=\mu_0$，备择假设 H_1：$\mu\neq\mu_0$。

6.2.1 原始资料的单样本 t 检验

【例 6-3】 已知野生人参中 M 物质的含量服从正态分布，μ=63.5μg/g，测得 9 个人工培植人参样本中 M 物质的含量(单位：μg/g)分别为 40.0、41.0、41.5、41.8、42.4、43.1、43.8、43.8、44.2，问这批人工培植人参中 M 物质的含量与野生人参是否相同？(人参.mcl，变量为 M(含量))

1)打开数据文件“人参.mcl”。

2)选择【统计(Statistics)】→【T 检验(T-tests)】→【单样本 t 检验(One sample t-test)】菜单，打开单样本 t 检验(One sample t-test)对话框，见图 6-3。

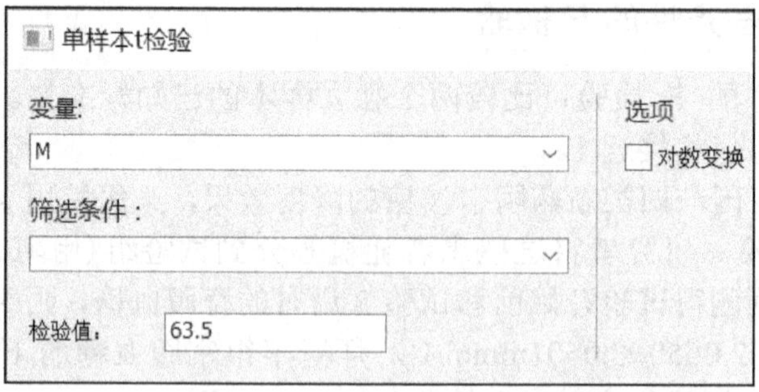

图 6-3 单样本 t 检验(One sample t-test)对话框

- 【变量(Variable)】：要进行单样本 t 检验的变量，本例为“M(含量)”。
- 【筛选条件(Filter)】：设定进行统计分析的个案子组，本例未选择。

- 【检验值(Test value)】：输入单样本 t 检验的检验值，可以为理论值、标准值或经过大量观测所得的稳定值，本例为“63.5”。
- 【选项(Options)】。
  - 【对数变换(Logarithmic transformation)】：当资料为正态偏态(positively skewed)时，可考虑进行对数变换。

3) 主要结果与分析。

(1) 人工培植人参中 M 物质含量的平均值和标准差为 42.40±1.44μg/g，见结果 6-3。

(2) 人工培植人参中 M 物质含量的平均值与野生人参中 M 物质含量总体平均值差为 −21.10μg/g，t=44.02，P<0.0001，按 α=0.05 水准，拒绝 H_0，接受 H_1，差异有统计学意义，可认为人工培植人参中 M 物质含量与野生人参不同。总体平均值差的 95%CI 为(−22.21，−19.99)μg/g，不包含 0，按 α=0.05 水准，亦可认为人工培植人参中 M 物质含量与野生人参不同，见结果 6-4。

结果 6-3

变量	M
样本含量	9
最低值	40.0000
最高值	44.2000
算术平均值	42.4000
平均值的 95%CI	41.2947–43.5053
中位数	42.4000
中位数的 95%CI	41.0690–43.8000
方差	2.0675
标准差	1.4379
平均值的标准误	0.4793

结果 6-4　单样本 t 检验

检验值	63.5
差值	−21.1000
95% CI	−22.2053– −19.9947
自由度(DF)	8
检验统计 t	44.02313
显著性水平	P < 0.0001

6.2.2　汇总资料的单样本 t 检验

一个平均值的检验(Test for one mean)即汇总资料的单样本 t 检验，可根据汇总资料(样本平均值和标准差)进行分析。

【例 6-4】 通过大规模调查已知某地新生儿平均出生体重为 3.30kg，从该地难产儿中随机抽取 35 名新生儿作为研究样本，平均出生体重为 3.42kg，标准差为 0.4kg，问该地难产儿出生体重与一般新生儿体重有无差异？

1) 选择【检验(Tests)】→【一个平均值的检验(Test for one mean)】菜单，打开一个平均值的检验(Test for one mean)对话框，见图 6-4。

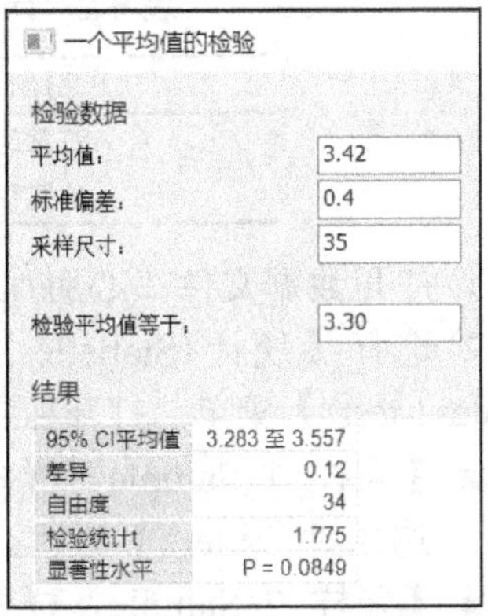

图 6-4　一个平均值的检验(Test for one mean)对话框

- 【平均值(sample mean)】：输入样本平均值，本例为“3.42”。
- 【标准偏差(Standard deviation，标准差)】：输入样本标准差，本例为“0.4”。
- 【采样尺寸(Sample size，样本含量)】：输入样本含量，本例为“35”。

■ 检验平均值等于(Test mean is equal to)】：输入检验平均值，可以为理论值、标准值或经过大量观测所得的稳定值，本例为“3.30”。

*完成上述操作后，单击【检验(Test)】按钮。

2)主要结果与分析：难产儿的平均出生体重为 3.42kg，总体平均出生体重的 95%CI 为(3.28，3.56)kg，与该地新生儿平均出生体重的差值为 0.12kg，t=1.775，P=0.0849，按 α=0.05 水准，不拒绝 H_0，差异无统计学意义，尚不能认为该地难产儿与一般新生儿平均体重存在差异，见图 6-4。

6.3 独立样本 t 检验

独立样本 t 检验(independent samples t-test)又称成组 t 检验，适用于完全随机设计(两组完全随机设计是将受试对象完全随机分配到两个不同的处理组)两样本均值的比较，其应用条件是两组资料均服从正态分布(或残差服从正态分布)，且两样本对应的总体方差相等。它可用于确定两组总体均值是否存在差异，或两组总体均值间的差异是否为某一特定量。对于大样本资料(如 n>60)，样本平均值近似地服从正态分布，故满足独立样本 t 检验关于正态分布的要求；但当样本例数较小时，需要对每组资料分别进行正态性检验或对所有残差进行正态性检验。样本含量越大，其效果越好。独立样本 t 检验的原假设为两个总体均值之间的差值等于 0，即 H_0：$\mu_1-\mu_2=0$，备择假设 H_1：$\mu_1-\mu_2\neq 0$。

6.3.1 方差齐性资料的独立样本 t 检验

当两样本含量较小(如 $n_1\leqslant60$ 或/和 $n_2\leqslant60$)，并均来自正态总体，且方差齐时，应进行独立样本 t 检验。

【例 6-5】 某项研究评估低氧环境(模拟高原环境)对运动者心肌血流量的影响，将 17 名男性志愿者随机分成两组，分别在正常含氧环境(正常组)和低氧环境(低氧组)中测定运动后的心肌血流量[单位：ml/(min·g)]，数据见表 6-2，问两种环境中运动者的心肌血流有无差异？(心肌血流量.mcl，blood(心肌血流量)，group(分组)：1=正常组、2=低氧组)。

表 6-2 两种环境中运动者的心肌血流量[单位：ml/(min·g)]

分组	心肌血流量
正常组	3.5、3.1、3.1、2.7、2.5、2.3、2.3、2.3、2.2
低氧组	6.4、5.7、5.6、5.3、5.1、4.9、4.7、3.5

1)打开数据文件“心肌血流量.mcl”。

2)选择【统计(Statistics)】→【T 检验(T-tests)】→【独立样本 T 检验(Independent samples t-test)】菜单，打开独立样本 T 检验(Independent samples t-test)对话框，见图 6-5。

■ 【采样 1(Sample，样本 1)】的【变量(Variable)】选择“blood(心肌血流量)”，【筛选条件(Filter)】为“group=1”。

■ 【采样 2(Sample，样本 2)】的【变量(Variable)】选择“blood(心肌血流量)”，【筛选条件(Filter)】为“group=2”。

■ 【选项(Options)】。

- ○【对数变换（Logarithmic transformation）】：当资料为正态偏态（positively skewed）时，可考虑进行对数变换。
- ○【修正不等方差（Correction for unequal variances）】。
  - 【假定等方差（Assuming equal variances）】：进行 t 检验，本例选择此项。
  - 【假定不等方差（Assuming unequal variances）】：进行方差不齐的校正 t 检验，即 Welch 检验。
  - 【自动化（Automatic）】：根据方差齐性 F 检验的结果自动选择适当的检验。
  - 【两者兼具（Do both）】：同时进行 t 检验和 Welch 检验。

■【残差（Residuals）】。

- ○【检验正态分布（Tests for Normal distribution）】：对残差进行正态性检验。独立样本 t 检验假设残差（观测值与分组/样本平均值的差值）服从正态分布，该假设可通过正式检验或图形方法进行评价。当样本含量较小时，不同的正态性检验方法可能功效不足；而当样本含量足够大时，根据中心极限定理，正态分布的要求将不太严格。通常可用直方图、箱形图、正态图直观评价残差分布的对称性和峰度。因此，用户可单击结果中的【保存残差（Save residuals）】链接，将残差保存到数据文件中，以便绘制不同的分布图。本例选择“Shapiro-Wilk 检验（Shapiro-Wilk test）”。

3）主要结果与分析。

（1）正常组运动后的心肌血流量的平均值和标准差为 2.67±0.46 ml/（min·g），低氧组运动后的心肌血流量的平均值和标准差为 5.15±0.85 ml/（min·g），见结果 6-5。

（2）方差齐性检验结果为 P = 0.110，按 α=0.10 水准，不拒绝 H_0，两组方差齐，可考虑进行 t 检验，见结果 6-5。

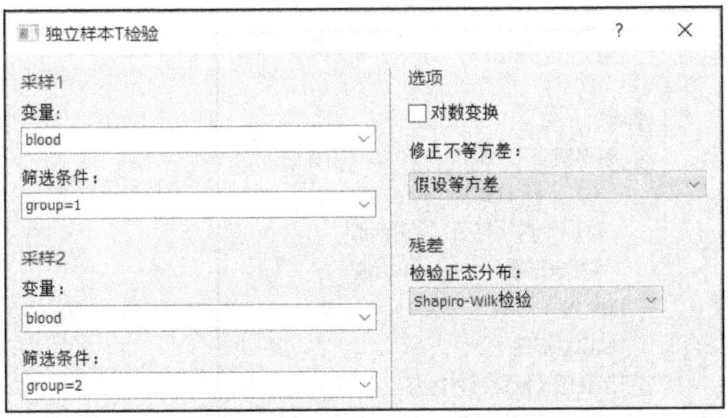

图 6-5　独立样本 t 检验（Independent samples t-test）对话框

结果 6-5

样本 1		
变量	blood 心肌血流量	
筛选条件	group=1	
样本 2		
变量	blood 心肌血流量	
筛选条件	group=2	
	样本 1	样本 2
样本含量	9	8
算术平均值	2.6667	5.1500
平均值的 95%CI	2.3102–3.0231	4.4378–5.8622
方差	0.2150	0.7257
标准差	0.4637	0.8519
平均值的标准误	0.1546	0.3012
等方差的 F 检验		P = 0.110

（3）残差正态性的 Shapiro-Wilk 检验结果为 W=0.9409、P=0.3287，按 α=0.05 水准，接受正态性，表明资料满足独立样本 t 检验残差正态性的假设，见结果 6-6。

结果 6-6　残差

Shapiro-Wilk 检验 正态分布	W=0.9409 接受正态性（P=0.3287）

(4) t=7.59，$P < 0.0001$，按 α=0.05 水准，拒绝 H_0，接受 H_1，差异有统计学意义，可认为两种环境中运动者运动后的心肌血流量不同，见结果 6-7。值得注意的是，P 值的解释不宜过于严格，虽然 P=0.05 作为是否有统计学意义的临界点，如 0.045～0.055 可认为是从有统计学意义到无统计学意义的转变，但可能导致错误的解释。因此，建议真实报告 P 值，即 P=0.045 或 P=0.055，而不是 P<0.05 或 P>0.05，以便读者自己解释。当需要确定接受存在的差异时，建议选择较小的显著性水平，如 α=0.01。但也有观点认为在某些差异性研究时，比如某些救命药物的研究中，甚至可以选择较大的 α 值，如 0.10 或 0.20。

结果 6-7　t 检验（假设等方差）

差值	2.4833
标准误	0.3272
差值的 95% CI	1.7860–3.1807
检验统计 t	7.590
自由度（DF）	15
双侧概率	P < 0.0001

(5) 低氧组和正常组运动后的心肌血流量的平均值差为 2.48ml/(min·g)，总体平均值差的 95%CI 为(1.79，3.18) ml/(min·g)，不包含 0，按 α=0.05 水准，拒绝 H_0，接受 H_1，表明两种环境中运动者运动后的心肌血流量平均值的差值与 0 的差异有统计学意义，见结果 6-7。P 值可提供差异是否有统计学意义的信息，但 95%CI 可给出结果临床重要性的信息。当研究的样本含量足够大时，没有生物学意义的很小的差异也会有统计学意义，但是统计学差异不代表真正的生物学差异。另外，尽管差异存在临床意义或相关，但较大 P 值可认为差异没有统计学意义，特别是样本含量较小时。因此，无论是否有统计学差异，置信区间都有助于解释差异。

(6) 统计结果的表述，t 检验（或其他检验）的结果不宜使用 P<0.05 来简单描述，而应给出所有的统计学信息。例如，低氧组与正常组运动后的心肌血流量的平均值差为 2.48 ml/(min·g)，总体平均值差的 95%CI 为(1.79，3.18) ml/(min·g)，t 值为 7.590，与自由度 15 对应的 P 值小于 0.0001。也可以简写为平均值差 2.48 ml/(min·g)，95%CI(1.79，3.18) ml/(min·g)；t=7.590，df=15，P<0.0001。

4) 单击结果窗口右下方的【数据对比图表(Data comparison graph)】超链接，打开数据对比图表(Data comparison graphs)对话框，见图 6-6。

图 6-6　数据对比图表(Data comparison graphs)对话框

【采样 1(Sample，样本 1)】的【变量(Variable)】选择“blood(心肌血流量)”，【筛选条件(Filter)】为“group=1”；【采样 2(Sample，样本 2)】的【变量(Variable)】选择“blood(心肌血流量)”，【筛选条件(Filter)】为“group=2”；

■ 【图表(Graphs)】选择【条形图(Bar)】,【对于(for)】选择【平均值(Mean)】,【误差条形图(Error bars)】选择【95%CI 平均值(95% CI for the mean，平均值的 95%CI)】。

5) 图形结果解释：图 6-7 所示为两种环境中运动者运动后的心肌血流量的误差条形图，又称区间图，直条的高度为对应分组运动后的心肌血流量的平均值，区间条为对应分组运动后的心肌血流量总体平均值的 95%CI，第 2 组(低氧组)的心肌血流量高于第 1 组(正常组)。两组总体平均值的 95%CI 不重叠，按 α=0.05 水准，可认为两组运动者运动后的心肌血流量的总体平均值不同，低氧环境(低氧组)运动后的心肌血流量较高。

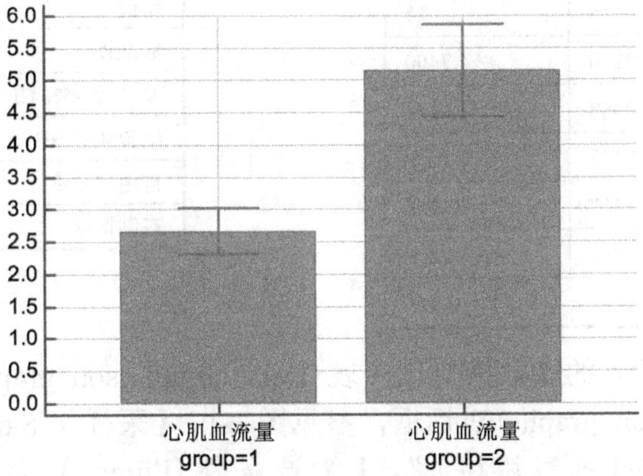

图 6-7　两种环境中运动者心肌血流量的误差条形图

6.3.2　方差不齐资料的独立样本 t′ 检验

两个小样本平均值进行比较时，如果两总体方差不等，即 $\sigma_1^2 \neq \sigma_2^2$，则可采用资料变换(如独立样本几何平均数的 t 检验)，就是将原始资料取对数(对数变换)后进行 t 检验，或进行近似 t 检验(t′检验)或非参数检验。近似 t 检验(又称 t′检验)包括 Cochran & Cox 法、Satterthwaite 法和 Welch 法。MedCalc 提供的是 Welch 法。Welch 法可对自由度进行校正。

【例 6-6】 试对例 6-1 的资料进行独立样本 t 检验。(水样.mcl)

1) 打开数据文件“水样.mcl”。

2) 独立样本 t 检验(Independent samples t-test)对话框(参见图 6-5)中，【采样 1(Sample，样本 1)】的【变量(Variable)】选择“O2(氧气浓度)”，【筛选条件(Filter)】为“position=1”；【采样 2(Sample，样本 2)】的【变量(Variable)】选择“O2(氧气浓度)”，【筛选条件(Filter)】为“position=2”。【选项(Options)】中的【修正不等方差(Correction for unequal variances)】选择【两者兼具(Do both)】。

3) 主要结果与分析：MedCalc 同时给出假设方差齐的 t 检验结果(见结果 6-9)和假设方差不齐的 Welch 检验结果(见结果 6-10)，由于两组方差不齐(P=0.011)(见结果 6-8)，因此应读取结果 6-10 的信息，即 t′检验结果 d=−1.96、P=0.0647，按 α=0.05 水准，不拒绝 H_0，差异无统计学意义，尚不能认为上下游的氧气浓度不同。

结果 6-8

样本 1		
变量	O_2氧气浓度	
筛选条件	position=1	
样本 2		
变量	O_2氧气浓度	
筛选条件	position=2	
	样本 1	样本 2
样本含量	15	15
算术平均值	4.9200	4.7400
平均值的 95%CI	4.8332–5.0068	4.5626–4.9174
方差	0.02457	0.1026
标准差	0.1568	0.3203
平均值的标准误	0.04047	0.08269
等方差的 F 检验		P = 0.011

结果 6-9 t 检验（假设等方差）

差值	–0.1800
标准误	0.09207
差值的 95% CI	–0.3686–0.008589
检验统计 t	–1.955
自由度（DF）	28
双侧概率	P = 0.0606

结果 6-10 Welch 检验（假设不等方差）

差值	–0.1800
标准误	0.09207
差值的 95% CI	–0.3720–0.01205
检验统计（d）	–1.955
自由度（DF）	20.3
双侧概率	P = 0.0647

4）单击结果窗口右下方的【数据对比图表（Data comparison graph）】超链接，打开数据对比图表（Data comparison graphs）对话框，参见图 6-6。【采样 1（Sample，样本 1）】的【变量（Variable）】选择“O_2（氧气浓度）”，【筛选条件（Filter）】为“position=1”；【采样 2（Sample，样本 2）】的【变量（Variable）】选择“O_2（氧气浓度）”，【筛选条件（Filter）】为“position=2”。

6.3.3 几何平均值的独立样本 t 检验

医学研究中，某些资料不服从正态分布或总体方差不齐，不符合参数统计检验的假设。这些资料在进行参数统计检验，如 t 检验、方差分析或线性回归等时，会给出错误的结果，有时进行资料变换可使之更符合假设。在生物医学中很多资料服从对数正态分布，如抗体滴度资料、疾病潜伏期、食品、蔬菜、水果中农药的残留量等，宜用几何平均值表示其平均水平。当进行几何平均值的假设检验时，应先进行变量的对数变换，即将这些观测值 x 用 $\lg x$ 代替，$\lg x$ 往往近似服从正态分布，相应的总体方差也可能相等，因此可用 t 检验、方差分析等对 $\lg x$ 进行分析。对数变换对于某些具有较大异常值的资料有时也是有帮助的。对数变换虽然改变了资料分布的形式，但未改变各组资料间的关系，其缺点是分析结果的解释欠直观。

值得注意的是，如果资料包含 0 或负数，则不能取对数，此时应加上一个常数使之变成正数。MedCalc 可简单地在变量上加上一个常数。例如，变量“Concentration”包含 0，可加上常数 1，在变量选择框输入“Concentration +1”，见图 6-8。计算时结果将加上一个常数，例如，“Concentration+1”的几何平均值为 16.5，则报告的几何平均值为 16.5–1=15.5。

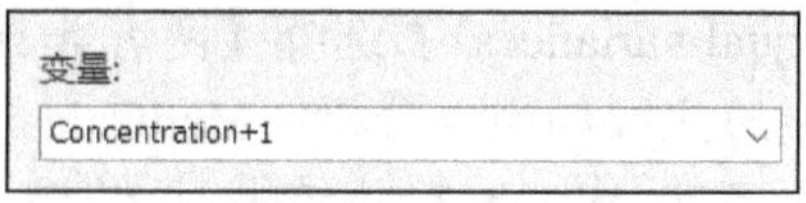

图 6-8 变量加上常数的方法

【例 6-7】 现检测两组共 237 名儿童的白喉抗体效价（见表 6-3），试比较两组的平均效价有无差异。（白喉.mcl，c（分组）：1=甲组、2=乙组、x（效价倒数））

表 6-3　两组儿童的白喉抗体效价

甲组		乙组	
编号	效价倒数	编号	效价倒数
1	10	119	640
2	20	120	640
3	320	121	2560
…	…	…	…
116	160	235	1280
117	20480	236	1280
118	640	237	320

1) 打开数据文件"白喉.mcl"。

2) 独立样本 t 检验（Independent samples t-test）对话框（参见图 6-5）中，【采样 1（Sample，样本 1）】的【变量（Variable）】选择"x（效价倒数）"，【筛选条件（Filter）】为"c=1"；【采样 2（Sample，样本 2）】的【变量（Variable）】选择"x（效价倒数）"，【筛选条件（Filter）】为"c=2"。【选项（Options）】选择【对数变换（Logarithmic transformation）】及【修正不等方差（Correction for unequal variances）】中的【自动化（Automatic）】。

3) 主要结果与分析。

(1) 由于资料进行了对数变换，MedCalc 根据观测值的对数进行计算，并报告逆变换汇总统计量。对于 t 检验，将给出差值及 95%CI，并在对数变换尺度上进行检验。检验后对数平均值差的逆变换为两个样本几何平均值之比。

(2) 甲组儿童白喉抗体的平均效价为 1:416.82，其效价倒数的总体几何平均值的 95%CI 为(313.55，554.11)；乙组儿童白喉抗体的平均效价为 1:856.37，其效价倒数的总体几何平均值的 95%CI 为(633.82，1157.07)。两个 95%CI 不重叠，按 α=0.05 水准，可认为两组儿童白喉抗体的平均效价不同，见结果 6-11。

结果 6-11

样本 1		
变量	x 效价倒数	
筛选条件	c=1	
样本 2		
变量	x 效价倒数	
筛选条件	c=2	
对数变换后回退变换。		
	样本 1	样本 2
样本含量	118	119
几何平均值	416.8210	856.3734
平均值的 95%CI	313.5490–554.1071	633.8187–1157.0744
对数方差	0.4599	0.5184
等方差的 F 检验		P = 0.518

(3) 方差齐性检验结果为 P=0.518，按 α=0.10 水准，不拒绝 H_0，两组儿童白喉效价经对数变换后的资料的方差齐，见结果 6-12。

(4) 两组白喉效价倒数对数变换后平均值差为 0.31，总体平均值差的 95%CI 为(0.13，0.49)，不包含 0，按 α=0.05 水准，可认为两组平均值的差值与 0 的差异有统计学意义，见结果 6-12。

(5) 由于两组方差齐，MedCalc 自动进行 t 检验，t=3.44，P=0.0007，按 α=0.05 水准，拒绝 H_0，接受 H_1，差异有统计学意义，可认为两组儿童白喉抗体的平均效价不同，见结果 6-12。

(6) 此外，MedCalc 还可计算两组几何平均值之比为 856.37/416.82=2.05，95%CI 为(1.36，3.10)不包含 1，按 α=0.05 水准，几何平均值的比值与 1 的差异有统计学意义，可表明两组儿童白喉抗体的平均效价不同，见结果 6-12。

4) 单击结果窗口右下方的【数据对比图表(Data comparison graph)】超链接，打开数据对比图表(Data comparison graphs)对话框，参见图 6-6。【采样 1(Sample，样本 1)】的【变量(Variable)】选择“x(效价倒数)”，【筛选条件(Filter)】为“c=1”；【采样 2(Sample，样本 2)】的【变量(Variable)】选择“x(效价倒数)”，【筛选条件(Filter)】为“c=2”。【图表(Graphs)】选择【条形图(Bar)】，【对于(for)】选择【平均值(Mean)】，【误差条形图(Error bars)】选择【95%CI 平均值(95% CI for the mean，平均值的 95%CI)】。【选项(Options)】选择【对数变换(Logarithmic transformation)】。

5) 图形结果分析：图 6-9 所示为两组儿童白喉抗体效价的误差条形图，直条的高度为对应分组白喉抗体效价倒数的几何平均值，区间条为对应分组白喉抗体效价倒数的总体几何平均值的 95%CI，第 2 组(乙组)的平均效价高于第 1 组(甲组)。两组总体几何平均值的 95%CI 不重叠，按 α=0.05 水准，可认为两组儿童白喉抗体的平均效价不同。

结果 6-12 t 检验(假设等方差)

对数变换比例的差值	
差值	0.3127
标准误	0.09087
差值的 95% CI	0.1337–0.4917
检验统计 t	3.441
自由度(DF)	235
双侧概率	P = 0.0007
对数变换后的结果	
几何平均值的比值	2.0545
比值的 95% CI	1.3605–3.1027

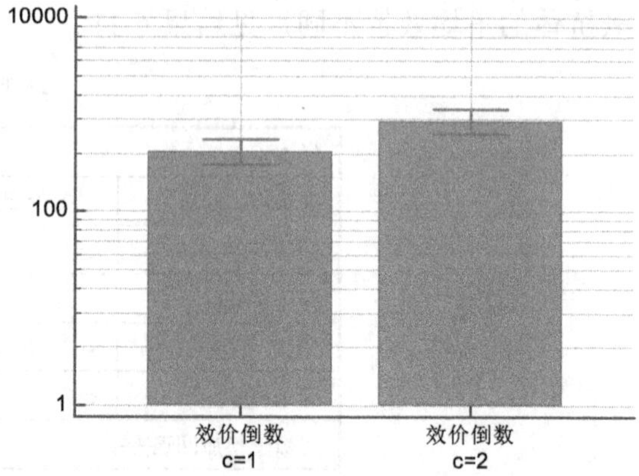

图 6-9 两组儿童白喉抗体的平均效价

6.3.4 汇总资料的独立样本 t 检验

平均值对比(Comparison of means)可根据两组的样本含量、平均值及标准差进行独立样本 t 检验，此方法仅能进行常规的独立样本 t 检验，不能进行 t'检验。

【例 6-8】 为研究正常男、女性血液红细胞数平均值的差异，检查了某地 25～29 岁正常成年男子 156 名、正常成年女子 74 名，得男性和女性红细胞平均值与标准差分别为为 $4.6513\pm0.5480\times10^{12}$/L 和 $4.2216\pm0.4420\times10^{12}$/L，问男女红细胞的总体平均值是否相同？

1) 选择【检验(Tests)】→【平均值(Comparison of)】→【对比(T 检验)(means (t-test))】菜单，打开平均值对比(t 检验)(Comparison of means (t-test))对话框，见图 6-9。

分别输入【第 1 组数据(1st set of data)】和【第 2 组数据(2nd set of data)】的【平均值(Sample mean)】、【标准偏差(Standard deviation，标准差)】和【案例数量(Number of cases)】。

2) 主要结果与分析：平均值差为 0.43×10^{12}/L，总体平均值差的 95%CI 为 $(0.29，0.57)\times10^{12}$/L，不包含 0，t=5.96，P<0.0001，按 α=0.05 水准，拒绝 H_0，接受 H_1，差别有统计学意义，可认为男女红细胞的总体平均值不同，见图 6-10。

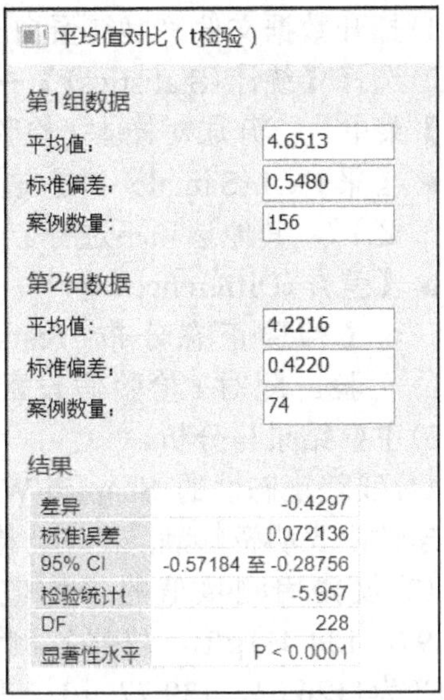

图 6-10 平均值对比(t 检验)(Comparison of means (t-test))对话框

6.4 配对样本 t 检验

配对样本 t 检验简称配对 t 检验(paired t-test)，又称成对 t 检验，可作为对相关或相互依赖的配对观测值之间的平均差(mean differences)的假设检验。对于分析成对观测值之间的差异、同一对象的前后测量值之间的差异以及同一对象的给予两种处理之间的差异很有用。由于独立样本 t 检验包含了由观测值的独立性引起的其他变异，而配对观测值之间是相互依存的，因此不会受此变异的影响。而且，配对 t 检验不要求两个样本的方差相等，并比独立样本 t 检验产生更小的方差，因此，配对 t 检验比独立样本 t 检验的功效更高。配对 t 检验要求配对差值服从正态分布，其原假设为差值的总体均值等于 0，即 H_0：μ_d=0，备择假设 H_1：$\mu_d\neq0$。如差值不符合正态分布，则可采用变量变换使之满足正态性要求或采用配对资料的符号秩和检验。

【例 6-9】 某医院用甲、乙两种血红蛋白测定仪器检测了 10 名健康男性的血红蛋白含量(单位：g/L)，检测结果见表 6-4，问两种血红蛋白测定仪器的检测结果有无差异？(血红蛋白.mcl)

表 6-4 两种仪器检测 10 名健康男性青年血红蛋白的结果(单位：g/L)

编号	仪器甲，x_1	仪器乙，x_2	编号	仪器甲，x_1	仪器乙，x_2
1	115	125	6	135	140
2	125	139	7	115	125
3	127	138	8	105	114
4	120	132	9	128	135
5	152	148	10	130	133

1) 打开数据文件“血红蛋白.mcl”。

2) 选择【统计(Statistics)】→【T 检验(T-tests)】→【成对样本 t 检验(Paired samples t-test)】菜单，打开成对样本 t 检验(Paired samples t-test)对话框，见图 6-11。

- 【采样 1(Sample 1)】选择“x1(仪器甲)”,【采样 2(Sample 2)】选择“x2(仪器乙)”，其他选项不选择。
- 【差异(Differences)】。
  - 【检验正态分布(Tests for Normal distribution)】：对配对差值进行正态性检验。配对 t 检验假设配对差值服从正态分布。

3) 主要结果与分析。

(1) 残差正态性的 Shapiro-Wilk 检验结果为 W=0.9409、P=0.3287，按 α=0.05 水准，接受正态性，表明资料满足配对 t 检验配对差值正态性的假设，见结果 6-13。

(2) 仪器甲测量值的平均值及标准差为 125.20±12.87g/L，总体平均值的 95%CI 为(115.99，134.41) g/L，仪器乙测量值的平均值及标准差为 132.90±9.60g/L，总体平均值的 95%CI 为(126.03，139.77) g/L，见结果 6-14。

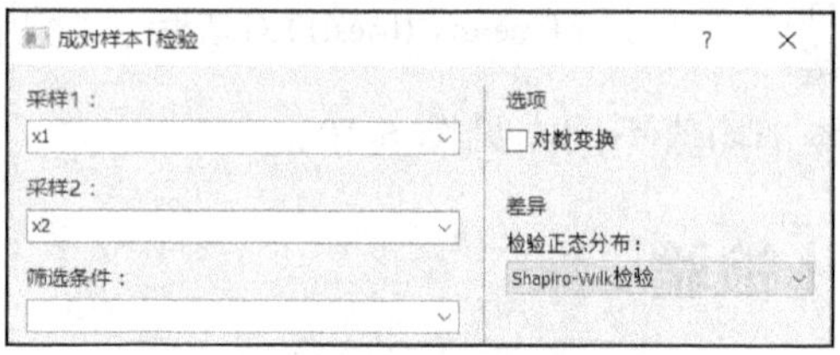

图 6-11 成对样本 t 检验(Paired samples t-test)对话框

结果 6-13 差值

Shapiro–Wilk 检验 正态分布	W=0.9047 接受正态性(P=0.2467)

结果 6-14

样本 1	x1 仪器甲	
样本 2	x2 仪器乙	
	样本 1	样本 2
样本含量	10	10
算术平均值	125.2000	132.9000
平均值的 95%CI	115.9907–134.4093	126.0348–139.7652
方差	165.7333	92.1000
标准差	12.8737	9.5969
平均值的标准误	4.0710	3.0348

(3) 平均差(mean difference)为配对观测值差值的算术平均值，即同一个案两种血红蛋白测定仪器测量值的差值的平均值，本例为 7.70 g/L，95%CI 为(3.94，11.46) g/L，不包含 0，按 α=0.05 水准，可认为平均差与 0 的差异有统计学意义，见结果 6-15。

(4) t=4.64，P=0.0012，按 α=0.05 水准，拒绝 H_0，接受 H_1，差异有统计学意义，可认为甲、乙两种血红蛋白测定仪器检测结果有差异，乙仪器的检测结果较高，见结果 6-15。

结果 6-15 成对样本 t 检验

平均差	7.7000
平均差的标准差	5.2504
平均差的标准误	1.6603
95% CI	3.9441–11.4559
检验统计 t	4.638
自由度(DF)	9
双侧概率	P = 0.0012

4) 单击结果窗口右下方的【点线图(Dot-and-Line diagram)】超链接，打开多重变量图表(Multiple variables graphs)对话框，见图 6-12。【变量(Variable)】选择“x1(仪器甲)”和“x2(仪器乙)”,【图表(Graphs)】选择【点状图和线形图(Dot & line diagram)】,【选项(Options)】选择【仅完整案例(Complete cases only)】。

5) 图形结果解释：点线图(见图 6-13)左侧的圆点为仪器甲的血红蛋白含量测量值，右侧的圆点为仪器乙的血红蛋白含量测量，直线将两种仪器的每对测量值的圆点都连接起来。

单击圆点可显示圆点表示的个案号，除了个案 5 仪器甲的测量值高于仪器乙外，其他个案的测量值均为仪器乙高于仪器甲。

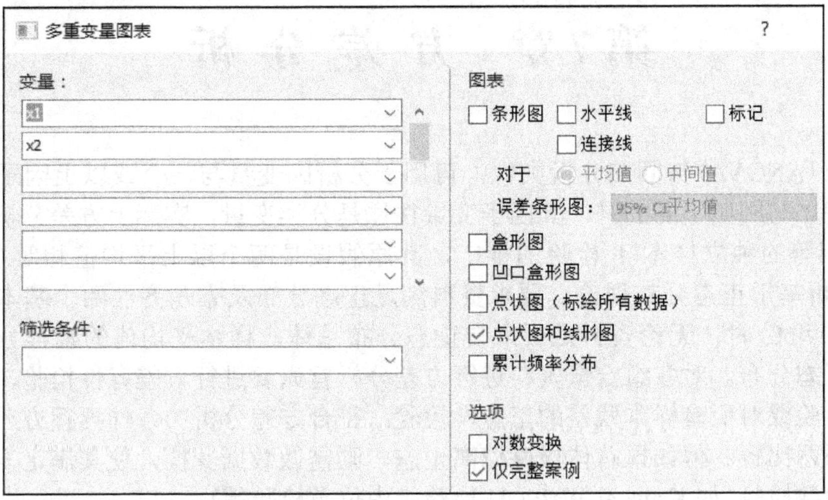

图 6-12　多重变量图表(Multiple variables graphs)对话框

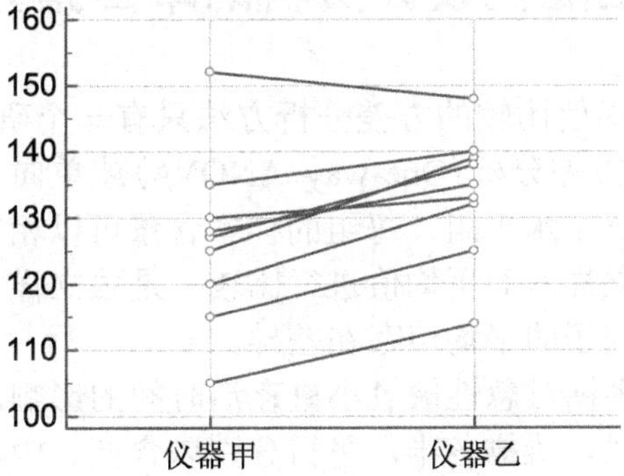

图 6-13　两种仪器检测 10 名健康男性青年血红蛋白的结果

第7章 方 差 分 析

方差分析(ANOVA)与回归分析类似，可用于分析因变量与一个或以上因子变量间的关系并建立模型。与回归不同的是，其因子变量往往是分类变量，实际上方差分析是检验两个总体平均值相等的独立样本 t 检验的推广，其原假设是两个以上平均值相等(并非全都相等)。方差分析基于正态分布理论，要求资料满足正态分布及方差齐性两个基本假设。当样本含量较大($n \geqslant 60$)时，无论资料是否来自正态分布总体，样本平均值的抽样分布仍然服从或接近服从正态分布。对多组定量资料进行方差分析首先要进行方差齐性检验，对各组样本进行正态性检验或对所有样本残差的正态性检验，符合方差分析的条件再行方差分析及必要时进一步做两两比较。但如果总体极度偏离正态，则需做数据变换，使其满足方差分析的条件，或选非参数检验(如 Kruskal-Wallis H 检验、中位数检验等)。

7.1 完全随机设计资料的单因素方差分析

完全随机设计多组间平均值比较的方差分析方法只有一个研究因素(这个研究因素有 g 个水平，$g \geqslant 2$)，又称单因素方差分析(One-way ANOVA)或单向方差分析。其设计方法是将研究对象完全随机地分配到 g 个水平组，每组的样本含量可以相等也可以不相等。单因素方差分析用于对单因素多个独立样本的平均值进行比较，是独立样本 t 检验的扩展，可检验平均值间是否存在差异或哪些因子的平均值存在差异。

【例 7-1】 为研究蘑菇多糖对急性缺氧小鼠存活时间的影响，将 42 只同种小鼠随机分为 A、B、C 3 组，每组 14 只，雌雄各半，每日分别以含低、中、高 3 种浓度的蘑菇多糖饮料灌胃，40 天后对小白鼠进行耐缺氧存活试验，结果见表 7-1，试比较不同浓度的蘑菇多糖组的小鼠存活时间是否有差异。(蘑菇多糖.mcl，g(分组)：1=A 组，2=B 组，3=C 组，time(存活时间))

表 7-1 不同剂量的蘑菇多糖组急性缺氧小鼠存活时间(单位：min)

编号	A 组	B 组	C 组	编号	A 组	B 组	C 组
1	32.2	43.5	63.2	8	41.6	55.4	75.5
2	34.0	47.7	68.0	9	43.2	56.7	78.3
3	34.1	48.3	69.6	10	44.2	56.9	78.5
4	34.5	49.7	70.1	11	45.2	57.2	79.1
5	36.3	50.5	71.1	12	47.7	57.5	80.3
6	40.5	51.8	72.4	13	49.2	59.1	82.9
7	41.5	53.6	73.7	14	50.1	61.2	84.4

1) 打开数据文件“蘑菇多糖.mcl”。

2) 选择【统计(Statistics)】→【方差分析(ANOVA)】→【方差单向分析(One-way

analysis of variance)】菜单，打开方差单向分析(ANOVA)(One-way analysis of variance (ANOVA))对话框，见图 7-1。

- 【数据(Data)】：选择一个连续变量作为因变量，本例选择“time(存活时间)”。
- 【因子代码(Factor codes)】：必须为定性因素变量，可以为字符或数字代码，根据代码可以将数据分成几个组，本例为“g(分组)”。
- 【筛选条件(Filter)】：未选择任何变量。
- 【选项(Options)】。
  - 【对数变换(Logarithmic transformation)】：本例未选择。
  - 【事后检验(Post-hoc test)】：当方差分析结果为阳性，即 P 值小于指定显著性水平(significance level)时，MedCalc 将执行以下其中一种事后检验(其检验功效依次递减)，即各组平均值间的两两比较。
    - 【Student-Newman-Keuls】检验：简称 SNK 法，又称多重极差检验(multiple rangc tcst)，因其检验统计量为 q，又称 q 检验，是运用最广泛的一种两两比较方法，可在任意两组平均值间进行比较，各比较组样本含量可不相等。
    - 【Tukey-Kramer】检验：又称 Tukey 可靠差异法，能够将整个试验的误差控制在 α(如 α=0.05)水准上。用这种方法检验时，可在任意两组平均值间进行比较，要求各比较组样本含量相同。
    - 【Scheffé】检验：与 Tukey 法相同，能够将整个试验的误差控制在 α(如 α=0.05)水准上，其统计量为 F，既可以进行因素水平的平均效应的比较，也可比较因素水平平均效应的线性组合，多用于各比较组样本含量不等的资料。本例选择此项。
  - 【显著性水平(Significance level)】：事后检验的期望显著性水平，若方差分析结果的 P 值小于此显著性水平，则进行选定的事后检验，本例为“0.05”。
- 【残差(Residuals)】。
  - 【检验正态分布(Tests for Normal distribution)】：与独立样本 t 检验一样，方差分析假设残差(观测值与模型拟合值的差值)服从正态分布。本例选择【Shapiro-Wilk 检验(Shapiro-Wilk test)】。

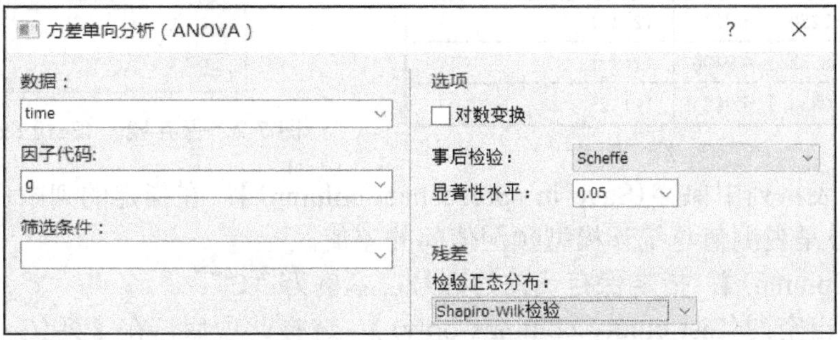

图 7-1 方差单向分析(ANOVA)(One-way analysis of variance(ANOVA))对话框

3)主要结果与分析。

(1)方差齐性的 Levene 检验(Levene's test for equality of variances)所分析的资料可不具有正态性，适用于任意分布的两组或多组资料，F=0.344，P=0.711，按 α=0.10 水准，不拒绝 H_0，无统计学意义，可认为 3 个总体的方差齐，见结果 7-1。

(2) 残差正态性的 Shapiro-Wilk 检验结果为 W=0.9521，P=0.1219，按 α=0.05 水准，接受正态性，表明资料满足方差分析残差正态性的假设，见结果 7-2。

(3) 方差分析结果为 P<0.001，按 α=0.05 水准，拒绝 H_0，接受 H_1，差异有统计学意义，可认为不同浓度的蘑菇多糖组对急性缺氧小鼠存活时间的影响有差异，见结果 7-3。

结果 7-1　误差方差齐性的 Levene 检验

Levene 统计	0.344
DF 1	2
DF 2	33
显著性水平	P = 0.711

结果 7-2　残差

Shapiro-Wilk 检验 正态分布	W=0.9521 接受正态性 (P=0.1219)

结果 7-3　ANOVA

变异来源	平方和	DF	均方
组间 (影响因素)	7025.9539	2	3512.9769
组内 (其他波动)	1029.1683	33	31.1869
总和	8055.1222	35	
F 比率	112.643		
显著性水平	P < 0.001		

(4) 方差分析的结果若拒绝 H_0，接受 H_1，不能说明各组总体平均值两两间都有差异，如果要分析哪两组间有差异，则要进行多个平均值间的多重比较。对 3 组急性缺氧小鼠存活时间的平均值用 Scheffé 检验进行两两比较，见结果 7-4。按 α=0.05 水准，第 1 列的因子水平与同一行中最后一列的因子水平的平均值的差异有统计意义。例如第一行中，第 1 组小鼠与第 2 组以及第 3 组小鼠存活时间的平均值间均有统计意义。综合分析，按 α=0.05 水准，各比较组间的差异都有统计学意义，拒绝 H_0，接受 H_1，可认为不同浓度的蘑菇多糖组对急性缺氧小鼠存活时间的影响均有差异。3 组急性缺氧小鼠的平均存活时间分别为 40.23min、52.86min、74.08min，浓度越高，存活时间越长。

4) 单击结果窗口右下角的【保存残差 (Save residuals)】按钮，打开保存残差 (Save residuals) 对话框，见图 7-2。

结果 7-4　所有两两比较的 Scheffé 检验

因子	n	平均值	SD	与因子 nr 不同 (P<0.05)
(1) 1	12	40.2250	5.8515	(2) (3)
(2) 2	12	52.8583	4.9408	(1) (3)
(3) 3	12	74.0833	5.9084	(1) (2)

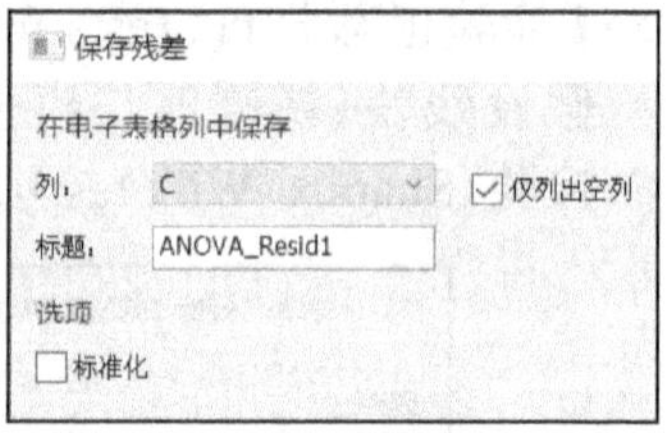

图 7-2　保存残差 (Save residuals) 对话框

- 【在电子表格列中保存 (Save in spreadsheet column)】：在指定的列中保存残差，残差 (residual) 是观测值与统计模型预测值间的差值。
  - 【列 (Column)】：指定保存残差的列号，本例为“C”。
  - 【仅列出空列 (List empty columns only)】：选择此项后，在【列 (Column)】下拉菜单中仅显示空列。
  - 【标题 (Header)】：指定选择列的标题，默认值为“ANOVA_Resid1”。
- 【选项 (Options)】。
  - 【标准化 (Standardized)】：对残差进行标准化，其计算公式为 $\frac{x-\bar{x}}{s}$，x 为估计残差，s 为估计残差的标准差。

5) 保存残差的结果：估计残差保存在数据文件中的 C 列中，见图 7-3。

6) 单击结果窗口右下角的【多重对比图表(Multiple comparison graphs)】按钮，打开多重对比图表(Multiple comparison graphs)对话框，见图 7-4。【数据(Data)】选择“time(存活时间)”，【因子代码(Factor codes)】选择“g(分组)”。【图表(Graphs)】选择【条形图(Bar)】，【对于(for)】选择【平均值(Mean)】，【误差条形图(Error bars)】选择【95%CI 平均值(95% CI for the mean，平均值的 95%CI)】以及【盒形图(Box-and-whiskerplot)】。

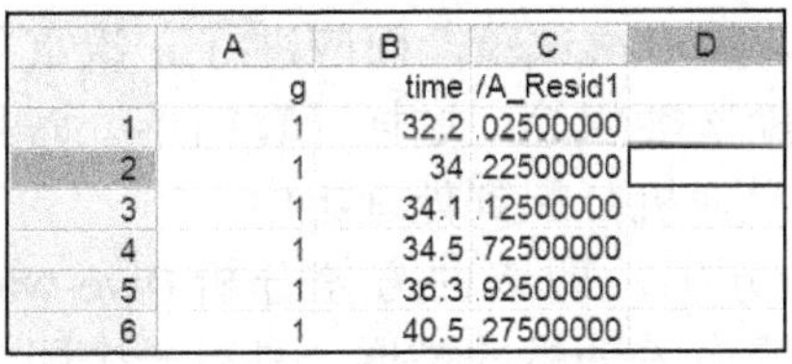

	A	B	C	D
	g	time	/A_Resid1	
1	1	32.2	.02500000	
2	1	34	.22500000	
3	1	34.1	.12500000	
4	1	34.5	.72500000	
5	1	36.3	.92500000	
6	1	40.5	.27500000	

图 7-3 保存残差的结果

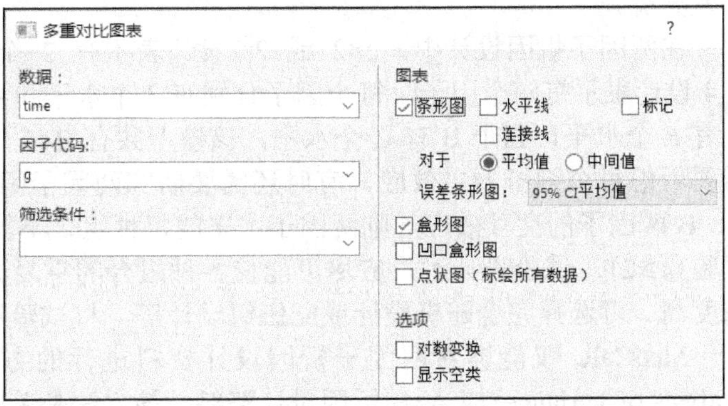

图 7-4 多重对比图表(Multiple comparison graphs)对话框

7) 误差条形图的结果：图 7-5 所示为 3 组不同浓度的蘑菇多糖组急性缺氧小鼠存活时间的误差条形图，可见浓度越高，存活时间越长。

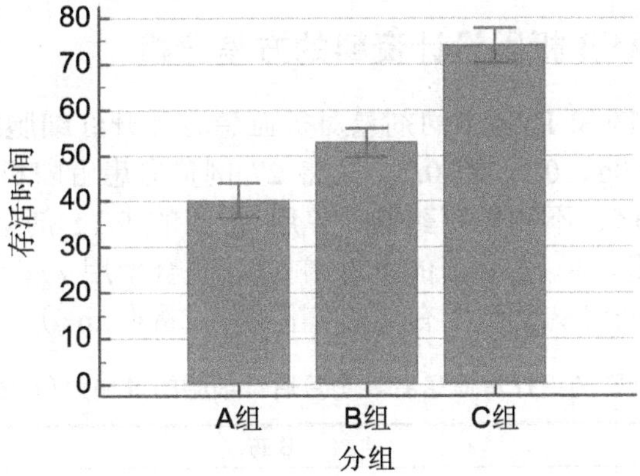

图 7-5 不同浓度的蘑菇多糖组急性缺氧小鼠的存活时间

7.2 A×B 析因设计资料的方差分析

析因试验设计是一种多因子的交叉分组试验设计，是多因子各水平所有组合都进行试验的方法。析因设计资料的方差分析包含主效应分析、交互效应分析和单独效应分析。对析因设计资料，应先分析交互效应。若交互效应有统计学意义，则需固定其他因素的水平，逐一分析各因素的单独效应；反之，若交互效应无统计学意义，则因素间的作用相互独立，分析某一因素的作用只需考察该因素的主效应。如果分析所有主效应和交互效应，则称为全因子模型；如果只分析部分主效应和交互效应，则称为非全因子模型。由于析因设计是将各因子的各水平的所有组合都进行试验，故能清楚地揭示事物内部的规律性，是一种高效率的试验设计。但是当因子数、水平数较多时，由于试验次数太多而难以实现。析因设计资料可进行方差分析，把总变异分解为各因子水平间差异、因子间的交互效应及误差变异。统计分析前，应先对 A×B、A×B×C、…个组合试验数据进行方差齐性检验，若总体方差齐，则可进行方差分析；若总体方差不齐，则可选择相应的方法进行变量变换后，使方差齐后，再进行方差分析。

在两因子析因设计中，2×2(或 2^2)设计表示有 2 个因子，每个因子分别有 2 个水平；3×4 设计表示有两个因子，每个因子分别有 3 个水平和 4 个水平。同理，$R\times C$ 设计表示因子 A 有 R 个水平，因子 B 有 C 个水平，该模型共有 $R\times C$ 个组合。在 2 个因子的试验中，不仅需要考虑每个因子的主效应，有时还需要研究两因子间的交互效应，记作 A×B，若要研究 A、B 两因子的交互效应，则两因子水平的每种组合不能只做 1 次试验，而应进行 n 次重复试验($n\geqslant 2$)。试验设计时，应尽可能使各种组合的重复试验次数相等，这样计算简单，而且精度高。可选择完全随机设计或配伍组设计等，将试验对象随机分配到处理组中。

MedCalc 仅能够对两因子析因设计资料进行的方差分析，即双向方差分析(two-way analysis of variance)或 A×B 析因设计资料，该方法是单因素方差分析的扩展，具有一个因变量 Y 和两个定性因子变量(A 和 B)，其原假设包括：

因子 A 对变量 Y 无影响，即因子 A 各水平的变量 Y 的总体平均值相等。

因子 B 对变量 Y 无影响，即因子 B 各水平的变量 Y 的总体平均值相等。

因子 A 对变量 Y 的影响不依赖于因子 B，即因子 A 和 B 无交互效应。

7.2.1 无交互效应的 A×B 析因设计资料的方差分析

【例 7-2】 为评价 A 药和 B 药不同剂量对贫血患者提升红细胞数量的作用，将 A 药和 B 药各分为 3 个剂量组(0.0g、0.1g 和 0.2g)，将 27 例贫血患者随机地分配到组合后的 9 个剂量组中，分别为常规治疗、不加任何药物、单用 B 药的 0.1g 剂量、单用 B 药的 0.2g 剂量、单用 A 药的 0.1g 剂量、单用 A 药的 0.2g 剂量、联合使用 A 药和 B 药的两个剂量，数据见表 7-2，问 A 药和 B 药对贫血患者有无治疗作用？(贫血.mcl)

表 7-2 A 药和 B 药治疗贫血患者 3 个月后红细胞的增加数(单位：10^{12} / L)

A 药	B 药								
		0.0g			0.1g			0.2g	
0.0g	1.28	1.80	2.10	2.25	2.09	1.83	1.05	1.68	1.63
0.1g	2.68	2.41	2.39	1.65	1.36	2.29	1.22	2.19	2.62
0.2g	1.42	1.11	1.96	1.53	1.01	1.60	1.30	2.33	2.28

1)打开数据文件“贫血.mcl”。

2)选择【统计(Statistics)】→【方差分析(ANOVA)】→【方差双向分析(Two-way analysis of variance)】菜单，打开方差双向分析(Two-way analysis of variance)对话框，见图 7-6。

- 【从属数据(Dependent Data，因变量数据)】：选择一个连续变量作为因变量，本例选择“RBC(红细胞增加数)”。
- 【因子 A(Factor A)】：本例选择“A(A 药)”。

■【因子 B(Factor B)】：选择“B(B 药)”。

■【残差(Residuals)】中的【检验正态分布(Tests for Normal distribution)】选择【Shapiro-Wilk 检验(Shapiro-Wilk test)】。

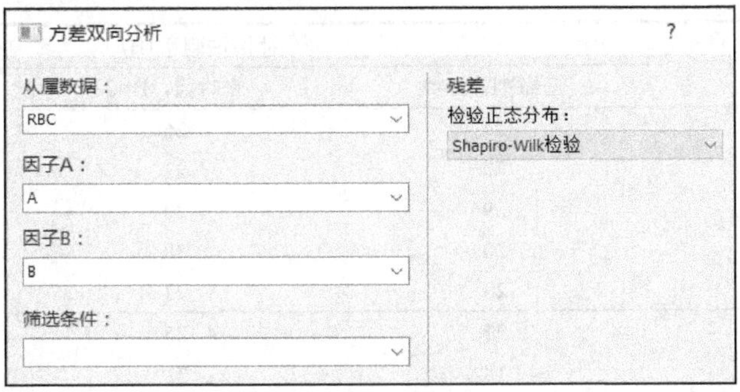

图 7-6 方差双向分析(Two-way analysis of variance)对话框

3) 主要结果与分析。

(1) 本例为 3×3 析因设计，对药物 A 和药物 B 构成 9 个剂量组的红细胞增加数进行方差齐性 Levene 检验结果为 F=1.4782、P=0.233，按 α=0.10 水准，拒绝 H_0，无统计学意义，可认为 9 个总体的方差齐，见结果 7-5。

(2) 残差正态性的 Shapiro-Wilk 检验结果为 W=0.9637、P=0.4465，按 α=0.05 水准，接受正态性，表明资料满足方差分析残差正态性的假设，见结果 7-6。

(3) 方差分析表结果中，首先应看药物 A 和药物 B 的交互效应：F=2.37、P=0.092，按 α=0.05 水准，不拒绝 H_0，无统计学意义，尚不能认为 A 药和 B 药有交互效应，即 A 药和 B 药联合使用时，不存在增大疗效作用(即协同作用)或降低疗效作用(即拮抗作用)。由于交互效应无统计学意义，接着应看主效应，A 药：F=2.810、P=0.087，B 药：F=0.343、P=0.714，按 α=0.05 水准，不拒绝 H_0，差异无计学意义，可认为 A 药和 B 药对于增加贫血患者的红细胞数没有作用，见结果 7-7。

结果 7-5 误差方差齐性的 Levene 检验

F	DF 1	DF 2	P
1.4782	8	18	0.233

结果 7-6 残差

Shapiro-Wilk 检验 正态分布	W=0.9637 接受正态性(P=0.4465)

结果 7-7 对象间效应的检验

来源	平方和	DF	均方	F	P
A	1.082	2	0.541	2.810	0.087
B	0.132	2	0.0661	0.343	0.714
A*B	1.822	4	0.456	2.366	0.092
残差	3.466	18	0.193		

【例 7-3】 某心理学家为研究睡眠剥夺(A)和补偿性刺激(B)对完成复杂动作的影响。研究的因变量是被试在视频游戏上模拟在夜晚驾驶一辆大卡车时的表现得分(结果见表 7-3)。他进行了 4×3 析因设计，睡眠剥夺包括 4 个水平(A)，每个被试必须在睡眠实验室呆 4 天，但被分配到不同条件下：(1) 要求被试按自己的睡眠时间睡觉(控制组，没有进行睡眠剥夺)；(2) 被试保持平常的睡眠量，但睡眠时间与平常睡眠时间(如晚上 11 点到第二天早上 7 点)不同(倒时差)；(3) 被试每天能保持平常的睡眠量，但睡眠期间有间隔，每次不能睡足 2 小时，即“睡眠干扰”条件，(4) 完全剥夺被试睡眠。在每个睡眠水平下，他随机分配被试分别到 3 种刺激物水平(B)中：(1) 服用安慰剂，并告诉他们是咖啡因；(2) 服用咖啡因，并告

诉他们是咖啡因；(3)如果被试在游戏中出错，则给被试很微弱的电击，而如果被试表现很好，则给予金钱奖励。试分析睡眠剥夺和补偿性刺激对夜间驾驶表现得分的影响。(睡眠剥夺.mcl)

表 7-3 睡眠剥夺和补偿性刺激对夜间驾驶表现的影响

睡眠剥夺(A)	补偿性刺激(B)		
	安慰剂，B=1	咖啡因，B=2	奖励，B=3
控制组	24	26	28
A=1	20	22	23
	29	20	24
	20	30	30
	28	27	33
时差组	22	25	26
A=2	18	31	20
	16	24	32
	25	27	23
	27	21	30
干扰组	16	23	16
A=3	20	28	13
	11	26	12
	19	17	18
	14	19	19
完全剥夺组	14	23	15
A=4	17	16	11
	12	26	19
	18	18	11
	10	24	17

1)打开数据文件“睡眠剥夺.mcl”。

2)方差双向分析(Two-way analysis of variance)对话框(参见图 7-6)中，【从属数据(Dependent Data，因变量数据)】选择“x(驾驶表现得分)”，【因子 A(Factor A)】选择“A(睡眠剥夺)”，【因子 B(Factor B)】选择“B(补偿性刺激)”。【残差(Residuals)】中的【检验正态分布(Tests for Normal distribution)】选择【Shapiro-Wilk 检验(Shapiro-Wilk test)】。

3)主要结果与分析。

(1)本例为 4×3 析因分析，对睡眠剥夺和补偿性刺激构成的 12 个组的夜间驾驶表现得分进行方差齐性 Levene 检验结果为 F=0.3056、P=0.981，按 α=0.10 水准，拒绝 H_0，无统计学意义，可认为 12 个总体的方差齐，见结果 7-8。

(2)残差正态性的 Shapiro-Wilk 检验结果为 W=0.9313、P=0.0022，按 α=0.05 水准，拒绝正态性，表明资料不满足方差分析残差正态性的假设，使用方差分析不一定恰当，见结果 7-9。

(3)方差分析表结果中，首先应看交互效应 A×B：F=1.98、P=0.087，按 α=0.05 水准，不拒绝 H_0，无统计学意义，尚不能认为 A(睡眠剥夺)和 B(补偿性刺激)有交互效应。由于交互效应无统计学意义，接着应看主效应，A(睡眠剥夺)：F=18.241、P<0.001，B(补偿性刺激)：F=6.639、P=0.003，按 α=0.05 水准，均拒绝 H_0，接受 H_1，差异有计学意义，可认为睡眠剥夺及补偿性刺激对夜间驾驶表现得分均有影响，见结果 7-10。

结果 7-8 误差方差齐性的 Levene 检验

F	DF 1	DF 2	P
0.3056	11	48	0.981

结果 7-9 残差

Shapiro-Wilk 检验 正态分布	W=0.9313 拒绝正态性(P=0.0022)

结果 7-10 对象间效应的检验

来源	平方和	DF	均方	F	P
A	896.983	3	298.994	18.241	<0.001
B	217.633	2	108.817	6.639	0.003
A*B	194.767	6	32.461	1.980	0.087
残差	786.800	48	16.392		

(4)由于主效应 A(睡眠剥夺)的 $P<0.001$，按 $\alpha=0.05$ 水准，拒绝 H_0，说明4个总体平均值不全相等，其驾驶表现平均得分依次为控制组：25.60，时差组：24.47，干扰组：18.01，完全剥夺组：16.73，见结果 7-11。若要说明 4 个睡眠剥夺水平的研究对象中哪些夜间驾驶表现得分的总体平均值不等，则需进一步做两两比较。MedCalc 对 P 值及平均值差的 95%置信区间进行 Bonferroni 校正(Bonferroni corrected)。在成对比较表中，可根据 P 值或总体平均值差的 95%CI 判断两个因子水平的总体平均值间有无统计学差异，控制组(1)与干扰组(3)比较，$P<0.001$，其总体平均值差的 95%CI 为(3.46，11.60)，不包含 0，按 $\alpha=0.05$ 水准，差异有统计学意义，可认为控制组(1)的夜间驾驶表现比干扰组(3)好，见结果 7-12。读者可参考此原则对 A(睡眠剥夺)其他因子水平的两两比较结果及 B(补偿性刺激)的两两比较结果(见结果 7-13 和结果 7-14)进行分析。

结果 7-11 估计边际平均值

A	n	平均值	研究误差	95%的置信区间
1	15	25.6000	1.0454	23.4982–27.7018
2	15	24.4667	1.0454	22.3648–26.5685
3	15	18.0667	1.0454	15.9648–20.1685
4	15	16.7333	1.0454	14.6315–18.8352

结果 7-12 成对对比

因子			平均值差	标准误	P[①]	95% CI[①]
1	–	2	1.1333	1.4784	1.0000	−2.9352–5.2018
	–	3	7.5333	1.4784	<0.0001	3.4648–11.6018
	–	4	8.8667	1.4784	<0.0001	4.7982–12.9352
2	–	1	−1.1333	1.4784	1.0000	−5.2018–2.9352
	–	3	6.4000	1.4784	0.0005	2.3315–10.4685
	–	4	7.7333	1.4784	<0.0001	3.6648–11.8018
3	–	1	−7.5333	1.4784	<0.0001	−11.6018– −3.4648
	–	2	−6.4000	1.4784	0.0005	−10.4685– −2.3315
	–	4	1.3333	1.4784	1.0000	−2.7352–5.4018
4	–	1	−8.8667	1.4784	<0.0001	−12.9352– −4.7982
	–	2	−7.7333	1.4784	<0.0001	−11.8018– −3.6648
	–	3	−1.3333	1.4784	1.0000	−5.4018–2.7352

注：①校正的 Bonferroni。

结果 7-13 2. B 估计边际平均值

B	n	平均值	标准误	95%的置信区间
1	20	19.0000	0.9053	17.1798–20.8202
2	20	23.6500	0.9053	21.8298–25.4702
3	20	21.0000	0.9053	19.1798–22.8202

结果 7-14 成对对比

因子			平均值差	标准误	P[①]	95% CI[①]
1	–	2	−4.6500	1.2803	0.0020	−7.8261– −1.4739
	–	3	−2.0000	1.2803	0.3745	−5.1761–1.1761
2	–	1	4.6500	1.2803	0.0020	1.4739–7.8261
	–	3	2.6500	1.2803	0.1316	−0.5261–5.8261
3	–	1	2.0000	1.2803	0.3745	−1.1761–5.1761
	–	2	−2.6500	1.2803	0.1316	−5.8261–0.5261

注：①校正的 Bonferroni。

7.2.2 有交互效应的 A×B 析因设计资料的方差分析

【例 7-4】 为了研究一种含有荷尔蒙的新药是否真能缓解抑郁症状，每组随机选择 6 名抑郁症患者(男女各 3 名)：第 1 组接受安慰剂，第 2 组接受中等剂量的药物，第 3 组接受大剂量的药物，3 组对象接受治疗后的抑郁水平见表 7-4。试分析该药的治疗效果。(抑郁.mcl)

表 7-4 3 组对象接受不同剂量的某新药治疗的抑郁水平

性别	安慰剂，dose=1	中等剂量，dose=2	大剂量，dose=3
女性	38	33	23
sex=2	35	32	26
	33	26	21
男性	33	34	34
sex=1	31	36	31
	28	34	32

1) 打开数据文件“抑郁.mcl”。

2) 方差双向分析(Two-way analysis of variance)对话框(参见图 7-6)中，【从属数据(Dependent Data，因变量数据)】选择“x(抑郁水平)”，【因子 A(Factor A)】选择“sex(性别)”，【因子 B(Factor B)】选择“dose(剂量)”。

3) 主要结果与分析。

(1) 本例为 2×3 析因分析，对性别和剂量构成的 6 个组的治疗后抑郁水平进行方差齐性 Levene 检验，F=1.2144、P=0.360，按 α=0.10 水准，拒绝 H_0，无统计学意义，可认为 6 个总体的方差齐，见结果 7-15。

(2) 方差分析表中，首先应看交互效应 sex×dose：F=11.739、P=0.001，按 α=0.05 水准，拒绝 H_0，接受 H_1，有统计学意义，可认为 sex(性别)和 dose(剂量)有交互效应。对于主效应，sex(性别)：F=6.090、P=0.030，dose(剂量)：F=7.901、P=0.006，按 α=0.05 水准，均拒绝 H_0，接受 H_1，差异有计学意义，可认为性别和剂量对治疗后的抑郁水平均有影响，见结果 7-16。

结果 7-15 误差方差齐性的 Levene 检验

F	DF 1	DF 2	P
1.2144	5	12	0.360

结果 7-16 对象间效应的检验

来源	平方和	DF	均方	F	P
sex	37.556	1	37.556	6.090	0.030
dose	97.444	2	48.722	7.901	0.006
sex*dose	144.778	2	72.389	11.739	0.001
残差	74.000	12	6.167		

(3) 由于 sex(性别)和 dose(剂量)有交互效应，因此需要进一步分析各因素的单独效应，单独效应是指其他因素的水平固定时，同一因素不同水平间的差异。下面以固定性别因素为女性时，计算剂量的单独效应，即对女性受试对象的治疗后抑郁水平进行单因素方差分析。操作方法如下：方差单向分析(ANOVA)(One-way analysis of variance(ANOVA))对话框(参见图 7-1)中，【数据(Data)】选择“x(抑郁水平)”，【因子代码(Factor codes)】选择 dose(剂量)，【筛选条件(Filter)】为“sex=2”，其他选项为默认值。

从方差分析表可知，F=12.111，P=0.008，拒绝 H_0，接受 H_1，按 α=0.05 水准，可认为用某新药治疗女性抑郁症患者，不同治疗剂量治疗后的抑郁水平有差异，见结果 7-17。

结果 7-17　ANOVA

变异来源	平方和	DF	均方
组间（影响因素）	218.0000	2	109.0000
组内（其他波动）	54.0000	6	9.0000
总和	272.0000	8	
F 比率	12.111		
显著性水平	P = 0.008		

(4) 参照 3. 的方法，对各因素的单独效应进行逐一分析，结果见表 7-5，同时给出了主效应、交互效应和单独效应的分析结果。固定性别水平，对不同剂量新药治疗后的抑郁水平进行单因素方差分析，男性：F=3.63，P=0.093；女性：F=12.11，P=0.008。同理，固定剂量水平，对不同性别治疗后的抑郁水平进行独立样本 t 检验，安慰剂组：t=2.27，P=0.086；中等剂量组：t=1.90，P=0.131；大剂量组：t=5.30，P=0.006。上述单独效应分析未进行检验水准 α 的调整，如果推断结果非常重要，则需要考虑 α 的调整问题。如可使用 Bonferroni 法进行调整，则读者可结合专业对相关结果进行分析。

表 7-5　不同性别和剂量的新药治疗后的抑郁水平的单独效应分析

性别	剂量			合计	F	P
	安慰剂	中等剂量	大剂量			
男性	30.67±2.52	34.67±1.15	32.33±1.53	32.55±2.35	3.63	0.093
女性	35.33±2.52	30.33±3.79	23.33±2.52	29.67±5.83	12.11	0.008
合计	33.00±3.41	32.50±3.45	27.83±5.27	31.11±4.56	7.90①	0.006①
t	2.27	1.90	5.30	F=6.09①	11.74②	
P	0.086	0.131	0.006	0.030①	0.001②	

注：① 主效应的 F 值和 P 值。
② 交互效应的 F 值和 P 值。

4) 单击 (2) 中结果所在窗口右下角的【多重对比图表 (Multiple comparison graphs)】按钮，打开集群多重对比图表 (Clustered multiple comparison graphs) 对话框，参见图 7-7。【数据 (Data)】选择 “x (抑郁水平)”，【因子代码 (Factor codes)】选择 “sex (性别)”，【按因子定义集群 (Define clusters by factor)】选择 “dose (剂量)”。图表 (Graphs)】选择【条形图 (Bar)】，【对于 (for)】选择【平均值 (Mean)】，【误差条形图 (Error bars)】选择【95%CI 平均值 (95% CI for the mean，平均值的 95%CI)】。

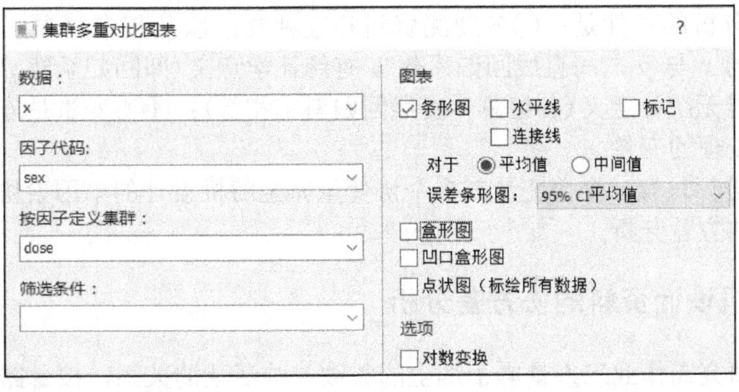

图 7-7　集群多重对比图表 (Clustered multiple comparison graphs) 对话框

5) 复式误差条形图的结果解释：结合单独效应分析结果(见表 7-5)，复式误差条形图(见图 7-8)可直观描述不同性别和剂量的新药治疗后的抑郁水平，可见新药对治疗女性抑郁症患者有效果，剂量越高，治疗后的抑郁水平越低。

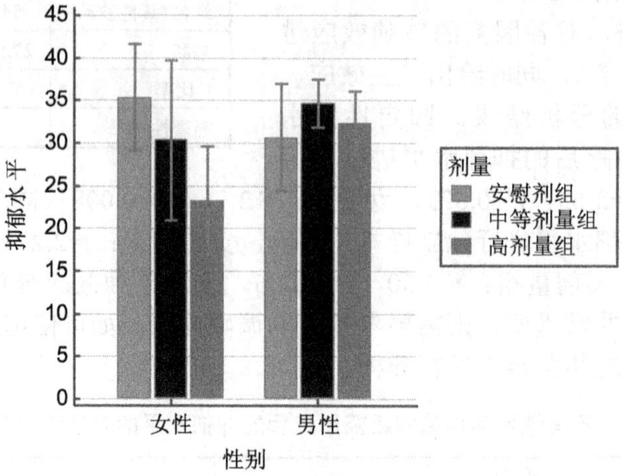

图 7-8 不同性别和剂量的新药治疗后的抑郁水平

7.3 协方差分析

协方差分析(analysis of covariance, ANCOVA/MANCOVA)是把线性回归(linear regression)与方差分析(analysis of variance, ANOVA/MANOVA)结合起来应用的一种方法。其目的是把与因变量 y 值呈线性关系的自变量(independent variable) x 值调整成相等后，用于检验两个或多个校正平均值间有无差异的方法。其基本思想就是将那些定量变量 x(指未加或难以控制的因素)对 y 的影响看作协变量(covariate)，建立因变量 y 随协变量 x 变化的线性回归关系，并利用这种回归关系把 x 值化为相等后再进行各组 y 的校正平均值(adjusted mean)的比较，其实质是从 y 的总平方和中扣除协变量 x 对 y 的回归平方和，对残差平方和做进一步分解后再进行方差分析，通过协方差分析，能够校正和对比由于各组 x 值的不同而引起的偏倚，更恰当地评价各种处理的优劣。

应用协方差分析的条件是：①各观测资料相互独立，服从正态分布，各比较组方差齐性；②各比较组的 x 与 y 之间直线回归系数 b 有统计学意义(即回归系数 $\beta_i \neq 0$)；③各组回归系数 b 之间差异无统计意义(各组总体直线回归斜率相等)；④协变量是连续变量或等级变量，不能是影响处理的变量。

MedCalc 可进行只有一个协变量或多个协变量完全随机设计的单因素协方差分析、A×B 析因设计资料的协方差分析。

7.3.1 完全随机设计资料的协方差分析

【例 7-5】 研究镉作业工人暴露于烟尘的年数与肺活量的关系，按暴露年数将工人分为两组：甲组暴露于镉烟尘≥10 年，乙组暴露于镉烟尘<10 年，两组工人的年龄未经控制(见

表 7-6)，其中，x 代表年龄(单位：岁)，y 代表肺活量(单位：L)。试进行协方差分析，问两组暴露于镉作业工人的平均肺活量是否相同？(肺活量.mcl)

表 7-6　镉作业工人暴露于烟尘的年数(x)与肺活量(y)的资料

甲组，group=1		乙组，group=2	
年龄，x=1	肺活量，y=1	年龄，x=1	肺活量，y=1
39	4.62	43	4.61
40	5.29	39	4.73
41	5.52	38	4.58
41	3.71	42	5.12
45	4.02	43	3.89
49	5.09	43	4.62
52	2.70	37	4.30
47	4.31	50	2.70
61	2.70	50	3.50
65	3.03	45	3.06
58	2.73	48	4.06
59	3.67	51	4.51
		46	4.66
		58	2.88
		38	3.64
		38	5.09

1) 打开数据文件“肺活量.mcl”。

2) 选择【统计(Statistics)】→【方差分析(ANOVA)】→【协方差分析(Analysis of covariance)】菜单，打开协方差分析(Analysis of covariance)对话框，见图 7-9。

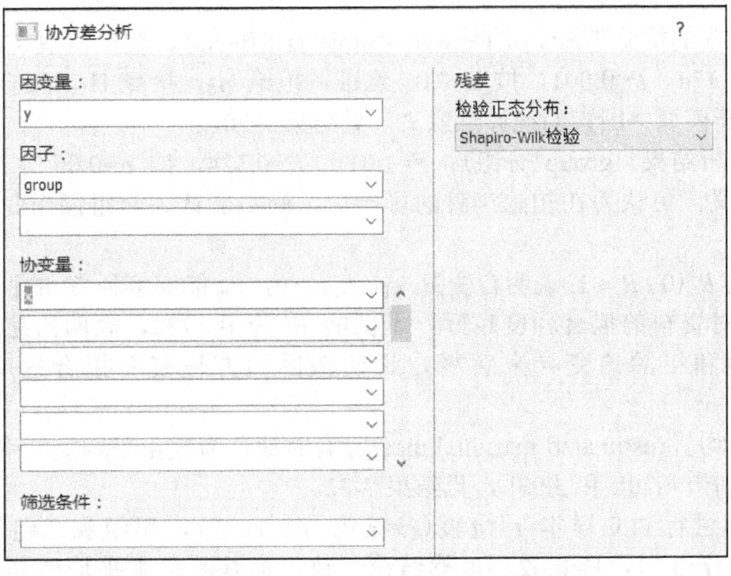

图 7-9　协方差分析(Analysis of covariance)对话框

■ 【因变量(Dependent variable)】：选择一个连续变量作为因变量，本例为“y(肺活量)”。

■ 【因子(Factors)】：选择一个分类变量作为因子变量时，进行单因素协方差分析；选择两个分类变量作为因子变量时，则进行两因子析因设计的协方差分析。本例选择“group(分组)”。

■ 【协变量(Covariates)】：选择一个或以上的连续变量作为协变量，本例选择“x(年龄)”。

■ 【筛选条件(Filter)】：本例未选择。

3)主要结果与分析。

(1)方差齐性的 Levene 检验结果为 F=0.24、P=0.630，按 α=0.10 水准，不拒绝 H_0，无统计学意义，可认为两组总体的方差齐，见结果 7-18。

(2)回归斜率齐性(Homogeneity of regression slopes)结果为 F=0.0623、P=0.805，按 α=0.05 水准，不拒绝 H_0，两组对象肺活量对年龄线性回归系数 b 间的差异无统计学意义，即两条回归线平行(两组总体回归斜率相等)，表明本资料满足协方差分析的应用条件，见结果 7-19。

结果 7-18 误差方差齐性的 Levene 检验

F	DF 1	DF 2	P
0.2370	1	26	0.630

结果 7-19 回归斜率的齐性

来源	平方和	DF	均方	F	P
斜率的异质性	0.0284	1	0.0284	0.0623	0.805
单个残差	10.945	24	0.456		

(3)众所周知，肺活量和年龄有一定关系(年龄越大肺活量越低)，回归系数的显著性检验结果为 F=21.88、P<0.001，按 α=0.05 水准，拒绝 H_0，接受 H_1，年龄的回归系数 b 有统计学意义，即肺活量和年龄有较强的线性关系，见结果 7-18。因此，在比较不同暴露水平的肺活量时，必须扣除年龄对肺活量的影响。结合(1)和(2)的结果，表明本资料满足协方差分析的应用条件。

(4)对象间效应的检验(Tests of Between-Subjects Effects)、校正模型(Corrected Model)F 检验结果为 F=11.174、P<0.001，按 α=0.05 水准，拒绝 H_0，接受 H_1，拟合的模型有统计学意义，可用于判断模型中因素的统计学意义，见结果 7-20。

(5)协方差分析结果，group(分组)：F=1.011、P=0.324，按 α=0.05 水准，不拒绝 H_0，差异无统计学意义，可认为在扣除年龄的影响后，尚不能认为两组镉作业工人的肺活量不同，见结果 7-21。

(6)决定系数 R^2($0 \leqslant R^2 \leqslant 1$)说明自变量 x_1，x_2，…，x_m 能够解释 Y 的百分比，其值越接近 1，说明模型对资料的拟合程度越好，本例的 R^2 为 0.4720，表明治疗后舒张压变异的 47.20%可由分组和年龄的变异来解释，说明该回归方程资料拟合程度是较好，见结果 7-21。

(7)估计边际均值(estimated marginal means)有时被称为校正平均值，甲组和乙组肺活量的校正平均值分别为 4.20L 和 3.93L，见结果 7-22。

(8)对该资料进行独立样本 t 检验(参见第 7.2.1 节)，甲组和乙组的平均值分别为 3.95L 和 4.12L，t=0.51，P=0.62，虽然结论一致，但是其算术平均值与校正平均值还是有所不同的。

结果 7-20　对象间效应的检验

来源	平方和	DF	均方	F	P
校正的模型	9.810	2	4.905	11.174	<0.001
截距	39.422	1	39.422	89.809	<0.001
x	9.605	1	9.605	21.882	<0.001
group	0.444	1	0.444	1.011	0.324
残差	10.974	25	0.439		
总和	479.568	28			
校正的总数	20.783	27			

结果 7-21

决定系数 R^2	0.4720
R^2–已调整	0.4297

结果 7-22　估计边际平均值

group	n	平均值	标准误	95%的置信区间
1	12	4.2031	0.1988	3.7937–4.6126
2	16	3.9314	0.1706	3.5801–4.2827

7.3.2　A×B 析因设计资料的协方差分析

【例 7-6】 为了比较不同来源和成分喂养小白鼠的增重效果，现进行 2×3 析因试验，表 7-7 记录了 6 组小白鼠的食物消耗量(x)和所增体重(y)，试比较不同来源和成分的蛋白质的增重效果。(蛋白质.mcl)

表 7-7　六组公鼠的食物消耗量(x，单位：10cal)及所增体重(y，单位：g)

高蛋白，a=1						低蛋白，a=2					
牛肉 b=1		谷类 b=2		猪肉 b=3		牛肉 b=1		谷类 b=2		猪肉 b=3	
x	y	x	y	x	y	x	y	x	y	x	y
108	73	99	98	194	94	165	90	124	107	140	49
136	102	117	74	198	79	164	76	95	95	177	82
138	118	90	56	196	96	161	90	116	97	189	73
159	104	141	111	198	98	159	64	112	80	142	86
146	81	106	95	210	102	175	86	123	98	216	81
141	107	112	88	196	102	135	51	110	74	200	97
175	100	110	82	230	108	132	72	137	74	255	106
149	87	117	77	222	91	190	90	105	67	173	70
174	117	111	86	220	120	145	95	135	89	153	61
176	111	122	92	228	105	142	78	126	58	160	82

1) 打开数据文件“蛋白质.mcl”。

2) 协方差分析(Analysis of covariance)对话框(参见图 7-9)中，【因变量(Dependent variable)】选择“y(所增体重)”，【因子(Factors)】选择“a(成分)”和“b(来源)”；【协变量(Covariates)】选择“x(食物消耗量)”。

3) 主要结果与分析。

(1) 本例资料满足协方差分析的应用条件：方差齐性(F=1.0664，P=0.389，见结果 7-23)；各组总体回归斜率相等(F=0.515，P=0.763，见结果 7-24)及回归系数 $\beta_i \neq 0$(F=18.441，P<0.001，见结果 7-24)，因此有必要对该资料进行协方差分析。拟合的模型有统计学意义(F=7.814，P<0.001，见结果 7-25)。

(2) 协方差分析结果：由于 a(成分)和 b(来源)无交互效应(F=2.879，P=0.065)，因此应看主效应结果，a(成分)：F=14.450，P<0.001；b(来源)：F=5.159，P=0.009，按 α=0.05 水

准，拒绝 H_0，接受 H_1，差异均有计学意义，可认为在扣除食物消耗量因素的影响后，可认为 3 种来源或两种成分的蛋白质喂养小白鼠的增重效果不同，见结果 7-25。

结果 7-23　误差方差齐性的 Levene 检验

F	DF 1	DF 2	P
1.0664	5	54	0.389

结果 7-24　回归斜率的齐性

来源	平方和	DF	均方	F	P
斜率的异常值	437.941	5	87.588	0.515	0.763
单个残差	8157.433	48	169.947		

结果 7-25　对象间效应的检验

来源	平方和	DF	均方	F	P
校正的模型	7603.559	6	1267.260	7.814	<0.001
截距	1091.691	1	1091.691	6.731	0.012
x	2990.626	1	2990.626	18.441	<0.001
a	2343.463	1	2343.463	14.450	<0.001
b	1673.305	2	836.653	5.159	0.009
a*b	933.812	2	466.906	2.879	0.065
残差	8595.374	53	162.177		
总和	479432.000	60			

(3) 从蛋白质成分看，高蛋白组所增体重的校正平均值为 94.17g，高于对照组(81.56g)，见结果 7-26。

(4) 从蛋白质来源看，小白鼠所增体重的校正平均值从高到低依次为谷类组(98.74g)、牛肉组(89.98g)和猪肉组(74.88)，见结果 7-27。由于按 α=0.05 水准，不同来源蛋白质的增重差异有统计学意义，进一步采用 Bonferroni 法进行两两比较，分析具体哪两组的增重效果不同。结果 7-28 显示，牛肉组的所增体重高于猪肉组(1–3 的平均值差为 15.1057g，P=0.0179)，谷类组的所增体重高于猪肉组(2–3 的平均值差为 23.8635g，P=0.0091)。

结果 7-26　1. a 估计边际平均值

a	n	平均值	标准误	95%的置信区间
1	30	94.1737	2.3358	89.4888–98.8587
2	30	81.5596	2.3358	76.8746–86.2446

结果 7-27　2. b 估计边际平均值

b	n	平均值	标准误	95%的置信区间
1	20	89.9827	2.8490	84.2683–95.6970
2	20	98.7404	4.3008	90.1142–107.3667
3	20	74.8769	4.3680	66.1159–83.6379

结果 7-28　成对对比

因子	平均值差	标准误	P①	95% CI①
1 – 2	−8.7578	5.1028	0.2759	−21.3738–3.8582
– 3	15.1057	5.2713	0.0179	2.0734–28.1381
2 – 1	8.7578	5.1028	0.2759	−3.8582–21.3738
– 3	23.8635	7.6763	0.0091	4.8850–42.8420
3 – 1	−15.1057	5.2713	0.0179	−28.1381– −2.0734
– 2	−23.8635	7.6763	0.0091	−42.8420– −4.8850

注：① 校正的 Bonferroni。

(5) 对该资料进行 A×B 析因设计资料的方差分析(参见第 7.2.1 节)，交互效应 a(成分)×b(来源)：F=2.75，P=0.07；主效应因子 a(成分)：F=14.77，P<0.001；b(来源)：F=0.62，P=0.54；与协方差分析的结果不一致，显然如果不扣除食物消耗量的影响，其结果是不恰当的。

7.3.3　多元协方差分析

【例 7-7】 研究两种不同方法处理的水解蛋白质与酪蛋白 3 种饲料的营养价值是否不同。试验将 24 只同种系的幼大白鼠随机分为 3 组，每组 8 只，每只鼠的初始年龄(周)及 4 周内的进食量(单位：g)与所增体重(单位：g)的数据见表 7-8，试进行多元协方差分析。(增重.mcl)

表 7-8 3 组大白鼠初始年龄、进食量与所增体重

水解蛋白质Ⅰ，group=1			水解蛋白质Ⅱ，group=2			酪蛋白，group=3		
初始年龄，x1	进食量，x2	所增体重，y	初始年龄，x1	进食量，x2	所增体重，y	初始年龄，x1	进食量，x2	所增体重，y
6	281.7	37	5	309.8	24	8	259.3	82
10	274.0	47	6	317.8	43	5	241.2	66
8	253.8	37	10	326.1	60	6	248.5	74
5	261.4	34	8	322.1	50	7	242.8	79
7	272.8	42	7	323.5	47	8	255.7	82
5	272.2	27	6	321.2	42	7	254.3	76
6	272.3	32	5	311.8	39	5	244.6	73
7	293.2	44	10	324.5	53	10	243.8	90

1) 打开数据文件“增重.mcl”。

2) 协方差分析(Analysis of covariance)对话框(参见图 7-9)中，【因变量(Dependent variable)】选择“y(所增体重)”，【因子(Factors)】选择“sex(性别)”；【协变量(Covariates)】选择“x1(初始年龄)”和 x2(进食量)。

3) 主要结果与分析。

(1) 本例资料满足协方差分析的应用条件：方差齐性(F=0.9674，P=0.396，见结果 7-29)；各组总体回归斜率相等(F=1.360，P=0.294，见结果 7-30)及回归系数 $\beta_i \neq 0$(x1：F=57.786，P<0.001；x2：F=4.600，P=0.045，见结果 7-31)，因此有必要对该资料进行协方差分析。拟合的模型有统计学意义(F=142.307，P<0.001，见结果 7-31)。

(2) 协方差分析结果为 group(分组)：F=148.067、P<0.001，按 α=0.05 水准，拒绝 H_0，接受 H_1，差异有统计学意义，可认为在扣除初始年龄和进食量的影响后，大白鼠所增体重的总体平均值有差异，见结果 7-31。

结果 7-29 误差方差齐性的 Levene 检验

F	DF 1	DF 2	P
0.9674	2	21	0.396

结果 7-30 回归斜率的齐性

来源	平方和	DF	均方	F	P
斜率的异常值	76.019	4	19.005	1.360	0.294
单个残差	209.625	15	13.975		

结果 7-31 对象间效应的检验

来源	平方和	DF	均方	F	P
校正的模型	8557.690	4	2139.422	142.307	<0.001
截距	22.825	1	22.825	1.518	0.233
x1	868.749	1	868.749	57.786	<0.001
x2	69.151	1	69.151	4.600	0.045
group	4452.035	2	2226.017	148.067	<0.001
残差	285.644	19	15.034		
总和	77110.000	24			
校正的总数	8843.333	23			

(3) 水解蛋白质Ⅰ组、水解蛋白质Ⅱ组和酪蛋白组的所增体重的校正平均值分别为 39.97g、35.47g 和 84.56g，见结果 7-32。对各组所增体重的校正平均值进行两两比较(Bonferroni 校正)，水解蛋白质Ⅰ组和酪蛋白组[平均值差的 Bonferroni 校正区间为(–52.8858，–36.2871)g]、水解蛋白质Ⅱ组和酪蛋白组[平均值差的 Bonferroni 校正区间为(–68.8246，–29.3488)g]的所增体重不同，见结果 7-33。

结果 7-32 估计边际平均值

group	n	平均值	标准误	95%的置信区间
1	8	39.9713	1.5697	36.6859–43.2567
2	8	35.4710	4.2399	26.5968–44.3452
3	8	84.5577	3.5301	77.1691–91.9463

结果 7-33 成对对比

因子	平均值差	标准误	P①	95% CI①
1 – 2	4.5003	5.1518	1.0000	–9.0236–18.0242
– 3	–44.5864	3.1615	<0.0001	–52.8858– –36.2871
2 – 1	–4.5003	5.1518	1.0000	–18.0242–9.0236
– 3	–49.0867	7.5189	<0.0001	–68.8246– –29.3488
3 – 1	44.5864	3.1615	<0.0001	36.2871–52.8858
– 2	49.0867	7.5189	<0.0001	29.3488–68.8246

注：①校正的 Bonferroni。

7.4 重复测量设计资料的方差分析

重复测量设计(repeated measurement design)是指在给予一种或多种处理后，同一受试对象的某一观察指标在不同时间点上进行多次测量的设计方法，如服用某种药物后测定不同时间点的血药浓度，接受治疗后在不同时间点上对某指标进行测量。这种设计方法在医学研究领域中有着广泛的应用，常用来分析不同处理在不同时间点上的变化情况。重复测量设计与随机区组设计有相似之处，但二者有实质性差异。在随机区组设计中，同一区组的每个受试对象都随机分配，接受不同的处理；而对于重复测量设计，通常是对同一受试对象在各时间点进行测量，由于不同时间的测量结果可能存在相关性，因此需要采用特殊的统计方法进行分析。

重复测量资料用随机区组方差分析比较处理组间差异，前提条件是要满足“球对称”(sphericity)假设，即不同测量间差异的方差相等。对于拒绝“球对称”假设的资料，使用随机区组方差分析理论上是不妥当的，至少处理组间相应的 F 界值需要校正。校正方法是用“球对称”系数 ε 乘以处理组间效应 F 界值的自由度 v_1 和 v_2 作为检验界值。“球对称”系数 ε 的常用估计方法有 Greenhouse-Geisser、Huynh-Feldt 和 Lower-bound 3 种，MedCalc 提供前两种方法。ε 越接近 1，表明差值的方差越齐，因此资料越接近球对称。如果资料满足“球对称”假设，则单组重复测量设计资料的方差分析与随机区组设计资料的方差分析等价，因此，该功能也可适用于随机区组设计资料的方差分析。

7.4.1 单组重复测量资料的方差分析

【例 7-8】 一名心理治疗师为了研究抑郁病人随时间变化病情发展的情况，在治疗的 5 个月时间里每个月让每个病人填写一份抑郁量表，8 个病人每个月的抑郁分数见表 7-9。试分析抑郁病人的抑郁分数随时间的变化情况。(抑郁分数.mcl)

表 7-9 8名抑郁病人5个月的抑郁症分数

No	第一月，m1	第二月，m2	第三月，m3	第四月，m4	第五月，m5
1	22	16	13	12	15
2	12	12	11	15	19
3	29	28	21	18	22
4	35	25	24	21	18
5	19	23	18	19	17
6	16	11	17	14	20
7	25	17	24	20	16
8	30	30	23	26	27

1) 打开数据文件“抑郁分数.mcl”。

2) 选择【统计(Statistics)】→【方差分析(ANOVA)】→【方差重复测量分析(Repeated measures analysis of variance)】菜单，打开重复测量 ANOVA(Repeated measures ANOVA)对话框，见图 7-10。

- 【重复测量变量(受试者内因子)(Repeated measurements variables(within-subjects factor))】：选择重复测量变量，变量必须按照特定顺序依次选择，如按照浓度、剂量、时间等从小到大依次选择。本例为“m1(第一月)”～“m5(第五月)”。
- 【分组变量(受试者间因子)(Grouping variable(between-subjects factor))】，选择一个分类变量作为分组变量，本例未选择。
- 【筛选条件(Filter)】：本例未选择。
  - 【选项(Options)】。
    - 【对数变换(Logarithmic transformation)】：本例未选择。

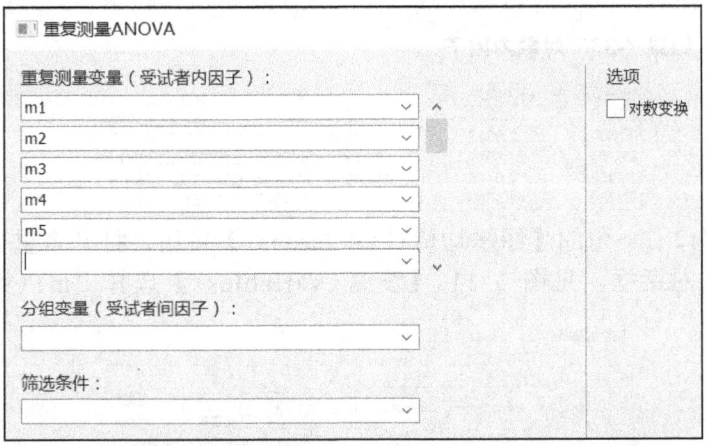

图 7-10 重复测量 ANOVA(Repeated measures ANOVA)对话框

3) 主要结果与分析。

(1) 重复测量资料的方差分析要求满足“球对称”(sphericity)假设，即测量间差值的方差相等，当球对称系数(Epsilon，ε)值越接近 1 时，差值的方差越齐，即资料越满足“球对称”假设。本例球形检验 Greenhouse-Geisser 和 Huynh-Feldt 估计法的 ε 值均远小于 1，表明该资料不满足“球对称”假设，应校正 F 值的自由度。当 Greenhouse-Geisser 估计法的 ε>0.75

时，应采用 Huynh-Feldt 估计法校正的结果；$\varepsilon<0.75$ 时，应优先采用 Greenhouse-Geisser 估计法结果，见结果 7-34。

结果 7-34 球形

方法	Epsilon
Greenhouse-Geisser	0.580
Huynh-Feldt	0.884

(2) 对象内效应的检验结果：由于球形检验 Greenhouse-Geisser 估计法的 $\varepsilon=0.58<0.75$，故采用 Greenhouse-Geisser 估计法校正的结果为 $F=2.58$、$P=0.100$，按 $\alpha=0.05$ 水准，不拒绝 H_0，尚不能认为 8 名病人不同月份间的抑郁分数不同，见结果 7-35。

结果 7-35 对象内效应的检验

变异来源		平方和	DF	均方	F	P
因子	假设为球形	141.250	4	35.313	2.58	0.059
	Greenhouse-Geisser	141.250	2.320	60.895	2.58	0.100
	Huynh-Feldt	141.250	3.537	39.931	2.58	0.068
残差	假设为球形	383.150	28	13.684		
	Greenhouse-Geisser	383.150	16.237	23.597		
	Huynh-Feldt	383.150	24.762	15.473		

(3) 对抑郁得分进行时间趋势分析，对抑郁分数与月份的曲线进行正交多项式变换，二次项：$t=2.9544$、$P=0.0213$，按 $\alpha=0.05$ 水准，表明抑郁病人的抑郁分数与时间存在二次项趋势，见结果 7-36。

结果 7-36 趋势分析

趋势	T	DF	显著性
线性	−1.6800	7	P = 0.1368
二次	2.9544	7	P = 0.0213
立方	0.0000	7	P = 1.0000

(4) 对象内因子表显示了不同月份 8 名抑郁病人的抑郁分数平均值、标准误和总体平均值的 95CI%，以及其误差条图，见结果 7-37。

结果 7-37 对象内因子

因子	平均值	研究 误差	95% CI
m1	23.5000	2.7321	17.0396 - 29.9604
m2	20.2500	2.5617	14.1925 - 26.3075
m3	18.8750	1.7671	14.6964 - 23.0536
m4	18.1250	1.5748	14.4013 - 21.8487
m5	19.2500	1.3595	16.0353 - 22.4647

4) 单击结果窗口右下角的【图平均值 (Plot means)】按钮，打开多重变量图表 (Multiple variables graphs) 对话框，见图 7-11。【变量 (Variables)】选择“m1 (第一月)”～“m5

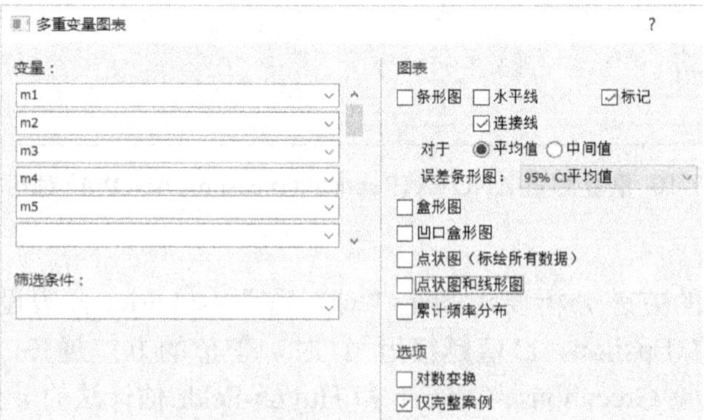

图 7-11 多重变量图表 (Multiple variables graphs) 对话框

(第五月)",图表(Graphs)】选择【标记(Markers)】和【连接线(Connecting lines)】,【对于(for)】选择【平均值(Mean)】,【误差条形图(Error bars)】选择【95%CI 平均值(95% CI for the mean，平均值的 95%CI)】。

5)误差条形图的结果：图 7-12 显示了 8 名抑郁病人 5 个月的抑郁分数的包含连接线的误差条图，可用于确认不同时间抑郁病人抑郁分数的变化趋势，可见抑郁分数的变化不符合线性趋势，呈非线性趋势。

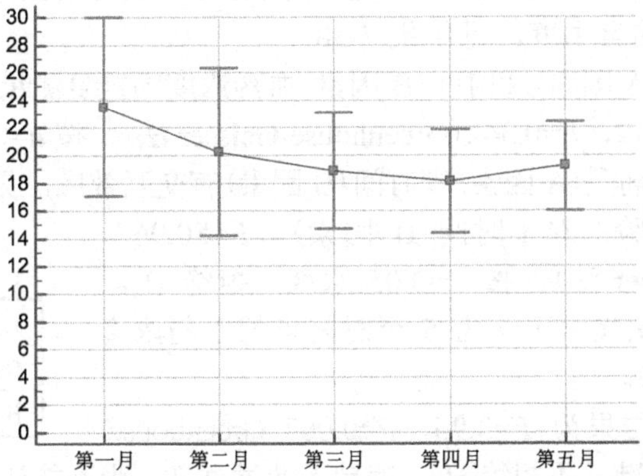

图 7-12　8 名抑郁病人 5 个月的抑郁分数的误差条图

7.4.2　无交互效应两因素重复测量设计资料的方差分析

【例 7-9】 将 16 名某病患者随机分为两组，每组各 8 名，采用某种药物进行治疗，一组服用胶囊，另一组服用片剂，分别于服药后 1h、2h、3h、4h、5h 测定血药浓度，血药浓度检测结果见表 7-10，试比较两种剂型服用后血药浓度有无差异？(血药浓度.mcl)

表 7-10　同一种药物不同剂型在不同时间的血药浓度测定值(单位：mg/L)

分组，group	受试编号，no	检测时间(h)				
		t1	t2	t3	t4	t5
胶囊组 group=1	1	9.73	54.61	55.91	46.81	47.56
	2	5.50	50.87	79.90	62.37	55.03
	3	7.96	23.43	64.10	56.00	45.15
	4	2.37	18.63	73.10	76.05	60.80
	5	2.37	55.24	93.35	65.47	62.37
	6	6.50	32.08	73.45	76.27	60.23
	7	8.34	132.10	102.00	97.83	92.83
	8	1.8	5.40	82.80	73.95	60.14
片剂组 group=2	9	14.66	29.00	48.88	52.24	31.65
	10	0.84	25.00	53.80	44.25	32.38
	11	0.68	17.34	64.56	61.60	55.80
	12	2.14	14.10	69.77	66.65	54.43
	13	2.30	53.40	73.83	62.00	57.31
	14	6.17	25.85	45.80	53.25	47.95
	15	2.45	53.30	58.80	57.80	71.10
	16	1.58	44.00	30.30	70.20	67.06

1）打开数据文件"血药浓度.mcl"。

2）重复测量ANOVA（Repeated measures ANOVA）对话框（参见图7-10）中，【重复测量变量（受试者内因子）（Repeated measurements variables（within-subjects factor））】选择"t1"～"t4"，【分组变量（受试者间因子）（Grouping variable（between-subjects factor））】选择"group（分组）"。

3）主要结果与分析。

（1）由于球形检验Greenhouse-Geisser估计法的 ε=0.52<0.75，应优先采用Greenhouse-Geisser估计法校正 F 值的自由度，见结果7-38。

（2）本例为不同剂型（A因素）和时间（B因素）血药浓度的重复测量方差分析，首先应观察两者的交互因素A×B，F=1.12，P=0.342（Greenhouse-Geisser法），按 α=0.05水准，不拒绝 H_0，无统计学意义，尚不能认为剂型（A因素）和时间（B因素）有交互效应，见结果7-39。

（3）对象内效应的检验：对于时间（B因素），F=50.96，P<0.001（Greenhouse-Geisser法），按 α=0.05水准，拒绝 H_0，接受 H_1，差异有统计学意义，可认为5个时间点的血药浓度水平有差异，见结果7-39。

结果7-38 球形

方法	Epsilon
Greenhouse-Geisser	0.518
Huynh-Feldt	0.610

（4）对象间效应检验结果为 F=3.96，P=0.067（Greenhouse-Geisser法），按α=0.05水准，不拒绝 H_0，差异无计学意义，尚不能认为不同剂型对血药浓度水平影响有不同，即见结果7-40。

结果7-39 对象内效应的检验

变异来源		平方和	DF	均方	F	P
因子	假设为球形	41757.071	4	10439.268	50.96	<0.001
	Greenhouse-Geisser	41757.071	2.072	20148.966	50.96	<0.001
	Huynh-Feldt	41757.071	2.439	17123.578	50.96	<0.001
x组因子迭代	假设为球形	917.830	4	229.458	1.12	0.356
	Greenhouse-Geisser	917.830	2.072	442.879	1.12	0.342
	Huynh-Feldt	917.830	2.439	376.380	1.12	0.347
残差	假设为球形	11471.727	56	204.852		
	Greenhouse-Geisser	11471.727	29.014	395.388		
	Huynh-Feldt	11471.727	34.140	336.020		

4）单击结果窗口右下角的【按组集合的图平均值（Plot means clustered by groups）】按钮，打开集群多重变量图表（Clustered multiple variables graphs）对话框，见图7-13。【变量（Variables）】选择"t1"～"t5"，【定义集群按（Define clusters by）】选择"group（分组）"，【图表（Graphs）】选择【标记（Markers）】和【连接线（Connecting lines）】，【对于（for）】选择【平均值（Mean）】，【误差条形图（Error bars）】选择【95%CI平均值（95% CI for the mean，平均值的95%CI）】，【选项（Option）】选择【仅完整案例（Complete case only）】。

结果7-40 对象间效应的检验

变异来源	平方和	DF	均方	F	P
组（group）	2601.252	1	2601.252	3.96	0.067
残差	9205.359	14	657.526		

图7-14所示为不同剂型和时间血药浓度的复式误差条图（血药浓度曲线），可见两条曲线基本平行，表明剂型和时间没有交互效应。

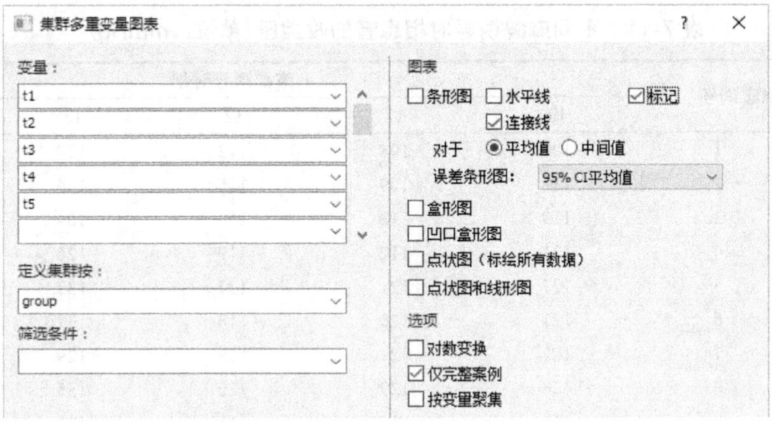

图 7-13　集群多重变量图表(Clustered multiple variables graphs)对话框

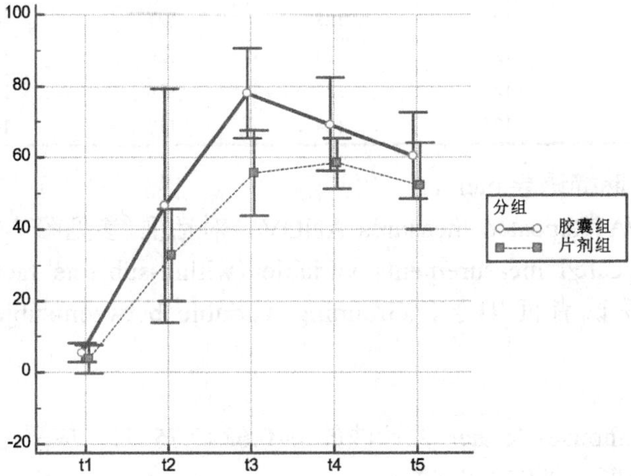

图 7-14　两种剂型的血药浓度曲线

5) 由于两种剂型的血药浓度无差异，如需进一步了解血药浓度的变化趋势，则可合并后分析血药浓度的变化趋势。

重复测量 ANOVA (Repeated measures ANOVA) 对话框(参见图 7-10) 中，【重复测量变量(受试者内因子)(Repeated measurements variables(within-subjects factor))】选择"t1"～"t4"。

6) 血药浓度的时间趋势分析：可见血药浓度呈线性趋势(t=13.82，P < 0.0001) 或呈非线性趋势(二次项，t=13.82，P < 0.0001)，见结果 7-41。

结果 7-41　趋势分析

趋势	t	DF	显著性
线性	13.8194	15	P < 0.0001
二次	−10.0625	15	P < 0.0001
立方	0.2151	15	P = 0.8326

7.4.3　有交互效应两因素重复测量设计资料的方差分析

【例 7-10】 将手术要求基本相同的 15 名患者随机分为 3 组，在手术过程中分别采用 A、B、C 3 种麻醉诱导方法(A 因素)，分别在诱导前、诱导后的 1、2、3、4 共 5 个时相(B 因素)测量患者的收缩压，测量结果见表 7-11，试进行方差分析。(麻醉诱导.mcl)

表 7-11 不同麻醉诱导时相患者的收缩压(单位：mmHg)

诱导方法，method	患者编号，no	麻醉诱导时相				
		t0	t1	t2	t3	t4
A	1	120	108	112	120	117
A	2	118	109	115	126	123
A	3	119	112	119	124	118
A	4	121	112	119	126	120
A	5	127	121	127	133	126
B	6	121	120	118	131	137
B	7	122	121	119	129	133
B	8	128	129	126	135	142
B	9	117	115	111	123	131
B	10	118	114	116	123	133
C	11	131	119	118	135	129
C	12	129	128	121	148	132
C	13	123	123	120	143	136
C	14	123	121	116	145	126
C	15	125	124	118	142	130

1) 打开数据文件“麻醉诱导.mcl”。

2) 重复测量 ANOVA(Repeated measures ANOVA)对话框(参见图 7-10)中，【重复测量变量(受试者内因子)(Repeated measurements variables(within-subjects factor))】选择“t1”～“t4”，【分组变量(受试者间因子)(Grouping variable(between-subjects factor))】选择“method(诱导方法)”。

3) 主要结果与分析。

(1) 球形检验 Greenhouse-Geisser 估计法的 ε=0.68<0.75 时，应采用 Greenhouse-Geisser 估计法校正 F 值的自由度，见结果 7-42。

(2) 对象间效应检验结果为 F=5.78、P=0.017，按 α=0.05 水准，可认为不同诱导方法患者的收缩压不同，见结果 7-43。

结果 7-42 球形

方法	Epsilon
Greenhouse-Geisser	0.679
Huynh-Feldt	0.896

结果 7-43 对象间效应的检验

变异来源	平方和	DF	平均值平方	F	P
组(method)	912.240	2	456.120	5.78	0.017
残差	946.480	12	78.873		

(3) 对象内效应检验 A×B，F=19.10，P<0.001(Greenhouse-Geisser 法)，按 α=0.05 水准，可认为诱导方法(A 因素)和诱导时相(B 因素)有交互效应；诱导时相：F=106.56、P<0.001(Greenhouse-Geisser)，按 α=0.05 水准，可认为不同诱导时相的收缩压不同，见结果 7-44。

4) 参见例 7.4.2 的方法绘制不同诱导方法和诱导时相的复式误差条图，集群多重变量图表(Clustered multiple variables graphs)对话框(参见图 7-13)中，【变量(Variables)】选择“t0”～“t4”，【定义集群按(Define clusters by)】选择“method(诱导方法)”，【图表(Graphs)】选择【标记(Markers)】和【连接线(Connecting lines)】，【对于(for)】选择【平均值(Mean)】，【误差条形图(Error bars)】选择【95%CI 平均值(95% CI for the mean，平均值的 95%CI)】。

结果 7-44 对象内效应的检验

变异来源		平方和	DF	均方	F	P
因子	假设为球形	2336.453	4	584.113	106.56	<0.001
	Greenhouse-Geisser	2336.453	2.715	860.644	106.56	<0.001
	Huynh-Feldt	2336.453	3.585	651.642	106.56	<0.001
x 组因子迭代	假设为球形	837.627	8	104.703	19.10	<0.001
	Greenhouse-Geisser	837.627	5.430	154.272	19.10	<0.001
	Huynh-Feldt	837.627	7.171	116.808	19.10	<0.001
残差	假设为球形	263.120	48	5.482		
	Greenhouse-Geisser	263.120	32.577	8.077		
	Huynh-Feldt	263.120	43.026	6.115		

图 7-15 所示为不同诱导方法和诱导时相的复式误差条图，3 条曲线相互不平行并且交叉，表明诱导方法和诱导时相有交互效应，即不同诱导方法的收缩压随诱导时相的变化趋势不一样。

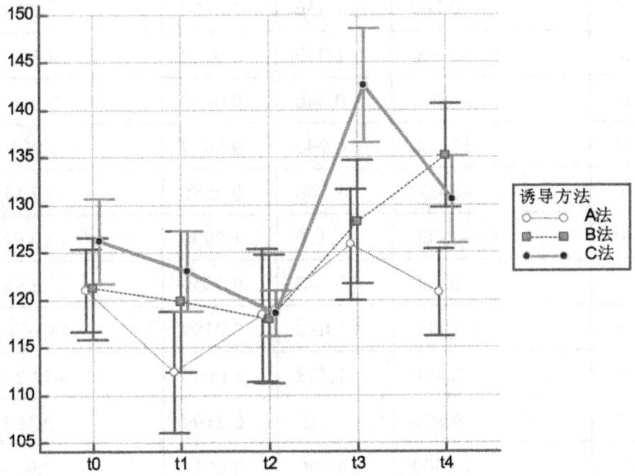

图 7-15 不同诱导方法和诱导时相的复式误差条图

5) 由于诱导方法(A 因素)和诱导时相(B 因素)存在交互效应，单独分析主效应意义不大，需参照第 7.4.1 节的方法逐一分析各因素的单独效应，即对不同诱导方法进行单组重复测量资料的方差分析以及对每次测量分别进行单因素分析，对于只有两组的情况，则对每次测量分别进行独立样本 t 检验。

(1) 对于诱导方法 A，Greenhouse-Geisser 的 ε=0.482<0.75，F=30.79，P<0.001 (Greenhouse-Geisser 法)，见结果 7-45。收缩压的随时相变化的趋势呈线性(t=3.58，P=0.0232)和三次项趋势(t=30.19，P < 0.0001)，见结果 7-46。

结果 7-45 对象内效应的检验

变异来源		平方和	DF	均方	F	P
因子	假设为球形	475.440	4	118.860	30.79	<0.001
	Greenhouse-Geisser	475.440	1.927	246.768	30.79	<0.001
	Huynh-Feldt	475.440	3.682	129.137	30.79	<0.001
残差	假设为球形	61.760	16	3.860		
	Greenhouse-Geisser	61.760	7.707	8.014		
	Huynh-Feldt	61.760	14.727	4.194		

(2) 诱导方法 A 中不同诱导时相的两两比较结果 (Bonferroni 法)，t_0 和 t_1 (P=0.0112)、t_1 和 t_2 (P=0.0039)、t_1 和 t_2 (P=0.0017)、t_2 和 t_3 (P=0.0199)、t_3 和 t_4 (P=0.0394) 间的收缩压不同，见结果 7-47。

(3) 读者还可以进一步对诱导方法 B 和诱导方法 C 进行单组重复测量资料的方差分析。

结果 7-46 趋势分析

趋势	t	DF	显著性
线性	3.5781	4	P = 0.0232
二次	1.8269	4	P = 0.1417
立方	−30.1869	4	P < 0.0001

结果 7-47 成对对比

因子			平均值差	标准误	P[①]	95% CI[①]
t0	–	t1	8.600	1.030	0.0112	2.837–14.363
	–	t2	2.600	1.470	1.0000	−5.627–10.827
	–	t3	−4.800	1.319	0.2199	−12.184–2.584
	–	t4	0.200	1.356	1.0000	−7.393–7.793
t1	–	t0	−8.600	1.030	0.0112	−14.363– −2.837
	–	t2	−6.000	0.548	0.0039	−9.066– −2.934
	–	t3	−13.400	0.980	0.0017	−18.884– −7.916
	–	t4	−8.400	1.568	0.0586	−17.179–0.379
t2	–	t0	−2.600	1.470	1.0000	−10.827–5.627
	–	t1	6.000	0.548	0.0039	2.934–9.066
	–	t3	−7.400	1.030	0.0199	−13.163– −1.637
	–	t4	−2.400	1.778	1.0000	−12.350–7.550
t3	–	t0	4.800	1.319	0.2199	−2.584–12.184
	–	t1	13.400	0.980	0.0017	7.916–18.884
	–	t2	7.400	1.030	0.0199	1.637–13.163
	–	t4	5.000	0.837	0.0394	0.317–9.683
t4	–	t0	−0.200	1.356	1.0000	−7.793–7.393
	–	t1	8.400	1.568	0.0586	−0.379–17.179
	–	t2	2.400	1.778	1.0000	−7.550–12.350
	–	t3	−5.000	0.837	0.0394	−9.683– −0.317

注：①校正的 Bonferroni。

第 8 章　非参数检验

非参数检验(Nonparametric tests，NPar)是指在总体不服从正态分布或分布情况不明(不依赖于总体分布的类型)时，用于检验资料是否来自相同总体假设的一类检验方法。这类方法又称自由分布(distribution-free)检验，在实际中应用非常广泛，适用于分布类型未知、一端或两端无界、出现少量异常值的小样本资料以及以等级做记录的数据分析。由于此方法在分析时丢弃了原始资料的信息，因此当资料满足参数检验的条件时，应首选参数检验；当资料不能满足参数检验的条件时，非参数检验就成为较优选择。

MedCalc 的非参数检验包括单样本符号秩和检验(signed rank sum test)、两个独立样本的 Mann-Whitney 检验(Mann-Whitney test)、配对样本的 Wilcoxon 符号秩和检验(Wilcoxon test)、两个或多个独立样本的 Kruskal-Wallis 检验(Kruskal-Wallis test)、多个有序分类样本的 Jonckheere-Terpstra 趋势检验(Jonckheere-Terpstra trend test)和随机化区组设计资料的 Friedman 检验(Friedman test)。

8.1　单样本符号秩和检验

单样本符号秩和检验(signed rank sum test)是单样本 t 检验的非参数模拟，其目的是推断某随机样本所代表的总体是否与已知总体位置(常为标准值或大量观测的稳定值)相等。它不要求资料来自正态分布或对称分布的总体，可进行中位数的单样本符号检验，并进行单样本总体中位数的点估计和置信区间估计。其原假设为总体中位数(η)等于假设值，即 H_0：$\eta=\eta_0$，备择假设 H_1：$\eta\neq\eta_0$。该检验相当于单样本 Z 检验和单样本 t 检验的非参数方法。

【例 8-1】 一家制药公司的药剂师测量了 16 个抗酸药样本的反应时间(单位：min)如下：10.9、15.0、11.9、8.8、8.2、14.8、9.2、8.8、16.0、15.2、15.9、9.2、9.2、7.7、8.0、12.5，试检验这种新研发的抗酸药的反应时间是否不超过 12min。(抗酸剂反应时间.mcl)

1)打开数据文件“抗酸剂反应时间.mcl”。

2)选择【统计(Statistics)】→【等级和检验(Rank sum tests，秩和检验)】→【符号等级和检验(单个样本)(Signed rank sum test(one sample)，符号秩和检验)】菜单，打开符号等级和检验(Signed rank sum test，符号秩和检验)对话框，见图 8-1。

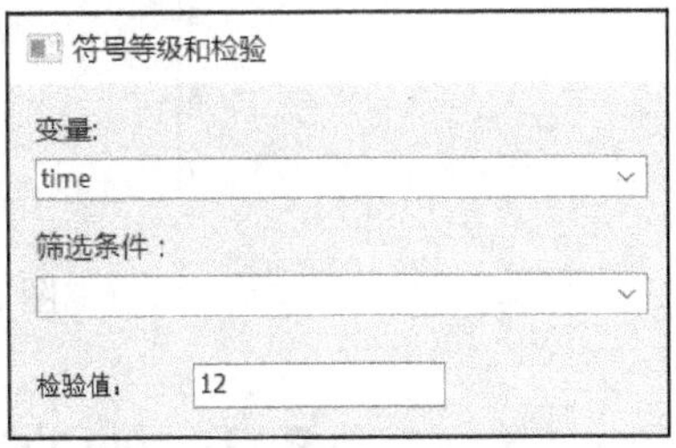

图 8-1　符号等级和检验(Signed rank sum test，符号秩和检验)对话框

- 【变量(Variable)】：选择检验变量，本例为“time(抗酸剂反应时间)”。
- 【筛选条件(Filter)】：未选择任何变量。
- 【检验值(Test value)】：输入与样本资料比较的数值，本例为“12”。

3）主要结果与分析。

（1）抗酸药反应时间的平均值及总体平均值的 95%CI 为 11.33min（9.67，12.99）min，中位数及总体中位数的 95%CI 为 10.05min（8.80，14.87）min，见结果 8-1。

（2）符号秩和检验结果：检验值为 12，差值为正值的个案有 6 个，为负值的个案 10 个，P=0.4637，按 α=0.05 水准，不拒绝 H_0，差异无统计学意义，尚不能认为抗酸药反应时间的总体中位数与 12min 有差异，见结果 8-2。

结果 8-1

样本含量	16
最低值	7.7000
最高值	16.0000
算术平均值	11.3312
平均值的 95%CI	9.6715–12.9910
中位数	10.0500
中位数的 95%CI	8.8000–14.8723

结果 8-2 符号等级和检验

检验值	12
阳性差异的数量	6
阴性差异的数量	10
较小的秩和	53.00
双侧概率	P = 0.4637

（3）单击结果窗口右下角的盒形图（Box-and-whisker plot）超链接，打开盒形图（Box-and-whisker plot）窗口（参见图 3-23），【变量（Variable）】选择“time（抗酸剂反应时间）”，【选项（Options）】选择【标绘所有数据（Plot all data）】，【图表方向（Graph orientation）】选择【垂直（Vertical）】。

从图 8-2 可见，箱形图反映了抗酸药样本反应时间的分布特点，中间的横线为反应时间的中位数，箱体顶线和底线为四分位数间距，中位数线位于箱体中部偏下的位置，提示抗酸药样本反应时间的分布可能是右偏的，因此有必要采用单样本符号秩检验比较与目标值的差异。

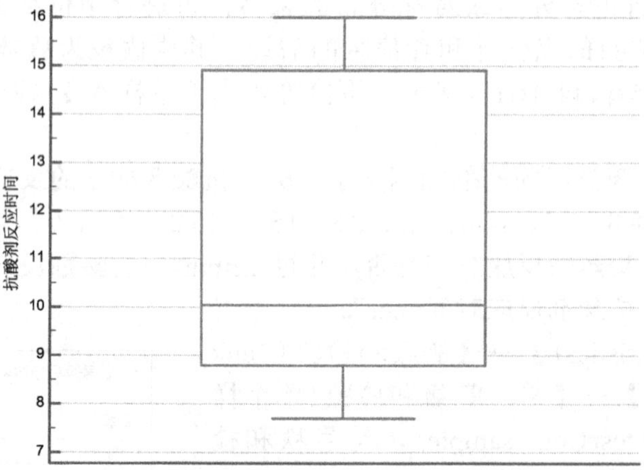

图 8-2 抗酸药的反应时间的箱形图

8.2 独立样本的 Mann-Whitney 检验

两个独立样本的 Mann-Whitney 检验（Mann-Whitney test）又称 Mann-Whitney U 检验，利用两样本观察值的平均秩来推断两样本分别代表的总体中位数有无差异，并计算总体中位数和置信区间。其原假设为两个总体中位数相等，即 H_0：$\eta_1=\eta_2$，备择假设 H_1：$\eta_1\neq\eta_2$。该检验的假设为资料来自两个形状相同的连续分布或有序分类的离散分布的总体。当总体服从正态分布时，Mann-Whitney 检验的检验功效比独立样本 t 检验稍差，但是对于其他总体的检验功效则高很多。因此对于完全随机设计两组独立样本的比较，如两样本为计量资料且来自非正态总体和两总体方差不齐，或两样本为有序多分类变量时，则宜用两独立样本的 Mann-Whitney 检验进行比较。

【例 8-2】 测得铅作业工人与非铅作业工人的血铅值(单位：μg/100g)，试检验两组工人的血铅值有无差异。(血铅.mcl) 非铅作业组(group=1)：5、5、6、7、9、12、12、15、18、21，铅作业组(group=2)：17、18、20、25、34、43、44。

1) 打开数据文件“血铅.mcl”。

2) 选择【统计(Statistics)】→【等级和检验(Rank sum tests，秩和检验)】→【Mann-Whitney 检验(独立样本)(Mann-Whitney test (independent samples))】菜单，打开 Mann-Whitney 检验(独立样本)(Mann-Whitney test (independent samples)) 对话框，见图 8-3。

- 【采样 1(Sample，样本 1)】的【变量(Variable)】选择“x(血铅值)”，【筛选条件(Filter)】为“group=1”。
- 【采样 2(Sample，样本 2)】的【变量(Variable)】选择“x(血铅值)”，【筛选条件(Filter)】为“group=2”。

图 8-3　Mann-Whitney 检验(独立样本)(Mann-Whitney test (independent samples)) 对话框

3) 主要结果与分析。

(1) 非铅作业组血铅值的中位数为 10.50μg/100g，总体中位数的 95%CI 为(5.48，16.58) μg/100g，IQR 为(6.00，15.00) μg/100g；铅作业组血铅值的中位数为 25.00μg/100g，总体中位数的 95%CI 为(17.50，43.50) μg/100g，IQR 为(18.50，40.75) μg/100g，见结果 8-3。

(2) Mann-Whitney 检验，非铅作业组和铅作业组的平均秩分别为 5.95 和 13.36，U=4.50，Z=2.98，P=0.0029，按 α=0.05 水准，拒绝 H_0，接受 H_1，可认为两组工人血铅值的总体中位数不同，见结果 8-4。

4) 单击结果窗口右下方的【数据对比图表(Data comparison graph)】超链接，打开数据对比图表(Data comparison graphs) 对话框，参见图 6-6。

【采样 1(Sample，样本 1)】的【变量(Variable)】选择“x(血铅值)”，【筛选条件

(Filter)】为“group=1”;【采样 2(Sample，样本 2)】的【变量(Variable)】选择“x(血铅值)”,【筛选条件(Filter)】为“group=2”。【图表(Graphs)】选择【盒形图(Box-and-Whisker plot)】。

结果 8-3

	样本 1	样本 2
样本含量	10	7
最低值	5.0000	17.0000
最高值	21.0000	44.0000
中位数	10.5000	25.0000
中位数的 95%CI	5.4750–16.5750	17.4952–43.5048
四位数间距	6.0000–15.0000	18.5000–40.7500

结果 8-4 Mann-Whitney 检验(独立样本)

第一组的平均秩	5.9500
第二组的平均秩	13.3571
Mann–Whitney U	4.50
检验统计 Z(校正 ties)	2.976
双侧概率	P = 0.0029

图 8-4 所示为两组工人血铅值的复式箱形图，铅作业组血铅值呈偏态分布，因此有必要进行非参数检验，铅作业组血铅值的总体中位数高于非铅作业组。

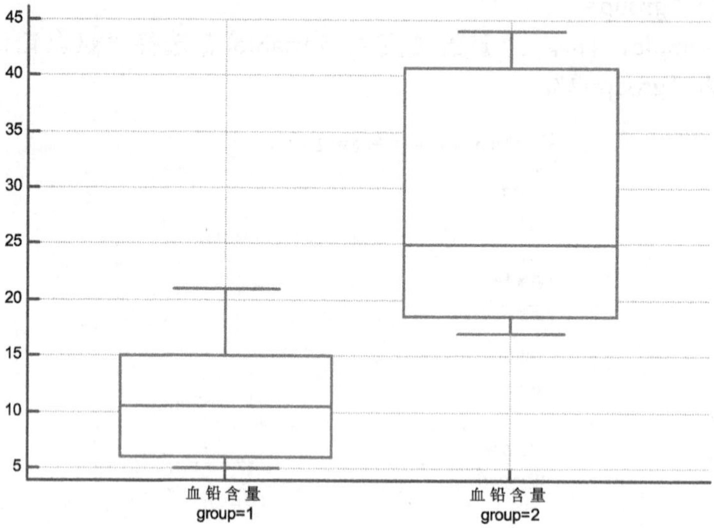

图 8-4 两组工人血铅值的复式箱形图

8.3 配对样本的 Wilcoxon 符号秩和检验

Wilcoxon 符号秩和检验又称配对符号秩和检验，用于检验配对资料的差值是否来自于中位数为 0 的总体，其原假设为配对差值的总体中位数等于 0，即 H_0: η_d=0，备择假设 H_1: $\eta_d \neq 0$，适用于配对差值不服从正态分布的资料。由于该检验利用了差值大小的信息，因此其效率比配对资料的符号检验高。

【例 8-3】 对 11 份工业污水测定氟离子浓度(单位：mg/L)，每份水样同时采用电极法及分光光度法测定，结果见表 8-1，就总体而言，这两种方法的测定结果有无差异？(氟离子浓度.mcl)

表 8-1 两法测定 11 份工业污水中氟离子浓度结果

样品号	电极法，x1	分光光度法，x2	差值，d
1	10.5	8.8	1.7
2	21.6	18.8	2.8
3	14.9	13.5	1.4
4	30.2	27.6	2.6
5	8.4	9.1	–0.7
6	7.7	7.0	0.7
7	16.4	14.7	1.7
8	19.5	17.2	2.3
9	127.0	155.0	–28
10	18.7	16.3	2.4
11	9.5	9.5	0

1) 打开数据文件“氟离子浓度.mcl”。

2) 对配对差值进行正态性检验（参见第 3.1.1 节），Shapiro-Wilk 检验结果为 W=0.4561、P<0.0001，按 α=0.05 水准，资料不服从正态分布，不满足配对样本 t 检验的应用条件，有必要采用非参数方法。

3) 选择【统计 (Statistics)】→【等级和检验 (Rank sum tests，秩和检验)】→【秩和检验（成对样本）(Rank sum tests (paired samples))】菜单，打开 Wilcoxon 检验（成对样本）(Wilcoxon test (paired samples)) 对话框，见图 8-5。

【采样 1 (Sample 1)】选择“x1（电极法）”，【采样 2 (Sample 2)】选择“x2（分光光度法），其他选项不选择。

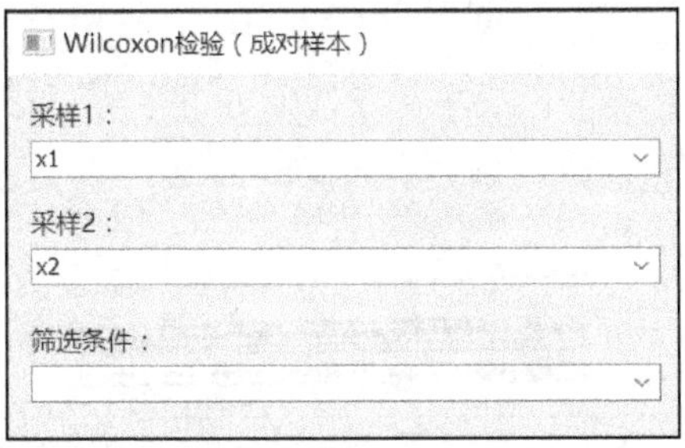

图 8-5 Wilcoxon test 检验（成对样本）(Wilcoxon test (paired samples)) 对话框

4) 主要结果与分析。

(1) 电极法测量工业污水氟离子浓度的中位数为 16.40 mg/L，总体中位数的 95%CI 为 (9.30，23.15) mg/L，IQR 为 (9.75，21.08) mg/L；分光光度法测量工业污水氟离子浓度的中位数为 14.70 mg/L，总体中位数的 95%CI 为 (9.05，20.38) mg/L，IQR 为 (9.20，18.40) mg/L，见结果 8-5。

(2) 配对 Wilcoxon 检验结果，差值为正值的个案有 2 个，为负值的个案 8 个，P=0.1055，按 α=0.05 水准，不拒绝 H_0，差异无统计学意义，尚不能认为两法测定结果有差异，见结果 8-6。

5) 单击结果窗口右下方的【点线图 (Dot-and-Line diagram)】超链接，打开多重变量图表 (Multiple variables graphs) 对话框，参见图 6-12。

【变量(Variable)】选择“x1(电极法)”和“x2(分光光度法)”,【图表(Graphs)】选择【点状图和线形图(Dot & line diagram)】,【选项(Options)】选择【仅完整案例(Complete cases only)】。

结果 8-5

	样本 1	样本 2
样本含量	11	11
最低值	7.7000	7.0000
最高值	127.0000	155.0000
中位数	16.4000	14.7000
中位数的 95%CI	9.3023–23.1454	9.0461–20.3813
四位数间距	9.7500–21.0750	9.2000–18.4000

结果 8-6 Wilcoxon 检验(成对样本)

阳性差异的数量	2
阴性差异的数量	8
较小的秩和	11.00
双侧概率	P = 0.1055

6)图形结果解释：点线图(见图 8-6)左侧的圆点为电极法的污水氟离子浓度测量值，右侧的圆点为分光光度法污水氟离子浓度测量值，用直线将两法的每对测量值的圆点都连接起来。单击圆点可显示圆点表示的个案号，除了个案 9 的两法测量值差异较大外，其他个案的测量值差异均不大。

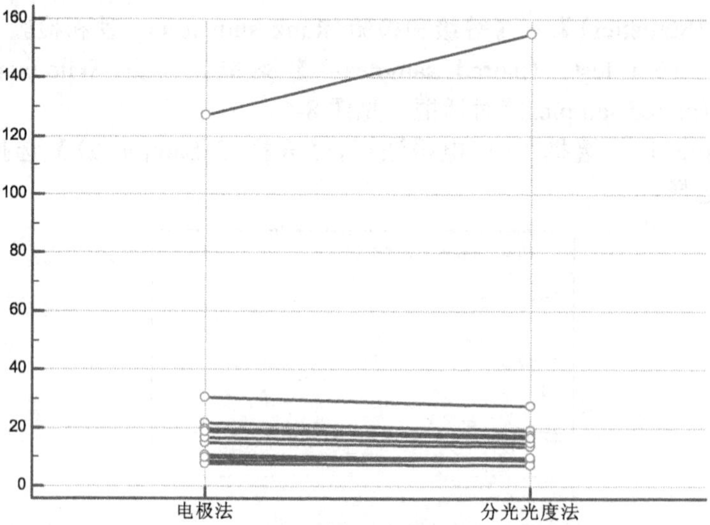

图 8-6 两法对污水氟离子浓度的测量结果

8.4 两个或多个独立样本的 Kruskal-Wallis 检验

Kruskal-Wallis 检验(Kruskal-Wallis test)又称 K-W 检验、H 检验，是利用多个样本的平均秩来推断各样本分别代表的总体的位置有无差异。与 Mood 中位数检验(Mood's median test)类似，相当于单因素方差分析的非参数方法。当只有两个样本的比较时，该方法与 Mann-Whitney 检验完全等价。其假设为 H_0：总体中位数全都相等，H_1：总体中位数不相等或不完全相等。Kruskal-Wallis 检验适用于完全随机设计的两组或多组独立样本的比较，如各处理组不满足方差分析的条件或变换后仍不能满足条件，或有序多分类资料。

【例 8-4】 某卫生行政人员从某城市 3 家医院的记录中随机选择了 11 天的空床位数，见表 8-2，试比较这 3 家医院的空病床数有无差异。(医院床位. mcl)

表 8-2　3 家医院 11 天的空床位数

医院 1	医院 2	医院 3
6	34	13
37	28	35
3	41	19
17	13	4
11	40	29
30	31	0
15	9	7
16	32	5
29	39	33
25	27	17
5	31	24

1) 打开数据文件“医院床位. mcl”。

2) 选择【统计 (Statistics)】→【方差分析 (ANOVA)】→【克鲁斯卡尔沃利斯检验 (Kruskal-Wallis test)】菜单，打开 Kruskal-Wallis 检验 (Kruskal-Wallis test) 对话框，见图 8-7。

- 【数据 (Data)】：选择一个数值变量作为分析变量，本例选择“x (空床位数)”。
- 【因子代码 (Factor codes)】：选择一个分类变量，可以为字符或数字代码，根据代码可以将数据分成几个组，本例为“hos (医院)”。
- 【筛选条件 (Filter)】：未选择任何变量。
- 【选项 (Options)】。
    - 【显著性水平 (Significance level)】：事后检验的期望显著性水平，若 Kruskal-Wallis 检验结果的 P 值小于此显著性水平，则使用 Conover 法进行事后检验，本例为“0.05”。
    - 【Jonckheere-Terpstra 趋势检验 (Jonckheere-Terpstra trend test)】：当因子代码变量为有序分类资料时，可进行 Jonckheere-Terpstra 趋势检验。

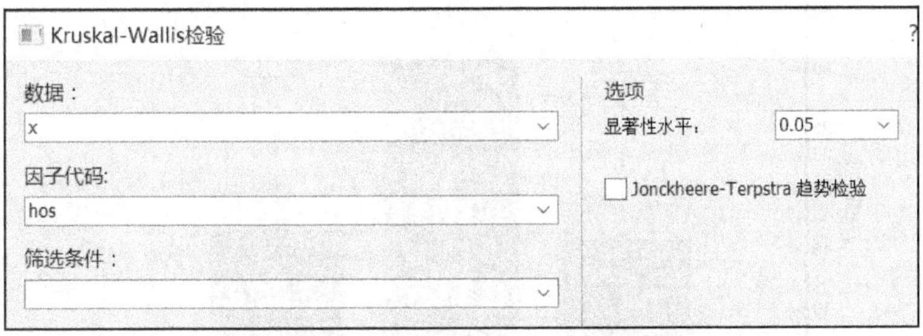

图 8-7　Kruskal-Wallis 检验 (Kruskal-Wallis test) 对话框

3) 主要结果与分析。

(1) 各医院空床位数的描述统计，医院 1、医院 2 和医院 3 的中位数和 IQR 分别为 16.00 (7.25～28.00)、31.00 (27.25～37.75) 和 17.00 (5.50～27.75)，见结果 8-7。

结果 8-7 描述统计

因子	n	最低	第 25 百分位数	中位数	第 75 百分位数	最高
1	11	3.0000	7.250	16.000	28.000	37.000
2	11	9.0000	27.250	31.000	37.750	41.000
3	11	0.0000	5.500	17.000	27.750	35.000

(2) Kruskal-Wallis 检验的检验统计量为 7.05，P=0.0294，按 α=0.05 水准，拒绝 H_0，接受 H_1，可认为 3 家医院空床位数的总体中位数不相等或不全相等，见结果 8-8。

(3) 当 Kruskal-Wallis 检验拒绝 H_0 时，事后分析将使用 Conover 法进行两两比较，3 家医院空床位数的平均秩分别为 13.95、23.32 和 17.73，见结果 8-9，第 1 列括号中的数字如果与第 4 列括号中的数字不一致，则表明两组的差异有统计学意义，本例医院 1 和医院 2、医院 2 和医院 3 之间空床位数的差异有统计学意义(P<0.05)。

结果 8-8 Kruskal-Wallis 检验

检验统计	7.0476
校正 ties Ht	7.0535
自由度(DF)	2
显著性水平	P = 0.029400

结果 8-9 事后分析

因子	n	平均秩	与因子 nr 不同(P<0.05)
(1) 1	11	13.95	(2)
(2) 2	11	23.32	(1) (3)
(3) 3	11	13.73	(2)

4) 单击结果窗口右下角的【多重对比图表(Multiple comparison graphs)】按钮，打开多重对比图表(Multiple comparison graphs)对话框，参见图 7-4。【数据(Data)】选择“x(空床位数)”，【因子代码(Factor codes)】选择“hos(医院)”。【图表(Graphs)】选择【条形图(Bar)】，【对于(for)】选择【中间值(Median，中位数)】，【误差条形图(Error bars)】选择【95%CI 中间值(95% CI for the edian，中位数的 95%CI)】。

5) 误差条形图的结果：由图 8-8 可见，3 家医院的空位床位数的中位数不同，医院 2 高于医院 1 和医院 3。

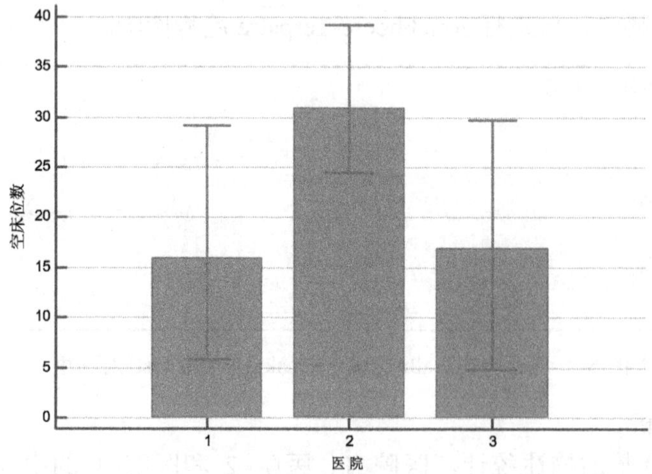

图 8-8 3 家医院的空位床位数

8.5 多个有序分类样本的 Jonckheere-Terpstra 趋势检验

Jonckheere-Terpstra 趋势检验用于处理完全随机设计的资料，而且专门用于检验分析变量与各处理组是否有顺序效应，适用于连续性资料或有序分类资料，检验效能高于 Kruskal-Wallis H 检验，其假设为 H_0：分析变量与各处理组无顺序效应，H_1：分析变量与各处理组有顺序效应。例如，对试验动物进行药理作用的研究，随药物剂量的增加，动物出现的反应强度也增加，这种试验动物由弱到强的反应称为顺序效应。

【例 8-5】 40 岁以上的成年人眼睛聚焦近物的能力会下降，即看不清楚近处的物体。为了研究 15～30 岁的正常人聚焦近物的能力是否也随年龄的增长而下降，根据年龄分成 4 个年龄组，每组随机选择 8 人，每人拿着一张印有文字的纸张放在右眼前，遮住左眼，把纸移近眼睛直到纸上的字变得模糊，测量看到纸上仍旧清晰的字时最接近眼睛的距离，即最小聚焦距离，见表 8-3，试分析此距离是否随着年龄的变化呈某种趋势。(最小聚焦距离. mcl)

表 8-3 15～30 岁正常人视物最小聚焦距离(单位：in)

15 岁左右，age=1	20 岁左右，age=2	25 岁左右，age=3	30 岁左右，age=4
4.6	4.7	5.6	6.0
4.9	5.0	5.9	6.8
5.0	5.1	6.6	8.1
5.7	5.8	6.7	8.4
6.3	6.4	6.8	8.6
6.8	6.6	7.4	8.9
7.4	7.1	8.4	9.8
7.9	8.3	9.6	11.5

1) 打开数据文件“最小聚焦距离. mcl”。

2) Kruskal-Wallis 检验(Kruskal-Wallis test)对话框(参见图 8-7)中，【数据(Data)】选择“d(距离)”，【因子代码(Factor codes)】选择 “age(年龄组)”，【选项(Options)】中的【显著性水平(Significance level)】选择 0.05，并选择【Jonckheere-Terpstra 趋势检验(Jonckheere-Terpstra trend test)】。

3) 主要结果与分析。

(1) 4 组人群最小聚焦距离的中位数及其四分位数间距均随着年龄的增加而增加，见结果 8-10。

结果 8-10 描述统计

因子	n	最低	第 25 百分位数	中位数	第 75 百分位数	最高
1	8	4.6000	4.950	6.000	7.100	7.900
2	8	4.7000	5.050	6.100	6.850	8.300
3	8	5.6000	6.250	6.750	7.900	9.600
4	8	6.0000	7.450	8.500	9.350	11.500

(2) Kruskal-Wallis 检验的检验统计量为 11.10，P=0.0111，按 α=0.05 水准，可认为 4 组人群最小聚焦距离的总体中位数不同，见结果 8-11。

(3) Jonckheere-Terpstra 趋势检验的检验统计量为 290.50，Z=3.31，P=0.00093，按 α=0.05 水准，拒绝 H_0，接受 H_1，可认为最小聚焦距离与年龄存在顺序效应，即最小聚焦距离随年龄有增长的趋势，见结果 8-12。

结果 8-11 Kruskal-Wallis 检验

检验统计	11.0987
校正 ties Ht	11.1150
自由度(DF)	3
显著性水平	P = 0.011120

结果 8-12 Jonckheere-Terpstra 趋势检验

检验统计	290.500
标准误	29.755
Z 统计	3.310
P 值(双边)	0.00093

(4) 本例同时进行 Kruskal-Wallis 检验和 Jonckheere-Terpstra 趋势检验，其 P 值分别为 0.011120 和 0.00093，显然后者的检验效能较高。此类型资料还可以使用 Spearman ρ 或 Kendall τ。

4) 单击结果窗口右下角的【多重对比图表(Multiple comparison graphs)】按钮，打开多重对比图表(Multiple comparison graphs)对话框，参见图 7-4。【数据(Data)】选择“x(空床位数)”，【因子代码(Factor codes)】选择“hos(医院)”。图表(Graphs)】选择【条形图(Bar)】和【连接线(Connecting lines)】，【对于(for)】选择【中间值(Median，中位数)】，【误差条形图(Error bars)】选择【95%CI 中间值(95% CI for the edian，中位数的 95%CI)】。

图 8-9 所示是反映不同年龄组最小聚焦距离变化情况的误差条形图，从连接线看，年龄越大，最小聚焦距离的中位数越大。

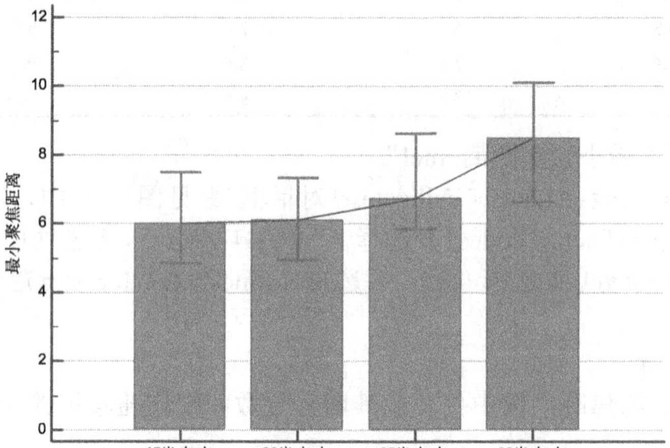

图 8-9 不同年龄组最小聚焦距离的变化情况

8.6 随机化区组设计资料的 Friedman 检验

Friedman 检验(Friedman test)又称 M 检验，相当于双因素方差分析，是随机化区组试验(randomized block experiment)的非参数分析，其目的是推断各处理组样本分别代表的总体分布是否不同，当只有两组时，Friedman 检验与符号秩和检验是等价的。对于随机区组设计的资料，各处理组如不满足方差分析的条件或变换后仍不能满足条件，则可用 Friedman 检验来比较。其假设为 H_0：各总体分布相同，H_1：各总体的位置不同或不完全相同。

【例 8-6】 某检测点为研究长江某段水域中的生化需氧量(单位：mg/L)，同时在 6 个采样点(区组)和 4 个时间点(处理)进行采样测定，数据见表 8-4，试检验不同月份水域中生化需氧量间有无差异。(生化需氧量. mcl)

表 8-4　长江某段水域中不同月份的生化需氧量(单位：mg/L)

采样点	1 月	2 月	7 月	8 月
1	1.39	0.76	0.40	0.35
2	1.34	0.83	0.30	0.30
3	1.84	0.77	0.36	0.50
4	1.16	0.31	0.70	0.10
5	1.72	0.85	0.16	0.80
6	1.65	1.60	0.60	1.55

1) 打开数据文件“生化需氧量. mcl”。

2) 选择【统计(Statistics)】→【方差分析(ANOVA)】→【弗里德曼检验(Friedman test)】菜单，打开弗里德曼检验(Friedman test)对话框，见图 8-10。

- 【变量(Variables)】：选择包含相关样本的变量，本例为“m1”、“m2”、“m7”、“m8”。
- 【筛选条件(Filter)】：未选择任何变量。
- 【选项(Options)】。
  - 【显著性水平(Significance level)】：事后检验的期望显著性水平，若(Friedman 检验结果的 P 值小于此显著性水平，则使用 Conover 法进行事后检验，本例为“0.05”。

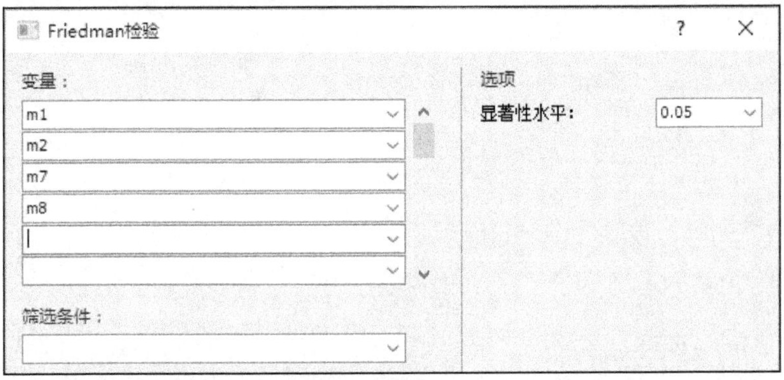

图 8-10　弗里德曼检验(Friedman test)对话框

3) 主要结果与分析。

(1) 描述统计表中，4 个时间点水样中生化需氧量的中位数及 IQR 分别为 m1(1 月)：1.52mg/L(1.34 ，1.72)mg/L，m2(2 月)：0.80mg/L(0.75，0.85)mg/L，m7(7 月)：0.38mg/L(0.30，0.60)mg/L，m8(8 月)：0.43mg/L(0.30，0.80)mg/L，见结果 8-13。

(2) Friedman 检验结果为 F=23.10，P=0.00001，按 α=0.05 水准，拒绝 H_0，接受 H_1，差异有统计学意义，可认为不同月份水域中生化需氧量不同，见结果 8-14。

结果 8-13 描述统计

	n	最低	第 25 百分位数	中位数	第 75 百分位数	最高
m1	6	1.1600	1.340	1.520	1.720	1.840
m2	6	0.3100	0.760	0.800	0.850	1.600
m7	6	0.1600	0.300	0.380	0.600	0.700
m8	6	0.1000	0.300	0.425	0.800	1.550

(3) 当 Friedman 检验拒绝 H_0 时，事后分析将使用 Conover 法进行两两比较，4 个月份生化需氧量的平均秩分别为 4.00、2.83、1.58 和 1.58，当 2 个月份平均秩之差超过 0.728 时，表明 2 个月份之间的差异有统计学意义。结果 8-15 中，表格第 1 列括号中的数字如果与第 4 列括号中的数字不相同，则表明两组的差异有统计学意义，本例 m1 与 m2、m7、m8，m2 与 m7、m8 间生化需氧量的差异有统计学意义（$P<0.05$）。

结果 8-14 Friedman 检验

F	23.0952
DF 1	3
DF 2	15
P	0.00001

结果 8-15 多重对比

变量	平均秩	与变量 nr 不同 (P<0.05)
(1) m1	4.0000	(2) (3) (4)
(2) m2	2.8333	(1) (3) (4)
(3) m7	1.5833	(1) (2)
(4) m8	1.5833	(1) (2)

平均秩所需的最小差异 0.7280

第9章 相关分析

相关(correlation)表示两个或两个以上变量同时变化的程度，MedCalc 可绘制散点图，并进行 Pearson 相关分析、两个独立样本相关系数差异的假设检验、偏相关分析、Spearman 等级相关分析及 Kendall 系数一致性评价。

9.1 散点图

散点图(scatter diagram)又称散布图，用点的位置表示两变量间的数量关系和变化趋势，如果两个变量之间有自变量与因变量之分时，则通常以自变量的值作为横坐标，以因变量的值作为纵坐标。散点图可以形象地反映出在专业上有一定联系的两个连续变量之间的变化趋势，可用于判断是否值得进行直线相关和回归或拟合何种类型的曲线方程。散点图也可用于描述随时间变化的变量，对于没有按时间先后顺序录入或不是以规则时间间隔收集的资料尤为有用。MedCalc 可绘制简单散点图、复式散点图，并可在散点图中包含移动平均趋势线、LOESS 平滑趋势线或回归线。

9.1.1 包含回归线的简单散点图

【例 9-1】 现测量 25 名新生儿出生体重(y)及其母亲怀孕前体重(x)，见表 9-1，试绘制新生儿出生体重及其母亲怀孕前体重的散点图。(出生体重.mcl)。

表 9-1 25 名新生儿出生体重与母亲怀孕前体重

编号	母亲体重(kg)	新生儿出生体重(g)	编号	母亲体重(kg)	新生儿出生体重(g)
1	49.4	3515	14	52.2	3374
2	63.5	3742	15	63.1	2722
3	68.0	3629	16	65.8	3345
4	52.2	2680	17	61.2	3714
5	54.4	3006	18	55.8	2991
6	70.3	4068	19	61.2	4026
7	50.8	3373	20	56.7	2920
8	73.9	4124	21	63.5	4152
9	65.8	3572	22	59.0	2977
10	54.4	3359	23	49.9	2764
11	73.5	3230	24	65.8	2920
12	59.0	3572	25	43.1	2693
13	61.2	3062			

1) 打开数据文件“出生体重.mcl”。

2) 选择【统计(Statistics)】→【相关(Correlation)】→【散布图(Scatter diagram)】菜单，打开散布图(Scatter diagram)对话框，见图 9-1。

- 【变量 Y(Variables Y)】：选择作为纵轴的变量，一般以因变量的值作为纵坐标，本例为“y(出生体重)”。
- 【变量 X(Variables X)】：选择作为横轴的变量，一般以自变量的值作为横坐标，本例为“x(母亲体重)”。
- 【筛选条件(Filter)】：未选择任何变量。
- 【选项(Options)】。
  - 【对数变换 Y(Logarithmic transformation Y)】：将变量 Y 进行对数变换，即 Y 轴使用对数刻度(logarithmic scale)。
  - 【对数变换 X(Logarithmic transformation X)】：将变量 X 进行对数变换，即 X 轴使用对数刻度。
  - 【均等线(Line of equality)】：在图形中绘制均等线(y=x)。
- 【趋势线(Trend line)】：可选择绘制如下趋势线。
  - 【显示趋势线(Display trend line)】：选择此项将绘制趋势线。
  - 【移动平均趋势线(Moving average trend line)】：绘制每个变量的移动平均趋势线。移动平均趋势线将平滑资料的波动，并显示资料的波动形态或使趋势更明显。
    - 【窗口宽度(Window width)】：移动平均趋势线将根据指定数量的数据点(窗口宽度)的平均值作为趋势线的点。例如，窗口宽度为“3”，则前 3 个数据点的平均值作为趋势线的第 1 个点，而第 2、3、4 个数据点的平均值将作为趋势线的第 2 个点，以此类推。
  - 【LOESS 平滑(LOESS smoothing)】：LOESS 趋势线(LOESS trendline)又称局部回归平滑(Local regression smoothing)趋势线。
    - 【跨度(%)(Span (%))】：跨度为用于每个局部拟合线的数据点数占所有数据点的比例(%)，跨度值最大时为平滑趋势线(smoother trendline)。
  - 【降低的主轴线(Reduced major axis line，压轴线)】：显示压轴回归线(reduced major axis regression line)，压轴(RMA)回归又称简化主轴回归，可替代普通最小二乘回归(Ordinary Least Squares(OLS) regression)。与传统的 OLS 回归仅考虑 y 轴的误差不同，RMA 回归将同时考虑因变量(y 轴)和自变量(x 轴)的测量误差。本例选择此项。

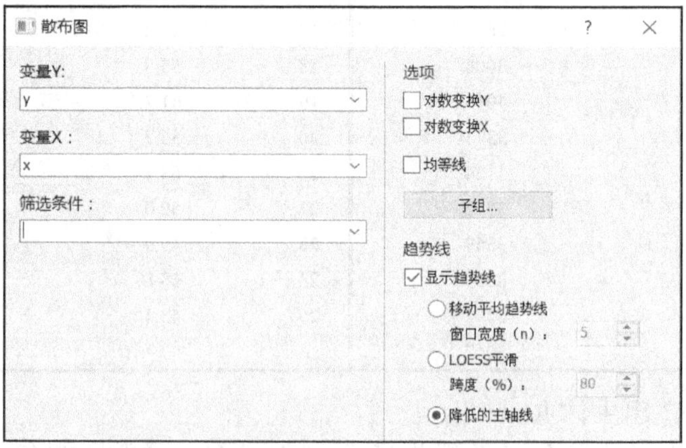

图 9-1　散布图(Scatter diagram)对话框

3) 主要结果与分析：散点图以图形方式显示两个数值变量的关系，变量 x 定义横轴，变量 y 定义纵轴，数据表中同一行的两个变量值定义散点图的点。从散点图的点和压轴回归线可见，母亲体重越高，其新生儿出生体重也越高，呈正相关关系，见图 9-2。

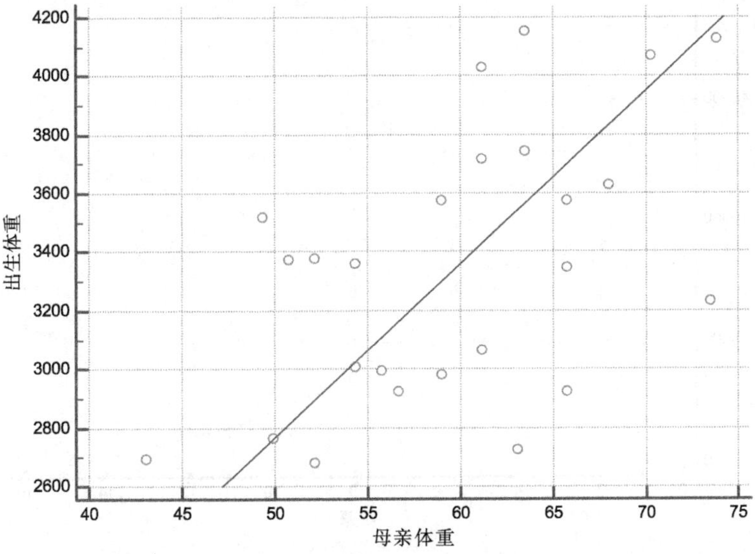

图 9-2 婴儿出生体重与母亲怀孕前体重的散点图

9.1.2 包含 LOESS 平滑趋势线的散点图

【例 9-2】 某医院测定正常孕妇不同孕周羊水内的甲胎蛋白含量见表 9-2，试绘制甲胎蛋白与孕周的散点图。(甲胎蛋白.mcl)

1) 打开数据文件“甲胎蛋白.mcl”。

2) 散布图 (Scatter diagram) 对话框 (参见图 9-1) 中，【变量 Y (Variables Y)】选择“AFP (甲胎蛋白)”，【变量 X (Variables X)】选择“GA (孕周)”。【趋势线 (Trend line)】选择【显示趋势线 (Display trend line)】以及【LOESS 平滑 (LOESS smoothing)】，【跨度 (%) (Span (%))】为 60%。

表 9-2 孕妇不同孕周羊水内的甲胎蛋白含量

孕周 (GA)	甲胎蛋白 (AFP)
1	19250
2	17420
3	12360
4	11270
5	7310
6	4690
7	4000
8	3810
9	2840
10	2760
11	620
12	610
13	408
14	428
15	305

3) 主要结果与分析：随着孕周的增加，羊水内的甲胎蛋白含量迅速下降，8 周之前下降速度较快，8 周以后下降速度减慢，结合 LOESS 平滑趋势线 (LOESS smoothing trend line) 可见，AFP 含量随着孕周的增加呈曲线下降趋势，可考虑对 AFP 含量与孕周做非线性回归或曲线拟合，见图 9-3。拖动图形下方的【平滑跨度 (Smoothing span)】轨迹条的滑块，可调整 LOESS 平滑趋势线的平滑度，当滑块向左移

动时平滑度降低，反之平滑度增加；当平滑跨度为 0 时，LOESS 平滑趋势线为各数据点的连线，见图 9-4。

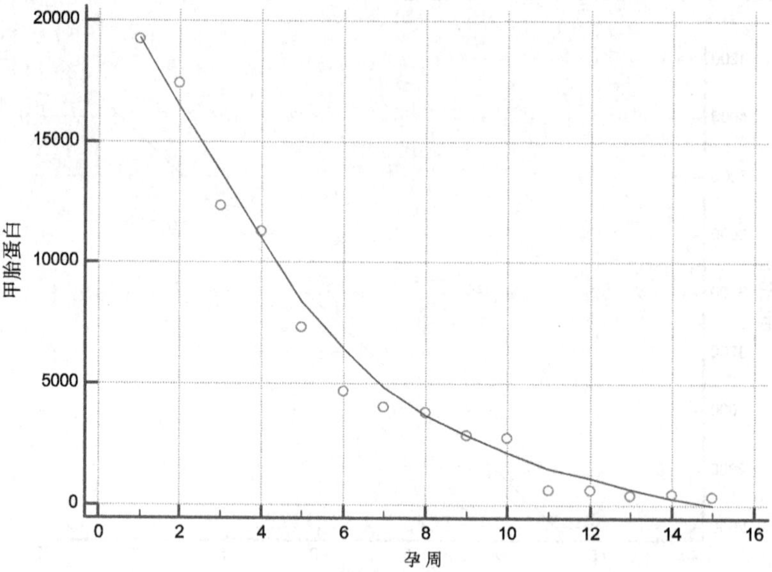

图 9-3 羊水内的甲胎蛋白含量与孕周的 LOESS 平滑趋势线(60%)

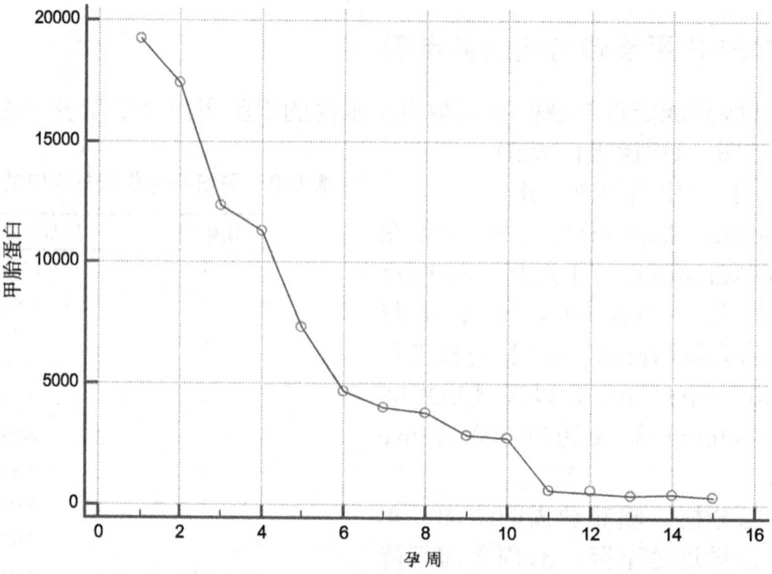

图 9-4 羊水内的甲胎蛋白含量与孕周带连接线的散点图

4) 如果【选项(Options)】选择【对数变换 Y(Logarithmic transformation Y)】,【跨度(%)(Span (%))】为 80%，其他选项不变，可得到 AFP 含量与孕周的半对数散点图，见图 9-5，散点图呈较为明显的直线趋势，可考虑采用指数曲线($\hat{y}=e^{a+bX}$)或对数曲线($\hat{y}=a+b\log X$)进行非线性拟合。

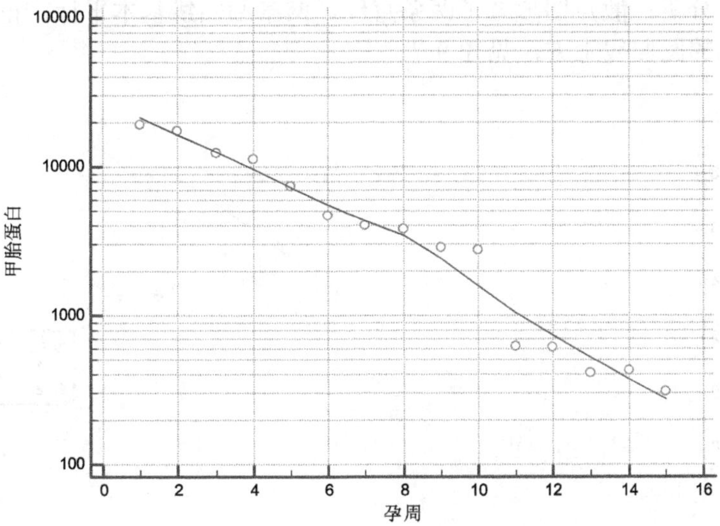

图 9-5 羊水内的甲胎蛋白含量与孕周的半对数散点图

9.1.3 包含回归线的复式散点图

【例 9-3】 某地方病研究所调查了 8 名正常儿童和 10 名大骨节病患儿的年龄与其尿肌酐含量(单位：mmol/24h)，数据见表 9-3，试绘制两组儿童尿肌酐含量(ucr)与年龄(age)包含回归线的复式散点图。(大骨节病.mcl)

表 9-3 8 名正常儿童和 10 名大骨节病患儿的年龄与其尿肌酐含量(单位：mmol/24h)

正常儿童(group=1)			大骨节病患儿(group=2)		
编号	年龄(age)	尿肌酐含量(ucr)	编号	年龄(age)	尿肌酐含量(ucr)
1	13	3.54	1	10	3.01
2	11	3.01	2	9	2.83
3	9	3.09	3	11	2.92
……	……	……	……	……	……
6	10	3.36	8	7	2.39
7	12	3.18	9	10	2.74
8	7	2.65	10	15	3.36

1) 打开数据文件“大骨节病.mcl”。

2) 散布图(Scatter diagram)对话框(参见图 9-1)中，【变量 Y(Variables Y)】选择“ucr(尿肌酐含量)”,【变量 X(Variables X)】选择“age(年龄)”;【趋势线(Trend line)】选择【降低的主轴线(Reduced major axis line，压轴线)】。

3) 单击【子组(Subgroup)】按钮，打开子组变量(Subgroup variable)对话框，见图 9-6。

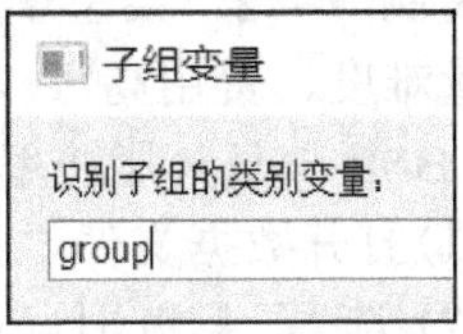

图 9-6 子组变量(Subgroup variable)对话框

【识别子组的类别变量(Categorical variable to identify subgroups)】：可根据分组变量绘制复式散点图，本例选择“group(分组)”。

4)主要结果与分析：散点图拟合了两条直线，两条回归线基本平行，正常儿童的回归线位于大骨节病患儿的回归线上方，见图 9-7。

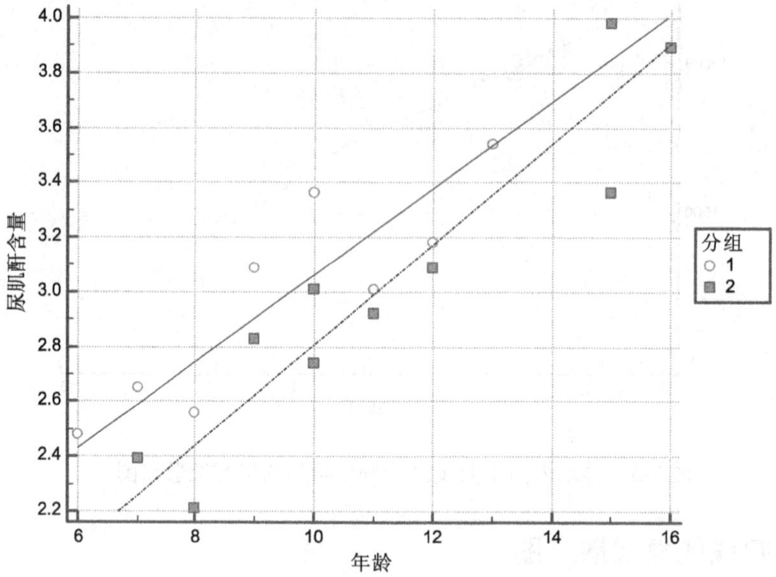

图 9-7 正常儿童和大骨节病患儿尿肌酐含量与年龄的关系

9.2 Pearson 相关分析

Pearson 相关(Pearson correlation)分析又称 Pearson 乘积矩相关分析，其相关系数称为线性相关系数(linear correlation coefficient)，简称相关系数(correlation coefficient)，记为 r，可评价两个连续变量(continuous variable)之间的线性关系(linear relationship)。线性关系又称直线关系，是说明具有直线关系的两个变量间相关密切程度和相关方向的统计量。r 介于 −1～1 之间，r 的正负号表示两变量之间线性关系的方向，即 $r>0$ 为正相关，$r<0$ 为负相关，$r=0$ 为零相关。r 的绝对值大小则表示两变量之间直线关系的密切程度，r 越接近 1 或 −1，说明两变量的直线关系越密切；r 越接近 0，直线关系越不密切。值得注意的是，r 的大小只表示两个变量间直线关系的密切关系，而当 r 接近 0 或等于 0 时，只说明两个变量间的直线相关性很差，但并不是说两个变量间不可能存在其他的相关性(如曲线相关等)。

线性相关分析要求两个变量都是随机变量，而且仅适用于二元正态分布资料。如果资料不服从正态分布，则应先通过变量变换，使之正态化，再根据变换值计算相关系数。

【例 9-4】 某医学研究人员为了尝试使用体重指数(BMI)(易于测量)预测身体脂肪率(测量难度、费用高)，收集了 92 名青春期女性 BMI 和身体脂肪率有关指标，见表 9-13。试计算 BMI 与身体脂肪率的相关系数。(身体脂肪率.mcl)

1)打开数据文件“身体脂肪率.mcl”。

2)选择【统计(Statistics)】→【相关(Correlation)】→【相关系数(Correlation coefficient)】菜单，打开相关(Correlation)对话框，见图 9-8。

表 9-4　92 名青春期女性 BMI 和身体脂肪率有关指标

编号	BMI	脂肪率	运动量	初潮
1	19.3083	23.9	高	是
2	22.9642	28.8	高	是
3	27.7900	32.4	中	是
…	…	…	…	…
90	18.8322	30.3	低	否
91	15.4559	20.6	中	否
92	18.3936	26.0	中	否

- 【变量 Y (Variables Y)】：选择“fat (身体脂肪率)”。
- 【变量 X (Variables X)】：选择“BMI”。
- 【筛选条件 (Filter)】：未选择任何变量。
- 【选项 (Options)】：可选择【对数变换 Y (Logarithmic transformation Y)】和【对数变换 X (Logarithmic transformation X)】。

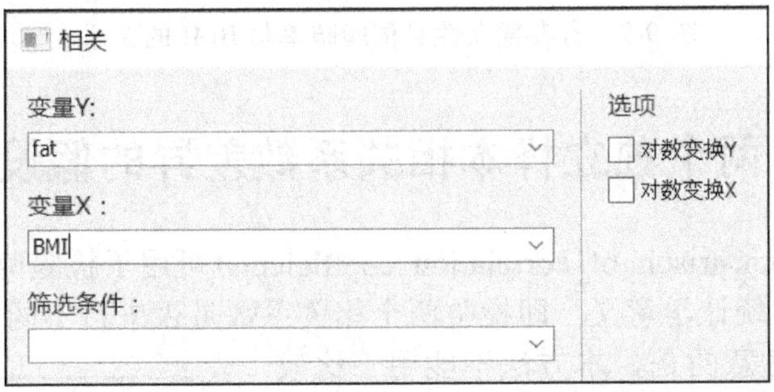

图 9-8　相关 (Correlation) 对话框

3) 主要结果与分析

(1) 青春期女性身体脂肪率与 BMI 的相关系数 r=0.8626，P<0.0001，按 α=0.05 水准，拒绝 H_0，接受 H_1，表明身体脂肪率与 BMI 两变量间存在正相关，BMI 越高，身体脂肪率也越高，身体脂肪率与 BMI 总体相关系数 ρ 的 95%CI 为 (0.7989，0.9017)，即有 95%的把握认为两变量的总体相关系数在 0.80～0.91 之间，见结果 9-1。

(2) 当两个变量有相关关系时，可根据 r 值判断两变量相关的密切程度，$|r|\geqslant 0.7$ 时，两变量有高度相关关系；$0.7 > r \geqslant 0.4$ 时，两变量有中度相关关系；$|r|< 0.4$ 时，两变量有低度相关关系。本例 r=0.8626，表明身体脂肪率与 BMI 有高度相关关系。

4) 单击结果窗口右下方的【散布图 (Scatter diagram)】按钮，打开散布图 (Scatter diagram) 对话框 (参见图 9-1)，【变量 Y (Variables Y)】选择“y (出生体重)”，【变量 X (Variables X)】选择“BMI”，【趋势线 (Trend line)】选择【显示趋势线 (Display trend line)】，并选择【降低的主轴线 (Reduced major axis line，压轴线)】，得到脂肪率与 BMI 的散点图，见图 9-9。

结果 9-1

样本含量	92
相关系数 r	0.8626
显著性水平	P<0.0001
95%的置信区间 (r)	0.7989–0.9071

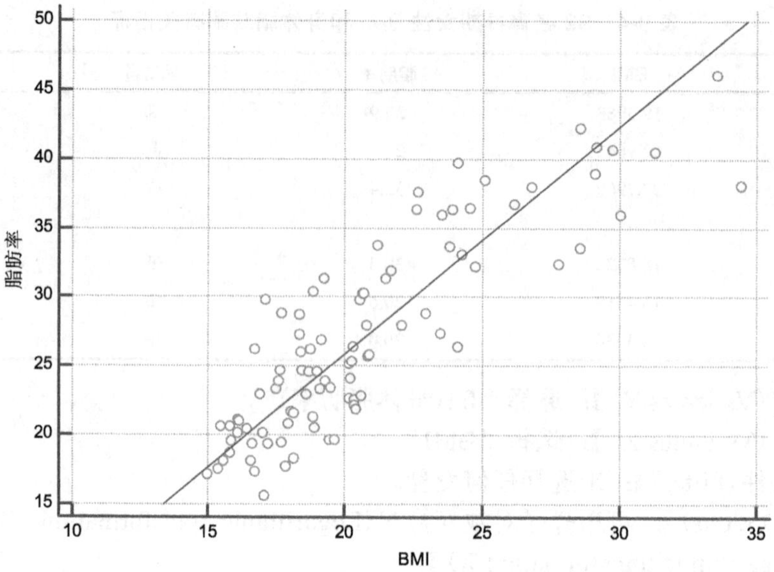

图 9-9 青春期女性身体脂肪率与 BMI 的关系

9.3 两个独立样本相关系数差异的假设检验

相关系数比较(comparison of correlation coefficients)可用于检验两个独立样本相关系数(r_1、r_2)的差异是否有统计学意义，即检验两个相关系数是否来自不同的总体($\rho_1 \neq \rho_2$，ρ_1、ρ_2不全等于 0)。值得注意的是，本方法不能用于比较同一组人在不同变量上两样本 r 之间的差异，如比较 18 岁男生身高与体重的相关系数和身高与胸围的相关系数是否有差异。

【例 9-5】 现有我国 18 岁男子 264 人，其肺活量与身高的相关系数为 0.395 ，同年龄女子 37 人，相关系数为 0.269 ，问男子的 r 值是否比女子高？

1) 选择【检验(Tests)】→【平均值(Comparison of)】→【相关系数(Correlation coefficients)】菜单，打开相关系数对比(Comparison of correlation coefficients)对话框，见图 9-10。

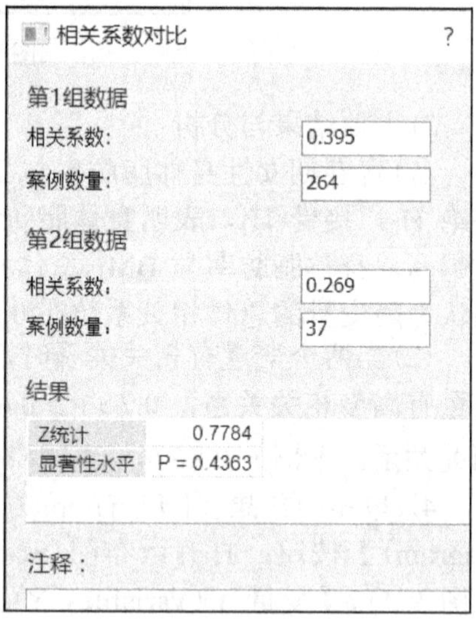

图 9-10 相关系数对比(Comparison of correlation coefficients)对话框

- 【第 1 组数据(1st set of data)】：本例输入 18 岁男子组的资料。
  - 【相关系数(Correlation coefficients)】：本例输入 18 岁男子组的相关系数“0.395”。
  - 【案例数量(Number of cases)】：本例输入 18 岁男子组的例数“264”。
- 【第 2 组数据(2nd set of data)】：本例输入 18 岁女子组的资料。

○【相关系数(Correlation coefficients)】：本例输入 18 岁女子组的相关系数“0.269”。

○【案例数量(Number of cases)】：本例输入 18 岁女子组的例数“37”。

*完成上述操作后，单击【检验(Test)】按钮。

2) 主要结果与分析：Z=0.7784，P=0.4363，不拒绝 H_0，尚不能认为男子的 r 值比女子高，见图 9-10。

9.4　偏相关分析

在医学研究中，由于变量间关系错综复杂，任何两个变量间的相关常夹杂着其他变量的影响。为了消除这些影响，使两变量间的相关关系能得到真实的反映，必须在排除其他变量影响的条件下进行两变量间的相关分析，这种排除其他变量影响下的两变量间的相关分析，称为偏相关分析。在其他变量都保持一定时，表示指定的两个变量之间相关密切程度和方向的指标称为偏相关系数(partial correlation coefficient)，它与偏回归系数的意义相似，正负号也一致，其值介于−1～1 之间。如果在固定 z_1，z_2，…，z_p 后，计算 y 与 x 的偏相关系数，记作总体偏相关系数。根据固定变量的个数，可将其分级：固定 1 个变量后计算的偏相关系数称为一级相关系数，固定两个变量称为二级偏相关系数……简单相关系数可视作一种特殊的偏相关系数，由于没有控制变量，故称零级偏相关系数。

偏相关分析的原始变量应来自多元正态分布的总体。若某些变量不服从正态分布，则可通过变量变换使其正态化。变量中无自变量和因变量之分，可根据研究需要计算任两个变量的偏相关系数。

【例 9-6】 为研究甲状腺功能亢进患者的体重指数、低密度脂蛋白、血糖对三碘甲腺原氨酸 T_3 的影响，某研究者调查了 15 名甲状腺功能亢进患者的相关指标测量值，见表 9-5，试求 x_4 与 x_1，x_2、x_3 间的偏相关系数。(甲状腺功能亢进.mcl)

表 9-5　15 名甲状腺功能亢进患者 T_3 和血糖与血脂的测量结果

序号	体重指数(x_1)	低密度脂蛋白(x_2)	血糖(x_3)	T_3(x_4)
1	23.15	2.48	5.41	20.94
2	17.91	0.91	5.61	26.42
3	17.63	1.88	6.60	25.21
4	24.66	1.98	6.86	26.13
5	22.03	1.68	5.50	20.41
6	21.95	2.62	3.60	17.46
7	26.22	1.61	3.48	12.35
8	19.92	1.60	5.15	23.14
9	20.76	2.52	4.12	16.65
10	21.39	2.36	4.67	9.35
11	21.48	1.60	5.58	22.11
12	18.13	1.28	5.41	27.47
13	20.03	1.66	4.04	13.63
14	18.73	1.17	6.07	28.28
15	17.58	1.83	5.86	24.49

1) 打开数据文件“甲状腺功能亢进.mcl”。

2) 首先参照第 9.2 节，计算 T_3 与其他指标的简单相关系数：r_{41}=−0.50，r_{42}=−0.52，r_{43}=0.79。

3) 选择【统计(Statistics)】→【相关(Correlation)】→【偏相关(Partial correlation)】菜单，打开偏相关(Partial correlation)对话框，见图 9-11。

- 【变量 Y(Variables Y)】：选择“x4(T3)”。
- 【变量 X(Variables X)】：选择“x3(血糖)”。
- 【协变量(Covariates)】：选择可能影响变量 x 和 y 的关系的变量，不选择协变量时，将计算 x 和 y 的零级偏相关系数；选择 1 个协变量时，将计算一级偏相关系数；选择两个协变量时，将计算二级偏相关系数，以此类推。本例选择“x2(低密度脂蛋白)”。
- 【筛选条件(Filter)】：未选择任何变量。
- 【选项(Options)】：可选择【对数变换 Y(Logarithmic transformation Y)】和【对数变换 X(Logarithmic transformation X)】。

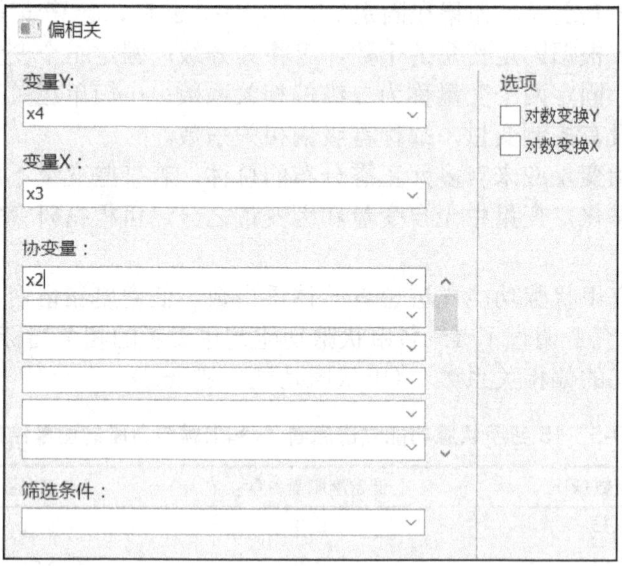

图 9-11 偏相关(Partial correlation)对话框

4) 主要结果与分析。

(1) 将简单相关系数与偏相关系数比较，简单相关系数高于偏相关系数时，表明协变量混有正效应；简单相关系数低于偏相关系数时，表明协变量混有负效应。一级偏相关系数 $r_{43.2}$=0.77，表明扣除体重指数的影响后，T_3 与血糖的相关系数由 0.79 降至 0.77，说明体重指数的存在夸大了 T_3 和血糖的真实联系，见结果 9-2。偏相关系数与简单相关系数相比，能排除假象，反映变量间真实的相关密切程度，因此，对于多变量资料，必须采用多元相关分析。

(2) 偏相关系数的假设检验的原假设 H_0 为总体偏相关系数为零，P=0.0014，按 $\alpha=0.05$ 水准，拒绝 H_0，接受 H_1，可以认为 T_3 与血糖的一级偏相关系数 $r_{43.2}$ 与 0 的差异有统计学意义，见结果 9-2。

5) 重复第四步，【协变量(Covariates)】选择“x1(体重指数)”和“x2(低密度脂蛋白)”，得到二级偏相关系数 $r_{43.12}$=0.75、P=0.0031，见结果 9-3，读者不妨尝试对结果进行解读。

结果 9-2

样本含量	15
相关系数 r	0.7674
显著性水平	P=0.0014

结果 9-3

样本含量	15
相关系数 r	0.7503
显著性水平	P=0.0031

9.5　等级相关分析

等级相关(rank correlation)分析又称秩相关分析，是用双变量等级资料作直线相关分析，等级相关分析包括 Spearman 等级相关分析和 Kendall' Tau-b 等级相关分析。这两类方法对原变量分布不作要求，属于非参数统计方法，可用于不服从正态分布或不知道总体分布类型的连续性资料、结果不能用具体数字表示、半定量资料或等级资料的相关分析。

9.5.1　Spearman 等级相关分析

Spearman 等级相关是用 Spearman 等级相关系数(Spearman ρ)说明两个变量间相关关系的密切程度与相关方向，记作 r_s，总体等级相关系数记作 ρ_s。r_s 常用于评价两个连续变量或有序变量(ordinal variable)间的单调关系(monotonic relationship)。在单调关系中，这些变量趋于一起变化，但不一定按恒定速率变化，是根据每个变量的排序值计算，而不是原始资料。Spearman 等级相关系数 r_s 介于−1～1 之间，即 $r_s>0$ 为正相关，$r_s<0$ 为负相关，$r_s=0$ 为零相关。

【例 9-7】 为评价环境污染与居民恶性肿瘤之间的关系，某市疾控中心对该市恶性肿瘤死亡情况进行了调查，并对大气中苯并(a)芘进行了检测，结果见表 9-6，试分析恶性肿瘤死亡率与大气中苯并(a)芘含量有无相关关系。(苯并芘.mcl)

表 9-6　某市大气中的苯并(a)芘含量与居民恶性肿瘤死亡率

监测点编号	1	2	3	4	5	6	7	8	9	10
恶性肿瘤死亡率(1/10 万)，y	16.24	11.41	18.02	5.60	18.50	13.80	8.13	12.12	15.68	14.35
苯并(a)芘(μg/100m2)，x	1.06	0.11	0.66	0.05	1.17	0.75	0.51	1.20	0.97	1.10

1)打开数据文件“苯并芘.mcl”。

2)选择【统计(Statistics)】→【相关(Correlation)】→【等级相关(Rank correlation)】菜单，打开等级相关(Rank correlation)对话框，见图 9-12。

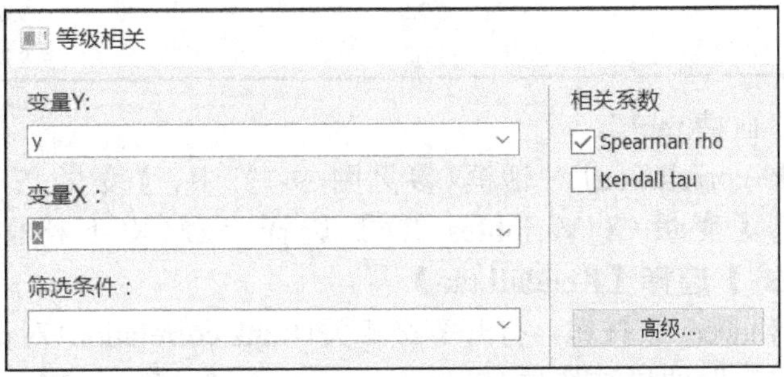

图 9-12　等级相关(Rank correlation)对话框

- 【变量 Y(Variables Y)】：选择“y(恶性肿瘤死亡率)”。
- 【变量 X(Variables X)】：选择“x(苯并(a)芘含量)”。
- 【筛选条件(Filter)】：未选择任何变量。
- 【相关系数(Correlation coefficients)】。
  - 【Spearman rho】：计算 Spearman 等级相关系数(Spearman ρ) r_s 及其 P 值和 95%CI。
  - 【Kendall's tau】：计算 Kendall τ 等级相关系数及其 P 值和 95%CI。

三、主要结果与分析：r_s=0.576，P=0.0816，按 α=0.05 水准，不拒绝 H_0，尚不能认为恶性肿瘤死亡率与大气中苯并(a)芘含量有相关关系。总体等级相关系数 ρ_s 的 95%CI 为(−0.0845，0.885)，包含 0，可得出相同的结论，见结果 9-4。

结果 9-4

样本含量	10
Spearman 的等级相关系数(rho)	0.576
显著性水平	P=0.0816
rho 的 95%的置信区间	−0.0845–0.885

9.5.2 Kendall 系数一致性评价

Kendall 系数可以用来评价两组计量结果的一致性，记为 τ，其基本原理是将两组测量值 (x,y) 分别排序并转换为秩次，检查两组数值的排序是否一致，如果两组的排序完全相同，则 τ=1；如果排序完全独立，则 τ=0；如果两组排序完全相反，则 τ=−1，通常 $-1 \leqslant \tau \leqslant 1$。Kendall 系数常用于衡量两种测量方法的一致性，可用于计量资料和有序资料。

【例 9-8】 为了比较皮下动态血糖测量仪与实验室常规检测血糖的一致性，对 10 名糖尿病患者在同一时间分别采用两种方法检测 24h 空腹血糖，数据见表 9-7，试比较两种方法检测血糖的一致性。(血糖.mcl)

表 9-7 10 名糖尿病患者果用两种方法检测血糖结果(单位：mmol/L)

患者编号，no	常规检测法，x1	皮下检测法，y
1	5.4	6.0
2	7.3	8.3
3	10.0	11.6
4	11.6	12.8
5	8.9	9.2
6	5.5	6.1
7	14.0	13.0
8	6.0	4.7
9	9.3	9.6
10	11.2	9.2

1) 打开数据文件“血糖.mcl”。

2) 等级相关(Rank correlation)对话框(参见图 9-12)中，【变量 Y(Variables Y)】选择“x1(常规检测法)”，【变量 X(Variables X)】选择“x2(皮下检测法)”；【相关系数(Correlation coefficients)】选择【Kendall tau】。

3) 单击【高级(Advanced)】按钮，打开等级相关(Rank correlation)对话框，见图 9-13。

- 【Kendall tau 的自助抽样法选项(Bootstrap options for Kendall's tau)】：自助法是从原始样本中随机抽样，抽取的样本用于创建新“自助”样本(bootstrap samples)的大数据集。在任何给定的新样本中，每个样本的含量都和原始样本相同，因此某些对象将会出现 2 次甚至更多，而某些样本将不会出现。自助样本将用于计算相应的统计量，并统称为统计量的自助分布(bootstrap distribution)。自助分布的百分位数 $P_{2.5}$ 和 $P_{97.5}$ 将作为统计量的 95%CI，百分位数区间(percentile interval)可用于计算稳健方法估计的参考值的可信区间。偏倚校正与加速自助法(bias-corrected and accelerated bootstrap)简称 BC_a 自助法，可调整自助分布的可能偏倚和偏度计算 Kendall 系数 τ 和 ROC 曲线分析。

- ○【自助抽样法重复(Bootstrap replications)】：输入自助法的重复数字，默认为 500，数字越大精度越高，但处理时间将越长。
- ○【随机数种子(Random-number seed)】：输入随机数发生器的种子，默认为 978。MedCalc 使用 Mersenne twister 作为随机数发生器(执行 MT19937)。如果输入 0，则作为随机数种子，程序重复执行时，将导致可信区间的结果不同；如果输入其他数字，则每次将提供一个重复的随机序列，可信区间的结果将相同。

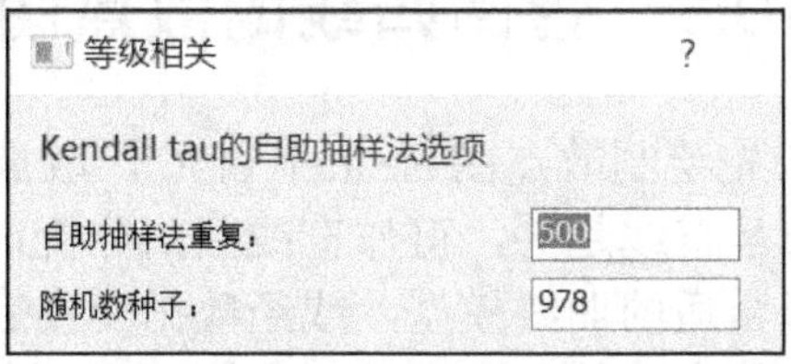

图 9-13 等级相关(Rank correlation)对话框

3)主要结果与分析：τ=0.809，P=0.0015，按 α=0.05 水准，拒绝 H_0，接受 H_1，皮下动态测量血糖法与常规法相比，在排序上有较高的相关性，即两种方法检测血糖的结果具有一致性。根据 BC_a 自助抽样法计算 τ 的 95%CI 为(0.360，1.000)，见结果 9-5。

结果 9-5

样本含量	10
Kendall tau	0.809
显著性水平	P=0.0015
Tau 的 95%的置信区间①	0.360–1.000

注：① BC_a 自助抽样法置信区间(500 迭代；随机数种子：978)。

第10章 回 归

回归分析(regression analysis)是研究一个或多个自变量(independent)与一个因变量(dependent)之间是否存在某种线性或非线性关系的统计分析方法，侧重考察变量之间的数量变化规律，并通过回归建模的形式描述和反映这种关系。MedCalc 提供了带回归线的散点图(Scatter diagram with regression line)、回归(Regression)、多重回归(Multiple regression)、Logistic 回归(Logistic regression)、概率单位回归(probit regression)及非线性回归(Nonlinear regression)等功能。

10.1 带回归线的散点图

进行回归或相关分析时应先绘制散点图(scatter plot)，散点图是以图形方式呈现两个变量的关系。如果各散点的分布呈直线趋势，可作直线回归分析；若各散点无线性趋势，则需要根据散点的分布类型，选择合适的曲线模型，或经数据变换后化为线性回归来分析。若在散点图中出现一些特大或特小的离群值，则应及时复核检查，在准确无误的前提下，根据离群值判断准则，对其决定取舍；否则，将对 a、b 值的估计产生较大影响，甚至得到与客观事实相反的结论。MedCalc 的带回归线的散点图(Scatter diagram with regression line)可以图形方式显示两个变量间的关系，并绘制回归线(能够最佳拟合绘制点的曲线)以及残差图(residuals plot)，通过回归(Regression)功能可得到其曲线方程。

10.1.1 带简单回归线的散点图

【例 10-1】 某医院研究某种代乳粉的营养价值时用大白鼠做试验，得到大白鼠进食量(单位：g)与增加体重(单位：g)间关系的原始资料，见表 10-1，试绘制带直线回归线的散点图。(代乳粉.mcl)。

表 10-1 10 只大白鼠的进食量与增加体重

动物编号	1	2	3	4	5	6	7	8	9	10
进食量(g)，x	820	780	720	867	690	787	934	679	639	820
增加体重(g)，y	165	158	130	180	134	167	186	145	120	158

1)打开数据文件“代乳粉.mcl”。

2)选择【统计(Statistics)】→【回归(Regression)】→【散布图和回归线(Scatter diagram & regression line)】菜单，打开回归线(Regression line)对话框，见图 10-1。

- 【变量 Y(Variables Y)】：选择作为纵轴的变量，一般以因变量的值作为纵坐标，本例为“y(增加体重)”。
- 【变量 X(Variables X)】：选择作为横轴的变量，一般以自变量的值作为横坐标，本例为“x(进食量)”。

- 【重量(Weights，权重)】：进行加权最小二乘回归(weighted least-squares regression)，选择一个包含每个观测值相对权重的变量，默认选择虚拟变量“*** AutoWeight 1/SD^2 ***”用于校正异方差(heteroscedasticity)的自动加权回归(automatic weighted regression)过程。
- 【筛选条件(Filter)】：未选择任何变量。
- 【回归方程(Regression equation)】。
  - 【在方程中包含常量(Include constant in equation)】：默认选择此项，为普通最小二乘回归(ordinary least-squares regression)的推荐选项。如不希望方程中包含常量，可取消此项。

    MedCalc 共有 5 种不同的回归方程供用户选择(x 表示自变量，y 表示自变量)。
    - 【y =a+bx】：直线(straight line)。
    - 【y=a+blog(x)】：对数曲线(logarithmic curve)。
    - 【log(y) =a+bx】：指数曲线(exponential curve)。
    - 【log(y)=a+blog(x)】：几何曲线(geometric curve)。
    - 【$y=a+bx+cx^2$】：二次回归(quadratic regression)，即抛物线(parabola)。

注：如果选择的方程中包含其中一个变量的对数变换时，则在图形中该变量使用对数刻度。

- 【选项(Options)】。
  - 【95%置信(95% Confidence)】：在回归线的两旁绘制两条曲线，这两条曲线表示总体回归线的 95%置信区间(95% confidence interval)，又称 95%可信区间或 95%CI，该区间有 95%的概率包括真正的回归。
  - 【95%预测(95% Prediction)】：在回归线的两旁绘制两条曲线，这两条曲线表示回归曲线的 95%预测区间(95% prediction interval)，95%预测区间比 95%CI 宽，对于指定自变量值，95%预测区间表示有 95%的概率包括因变量值。
  - 【画均等线 y=x(Draw line of equality y=x)】：在图形中绘制均等线(y=x)。

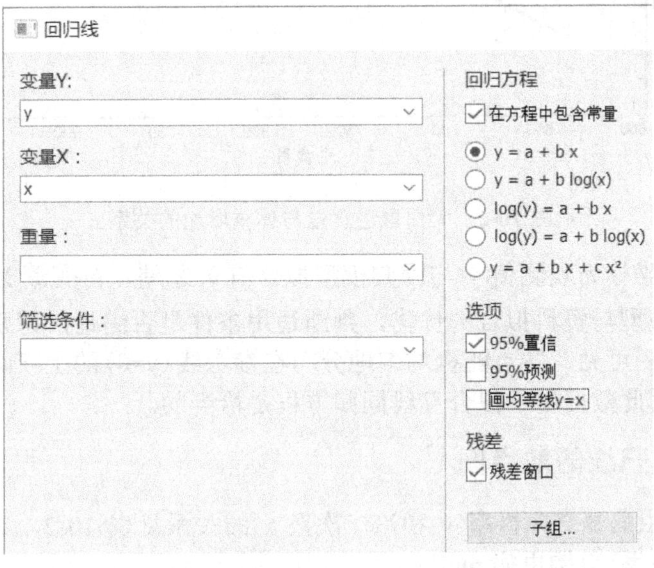

图 10-1 回归线(Regression line)对话框

■ 【残差(Residuals)】：在回归分析中，残差是指因变量预测值和观测值间的差值。

○ 【残差窗口(Residuals window)】：绘制残差图(residual plot)，残差图可直观评价所选模型的拟合优度(goodness of fit)。

3)主要结果与分析。

(1)散点图是判断线性关系或非线性关系及其类型的既简单又直观的最佳方法，变量 x 定义横轴，变量 y 定义纵轴，数据表中同一行的两个变量值定义散点图的点。中间的蓝色直线为最小二乘回归线，其两侧弧形区带为总体回归直线的 95%置信带(confidence belt)，其意义为满足线性回归的假设条件下，可认为真实的回归直线落在两条弧形曲线所形成的区带内，置信度为 95%。从图 10-2 所示散点图的点和回归线可见，进食量大的大白鼠体重增加较多，两者大致呈直线关系，因此可考虑进行直线回归。

值得注意的是 MedCalc 显示观测值范围的回归线，建议不要将回归线外推到超出观测值的范围，但是某些特定的情况(如稳定性资料的评估)，外推可能是有效的。需要外推功能时，可在图形上右击，选择【支持外推(Allow extrapolation)】菜单。

如果在图形上右击，选择【信息(Information)】菜单，则可显示回归线的统计信息。

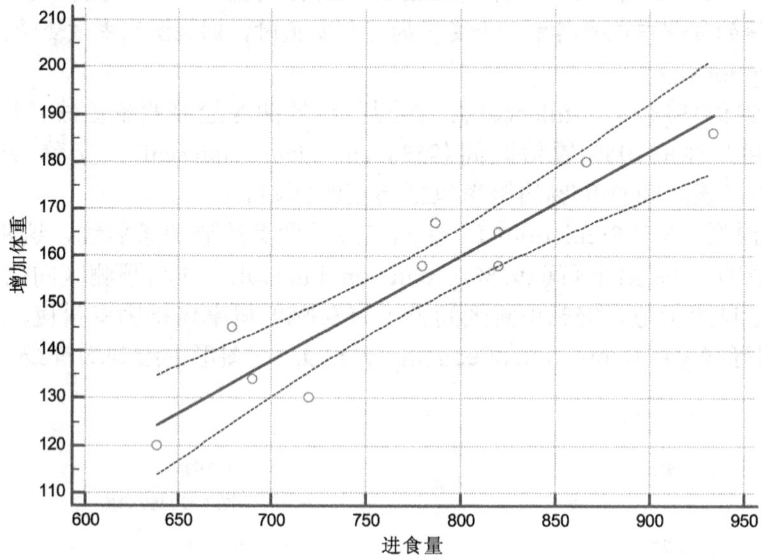

图 10-2 大白鼠进食量与体重增加的关系

(2)残差图的纵坐标为观测值 y_i 与回归模型拟合值 $\hat{y}_i$ 之差，自变量 X 作为横坐标，可简单直观地评价回归模型与资料拟合的优劣，判断适用条件是否满足，识别离群点和可疑值。从图 10-3 所示残差图可见，各点随机均匀地分布在参考线(y=0)的上下两侧，没有呈现出某种特别的趋势，说明此数据用于拟合直线同归方程是恰当的。

10.1.2 带曲线回归线的散点图

【例 10-2】 钩虫病复查阳性率 y 和治疗次数 x 的关系见表 10-2，试估计钩虫病复查阳性率与治疗次数的关系。(钩虫病.mcl)

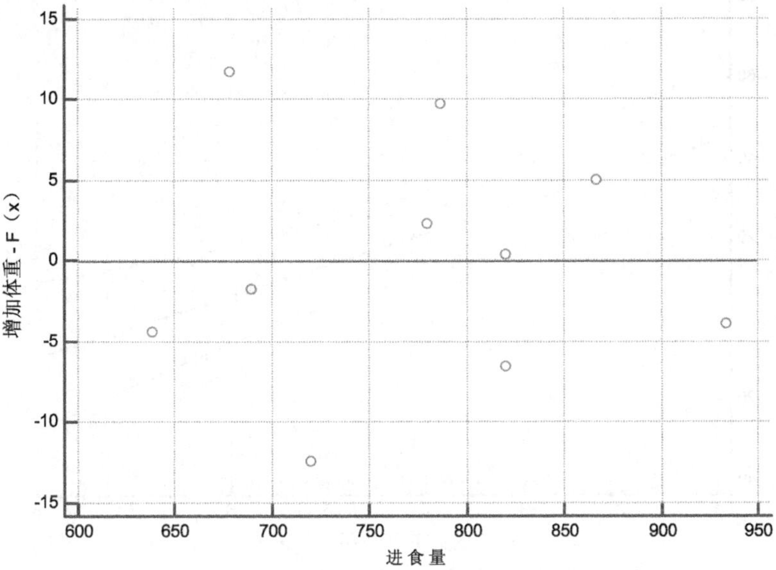

图 10-3 大白鼠进食量与体重增加的残差图(直线回归)

1) 打开数据文件“钩虫病.mcl”。

2) 回归线(Regression line)对话框(参见图 10-1)中，【变量 Y(Variables Y)】选择“y(阳性率)”，【变量 X(Variables X)】选择“x(治疗次数)”，【回归方程(Regression equation)】选择【在方程中包含常量(Include constant in equation)】及【y=a+bx】，【选项(Options)】选择【95%置信(95% Confidence)】，【残差(Residuals)】选择【残差窗口(Residuals window)】

表 10-2 钩虫病阳性率(y)和治疗次数(x)数据表

治疗次数，x	阳性率(%)，y
1	63.9
2	36.0
3	17.1
4	10.5
5	7.3
6	4.5
7	2.8
8	1.7

3) 主要结果与分析(一)：从散点图的点和回归线可见，治疗次数越多，复查阳性率越低，两者大致呈直线关系(见图 10-4)；然而残差图的散点呈曲线趋势，提示不满足线性回归条件(见图 10-5)，可考虑对该资料进行曲线回归。

4) 由于钩虫病复查率和治疗次数可能存在曲线关系，因此可尝试拟合曲线回归线，重复第二步，【回归方程(Regression equation)】分别选择【y=a+blog(x)】、【log(y) =a+bx】、【log(y)=a+blog(x)】、【$y=a+bx+cx^2$】，其他选项不变，可分别绘制带有对数曲线(见图 10-6 和图 10-7)、指数曲线(见图 10-8 和图 10-9)、几何曲线(见图 10-10 和图 10-11)、抛物线(见图 10-12 和图 10-13)等带回归线的散点图及残差图。

5) 主要结果与分析(二)。

(1) MedCalc 可拟合 5 种常用的曲线，由于对数曲线对 x 进行了对数变换，指数曲线对 y 进行了对数变量，几何曲线对 x、y 进行对数变换，因此带有这 3 种回归线的散点图的相应坐标采用对数刻度。

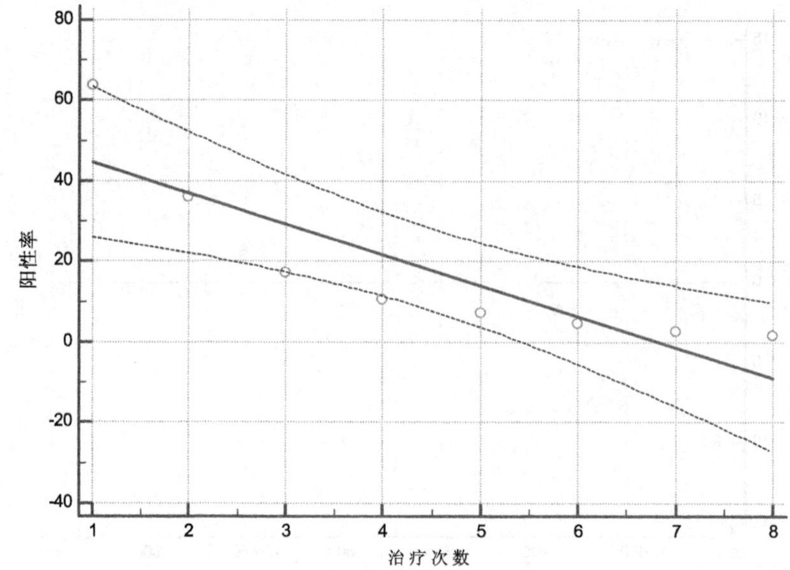

图 10-4 钩虫病复查阳性率和治疗次数的关系(直线回归)

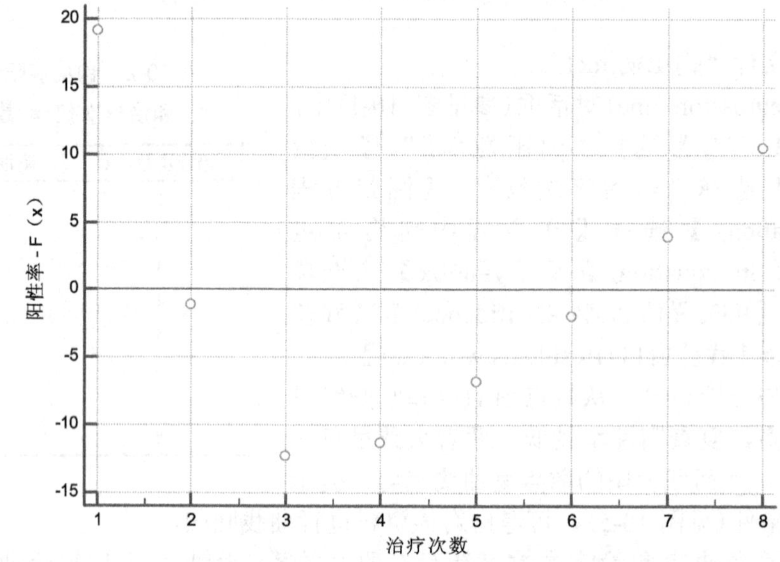

图 10-5 钩虫病复查阳性率和治疗次数的残差图(直线回归)

(2) 从带有回归线的散点图见图 10-8 可见，4 种曲线回归模型与数据拟合均较好，但数据点与指数曲线的回归线最为贴近，且总体回归线的 95%置信带最窄，表明指数曲线回归模型与数据拟合得最好。

(3) 从残差图可见，对数曲线(见图 10-7)、几何曲线(见图 10-11)、抛物线(见图 10-13)的残差图的散点呈曲线趋势，提示资料不满足这几种曲线回归的条件。指数曲线残差图(见图 10-9)的散点随机均匀地分布在参考线(y=0)的上下两侧，距离参考线较接近(残差较少)，且没有呈现某种特别的趋势，表明资料满足指数曲线回归的条件。综合比较各种残差图，可认为指数曲线回归模型与数据拟合得最好。

(4) 带有回归线的散点图及残差图仅能拟合直线回归线及曲线回归线，但并未提供回归方程，通过比较不同回归方程的散点图及残差图虽可直观地比较回归模型与数据拟合的优劣，但不能客观地反映何种回归模型最优，也不能进行假设检验，无法确定回归方程有无统计学意义。

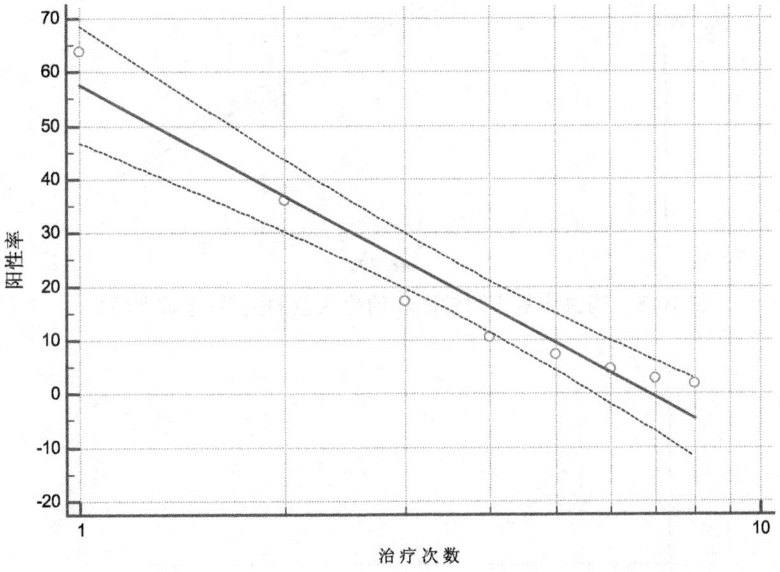

图 10-6　钩虫病复查阳性率和治疗次数的关系(对数曲线)

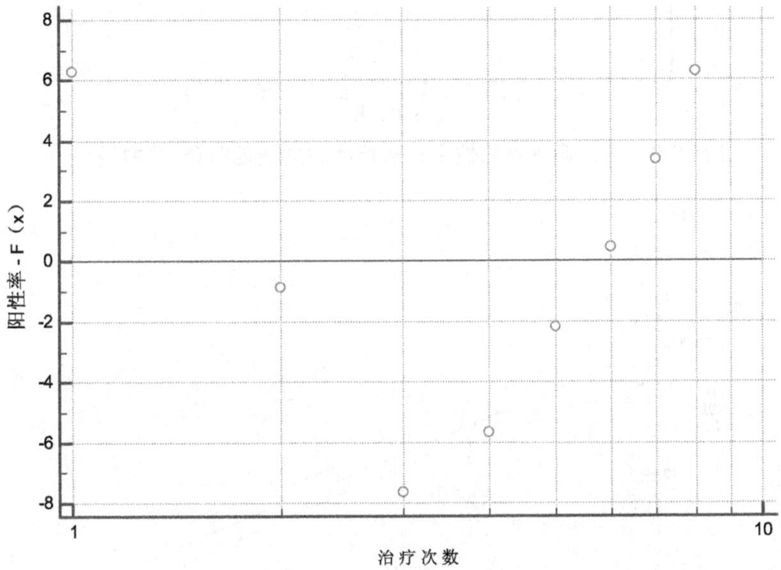

图 10-7　钩虫病复查阳性率和治疗次数的残差图(对数曲线)

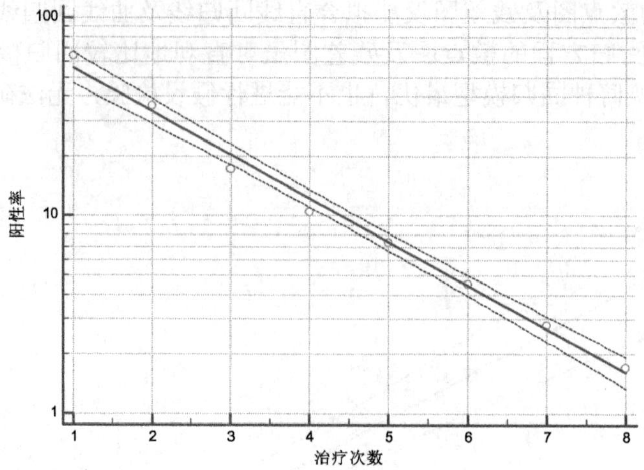

图 10-8 钩虫病复查阳性率和治疗次数的关系(指数曲线)

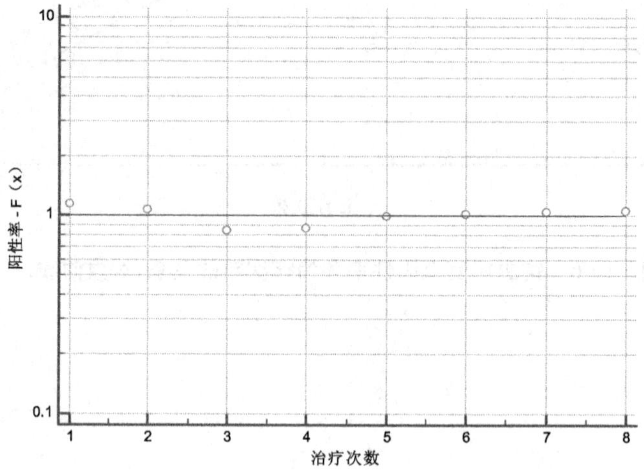

图 10-9 钩虫病复查阳性率和治疗次数的残差图(指数曲线)

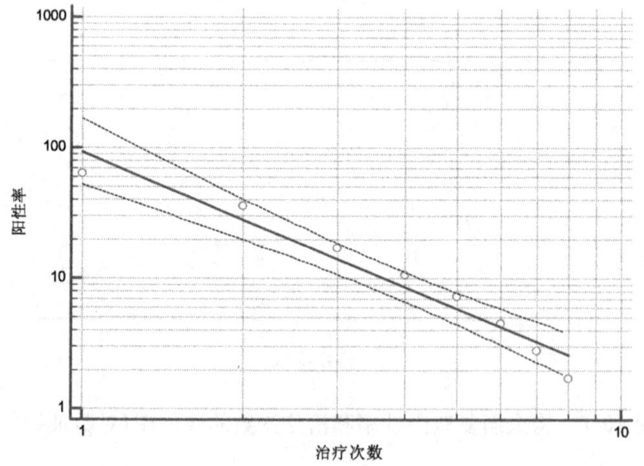

图 10-10 钩虫病复查阳性率和治疗次数的关系(几何曲线)

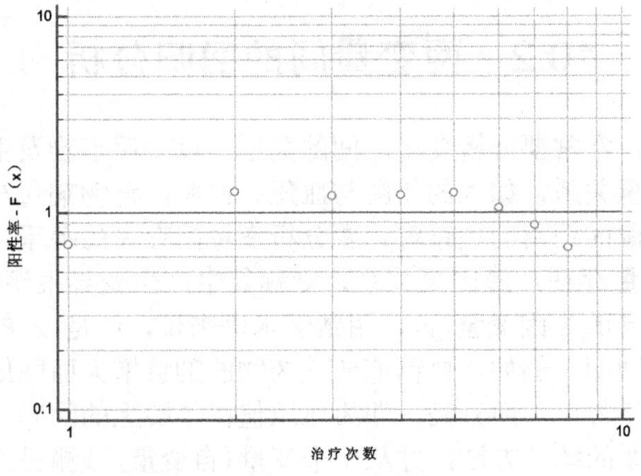

图 10-11　钩虫病复查阳性率和治疗次数的残差图(几何曲线)

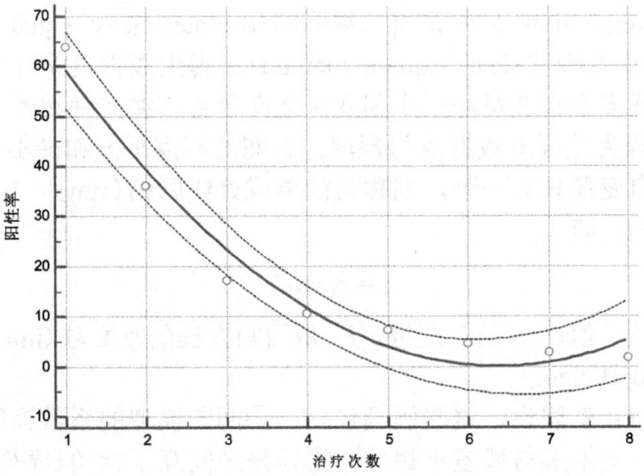

图 10-12　钩虫病复查阳性率和治疗次数的关系(抛物线)

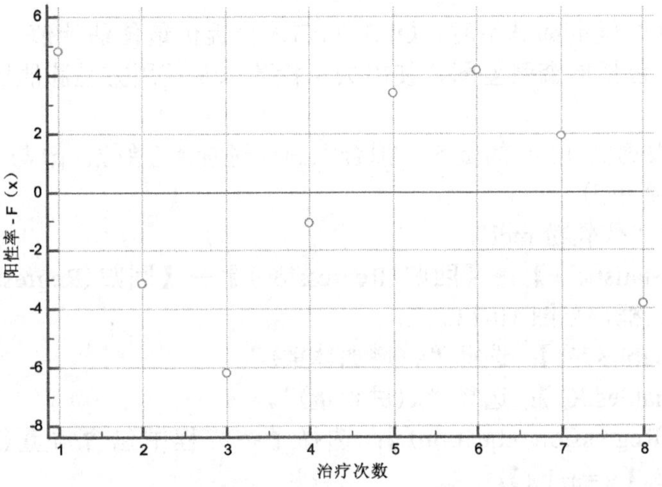

图 10-13　钩虫病复查阳性率和治疗次数的残差图(抛物线)

10.2 两变量间的回归分析

在医学科学研究中，常常要分析变量之间的关系，以说明事物发生、发展且变化的原因或变量间依存变化的数量关系，如人的年龄与血压、血脂，毒物剂量与动物的死亡率，环境中污染物的浓度与污染源的距离的关系等。要分析变量间存在的关系，可采用回归和相关分析方法。如果这两个变量存在从属因果关系，则称其中产生变异根源的一个为自变量(x)，另一个伴随自变量而变异的为因变量(y)，用数学术语来说，y 是 x 的函数，但在生物医学统计中称为 y 在 x 上的回归。例如，血糖值随某药物的剂量增大而降低，即血糖值在剂量上的回归；人的血压随着年龄增加而升高，即为血压值在年龄上的回归。因此，回归分析是用于描述两个变量之间关系的统计方法，并从一个变量(自变量)预测另外一个变量(因变量)。

10.2.1 两变量的线性回归分析

线性回归(linear regression)又称普通二乘回归(ordinary least squares regression)，简称OLS 回归，是基于最小二乘法(least square method)原理生成古典统计假设下的最优线性无偏估计，是研究一个或多个自变量与一个因变量之间是否存在某种线性关系的统计方法。在OLS 回归中，估计方程为使样本数据点与预测值之间的距离平方和最小化的方程。

如果引入回归的自变量只有一个，则称为简单或直线回归(simple linear regression)，所得方程为直线回归方程，即

$$Y = b_0 + b_1 X \tag{10-1}$$

式中，Y 是因变量的估计值；X 是自变量；b_0 是回归方程的常数项(intercept，截距)；b_1 是回归系数(regression coefficient)。

OLS 回归应满足 OLS 假设，这些假设包括：①回归模型的系数为线性系数；②残差的平均值为 0；③所有自变量都与残差不相关；④残差之间互不相关(序列相关)；⑤残差具有恒定方差；⑥自变量间互不完全相关(r=1)，或者避免不完全的高度相关(多重共线性)；⑦残差呈正态分布。

由于仅当所有这些假定都满足时，OLS 回归才会提供最佳估计值，因此检验这些假设极为重要。常用方法包括检查残差图、使用失拟检验以及使用方差膨胀因子(VIF)检查自变量之间的相关性。

【例 10-3】 试根据例 10-1 的资料，拟合大白鼠进食量(单位：g)与增加体重(单位：g)的回归方程。(代乳粉.mcl)。

1)打开数据文件“代乳粉.mcl”。

2)选择【统计(Statistics)】→【回归(Regression)】→【回归(Regression)】菜单，打开回归(Regression)对话框，见图 10-14。

- 【变量 Y(Variables Y)】：选择“y(增加体重)”。
- 【变量 X(Variables X)】：选择“x(进食量)”。
- 【回归方程(Regression equation)】：选择【在方程中包含常量(Include constant in equation)】及【y =a+bx】。
- 【残差(Residuals)】。

○【检验正态分布(Tests for normal distribution)】：回归分析假设残差(观测值与分组/样本平均值的差值)服从正态分布。本例选择【Shapiro-Wilk 检验(Shapiro-Wilk test)】。

注：本对话框选择项的解释请参见图 10-1 的解释。

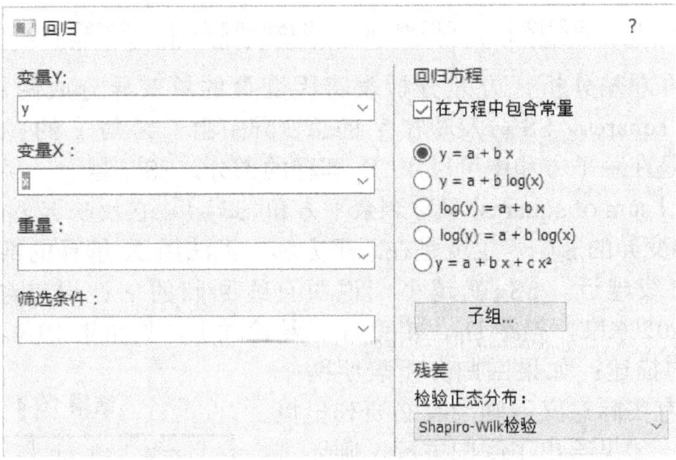

图 10-14　回归(Regression)对话框

3) 主要结果与分析。

(1) 残差正态性的 Shapiro-Wilk 检验结果为 W=0.9794、P=0.9618，按 α = 0.05 水准，接受正态性，表明资料满足回归分析残差正态性的假设，见结果 10-1。

(2) 本例进行最小二乘回归，即直线回归，决定系数(coefficient of determination，R^2)是反映模型拟合优度的重要统计量，为回归平方和与总平方和之比。R^2 取值在 0～1 之间，且无单位，其大小反映了回归贡献的相对程度，即在因变量 Y 的总变异中回归关系所能解释的百分比，本例 R^2=0.8827，大白鼠进食量可解释增加体重变异性的 88.27%，另外约 11.73%的变异不能用进食量解释，见结果 10-2。

注：由于 R^2 不能较好地解释通过原点的模型，因此 MedCalc 不报告通过原点的回归模型的 R^2。

结果 10-1　残差

Shapiro-Wilk 检验 正态分布	W=0.9794 接受正态性(P=0.9618)

结果 10-2　最小二乘回归

样本含量	10
决定系数 R^2	0.8827
残差标准差	7.8795

(3) 本例可求得回归方程 y = −17.3575 + 0.2219x，回归方程是否成立，即 x、y 是否有直线关系，需进行 β 是否不为 0 的假设检验，方法有方差分析和 t 检验两种，见结果 10-3。

注：使用回归方程进行预测时，只能将其应用于实际观测范围内的值，如学龄儿童身高和体重的回归方程不能应用于成年人。

(4) 回归系数的 t 检验结果为 t =7.7587、P=0.0001，按 α = 0.05 水准，拒绝 H_0，接受 H_1，总体回归系数不为 0，可认为大白鼠增加体重与进食量之间存在直线关系，大白鼠的进食量越大，增加的体重越大。β = 0.2219，总体回归系数的 95%CI 为(0.1559，0.2878)，不包含 0，按 α=0.05 水准，同样可得到总体回归系数不为 0 的结论，见结果 10-3。

结果 10-3 回归方程

y= −17.3575 + 0.2219x					
参数	系数	标准误	95% CI	t	P
截距	−17.3575	22.2644	−68.6993–33.9844	−0.7796	0.4581
斜率	0.2219	0.02860	0.1559–0.2878	7.7587	0.0001

(5) 回归系数的方差分析：方差分析表将因变量的总变异分成两部分，回归平方和(regression sum of squares，$SS_{回}$) 反映在 Y 的总变异中由于 X 与 Y 的直线关系而使 Y 变异减小的部分，也就是在总平方和中可以用 X 解释的部分，$SS_{回}$越大，说明回归效果越好；残差平方和(residua l sum of squares) 又称剩余平方和($SS_{剩}$)，它反映 X 对 Y 的线性影响之外的一切因素对 Y 的变异的影响，也就是在总平方和中无法用 X 解释的部分。在散点图中，各实测点离回归直线越近，$SS_{剩}$就越小，说明直线回归的估计误差越小。F=60.1972，P=0.0001，按 $\alpha = 0.05$ 水准，拒绝 H_0，接受 H_1，结论同上，见结果 10-4。

(6) 回归结果的描述：如果回归分析表明两个变量关系太弱或没有实际意义，则没有必要列出拟合回归直线或曲线。如果给出了回归方程，则还可以报告斜率的标准误和对应的 P 值以及残差标准差。回归系数的小数点位数应和原始资料一致。报告散点图时应包含回归线，还可以绘制回归线的 95%置信带或预测带。

结果 10-4 方差分析

来源	DF	平方和	均方
回归	1	3737.4106	3737.4106
残差	8	496.6894	62.0862
F 比率			60.1972
显著性水平			P=0.0001

10.2.2 两条回归直线的比较

医学研究中有时会遇到对两条直线回归方程进行比较的假设检验问题，如比较两个不同的实验室获得的某种标准曲线是否一致。此时，需要首先要检验两条直线是否平行，若平行， 再检验其截距是否相等。如设定了子组变量，且符合特定条件(子组变量包含 2 个分组，方程中没有加权变量且包含了常数)，则 MedCalc 将使用 t 检验比较不同分组回归方程的斜率与截距。

当认为两条总体回归直线平行时，如果能进一步认为其总体截距(即回归直线高度)是相等的，则在两组资料的自变量取值范围接近时，便可认为两条总体回归直线基本重合，可合并两组样本资料，计算一个统一的样本直线回归方程来估计其总体直线回归方程。

如果超过两个分组，则是用协方差分析比较多条回归直线的斜率与截距(自变量为协变量，分组变量的为因子)。

【例 10-4】 为了研究父子身高间的线性相关程度，南方某地和北方某地分别在应届中学毕业生花名册中各随机抽取 20 名男生，分别测量他们及其父亲的身高(单位：cm) 。试分析北方和南方应届中学生的身高(Y)对其父亲的身高(X)的回归直线是否平行。(父子身高.mcl)

1) 打开数据文件“父子身高.mcl”。

2) 回归(Regression)对话框(参见图 10-14)中，【变量 Y(Variables Y)】选择“Y(子高)”，【变量 X(Variables X)】选择“X(父高)”，【回归方程(Regression equation)】选择【在方程中包含常量(Include constant in equation)】及【y =a+bx】。

3）子组变量（Subgroup variable）对话框（参见图 10-6）中，【识别子组的类别变量（Categorical variable to identify subgroups）】选择“area（地区）”。

4）主要结果与分析。

（1）拟合的回归方程，共拟合了 3 个回归方程：①所有个案的回归方程 Y= 70.5848 + 0.5914X，t=13.1828，P<0.0001，见结果 10-5；②南方父子身高的回归方程 Y= 74.1652 + 0.5698X，t=10.7011，P<0.0001，见结果 10-6；③北方父子的回归方程 Y= 67.6346 + 0.6085X，t=7.1624，P<0.0001，见结果 10-7。按 α=0.05 水准，3 个回归方程均拒绝 H_0，接受 H_1，可认为儿子身高（Y）与父亲身高（X）存在直线关系。

结果 10-5 所有个案的回归方程

y = 70.5848 + 0.5914 x					
参数	系数	标准误	95% CI	t	P
截距	70.5848	7.7616	54.8722–86.2974	9.0941	<0.0001
斜率	0.5914	0.04486	0.5006–0.6823	13.1828	<0.0001

结果 10-6 南方父子的回归方程

y = 74.1652 + 0.5698 x					
参数	系数	标准误	95% CI	t	P
截距	74.1652	9.0030	55.2507–93.0798	8.2379	<0.0001
斜率	0.5698	0.05325	0.4579–0.6817	10.7011	<0.0001

结果 10-7 北方父子身高的回归方程

y = 67.6346 + 0.6085 x					
参数	系数	标准误	95% CI	t	P
截距	67.6346	15.0248	36.0686–99.2005	4.5015	0.0003
斜率	0.6085	0.08496	0.4300–0.7870	7.1624	<0.0001

（2）比较回归直线。

① 斜率的比较：斜率差值为–0.03871，t=0.3889，P=0.6996，按 α=0.05 水准，不拒绝 H_0，两个总体斜率的差别无统计学意义，还不能认为两条总体回归直线不平行，见结果 10-8。如果 P<0.05，则表明两条总体回归直线是不平行的，此时比较截距的结果将是无效的。

② 截距的比较：由于本例两条总体回归直线平行，可进一步检验两条总体回归直线的截距是否相等，公共斜率（common slope）为 0.5885，用于计算截距之间的调整差（adjusted difference），本例调整差为 –0.1601，t=0.1703，P=0.8657，按 α=0.05 水准，不拒绝 H_0，两条回归直线截距的差别无统计学意义，即两条回归直线是无法区分的，见结果 10-8。可以将两组资料合并起来计算一个统一的回归方程，即 Y= 70.5848 + 0.5914X，见结果 10-5。

结果 10-8 斜率和截距的对比

斜率对比	
差异	–0.03871
标准误	0.09953
t	–0.3889
DF	36
P	0.6996
公共斜率	
斜率	0.5885
标准误	0.04973
截距对比	
调整后的差异	–0.1601
标准误	0.9399
t	–0.1703
DF	36
P	0.8657

（3）由于回归分析功能仅能比较 2 条回归线，当分组数大于 3 时，可以使用协方差分析

(ANCOVA)功能比较回归线的斜率与截距，并可以进行两两比较，参见第 7.3.1 节相关内容。

10.2.3 曲线拟合

医学现象中，并非所有两变量间的关系都表现为前面所述的直线形式，很多时候两变量间的关系是曲线形的，如细菌繁殖-培养时间曲线、婴幼儿体重与年龄的关系、服药后血药浓度-时间曲线等，当散点图中因变量 Y 和自变量 X 间表现出非线性趋势时，可以通过曲线拟合方法来估计两变量间数量上的依存关系。MedCalc 提供了对数曲线(Logarithmic curve)、指数曲线(Exponential curve)、几何曲线(Geometric curve)和抛物线(Parabola)等 4 种曲线拟合的方法。

【例 10-5】 从例 10-2 可见，钩虫病复查阳性率 y 和治疗次数 x 可能存在指数曲线关系，试进一步分析指数曲线的回归模型是否在 4 种曲线回归模型中最优。(钩虫病.mcl)

1)打开数据文件“钩虫病.mcl”。

2)回归(Regression)对话框(参见图 10-14)中，【变量 Y(Variables Y)】: 选择“y(阳性率)”,【变量 X(Variables X)】选择“x(治疗次数)”,【回归方程(Regression equation)】选择【在方程中包含常量(Include constant in equation)】及【y =a+bx】。

3)重复上述步骤，【在方程中包含常量(Include constant in equation)】依次选剩余的选项。

4)主要结果与分析：拟合了所有的 5 种回归模型，5 种模型均有统计学意义(P<0.05)。决定系数 R^2 是最常用于评价回归模型优劣程度的指标，R^2 越大(接近于 1)，所拟合的回归方程越优，本例中指数曲线的 R^2 为 0.9926，最接近 1，表明在 5 个回归方程中，指数曲线($\lg y$ = 1.9656–0.2199x)为最优方程，和例 10-2 的结论一致，见表 10-3。但同时也应注意，为了单纯地得到较大的 R^2，模型的形式可能会很复杂，甚至使其中的参数无法解释实际意义，这是不可取的，因此要充分考虑专业知识、结合实际解释和应用效果来确定最终的曲线。

表 10-3 治疗次数与钩虫阳性率的拟合曲线模型

模型	回归方程	R^2	t	P	F	P
直线回归	y =52.3893–7.6476x	0.7486	4.2269	0.0055	17.8666	0.0055
对数曲线	y =57.5992–68.8290lg$x$	0.9431	9.9723	0.0001	99.4474	0.0001
指数曲线	lg$y$ =1.9656–0.2199x	0.9926	28.4104	<0.0001	807.1509	<0.0001
几何曲线	lg$y$ =1.9694–1.7251lg$x$	0.9504	10.7264	<0.0001	115.0563	<0.0001
抛物线	y=83.1214–26.0869x+2.0488x^2	0.9635	—	—	66.0213	0.0003

10.3 多重线性回归

在医学研究中，我们感兴趣的某个因变量常受不止一个自变量的影响，如某人的血压值除了与年龄有关外，还受到性别、劳动强度、饮食习惯、吸烟状况、家族史等因素的影响。将前述单个自变量的线性回归(或称简单线性回归)加以推广，用回归方程定量地刻画一个因变量的平均值与多个自变量 X_1，X_2，…，X_m 间的线性依存关系，称为多重线性回归(multiple linear regression)，简称多重回归(multiple regression)，其中自变量的数值可以是随机变动的，也可以是人为选定的，但因变量一定是随机的，其回归方程为

$$\hat{Y} = b_0 + b_1 X_1 + b_2 X_2 + \cdots + b_k X_m$$

根据自变量引入和剔除的方法不同，多重线性回归分为强迫引入法和逐步回归法(前向选择法、后向消元法和逐步回归法)。

10.3.1　强迫引入法

强迫引入法是研究者根据专业知识和经验事先选择好自变量，拟合的多元线性回归方程中包括全部的自变量。

【例 10-6】 为推算成年人的收缩压(Y，mmHg)，研究者收集并测量了 50 名成年人的年龄(X1)、身高(X2，in)、体重(X3，磅)和 BMI(X4)。试对此资料进行回归分析。(收缩压.mcl)

1)打开数据文件“收缩压.mcl”。

2)选择【统计(Statistics)】→【回归(Regression)】→【多元回归(Multiple regression)】菜单，打开多元回归(Multiple regression)对话框，见图 10-15。

- 【因变量(Dependent variable)】：选择因变量，本例为“Y(收缩压)”。
- 【独立变量(Independent variables，自变量)】：选择 1 个或以上影响或预测因变量值的变量，本例为“X1(年龄)”、“X2(身高)”、“X3(体重)”和“X4(BMI)”。
- 【重量(Weights，权重)】变量和【筛选条件(Filter)】未选择。
- 【选项(Options)】。
  - 【方法(Method)】：选择模型引入自变量的方式。
    - 【输入(Enter)】：即强迫引入法，全部被选变量一步引入回归模型。
    - 【向前(Forward)】：即前向选择法。
    - 【向后(Backward)】：即后向消元法。
    - 【逐步(Stepwise)】：逐步回归法。
    - 【如果 P<，输入变量(Enter variable if P<)】：如果变量相关的显著性水平<P，则引入该变量。
    - 【如果 P<，删除变量(Remove variable if P>)】：如果变量相关的显著性水平>P，则剔除该变量。
  - 【报告和方差膨胀因子(Report Variance Inflation Factor (VIF))】：方差膨胀因子(VIF 方差膨胀系数或称方差膨胀值(variance inflation)，表示回归中存在多重共线性(multicollinearity)程度，可用于多重共线性的诊断。多重共线性是指多重回归模型中，两个或以上的解释变量(explanatory variables，自变量)高度线性相关。VIF=1，认为自变量间不相关；1<VIF<5，认为自变量间中等相关；5<VIF<10，认为自变量间高度相关；VIF>10，表明可能存在较严重的多重共线性，会过度影响回归结果。
  - 【零阶和简单相关系数(Zero-order and simple correlation coefficients)】：显示因变量分别和所有自变量，以及所有自变量间的相关系数表。
- 【残差(Residuals)】。
  - 【检验正态分布(Tests for Normal distribution)】：多重线性回归假设残差(观测值与估计值的差值)服从正态分布，本例选择【Shapiro-Wilk 检验(Shapiro-Wilk test)】。

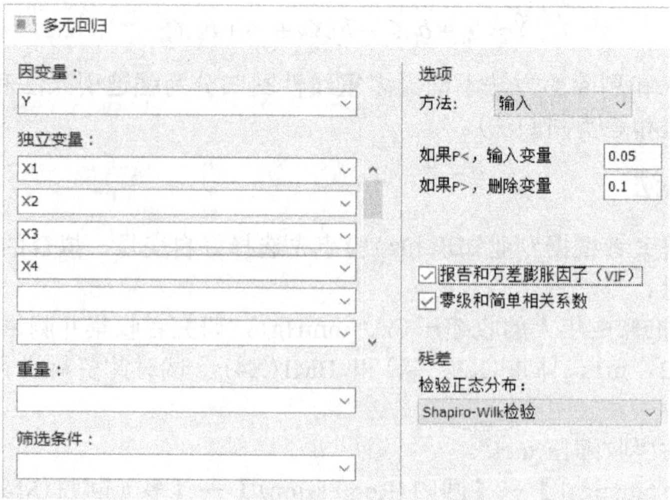

图 10-15 多元回归(Multiple regression)对话框

3)主要结果与分析。

(1)残差正态性的 Shapiro-Wilk 检验结果为 W=0.9864、P=0.8282，按 α=0.05 水准，接受正态性，表明资料满足回归分析残差正态性的假设，见结果 10-9。

(2)多重回归是采用 OLS 法，其决定系数 R^2 为 0.3873，表明收缩压(Y)变异的 38.73%能被年龄(X_1)、身高(X_2)、体重(X_3)和 BMI(X_4)所解释，剩余的 61.27%不能解释的变异属于误差。决定系数 R^2 可以用来评价回归方程的优劣，但随着自变量个数的增加，R^2 将不断增大，对两个具有不同个数自变量的回归方程进行比较时，不能简单地用 R^2 作为评价回归方程的标准，还必须考虑方程所包含的自变量个数的影响，此时应用校正的决定系数(R^2-adjusted) R_c^2，所谓“最优”回归方程是指 R_c^2 最大者。在讨论多重回归的结果时，通常使用 R_c^2，本例 R_c^2 为 0.3232。复相关系数(multiple correlation coefficient) R 是决定系数 R^2 的平方根，可用来度量因变量 Y 与多个自变量间的线性相关程度，亦即观察值 Y 与估计值 $\hat{Y}$ 之间的相关程度，见结果 10-10

结果 10-9 残差

Shapiro-Wilk 检验 正态分布	W=0.9864 接受正态性(P=0.8282)

结果 10-10 最小二乘方多重回归

方法	输入
样本含量	50
决定系数 R^2	0.3783
R^2-已调整	0.3231
复相关系数	0.6151
残差标准差	13.8976

(3)回归方程表给出不同回归系数(regression coefficients)的偏回归系数 β_i、β_i 的标准误、偏相关系数(partial correlation coefficient)、t 值以及 P 值。求得多重线性回归回归方程为

$$\hat{Y} = 105.2339 + 0.4364X_1 - 0.3540X_2 + 0.3502X_3 - 1.0403X_4$$

偏相关系数又称净相关系数，是扣除(或平衡)模型中其他变量的影响后，该变量与因变量的相关系数。本例 X_1 的偏相关系数(0.4386)的绝对值最大，方程中只有 X_1 的总体回归系数偏回归系数(β_1=0.4364)不为 0(t=3.274，P=0.002)。X_2、X_3、X_4 的 VIF 均大于 10，表明

这些变量与 1 个或以上的其他变量存在多重共线性，可导致使用 OLS 回归方程失效。此时可以采用精减变量法、逐步回归判别法、岭回归、主成分回归法等方法来消除多重共线性，见结果 10-11。

结果 10-11 回归方程

自变量	系数	标准误	r 部分	t	P	VIF
(常量)	105.2339					
X1	0.4364	0.1333	0.4386	3.274	0.0020	1.216
X2	−0.3540	2.2460	−0.02349	−0.158	0.8755	22.304
X3	0.3052	0.4413	0.1025	0.691	0.4928	97.639
X4	−1.0403	3.0159	−0.05135	−0.345	0.7317	60.924

(4) 方差分析可以将回归方程中所有自变量 X_1，X_2，…，X_m 作为一个整体来检验它们与因变量 Y 之间是否有线性关系，并对回归方程的预测或解释能力做出综合评价。本例 F=6.8465，P=0.0002，按 α=0.05 水准，拒绝 H_0，接受 H_1，认为所拟合的回归方程具有统计学意义，见结果 10-12。

结果 10-12 方差分析

来源	DF	平方和	均方
回归	4	5289.4496	1322.3624
残差	45	8691.4304	193.1429
F 比率			6.8465
显著性水平			P=0.0002

(5) 零阶相关系数和简单相关系数：X_2 与 X_3(0.6360)，X_2 与 X_4(0.2225)，X_3 与 X_4(0.8873) 的相关系数较大，表明这些变量间存在相关关系，因此回归方程存在多重共线性，见结果 10-13。

结果 10-13 零级和简单相关系数

变量	Y	X1	X2	X3
X1	0.3932			
X2	0.2143	−0.3265		
X3	0.4649	−0.004028	0.6360	
X4	0.4523	0.1782	0.2225	0.8873

10.3.2 逐步回归法

当多重线性回归方程中所包括的自变量是研究者根据专业知识和经验事先选择好的可采用前述强迫引入法。然而，在许多回归分析的应用中，由于没有清晰的理论依据，回归模型所包含的自变量难以预先确定，如果将一些不重要的自变量也引入方程，会降低模型的精度，因此选择有意义的自变量常常是回归分析的第一步。选择自变量的方法有多种，其基本思路是尽可能将回归效果显著的自变量选入回归方程中，而将作用不显著的自变量排除在外。逐步回归是实际应用中普遍使用的一类方法，按照引入变量的顺序不同分为如下方法。

(1) 前向选择法(forward selection)：回归方程中的自变量从无到有，由少到多逐个引入模型，首先因变量 Y 对每个自变量做直线回归，把回归平方和最大的自变量做 F 检验，若回归系数有统计学意义，则把该自变量引入方程。然后在剩余的自变量中，考虑在进入方程的第一个自变量基础上，计算其他自变量的偏回归平方和，选择偏回归平方和最大的一个自变量做 F 检验决定是否引入，依次类推，直到没有自变量可以引入为止。前向选择法有一定的局限性，即后续变量的引入可能会使先引入方程的自变量变得无统计学意义。

(2) 后向消元法(backward elimination)：将所有变量引入方程后逐个剔除无统计学意义

的自变量。首先在方程中选一个偏回归平方和最小的变量，根据 F 检验决定是否剔除，若无统计学意义则将其剔除，然后对剩余的自变量建立新的回归方程，以此类推，直到方程中的所有自变量都不能剔除为止。后向消元法的优点是考虑了自变量的组合作用，选中的自变量数一般会比前向选择法选中的多；缺点是当自变量数较多或某些自变量高度相关时，可能得不出正确的结果，前向选择法则可以自动去掉高度相关的自变量。

(3) 逐步回归法(stepwise regression)：是在前述两种方法的基础上，进行双向筛选的一种方法。该方法本质上是前向选择法，但每引入一个自变量进入方程后，都要对方程中的每个自变量做基于偏回归平方和的 F 检验，看是否需要剔除一些退化为“不显著”的自变量，以确保每次引入新变量之前方程中只包含有“显著”作用的自变量。这一双向筛选过程反复进行，直到既没有自变量需要引入方程，也没有自变量从方程中剔除为止，从而得到一个局部最优的回归方程。

【例 10-7】 试根据例 10-6 的资料，进行逐步回归分析。(收缩压.mcl)

1) 打开数据文件“收缩压.mcl”。

2) 多元回归(Multiple regression)对话框(参见图 10-15)中，【因变量(Dependent variable)】选择“Y(收缩压)”，【独立变量(Independent variables，自变量)】选择“X1(年龄)”、“X2(身高)”、“X3(体重)”和“X4(BMI)”，【选项(Options)】中的【方法(Method)】选择【向前(Forward)】以及【报告和方差膨胀因子(Report Variance Inflation Factor (VIF))】，其他均为默认选项。

3) 主要结果与分析。

(1) 回归方程：使用前向选择法，最后有 2 个变量引入方程，“最优”的回归方程为

$$\hat{Y} = 77.1846 + 0.4064X_1 + 0.1774X_3$$

X_1、X_3 的 VIF 均为 1，自变量间不相关，表明逐步回归对于消除多重共线性的效果非常好。结果 10-14 表明收缩压的变化与年龄和体重有线性回归关系，均为正相关，由标准化回归系数看出，年龄对收缩压的影响最大。

结果 10-14 回归方程

自变量	系数	标准误	r 部分	t	P	VIF
(常量)	77.1846					
X1	0.4064	0.1189	0.4463	3.419	0.0013	1.000
X3	0.1773	0.04391	0.5074	4.037	0.0002	1.000
模型中未包含变量						
X2						
X4						

(2) 方差分析结果为 F=13.9360、P<0.0001，按 α = 0.05 水准，拒绝 H_0，接受 H_1，认为所拟合的回归方程具有统计学意义，见结果 10-15。

结果 10-15 方差分析

来源	DF	平方和	均方
回归	2	5204.5427	2602.2714
残差	47	8776.3373	186.7306
F 比率			13.9360
显著性水平			P<0.0001

10.4　二值 Logistic 回归

Logistic 回归(logistic regression)是分析一个二分因变量与一个或以上的自变量的关系的统计方法。因变量只有两种可能的结局即必须为二分变量或二进制变量，其编码只能为 1(有、真、疾病、成功、出现等)或 0(无、假、健康、失败、未出现等)。

设 P 为某事件发生的概率，取值范围为 0～1，如疾病患病与否；$1-P$ 为该事件不发生的概率，将比数 $P/(1-P)$ 取自然对数得 $\ln[P/(1-P)]$，即对 P 做 lg 变换，记为 $\lg P$，则 $\lg P$ 的取值范围为 $-\infty \sim +\infty$。以 logit$P$ 为因变量，建立线性回归方程

$$\text{logit}P = \beta_0+\beta_1 x_1+\cdots+\beta_m x_m$$

经变换，得到以下公式：

$$P = \text{Exp}(b_0 + b_1 x_1 + \cdots + b_m x_m) / [1 + \text{Exp}(b_0 + b_1 x_1 + \cdots + b_m x_m)] \quad (10\text{-}2)$$

或

$$P = 1 / \{1 + \text{Exp}[-(b_0 + b_1 x_1 + \cdots + b_m x_m)]\} \quad (10\text{-}3)$$

以上模型即为 Logistic 回归模型。实际上，该模型为普通多元线性回归模型的推广，但它的误差项服从二项分布而非正态分布，因此在拟合时采用最大似然估计法进行参数估计。模型中的 β_0 是与诸因素 x_i 无关的常数项，表示自变量取值全为 0 时，比数(Y=1 与 Y=0 的概率之比)的自然对数值，参数 β_1，β_2，…，β_m 是 logistic 回归系数，即流行病学中常用的统计指标——优势比(Odds Ratio，OR，比值比)的对数，因此，β_i 的意义是当其他自变量取值保持不变时，因素 x_i 每改变一个测量单位时所引起的优势比的自然对数改变量。

logistic 回归的所有统计推断都建立在大样本基础上，要求有足够的样本含量。一般认为 logistic 回归的例数最少为 $N=10k/p$(p 为人群中阳性或阴性比例的较小者；k 为协变量数，或称自变量数)。例如，模型中有 3 个协变量，人群中阳性个案的比例为 0.2(20%)，那么 $N=10\times3/0.20=150$。如果 $N<100$，则建议 N 至少为 100。对于配对资料，样本的匹配组数应为纳入方程中的自变量个数 k 的 20 倍以上，即 $20k$。

【例 10-8】 某研究机构欲研究乳腺癌患者发病的危险因素，经回顾性调查，获得某医院 2012—2015 年乳腺科收治的 1429 例发生乳腺癌的住院患者的临床资料，同时选取同期乳腺科收治的未发生乳腺癌仅发生乳腺良性病变的 1432 例患者资料作为对照。本资料共涉及 5 个变量：年龄(age)、母乳喂养史(BF)、BMI 分组、一级亲属肿瘤家族史(FH)、血型(BT)。其中，BMI 分组、血型为多分类变量，分别有 3 个水平和 4 个水平；发病年龄为定量变量；母乳喂养史、一级亲属肿瘤家族史为二分类变量。试就本资料分析影响乳腺癌患者发病的危险因素，并建立预测乳腺癌患者发病的数学模型。(乳腺癌.mcl)。

1) 打开数据文件“乳腺癌.mcl”。

2) 选择【统计(Statistics)】→【回归(Regression)】→【逻辑回归(Logistic regression)】菜单，打开逻辑回归(Logistic regression)对话框，见图 10-16。

- 【因变量(Dependent variable)】：选择因变量，因变量必须为二分变量，默认编码为 0 和 1，如果使用其他不同编码，读者可以单击【定义状态(Define status)】按钮，在定义状态(Define status)对话框(见图 10-17)中设置不同的编码，本例为“group(分组)”。

- 【独立变量(Independent variables，自变量)】：选择一个或以上影响或预测因变量值的变量，可以为连续变量、二分变量、有序变量和分类变量，本例为“age(年龄)”、“BF(母乳喂养史)”、“BMI(BMI 分组)”、“BT(血型)”和“FH(一级亲属肿瘤家族史)”。
- 【筛选条件(Filter)】本例未选择。
- 【选项(Options)】。
  - 【方法(Method)】：可选择【输入(Enter)】、【向前(Forward)】、【向后(Backward)】或【逐步(Stepwise)】，本例选择【逐步(Stepwise)】。
  - 【如果 P<，输入变量(Enter variable if *P*<)】：本例为“0.05”。
  - 【如果 P>，删除变量(Remove variable if *P*>)】：本例为“0.10”。
  - 【分类表截断值(Classification table cutoff value)】：输入介于 0～1 之间的数值，本例为“0.5”。预测值大于界值的个案分类为阳性(1)，小于界值的个案分类为阴性(0)。分类表用于评价 logistic 回归模型的预测准确性，为观测值(0、1)和预测值(0、1)的 2×2 表。

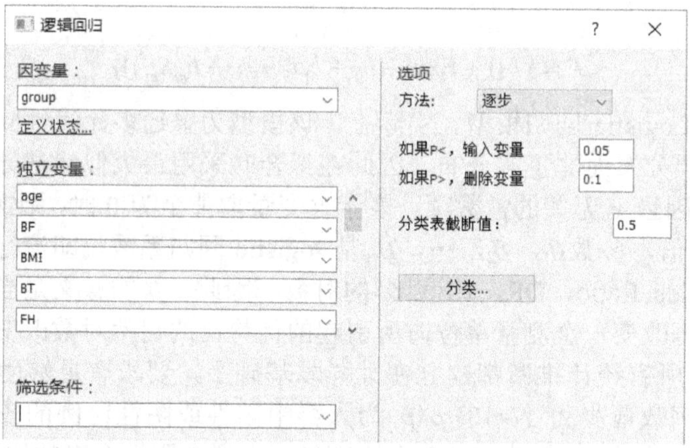

图 10-16 逻辑回归(Logistic regression)对话框

3)单击【定义状态(Define status)】，打开定义状态(Define status)对话框，见图 10-17。

- 【变量(Variable)】：显示当前被选变量。
- 【定义状态(Define status)】：当下方的菜单不设定任何值时，默认 1 代表【阳性(Positive)】、【死亡(Dead)】、【有病(Diseased)】、【异常(Abnormal)】或【病例/治疗(Case/Treated)】个案，0 代表【阴性(Negative)】、【生存/已检查(Alive/Censored)】、【健康(Healthy)】、【正常(Normal)】或【对照(Control)】个案。也可用其他值替代 1 和 0，如“Yes”和“No”。

4)单击【分类(Categorical)】按钮，打开类别变量(Categorical variables)对话框，见图 10-18。

连续资料(如年龄、血压、血糖等)、有序分类资料(如疾病程度、症状体征分级)可以直接引入回归方程，不需要重新赋值。而对于无序分类资料(如职业、血型等)则应将其哑变量化。对于某些有序多分类资料，如 BMI 指数、肿瘤分级等，一般按其程度赋值进行计算，当程度差异与赋值所表达的差异有较大出入时，也可转化成哑变量进行分析。本对话框可将分类资料设置为哑变量。

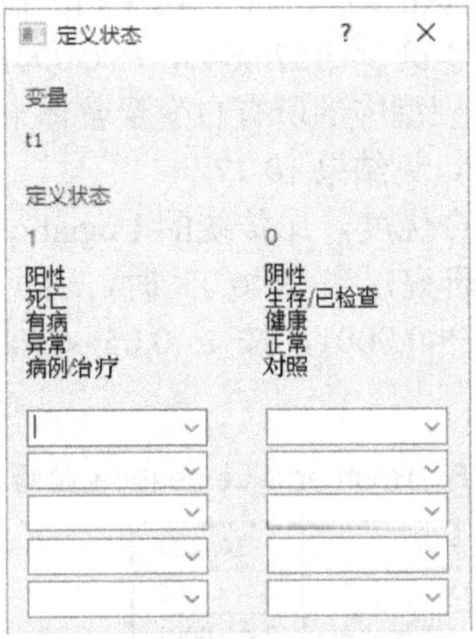

图 10-17　定义状态(Define status)对话框

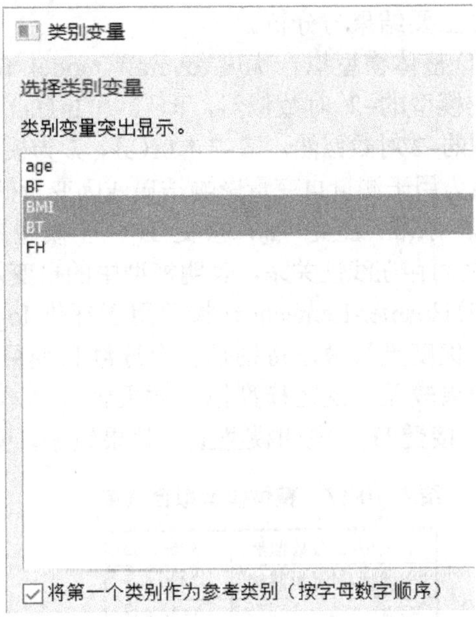

图 10-18　类别变量(Categorical variables)对话框

- 【选择类别变量(Select categorical variables)】：可定义自变量中无序分类变量，单击变量，使之高亮，即可将变量设置为分类变量；再次单击，可取消其高亮状态。
    - 【将第一个类别作为参考类别(按字母数字顺序)(Use first category(in alphanumeric order) as reference category)】：选择此项，第一个分类(按字母顺序)将作为参考分类，反之最大的分类将作为参考分类。

5) 主要结果与分析：引入方程的变量为年龄和 BMI=2，由于 BMI 分组为分类变量，因此 MedCalc 将分类变量进行哑变量化(BMI=2 和 BMI=3)。哑变量在回归模型中应为一个整体，必须同时引入模型或同时从模型中剔除。本例 BMI=2 和 BMI=3 不能同时引入模型，显然不符合这个原则，有必要将 BMI 分组的两个哑变量强迫引入模型，见结果 10-16。

结果 10-16　系数和标准误

变量	系数	标准误	Wald	P
age	0.14850	0.0055905	705.5763	<0.0001
BMI=2	−0.30045	0.10600	8.0334	0.0046
常量	−6.12852	0.26155	549.0507	<0.0001
模型中未包含变量				
BF				
BMI=3				
BT=2				
BT=3				
BT=4				
FH				

6) 重复上述步骤，逻辑回归(Logistic regression)对话框(参见图 10-16)中，【因变量(Dependent variable)】为“group(分组)”，【独立变量(Independent variables，自变量)】为“age(年龄)”和“BMI(BMI 分组)”，【方法(Method)】选择【输入(Enter)】，其他选项同前。

7) 主要结果与分析。

(1) 整体模型拟合优度(overall model fit)：似然比检验是对模型回归系数整体的假设检验。空模型的–2 对数似然，即–2 * ln(L_0)，L_0 为只包含截距的模型(零模型)的最大似然。全模型的–2 对数似然，即–2 * ln(L)，L 为模型中包含所有自变量的最大似然。两个最大似然值的差值为用于测量自变量影响结局或因变量效果的 χ^2 统计量。本例 χ^2=1576.644，P<0.0001，按 α =0.05 水准，拒绝 H_0，接受 H_1，全模型有统计学意义，即模型中的所有自变量整体来看与 lg(P)之间存在线性关系，表明模型中的自变量有助于预测结局，见结果 10-17。

(2) Hosmer-Lemeshow 检验用于评价 logistic 回归模型拟合优度，比传统的 Logistic 回归的拟合优度更稳健，特别是含有连续自变量的模型和小样本研究，当 P<0.05 时，表明模型拟合效果较差，反之模型拟合效果较好。本例 χ^2=34.1027，P<0.0001，按 α=0.05 水准，拒绝 H_0，接受 H_1，表明模型拟合效果较差，见结果 10-18。

结果 10-17 整体模型拟合优度

空模型–2 对数似然	3966.185
全模型–2 对数似然	2389.541
卡方	1576.644
DF	3
显著性水平	P < 0.0001

结果 10-18 Hosmer & Lemeshow 检验

卡方	34.1027
DF	8
显著性水平	P < 0.0001

(3) 系数和标准误：Wald 检验对模型中单一回归系数的假设检验，用于判断该变量对模型是否有贡献。按 α=0.05 水准，从 Wald 检验结果可以看出，有统计学意义的变量为年龄和 BMI=2，说明这些因素对建立 Logistic 回归模型有贡献。“年龄”的估计系数为 0.14869，表示在因子“BMI 分组”保持恒定的情况下，年龄增加 1 单位(1 岁)时 $P_{(病例组)}/P_{(对照组)}$的对数值所发生的变化。BMI 分组为 2 和 3 的估计系数分别为–0.360 和–0.092，表示 $P_{(病例组)}/P_{(对照组)}$的对数值的变化，即假设协变量“年龄”是固定的情况下，这两个系数分别代表中 BMI 组与低 BMI 组的比较，以及高 BMI 组与低 BMI 组的比较，见结果 10-19。

结果 10-19 系数和标准误

变量	系数	标准误	Wald	P
age	0.14869	0.0056020	704.4942	<0.0001
BMI=2	–0.36040	0.15428	5.4569	0.0195
BMI=3	–0.091993	0.17181	0.2867	0.5924
常量	–6.07641	0.27829	476.7439	<0.0001

(4) 优势比和 95%的置信区间：优势比又称机会比。年龄的优势比 OR=1.1603，其 95%CI 为(1.1476，1.1731)不包含 1，按 α=0.05 水准，不等于 1。结合正系数 0.14869，表明年龄越大患乳腺癌的概率越高，年龄年增加 1 岁，患乳腺癌的概率增加 0.1603 倍。由于 BMI 分组是分类变量，低 BMI 组(BMI=1)为参考分类，中 BMI 组与低 BMI 组相比，OR 为 0.6974，95%CI 为(0.5154，0.9436)，均小于 1，表明相对于低 BMI 组，中 BMI 组为保护因素，中 BMI 组患乳腺癌的概率是低 BMI 组的 69.74%。高 BMI 组和低 BMI 组 OR 的 95%CI(0.6513，1.2773)包含 1，按 α=0.05 水准，可认为这两组患乳腺癌概率的差别无统计学意义，见结果 10-20。

(5) 分类表：用于评价 logistic 回归模型的预测准确性，预测准确率是指根据各例观察的解释变量，通过所建立的 logistic 模型，计算出相应的预测概率，以 0.5 为分界值对各例观察进行重新分类后正确者占总数的百分比。本例的预测准确率为 79.66%，见结果 10-21。

结果 10-20 优势比和 95%的置信区间

变量	优势比	95% CI
age	1.1603	1.1476 至 1.1731
BMI=2	0.6974	0.5154 至 0.9436
BMI=3	0.9121	0.6513 至 1.2773

结果 10-21 分类表（截断值 p=0.5）

实际组	预测的组		正确率
	0	1	
Y = 0	1133	299	79.12%
Y = 1	283	1146	80.20%
正确分类的案例百分比			79.66%

(6) ROC 曲线分析：这是评价 logistic 回归模型的另一种方法。该方法根据 ROC 曲线下面积（AUC）来评价模型预测值区分疾病和对照的能力。AUC 又称 C 统计量（C-statistic）、一致性指数（concordance index），简称 C 指数。本例 AUC 为 0.890，诊断价值中等，读者保存预测值后，还可以参照第 16 章的方法进行全面的分析，见结果 10-22。

结果 10-22 ROC 曲线分析

ROC 曲线下面积（AUC）	0.890
标准误	0.00585
95%的置信区间	0.878–0.901

(7) 保存预测概率：预测得分（propensity scores）为 Logistic 回归模型的预测概率，单击结果窗口的【保存预测概率（Save predicted probabilities）】按钮可将预测概率保存到数据文件中。

10.5 剂量反应的概率单位回归

概率单位回归（probit regression）可用拟合概率 S 形剂量反应曲线（probit sigmoid dose-response curve）并计算剂量变量所对应的一系列概率及其 95%CI。例如，ED_{50} 和 LD_{50} 对应于概率 0.5，检测限（limit-of-detection）则对应于概率 0.95。概率单位回归可适用于如下情况：多高的污染物浓度使 50%的鱼死亡？施以某剂量的杀虫剂时，昆虫死亡的概率有多大？概率单位法常用于工程学的破坏性检验、生命科学领域中的生物鉴定或医学科学研究中的 ED_{50}、LD_{50} 的计算。在医学科学研究中，半数效量（ED_{50}，median effective dose）是指半数动物发生特定效应所需某药物的剂量。如果这种效应是以动物的死亡表示的，则所需某剂量称为半数致死量（LD_{50}，median lethal dose）。

概率单位回归的方程为

$$\text{probit}(p) = a + bX$$

其中，X 为（可能对数变换后的）剂量变量；probit(p) 为与概率 p 对应的逆标准正态累积分布函数（inverse standard normal cumulative distribution function）Φ^{-1}，有

$$\text{probit}(p) = \Phi^{-1}(p)$$

使用标准正态累积分布函数（standard normal cumulative distribution function）Φ 可将 Probit(p) 转换成概率 p，有

$$p = \Phi[\text{probit}(p)]$$

MedCalc 使用最大似然法（method of maximum likelihood）拟合回归系数 a 和 b。

10.5.1 原始资料的概率单位回归

【例 10-9】 分别用 1000mg/kg、1200mg/kg、1400mg/kg、1600mg/kg 及 1800mg/kg 的某农药各对 10 只雌性大白鼠进行灌胃的急性毒性试验，其原始资料已建立数据文件“农药灌胃.mcl”，试进行概率单位回归。

1) 打开数据文件“农药灌胃.mcl”。

2) 选择【统计(Statistics)】→【回归(Regression)】→【概率单位回归(剂量反应分析)(Probit regression (Dose-Response analysis))】菜单，打开概率单位回归(剂量反应分析)(Probit regression (Dose-Response analysis))对话框，见图 10-19。

- 【数据类型(Data type)】。
  - 【二进制数据(Binary)】：当数据为原始资料时，选择此项，数据应包含两个变量：1 个剂量(或浓度)变量，1 个二进制因变量。每行表示每个单独的测量：剂量及响应(0 为无响应，1 为响应)。本例选择此项。
  - 【分组数据(Grouped)】，当数据为汇总资料时，选择此项，数据应该包括 3 个变量：1 个剂量变量、1 个案例总数变量、1 个反应数量变量。
- 【剂量变量(Dose variable)】：本例选择“dose(剂量)”。
- 【反应变量(Response variable)】：反应变量必须为二分变量(0 或 1)，如需要设定不同的编码，则可单击下方的【定义状态(Define status)】按钮，在定义状态(Define status)对话框(参见图 10-17)中设置不同的编码。
- 【筛选条件(Filter)】：本例未选择。
- 【选项(Options)】。
  - 【对数变换(Log transformation)】：当剂量变量需要对数变换时选择此项；当剂量变量包含 0 时，MedCalc 将自动加上一个很小的数值，使对数变换成为可能，并在结果的逆变换时减去该数值。
  - 【剂量反应图(Dose-response plot)】：绘制剂量反应图。
  - 【标记(Markers)】：用于标记标识数据，当选择【对数变换】以及剂量变量包含 0 时，选择此项将无效。

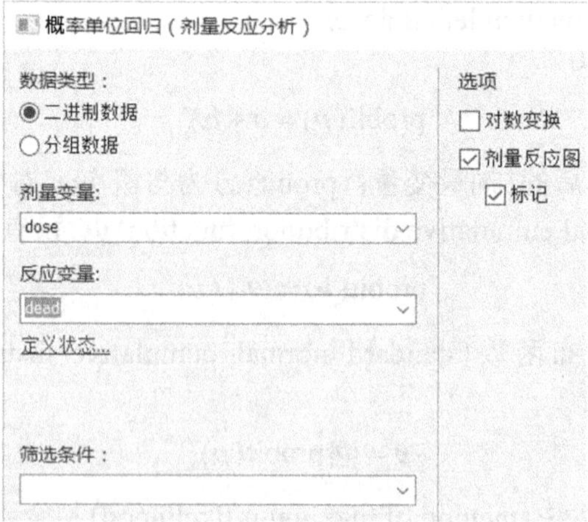

图 10-19 概率单位回归(剂量反应分析)(Probit regression (Dose-Response analysis))对话框

3) 主要结果与分析。

(1) 整体模型拟合优度 (overall model fit)：与 Logistic 回归类似，$\chi^2= -2\ln(L_0)-[-2\ln(L)]=68.593-48.368=20.225$，$P<0.0001$，按 $\alpha=0.05$ 水准，拒绝 H_0，接受 H_1，全模型有统计学意义，即农药剂量与 Probit(p)之间存在线性关系，直线拟合的效果较好。与线性回归方程中的 R^2 类似，Cox-Snell R^2 (R^2_{CS}) 和 Nagelkerke R^2 (R^2_N) 为伪 R^2，属于广义决定系数，是模型拟合优度的一种综合性指标，R^2_{CS} 值越接近 1 说明实际资料与模型拟合得越好。R^2_{CS} 指标不能达到最大值 1，只能在样本中基线概率为 0.5 时，达到最大值 0.75。R^2_N 为了使 R^2_{CS} 达到 1，对其进行了调整。本例 R^2_{CS} 为 0.3327，R^2_N 为 0.4457，见结果 10-23。

结果 10-23　整体模型拟合度

空模型-2 对数概率	68.593
全模型-2 对数概率	48.368
卡方	20.225
DF	1
显著性水平	P < 0.0001
Cox & Snell R^2	0.3327
Nagelkerke R^2	0.4457

(2) 系数和标准误：得到概率单位回归方程

$$\text{probit}(p) = -4.41007 + 0.0032971\text{dose}$$

“dose(剂量)”的 Wald $\chi^2=16.1181$，$P<0.0001$，按 $\alpha=0.05$ 水准，拒绝 H_0，接受 H_1，总体回归系数不为 0，由于回归系数大于 0，表明死亡概率与农药浓度呈正相关关系，见结果 10-24。根据概率单位回归方程可计算死亡的预测概率，如剂量 1300mg/kg，probit$(p)=-0.12384$，在数据文件的空白单元格中输入函数“NORMSDIST（-0.12384）”，得到大白鼠的预测死亡概率为 0.4507，即 45.07%。

结果 10-24　系数和标准误

变量	系数	标准误	Wald	P
dose	0.0032971	0.00082126	16.1181	0.0001
常量	-4.41007	1.14737	14.7735	0.0001

(3) 由剂量反应表可见，该用药对大白鼠的半数致死量 LD_{50} 为 1337.54mg/kg，其 95%CI 为 (1186.28，1469.87) mg/kg，LD_{95} 及其 95%CI 为 1836.42 (1650.92，2320.94) mg/kg，见结果 10-25。

结果 10-25　剂量反应表

概率	剂量	95%的置信区间	
0.010	631.97902	-99.28627	894.58395
0.020	714.65634	60.89341	952.45618
0.025	743.10064	115.86342	972.50474
0.05	838.67136	299.86283	1040.56210
0.10	948.85828	510.05447	1120.97578
0.20	1082.28600	759.37789	1223.55263
0.25	1132.97579	851.42138	1265.19762
0.50	1337.54371	1186.27831	1469.86504
0.75	1542.11163	1417.32925	1778.33845
0.80	1592.80141	1461.91921	1867.43696
0.90	1726.22914	1568.80768	2112.44876
0.95	1836.41606	1650.91775	2320.94402
0.975	1931.98678	1719.83868	2504.07986
0.980	1960.43107	1740.07894	2558.85816
0.990	2043.10839	1798.39395	2718.59506

(4)剂量反应曲线的纵轴为大白鼠的死亡概率，横轴为农药剂量，剂量反应曲线(蓝色曲线)为 S 形曲线，农药的剂量越大，大白鼠的死亡率概率越高，上下两侧的红色虚线为剂量反应曲线的 95%置信带，见图 10-20。

(5)在剂量反应曲线上画一条水平线，从与剂量反应曲线相交点在横轴上的投影直观地看出所对应死亡概率的剂量及其 95%CI，见图 10-21，预测死亡概率为 0.6 时，所对应的剂量约为 1410mg/kg，其 95%CI 约为(1290，1580)mg/kg。

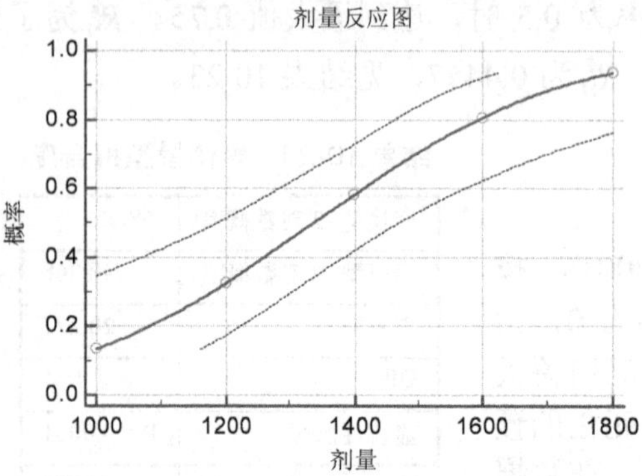

图 10-20 大白鼠死亡概率与农药的剂量反应曲线(一)

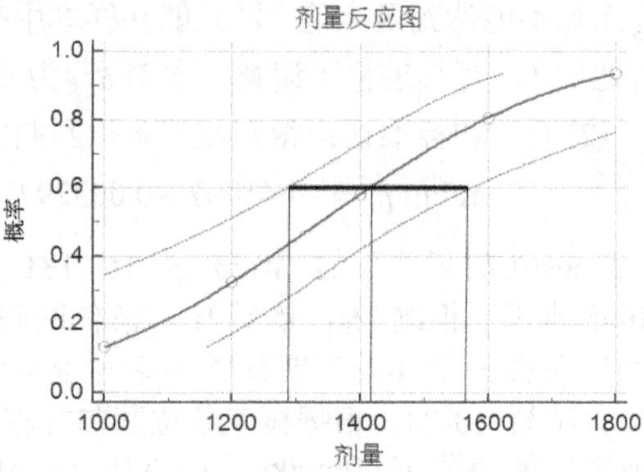

图 10-21 大白鼠死亡概率与农药的剂量反应曲线(二)

10.5.2 汇总资料的概率单位回归

【例 10-10】 小鼠腹腔注射浙贝乙素的急性毒性试验结果资料见表 10-4，试进行概率单位回归(浙贝乙素.mcl)。

表 10-4 小鼠腹腔注射浙贝乙素的急性毒性试验结果

剂量/(mg/kg)	试验动物数	死亡数
4.02	10	0
5.03	10	2
6.29	10	3
7.86	10	7
9.83	10	9
12.29	10	10

1)打开数据文件“浙贝乙素.mcl”。

2)打开概率单位回归(剂量反应分析)(Probit regression (Dose-Response analysis))对话框，见图 10-22。

- 【数据类型(Data type)】：本例选择【分组数据(Grouped)】。
- 【剂量变量(Dose variable)】：本例选择“dose(剂量)”。
- 【案例总数(Total number of cases)】：选择包含每个剂量测量数的变量，本例选择“case(试验动物数)”。
- 【反应数量(Number of responses)】：选择包含每个剂量反应数的变量，本例选择“dead(死亡数)”。
- 【选项(Options)】：本例选择【剂量反应图(Dose-response plot)】。

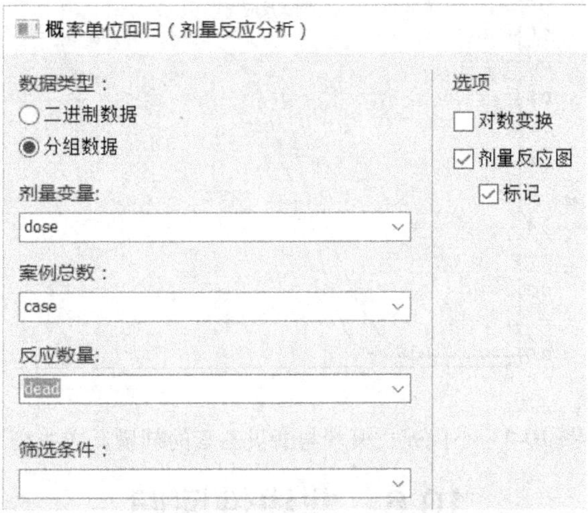

图 10-22　概率单位回归(剂量反应分析)(Probit regression (Dose-Response analysis))对话框

3)重复上述步骤，【选项(Options)】选择【对数变换(Log transformation)】，其他选项不变。

4)主要结果与分析。

(1)整体模型拟合优度，对“dose(剂量)”进行对数变换后概率单位回归模型的 χ^2 值、R^2_{CS} 和 R^2_N 均大于未经对数变换的概率单位回归模型对应的统计量，表明前者拟合的模型更优，因此我们选择前者拟合的概率单位回归模型，见结果 10-26。

结果 10-26　整体模型拟合优度

	无对数变换	对数变换
无模型-2 对数概率	83.111	83.111
全模型-2 对数概率	42.579	42.418
卡方	40.532	40.693
DF	1	1
显著性水平	P < 0.0001	P < 0.0001
Cox & Snell R2	0.4911	0.4925
Nagelkerke R2	0.6551	0.6569

(2)系数和标准误：得到概率单位回归方程(见结果 10-27)。

$$\text{probit}(p) = -7.32804 + 8.76067\lg \text{dose} \quad , \ \text{Wald}\ \chi^2 = 22.3091, \ P<0.0001$$

结果 10-27　系数和标准误

变量	系数	标准误	Wald	P
dose (Log)	8.76067	1.85480	22.3091	<0.0001
常量	-7.32804	1.56661	21.8802	<0.0001

(3)小鼠腹腔注射浙贝乙素的急性毒性试验的 LD_{50} 及其 95%CI 为 6.86(6.06，7.75) mg/kg。

(4)对数剂量反应曲线见图 10-23，纵轴为小鼠的死亡概率，横轴为浙贝乙素剂量的对数，可见浙贝乙素的剂量越高，小鼠的死亡率概率越高。

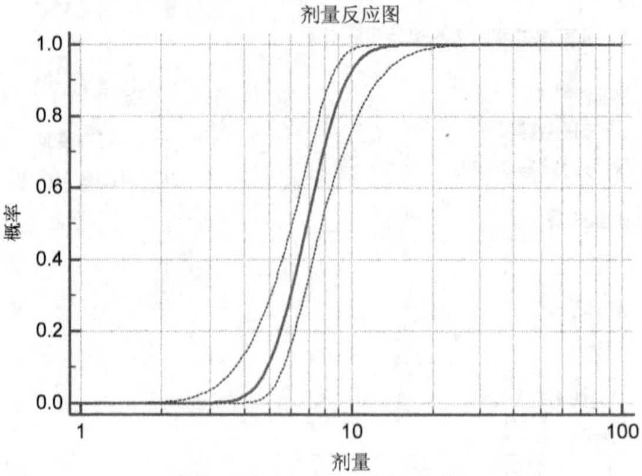

图 10-23 小鼠死亡概率与浙贝乙素的剂量反应曲线

10.6 非线性回归

在医学研究中，常遇到两个变量间的关系不呈直线关系，而是呈某种曲线关系，或在某范围内呈曲线关系，如模型 $\lg Y=a+bX$、$Y=1/(a+be^{-x})$、$\lg Y=a+b\lg X$ 等，对这类问题的研究要用非线性回归(Non-linear Regression)方法。非线性回归是寻找因变量和一组自变量之间关系的非线性模型的方法。与传统线性回归不同，非线性回归可估计自变量和因变量之间具有任意关系的模型。MedCalc 根据用户提供参数初始估计值，使用 Levenberg-Marquardt 迭代过程发现模型的参数。

非线性回归的常用模型可参考表 10-5。

表 10-5 非线性回归常用模型

名称	模型表达式
渐近回归模型(Asymptotic regression model)	$b_1+b_2\exp(b_3x)$
渐近回归模型	$b_1-b_2b_3^x$
密度模型(Density model，D)	$(b_1+b_2x)^{(-1/b_3)}$
Gauss 模型	$b_1[1-b_3\exp(-b_2x^2)]$
Gompertz 模型	$b_1\exp[-b_2\exp(-b_3x)]$
Johnson-Schumacher 模型	$b_1\exp[-b_2/(x+b_3)]$
对数修正模型(Log-modified model)	$(b_1+b_3x)^{b_2}$
对数 Logistic 回归模型(Log-Logistic model)	$b_1-\ln[1+b_2\exp(-b_3x)]$
Metcherlich 报酬递减律模型(Metcherlich law of diminishing returns model)	$b_1+b_2\exp(-b_3x)$
Michaelis Menten 模型	$b_1x/(x+b_2)$
Morgan-Mercer-Florin 模型	$(b_1b_2+b_3x^{b_4})/(b_2+x^{b_4})$
Peal-Reed 模型	$b_1/\{1+b_2\exp[-(b_3x+b_4x^2+b_5x^3)]\}$
三次比模型(Ratio of cubics model)	$(b_1+b_2x+b_3x^2+b_4x^3)/(b_5x^3)$
二次比模型(Ratio of quadratics model)	$(b_1+b_2x+b_3x^2)/(b_4x^2)$
Richards 模型	$b_1/[(1+b_3\exp(-b_2x)]^{(1/b_4)}$
Verhulst 模型	$b_1/[1+b_3\exp(-b_2x)]$
Von Bertalanffy 模型	$[b_1^{(1-b_4)}-b_2\exp(-b_3x)]^{1/(1-b_4)}$
Weibull 模型	$b_1-b_2\exp(-b_3x^{b_4})$
产量密度模型(Yield density model)	$(b_1+b_2x+b_3x^2)^{(-1)}$

【例 10-11】 试根据例 9-2 的资料拟合指数曲线。(甲胎蛋白.mcl)

观察表 9-2 的资料以及图 9-3，不妨选择指数曲线拟合

$$y=ae^{bx}$$

1)打开数据文件“甲胎蛋白.mcl”。

2) 选择【统计(Statistics)】→【回归(Regression)】→【非线性回归(Nonlinear regression)】菜单，打开非线性回归(Nonlinear regression)对话框，见图 10-24。

- 【回归方程(Regression equation)】：选择或输入拟合的回归方程，如“y = 1/(1+exp(a+b*x))”，方程中的 a 和 b 为估计的参数，参数可以用 a～z 中除了 x 和 y 以外的单一字符表示，也可以用有意义名称的表示，如“slope”，但不能和工作表的变量名重名。其命名规则和变量名相同，不能包含空格及如下字符：– + / * = < > ^ ( ) [ ] $ ″ ' : ,，不能以数字命名或与如下系统的保留词相同：TRUE、FALSE、ROW 及 COLUMN。非线性回归方程必须包含字符 x，x 指下文输入框中指定的自变量。本例为“y=a * EXP(b * x)”。
- 【变量 Y(Variable Y)】：选择因变量，本例为“y(甲胎蛋白)”。
- 【变量 X(Variable X)】：选择自变量，本例为“x(孕周)。
- 【筛选条件(Filter)】：本例未选择。
- 【参数(Parameters)】。
  - 【从方程中获取参数(Get parameters from equation)】：单击此按钮可从回归方程中提取参数，如果不能准确提取所有参数，则参数命名或回归方程可能存在错误。
- 【参数列表与初始值(Parameters list and initial values)】：输入不同参数的初始值或最佳估计值。也可以使用变量的不同电子表格统计函数。

为了满足$\sum(yi-ae^{bx}i\ )^2$最小，先估计参数 a、b 的初始值，不妨假设 y=20000，取 x=1，得到

$$20000=ae^{b} \tag{10-4}$$

再设 y=300，取 x=15，得到

$$300=ae^{15b} \tag{10-5}$$

联立解式(10-4)与式(10-5)，得到参数 a、b 的初始值 a=26997，b=–0.3。

- 【调整选项(Fit options)】。
  - 【收敛公差(Convergence tolerance，收敛容差)】：收敛容差将影响参数估计的精度。当连续模型拟合之间的差值小于收敛容差值时，将完成迭代过程。对于较小的收敛容差值可用科学计数法表示，如 1E–10 表示 10^{-10}。
  - 【最大迭代次数(Maximum numbers of iterations)】：当达到最大迭代次数时，将终止迭代过程。当迭代次数特别大时，模型或初始参数可能不准确。默认为“1000”。
- 【图表选项(Graph options)】。
  - 【显示散布图和拟合线(Show scatter diagram & fitted line)】：绘制散点图及拟合线，本例选择此项。
  - 【显示残差窗口(Show residuals window)】：绘制残差图。

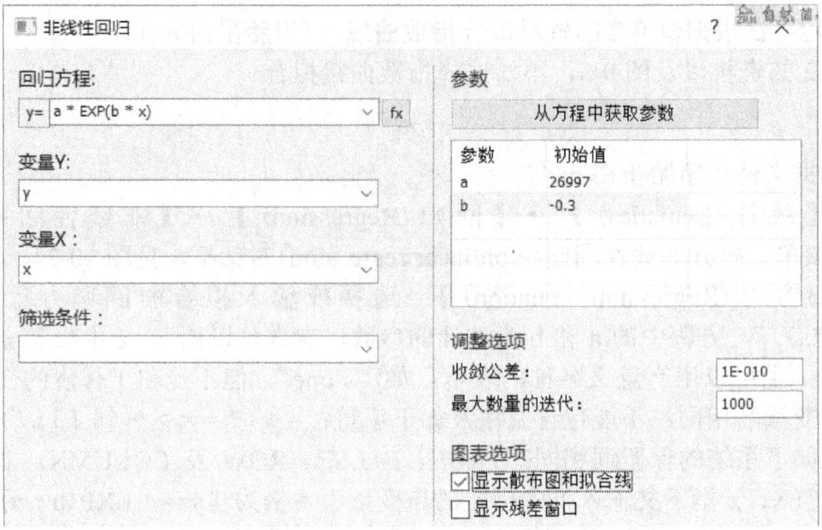

图 10-24　非线性回归(Nonlinear regression)对话框

3)主要结果与分析。

(1)迭代：本例容差为 10^{-10}，最大迭代次数为 1000。经过 56 次迭代后达到收敛标准，见结果 10-28。此外，终止迭代的原因还可能有超过最大迭代次数，可能表明模型拟合太差或初始参数值太差；模型或初始参数错误，程序无法根据指定的初始参数找到指定模型的解；函数不能定义自变量的所有数值，模型计算错误，如除数为 0。

结果 10-28　迭代

容差	1E–010
最大迭代	1000
在 56 个迭代后达到收敛标准	

(2)回归方程：得到回归方程 $y = 26480.6418e^{-0.2526x}$，此外，结果还给出系数的标准误及 95%CI，95%CI 可用于检验参数估计与某个特定值 k 有无统计学差异，如果 k 不在 95%CI 中，则可认为参数估计值与 k 的差别有统计学意义。本例中 b 为–0.2526，其 95%CI 为(–0.2836，–0.2217)，不包含 0，表明按 α=0.05 的水准，b 和 0 的差别有统计学意义，见结果 10-29。

结果 10-29　回归方程

a * EXP (b * x)			
参数	系数	标准误	95% CI
a	26480.6418	1203.3708	23880.9174–29080.3663
b	–0.2526	0.01434	–0.2836– –0.2217

(3)方差分析：F=653.3，P<0.0001，按 α=0.05 水准，拒绝 H_0，接受 H_1，认为所拟合的回归方程具有统计学意义。决定系数 $R^2 = 1 - \frac{残差平方和}{校正总平方和} = 1 - \frac{10606807.6}{559414568.9} = 0.9810$，决定系数越接近于 1，回归效果越好。对于同一资料，还可尝试其他非线性回归，一般以决定系数最大者为优，见结果 10-30。

(4)参数估计值的相关性：显示不同参数估计值的相关系数，当发现 2 个或以上的参数高度相关时，那么应减少参数的数量或选择其他的模型，见结果 10-31。

结果 10-30 方差分析

来源	DF	平方和	均方
回归	2	1066025265.4	533012632.7
残差	13	10606807.6	815908.3
未校正的总数	15	1076632073.0	
(校正的总数)	14	559414568.9	
F 比率			653.3
显著性水平			P<0.0001

结果 10-31 参数估计值的相关性

	a	b
a	1	–0.7933
b	–0.7933	1

(5) 指数曲线：双击指数曲线纵轴，打开 Y 轴 (Y axis) 对话框 (略)，在【比例 (Scale) 选项卡中，修改【最低 (Minimum)】为“0”，【最高 (Maximum)】为“20000”，【增量 (Increment)】为“1000”。从甲胎蛋白与孕周的拟合曲线看，测量值 (原点) 与曲线的距离较接近，表明模型拟合的效果不错，见图 10-25。

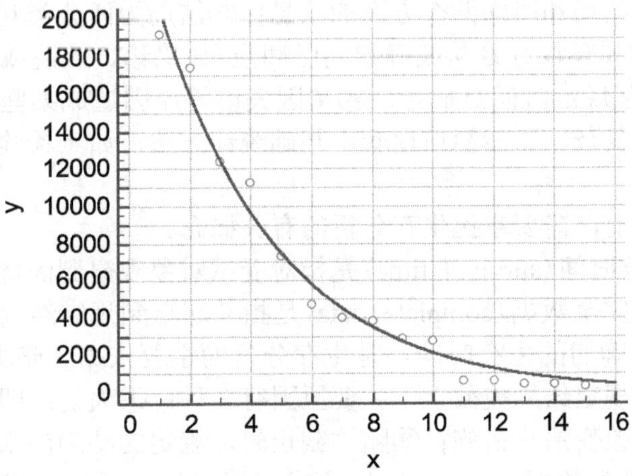

图 10-25 孕妇羊水内的甲胎蛋白含量与孕周的指数曲线

第11章 生存分析

生存分析(survival analysis)是将明确的阳性结局(如死亡、复发、致残、痊愈等)与出现其结局所经历的时间结合起来分析的一类统计方法，主要特点是考虑了每个观察对象出现某一结局所经历的时间长短，常用于疾病的病因和预后分析、临床疗效试验(痊愈或显效为阳性)、动物试验(发病或死亡为阳性等)等有信息不完全的时间资料分析。生存分析的对象是随访资料，其资料结构的特点是记录内容有开始观察日期、终止观察日期、结局、试验干预和影响因素等。随访资料包含因失访等原因造成的资料观察不完全因素。对这种含有失访数据的随访资料，应采用专门的生存分析的方法进行统计学处理。因此，生存分析的研究资料的共同特点为：①包含结局和时间两个方面的信息；②结局为两分类互斥事件；③一般是通过随访收集得到，随访观察往往是从某确定的时间点(如确诊、入院或实施手术等某种处理措施后)开始，观察到某规定时间点截止；④常因失访等原因造成某些研究对象的生存时间数据不完整，分布类型复杂，不能简单地套用基础统计方法，如 t 检验、方差分析、χ^2 检验或秩和检验进行分析。

在进行生存分析之前，需要掌握生存分析的有关概念。

(1)生存时间：生存时间(survival time)是指对受试对象观察到的持续时间。有完全数据与删失数据两种类型。完全数据(complete data)是指从起点到规定结局发生所经历的时间，完全数据提供观察对象确切的生存时间，是生存分析的主要依据。删失(censored)又称终检或截尾，是指未观察到规定结局被截止，主要原因有 3 种：①失访：即失去联系；②退出研究，如死于其他原因或改变治疗措施；③随访截止时，规定的结局尚未发生。从起点至截尾点所经历的时间称为删失数据(censored data)或截尾数据，通常在其右上角标以“+”表示，删失数据提供观察对象生存时间的部分信息。

(2)生存概率：生存概率(survival probability)用 P 表示，是指单位时段开始存活的个体到该时段结束仍然存活的概率。例如，以年为单位时间时，有

$$\text{年生存概率} = \frac{\text{同年内活满1年的人数}}{\text{某年年初存活人数}}$$

(3)生存率：生存率(survival rate)是累积生存概率的习惯简称，也称生存函数，记为 $S_{(t)}$，指某个观察对象活过 t 时刻的概率，用 T 表示观察对象的生存时间，有

$$S(t) = P(T > t)$$

(4)生存曲线：以 t 为横轴、$S(t)$ 为纵轴绘制的曲线，称为生存曲线(survival curve)。生存曲线是将随访时间作为横坐标、生存率作为纵坐标，将各个时间点生存率连接在一起绘制的曲线。随着时间的增加，该曲线一般呈下降趋势，下降速度快在图形上表现为坡度大、曲线陡峭，意味着较低的生存率或较短的生存期；下降速度慢在图形上表现为坡度小、曲线平缓，意味着较高的生存率或较长的生存期。

(5)风险函数：风险函数(hazard function)表示具有协变量 x、生存时间已到 t 的一群观察对象在时刻 t 的瞬时死亡率，记为 $h(t,x)$。

(6)中位生存期：中位生存期(median survival time)又称生存时间的中位数，为生存率=0.5 时所对应的时间，表示恰有 50%的个体尚存活的时间，是生存分析中最常用的概括性统计量。由于生存时间并非正态分布，故常用它作为某人群生存过程的概括性描述指标。中位生存期越长，表示疾病预后越好；中位生存期越短，表示疾病预后越差。

(7)风险比(Hazard Ratio，HR)：是一个类似于 logistic 回归中 OR 值的指标，它也体现了相对危险度的概念，表示暴露于某因素与不暴露于某因素的“死亡”风险比(这里的死亡泛指一切发生的结局)。HR>1，表示暴露于某因素下死亡风险高，即该因素是一个危险因素；HR<1，表示暴露于某因素下死亡风险低，即该因素是一个保护因素。

MedCalc 生存分析(Survival Analysis)的方法有 Kaplan-Meier 法和 Cox 回归(Cox Regression)。

11.1 Kaplan-Meier 生存分析

Kaplan-Meier 生存分析法，简称 K-M 法，利用概率乘法原理计算生存率，故又称概率乘积法、乘积极限法(Product-Limit Method，P-L 法)。该法为非参数方法，不需要对被估计资料分布进行任何假设，主要针对小样本未分组资料估计生存率，也可用于大样本资料。

MedCalc 的 Kaplan-Meier 生存分析可对 1 组或多组生产资料进行分析、绘制 Kaplan-Meier 生存曲线，并使用 logrank 检验(logrank test)比较对于 2 组或以上生存资料的生存曲线，或使用 log rank 趋势检验(log rank test for trend)对 3 个或以上有序分组的生存资料的生存得分进行分析。

11.1.1 单样本生存资料的 Kaplan-Meier 法

Kaplan-Meier 法可估计生存率及其标准误，计算置信区间并绘制生存曲线。

【例 11-1】 研究人员对 20 名某肿瘤术后病人进行 3 年跟踪研究，记录下他们术后的生存时间，试绘制生存曲线。(生存资料.mcl；t(生存时间)；d(状态)：1=存活，0=删失)

生存时间(单位：月)为 3、5、6^+、8、9、9^+、9、10^+、11、15、15^+、16、20、21^+、25、28^+、28、30^+、30^+、32，数字右上角有“+”表示是删失数据。

1)打开数据文件“生存资料.mcl”。

2)选择【统计(Statistics)】→【生存分析(Survival analysis)】→【Kaplan-Meier 生存分析(Kaplan-Meier survival analysis)】菜单，打开 Kaplan-Meier 生存分析(Kaplan-Meier survival analysis)对话框，见图 11-1。

- 【生存时间(Survival time)】：选择包含生存时间(随访时间)的变量，本例为“t(生存时间)”。
- 【终点(Endpoint)】：选择包含结局编码的变量，默认 1 表示完全数据，0 表示删失数据，用户还可以单击【定义状态(Define status)】，在定义状态(Define status)对话框(参见图 10-17)中设定其他编码表示完全数据和删失数据，本例为“d(状态)”。
- 【因子(Factor)】：选择 1 个定性变量或离散变量作为分组变量，离散变量可以为字符型或数值型，MedCalc 最多可比较 6 个分组的生存曲线。如果不选择因子变量，则将把所有资料看作 1 组并绘制 1 条生存曲线。
- 【筛选条件(Filter)】：未选择任何变量。

- 【选项(Options)】。
  - 【因子水平的线性趋势(Linear trend for factor levels)】：使用 log rank 趋势检验(log rank test for trend)对 3 个或以上有序分组的生存资料的生存得分进行分析。因子水平应为自然顺序，若按不同剂量分组，则 Kaplan-Meier 法假设所有的因子水平的间隔相等。
- 【图表(Graph)】。
  - 【生存概率(%)(Survival probability(%))】：绘制生存曲线。
  - 【100-生存概率(%)(100-Survival probability (%))】：绘制 100-生存概率图，即累积死亡曲线。
  - 【在图表中包含 95%CI(Include 95% CI in graph)】：绘制总体生存曲线的 95%置信带。
  - 【在图表中标记截尾数据(Mark censored data in graph)】：在生存图中以小垂直线表示删失数据。
  - 【图表下面风险表格中的数字(Number at risk table below graph)】：在生存图下方显示暴露数(number of subjects at risk)的表格。

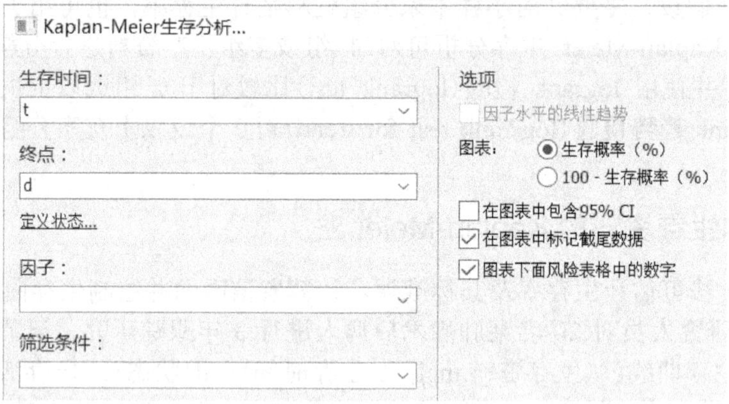

图 11-1　Kaplan-Meier 生存分析(Kaplan-Meier survial analysis)对话框

3)主要结果与分析。

(1)本研究共追踪 20 名某肿瘤术后病人，其中完全数据 12 例(60%)，删失数据 8 例(40%)，见结果 11-1。

结果 11-1　案例汇总

事件数①		删失数②		
N	%	N	%	总样本含量
12	60.00	8	40.00	20

注：① d=1；② d=0。

(2)某肿瘤术后病人的平均生存期为 20.35 月，总体平均生存期的 95%CI 为(15.28，25.41)月，中位生存期为 20 月，总体中位生存期的 95%CI 为(11，32)月，见结果 11-2。

结果 11-2　平均和中位数生存期

平均值	SE	平均值的 95%CI	中位数	中位数的 95%CI
20.345	2.584	15.280–25.409	20.000	11.000–32.000

(3)通过生存表可知，某肿瘤术后病人的 1 年生存率为 67.9%，2 年生存率为 48.0%，3 年生存率为 0，见结果 11-3。

(4) 生存曲线是阶梯形状的，其实理论上是光滑曲线。产生阶梯状的原因是观测例数少及其死亡时点数少。用曲线上的点可任意估计出病人在指定的时间 t 还存活的概率。还可以找到中位生存期，即生存率为 0.5 时所对应的生存时间。生存曲线上的小垂直线表示删失数据，生存图下方的表格为对应时间的期初暴露人数，见图 11-2。

结果 11-3　生存表

生存时间	生存率	标准误
3	0.950	0.0487
5	0.900	0.0671
6	—	—
8	0.847	0.0814
9	0.741	0.0999
10	—	—
11	0.679	0.109
15	0.618	0.115
16	0.549	0.121
20	0.480	0.124
21	—	—
25	0.400	0.127
28	0.320	0.124
30	—	—
32	0.000	0.000

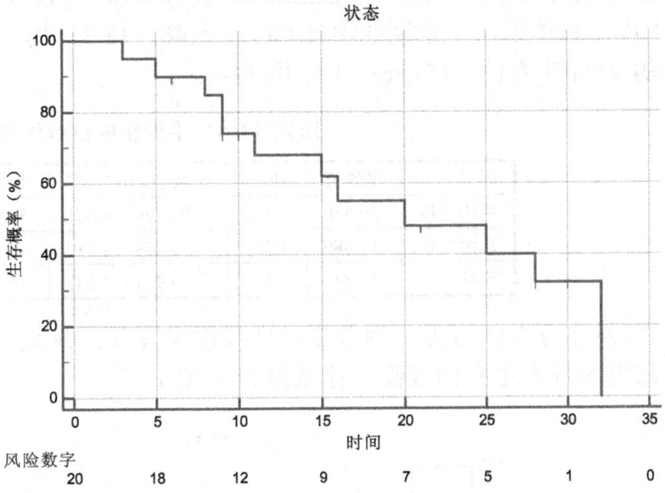

图 11-2　20 名某肿瘤术后病人的生存曲线

11.1.2　生存曲线比较的 log rank 检验

医学研究中经常需要评价不同干预措施或不同疾病类型的预后，而许多情况下预后的评价指标是生存率，因此需要对不同情况下的生存曲线进行统计检验。常用的生存曲线比较方法为 log rank 检验，log rank 检验又称时序检验、Mantel-Cox 检验或对数秩检验，属于非参数方法，该法并不指定生存时间服从某种特定的分布，所比较的是整个生存时间的分布，而不是仅仅比较某个特定时间点的生存率。该检验是生存分析中最被广泛使用的非参数检验方法，为比例风险假设下的最高效的非参数方法。log rank 检验的无效假设为两条生存曲线相同，备择假设为两条生存曲线不同。log rank 检验的应用条件为各组生存曲线呈比例风险关系，各组生存曲线不能交叉；生存曲线有交叉时，提示存在混杂因素，应采用分段分析或者采用多因素方法来分析来校正混杂因素。

【例 11-2】 某医师收集了用甲、乙两种疗法治疗 20 例脑瘤患者的生存时间(周)资料，见表 11-2，试估计两种疗法的生存曲线有无不同。(脑瘤.mcl)

表 11-1　20 例脑瘤患者两种疗法的生存时间(单位：周)

甲疗法组，group=1	5	7+	13	13	23	30	30+	38	42	42	45+
乙疗法组，group=1	1	3	3	7	10	15	15	23	30		

1) 打开数据文件“脑瘤.mcl”。

2) Kaplan-Meier 生存分析(Kaplan-Meier survival analysis)(参见图 11-1)中，【生存时间(Survival time)】选择“week(生存时间)”，【终点(Endpoint)】选择“d(状态)”，【因子(Factor)】选择“group(分组)”；【图表(Graph)】选择【生存概率(Survival probability

(%))】、【在图表中标记截尾数据(Mark censored data in graph)】及【图表下面风险表格中的数字(Number at risk table below graph)】。

3)主要结果与分析。

(1)甲疗法组的平均生存期为 29.52 周，总体平均生存期的 95%CI 为(20.99，38.05)周，中位生存期为 38 周，总体中位生存期的 95%CI 为(13，42)周；乙疗法组的平均生存期为 11.89 周，总体平均生存期的 95%CI 为(5.46，18.32)周，中位生存期为 10 周，总体中位生存期的 95%CI 为(3，15)周；见结果 11-4。

结果 11-4 平均和中位数生存期

因子	平均值	SE	平均值的 95%CI	中位数	中位数的 95%CI
甲治疗组	29.520	4.352	20.989–38.051	38.000	13.000–42.000
乙治疗组	11.889	3.281	5.459–18.319	10.000	3.000–15.000
全部	21.347	3.367	14.747–27.947	15.000	10.000–30.000

(2)从生存曲线可见，两条生存曲线没有交叉，满足 log rank 检验的条件，甲疗法组比乙疗法组的样本生存曲线高，疗效好，见图 11-3。

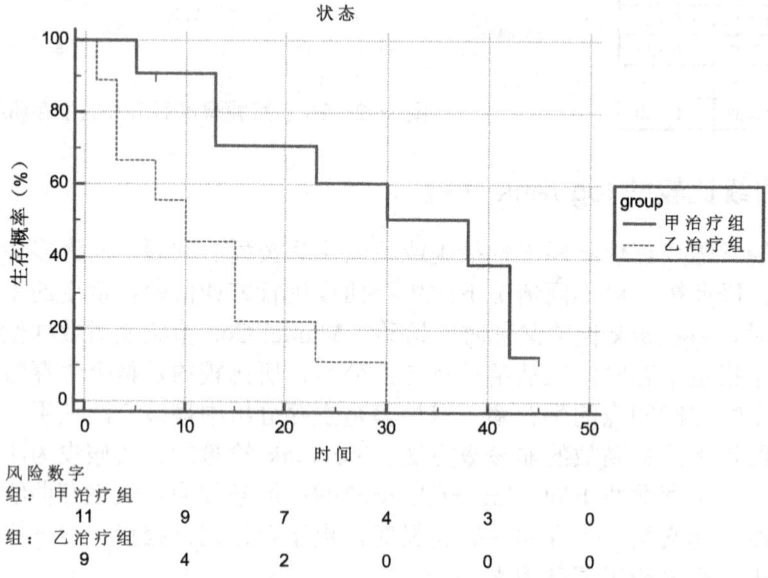

图 11-3 脑瘤患者甲、乙两疗法组的生存曲线

(3)log rank 检验结果为 χ^2=7.63、P=0.0057，按 α=0.05 水准，拒绝 H_0，接受 H_1，结合结果 11-4 及图 11-3，可认为两组生存曲线不同，甲疗法组患者生存曲线高于乙疗法组，即甲疗法优于乙疗法，见结果 11-5。

(4)风险比(Hazard ratios，HR)类似于 logistic 回归中优势比 OR 值的指标，也体现了相对危险度的概念，就是同一时点 i 时，两组对象的结局风险之比。log rank 检验的 χ^2 值有统计学意义时，可以观察 HR 值的大小。与相对危险度 RR 或优势比 OR 相比，HR 的定义中包含时间概念，更适用于与时间有关的预后研究中。HR>1，表示暴露于某因素下死亡(或阳性结局)风险高，即该因素是一个危险因素；HR<1，表示暴露于某因素下死亡(或阳性结局)

风险低，即该因素是一个保护因素。当 HR 的 95%CI 不含 1(风险相等)时，表示 HR 与 1 的差别有统计学意义。从结果 11-6 可见，乙治疗组与甲治疗组相比，HR=3.17，95%CI 为(1.07，9.36)，两组发生死亡的风险的差别有统计学意义，表明乙治疗组发生死亡的风险为甲治疗组的 3.17 倍。

结果 11-5　生存曲线对比(对数秩检验)

卡方	7.6283
DF	1
显著性	P = 0.0057

结果 11-6　风险比[①]及 95%置信区间

因子	甲治疗组	乙治疗组
甲治疗组	—	3.1727 1.0760–9.3556
乙治疗组	0.3152 0.1069–0.9294	—

注：① 列/行。

注：计算 HR 的前提假设某因素对生存率的影响在任何时间都是相同的，不随时间的变化而变化，即比例风险(proportional hazards)，因此，当生存曲线存在交叉时，不宜使用该指标。

除 log rank 检验外，常用的生存曲线比较方法还有 Breslow 检验(又称 Wilcoxon 检验)。log rank 检验将所有四格表一视同仁，因四格表例数是逐渐减少的，所以它实际上相对重视远期效应，而 Breslow 以四格表的例数为权重，相对重视了近期效应。实际工作中要根据对近期效应和远期效应的重视程度来选择方法。MedCalc 未提供 Breslow 检验，读者可采用其他统计软件进行分析，如 SPSS、SAS 等。

11.1.3　生存曲线的 log rank 趋势检验

多组生存率比较时，若分组变量是等级变量，如肿瘤分期为 I 期、II 期、III期，或连续变量等级化分组，如年龄(单位：岁)<30、30～40、40～50、≥50，在 log rank 检验各组生存率差别有统计学意义后，还可做趋势检验(trend test)，分析危险率是否有随分组等级变化而变化的趋势，即是否有肿瘤分期越高，预后越差或年龄越大(或越小)，预后越差的情况。

【例 11-3】 某医院泌尿外科医师选择了 1996—2000 年间 30 例经手术治疗的膀胱肿瘤患者的生存时间，见表 11-2，试分析肿瘤分级对生存时间的影响。(膀胱肿瘤.mcl)

表 11-2　30 例经手术治疗的膀胱肿瘤患者的生存时间(单位：月)

编号，no	肿瘤分级，grade	生存时间(月)，time
1	I	59+
2	I	54
3	II	44+
…	…	…
28	III	9
29	III	7
30	III	6

1) 打开数据文件“膀胱肿瘤.mcl”。

2) Kaplan-Meier 生存分析(Kaplan-Meier survival analysis)(参见图 11-1)中，【生存时间(Survival time)】选择“time(生存时间)”，【终点(Endpoint)】选择“d(状态)”，【因子

(Factor)】选择“grade(肿瘤分级)”；【选项(Options)】选择【因子水平的线性趋势(Linear trend for factor levels)】；【图表(Graph)】选择【生存概率(Survival probability (%))】、【在图表中标记截尾数据(Mark censored data in graph)】及【图表下面风险表格中的数字(Number at risk table below graph)】。

3)主要结果与分析。

(1)肿瘤分级为Ⅰ、Ⅱ、Ⅲ级的膀胱肿瘤患者的中位生存期分别为 42 月、27 月、11 月，肿瘤分级越高，中位生存期越短，见结果 11-7。

结果 11-7　平均和中位数生存期

因子	平均值	SE	平均值的 95%CI	中位数	中位数的 95%CI
1	42.542	2.993	36.674 – 48.409	42.000	36.000–50.000
2	28.333	3.039	22.377–34.289	27.000	23.000–34.000
3	12.889	2.324	8.334–17.444	11.000	9.000–13.000
全部	29.680	2.860	24.075–35.285	28.000	20.000–37.000

(2)从生存曲线可见，3 条生存曲线没有交叉，满足 log rank 检验的条件，肿瘤分级越高，生存时间越短，见图 11-4。

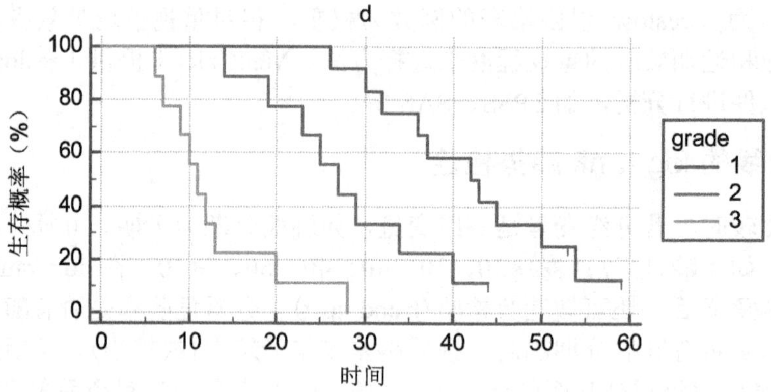

风险数字

组：1						
12	12	12	10	7	3	0
组：2						
9	9	7	3	1	0	0
组：3						
9	5	1	0	0	0	0

图 11-4　不同分级的膀胱肿瘤患者的生存曲线

(3)log rank 检验结果为 χ^2=32.19、P<0.0001，按 α=0.05 水准，拒绝 H_0，接受 H_1，结合结果 11-4 及图 11-4，可认为不同分级的膀胱肿瘤患者生存曲线不全同，见结果 11-8。对于 3 个或以上分组的生存曲线的比较，如拒绝 H_0，可进一步对不同分组的生存曲线进行两两比较(多重比较)，读者可使用 Bonferroni 法对检验水准的调整。

(4)由于肿瘤分级为等级变量，结合结果 11-7 和图 11-4，可见肿瘤分级越高，生存时间越短，因此可使用趋势检验分析危险率是否有随分组等级而变化的趋势。$\chi^2_{趋势}$=21.36，P<0.0001，拒绝 H_0，接受 H_1，可认为肿瘤分级越高，生存率越低，预后越差，见结果 11-9。

结果 11-8　生存曲线对比（对数秩检验）

卡方	32.1912
DF	2
显著性	P < 0.0001

结果 11-9　对趋势进行对数秩检验

卡方（趋势）	21.3599
DF	1
显著性	P < 0.0001

11.2　Cox 比例风险回归模型

Cox 比例风险回归模型（Cox proportional hazards regression model)）简称 Cox 模型，是生存资料的多因素分析最常用的方法，该模型以生存结局和生存时间为因变量，可同时分析众多因素对生存期的影响，分析带有删失生存时间的资料，且不要求估计资料的生存分布类型。Cox 回归可用于影响因素分析、校正混杂因素后的组间比较以及多因素生存预测，与多重 Logistic 回归类似，但其事件发生可以与时间发生联系而不是像 Logistic 回归中简单地认为事件的发生与时间无关。Cox 回归要求满足为比例风险（proportional hazards）的假定（简称 PH 假定），任意两个个体风险函数之比，即风险比（Risk Ratio，RR 或 Hazard Ratio，HR）保持恒定的比例，与时间 t 无关，即模型中协变量的效应不随时间而改变。

11.2.1　Cox 回归 PH 假定的判定方法

Cox 模型属比例风险模型簇，其基本假定之一是比例风险假定（PH 假定）。所谓比例风险是指在协变量的不同状态下相比，病人的风险在不同时间是常数。例如，在研究的 10 年中，糖尿病人心脏病发作的可能性是非糖尿病人的 3 倍，无论是在研究的第 2 年，还是第 8 年。只有在满足该假定前提下，基于此模型的分析预测才是可靠有效的。正像我们所熟知的 t 检验中的正态分布假定一样，当使用比例风险模型时，比例风险假定应看作一个基本前提。检查某协变量是否满足 PH 假定的方法有很多，最简单的方法是观察按该变量分组的 Kaplan-Meier 生存曲线，若生存曲线交叉，提示不满足 PH 假定。第二种方法是绘制按该变量分组的 $\ln[-\ln\hat{S}(t)]$ 对生存时间 t 的趋势图，若曲线大致平行或等距，则满足 PH 假定。第三种方法也许是最好、最方便的方法，就是在模型中增加协变量与时间的交互作用项，考察该交互作用项是否有统计学意义。如果有统计学意义，则说明比例风险条件不成立；如果无统计学意义，则说明比例风险条件成立。本书重点介绍第一种方法，读者可参阅有关文献对其他方法进行更深入的了解。

分析中，需要对每个协变量都进行考察。若各协变量均满足或近似满足 PH 假定，则可直接应用基本 Cox 模型。当比例风险条件不成立时，可采用如下方法来解决：①将不成比例关系的协变量作为分层变量，然后再用其余变量进行多个 Cox 回归模型分析；②采用参数回归模型替代 Cox 回归模型进行分析；③采用依时协变量的 Cox 回归模型分析。

【例 11-4】 在 17 年里追踪调查了 149 位糖尿病患者。变量及其赋值为：d（结局），1 表示死亡，0 表示截尾；t（生存时间，年）；age1（随访开始时年龄，岁）；BMI（体重指数）；age0（诊断出糖尿病时的年龄，岁）；smk（吸烟状况），0 表示不吸烟，1 表示曾吸烟，2 表示吸烟；SPB（收缩压，mmHg）；DBP（舒张压，mmHg）；ECG（心电图），0 表示正常，1 表示可疑，2 表示异常；CHD（是否有冠心病），0 表示无，1 表示有。试分析该生存资料是否满足 PH 假定。（糖尿病.mcl）

1）打开数据文件“糖尿病.mcl”。

2）参考第 2.6.1 节的方法，对连续变量“age1（随访开始时年龄）”、“BMI（体重指数）”、“age0（诊断出糖尿病时的年龄）”、“SPB（收缩压）”和“DBP（舒张压）”创建中位数分组，各分为 2 组，对应的新变量分别为“age1_g”、“BMI_g”、“age0_g”、“SPB_g”和“DBP_g”。

3）参考第 11.1.2 节的方法绘制各因素的 Kaplan-Meier 生存曲线，对于连续变量根据中位数分成大小两类，绘制生存曲线。

4）主要结果与分析：从 Kaplan-Meier 生存曲线可见，随访开始时年龄（见图 11-5（a））、体重指数（见图 11-5（b））、诊断出糖尿病时的年龄（见图 11-5（c））、收缩压（见图 11-5（e））、舒张压（见图 11-5（f））、心电图（见图 11-5（g））和否有冠心病（见图 11-5（h））各水平生存曲线不交叉，说明比例风险条件成立；吸烟状况（见图 11-5（d））中，吸烟患者和不吸烟的患者的生存曲线虽有交叉，但基本重叠，也可认为比例风险条件成立。因此，本糖尿病患者的生存资料可直接应用基本 Cox 模型。

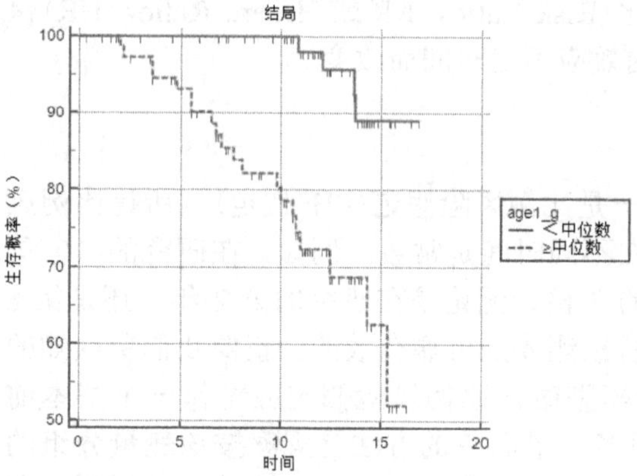

（a）随访开始时年龄

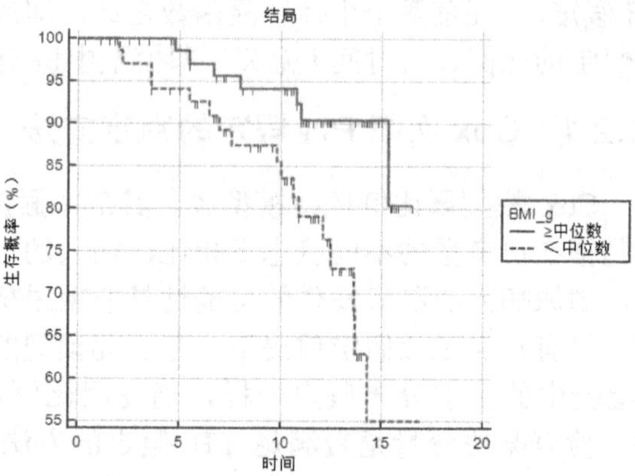

（b）体重指数

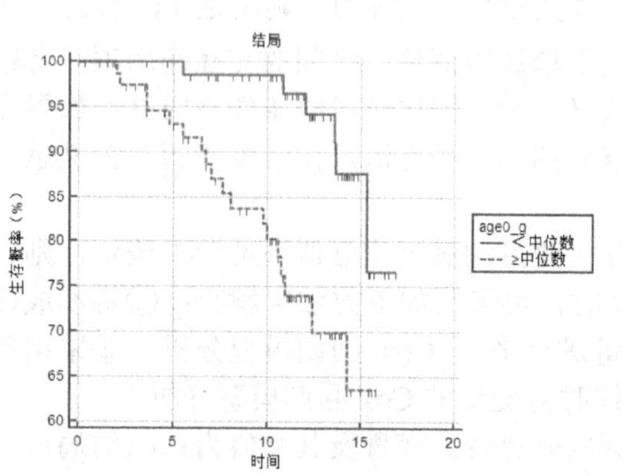

（c）诊断出糖尿病时的年龄

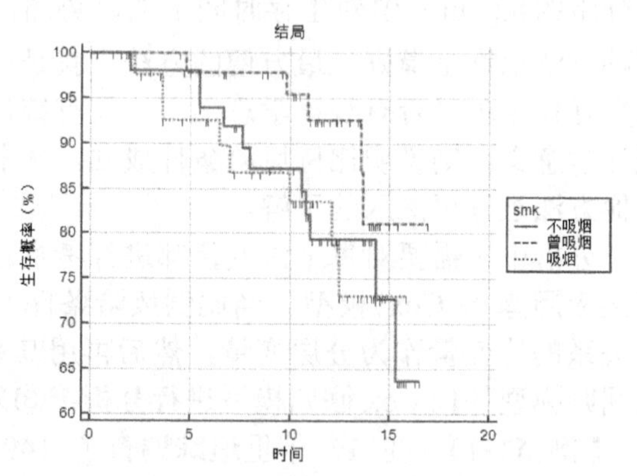

（d）吸烟状况

图 11-5　与糖尿病患者生存时间有关协变量的生存曲线

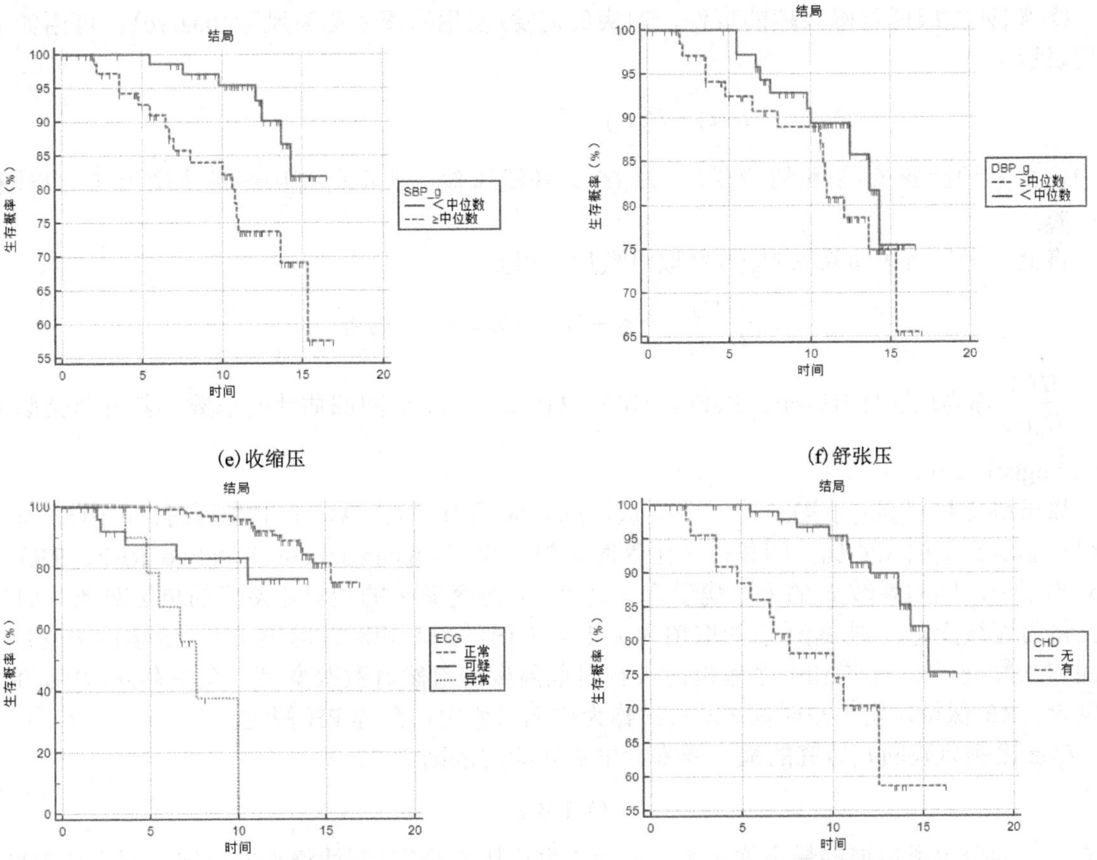

(e) 收缩压　(f) 舒张压

(g) 心电图　(h) 是否有冠心病

图 11-5　与糖尿病患者生存时间有关协变量的生存曲线(续)

11.2.2　建立 Cox 比例风险回归模型

影响生存时间的因素称为协变量，当协变量较多时，在拟合模型以前可对这些协变量进行筛选，即可进行 Cox 回归模型单变量分析。对于分类协变量也可采用 log rank 检验进行单变量分析。单变量分析筛选出的有统计学意义的变量，可继续进行多元 Cox 回归模型分析。另外，如果某些协变量有明确的专业意义，则无论它们在单变量分析中有无统计学意义均可纳入模型。如果研究的协变量不多，也未发现变量之间有明显的共线性，则也可以直接将各协变量纳入模型进行逐步 Cox 回归模型分析。建立最佳模型常需对研究的因素进行筛选，方法有前进法、后退法和逐步回归法，实际工作中要根据具体情况选择使用。在逐步筛选变量建立多元 Cox 回归模型时需规定检验水准，以确定方程中引入哪些因素和剔除哪些因素，一般情况下确定引入检验水准为 0.05，剔除检验水准为 0.1。剔除水准应大于等于引入水准，以便引入后的变量不易被剔除。如果研究课题要求特别严格，则可将引入检验水准定为 0.01 ；如果研究课题要求比较宽松，则可将引入检验水准定为 0.2。检验各因素是否有统计学意义的方法有似然比检验、Wald 检验和计分检验，模过程中，既要考虑变量的统计学意义，又要考虑其实际意义。

终点(死亡或任意感兴趣的事件，如疾病复发)发生的概率称为风险(hazard)，可用如下模型表示：

$$H(t)=H_0(t)\times e^{b_1x_1+b_2x_2+b_3x_3+\cdots+b_kx_k}$$

式中，x_i 为预测变量(下称协变量)；$H_0(t)$ 为基线风险，表示所有协变量值均为 0 的对象的风险。

将上式等号两边均除以 $H_0(t)$ 并取对数后，得到

$$\ln\frac{H(t)}{H_0(t)}=b_1x_1+b_2x_2+b_3x_3+\cdots+b_kx_k$$

$\dfrac{H(t)}{H_0(t)}$ 称为风险比(Hazard Ratio，HR)。b_1～b_k 为 Cox 回归估计的系数，其解释类似于多元 Logistic 回归。

如果协变量(危险因素)x 为二分变量，则其编码为 1=暴露，0=非暴露时。exp(b_i)为暴露组与非暴露组的风险比，即事件发生瞬时相对危险度(Instantaneous Relative Risk，RR)，Cox 模型中，回归系数 b_i 的流行病学含义是 0～1 协变量 x 的相对危险度的自然对数。如果协变量为连续变量，则 exp(b_i)为取值为 k+1 与 k 时的瞬时相对危险度 RR，连续性协变量 x 的回归系数表示 x 每增加一个单位时其相对危险度的自然对数改变量。在生存分析中，RR 称风险。RR 保持恒定，与时间 t 无关，称为比例风假定，简称 PH 假定。

Cox 比例风险回归研究的最少样本含量需要满足准则

$$N=10k/p$$

式中，N 为研究所需要的最小样本数；p 为人群中阳性个案(到达终点的个案，即完全数据)的比例和阴性个案(未到达终点的个案，即删失数据)比例的最小值；k 为协变量数。

例如，模型包括 3 个协变量，阳性个案在人群中的比例为 0.2(20%)，所需的最小样本数为

$$N=10\times3/0.2=150$$

如果结果少于 100 例，则建议至少需要 100 例个案。

【例 11-5】 试根据例 11-4 的资料，进行 Cox 回归分析。(糖尿病.mcl)

1) 打开数据文件“糖尿病.mcl”。

2) 选择【统计(Statistics)】→【生存分析(Survival analysis)】→【Cox 比例风险回归(Cox proportional-hazards regression)】菜单，打开 Cox 比例风险回归(Cox proportional-hazards regression)对话框，见图 11-6。

- 【生存时间(Survival time)】：选择“t(生存时间)”。
- 【终点(Endpoint)】：选择“d(状态)”。
- 【预测变量(Predictor variables)】：用于预测生存时间的变量。Cox 比例风险回归假设协变量随着时间变化的影响是恒定的。因此，终点与协变量应存在线性关系。对于严重偏态的协变量，可能需要进行对数变换以减少对极端值的影响。如需对协变量进行对数变换，则可输入“LOG(变量名)”，如“LOG(x1)”。本例选择“age1(随访开始时年龄)”、“BMI(体重指数)”、“age0(诊断出糖尿病时的年龄)”、“smk(吸烟状况)”、“SPB(收缩压)”、“DBP(舒张压)”、“ECG(心电图)”和“CHD(是否有冠心病)”。

- 【选项(Options)】。
  - 【方法(Method)】：选择协变量引入模型的方式。
  - 【输入(Enter)】：即强迫法，一步将所有变量引入模型。
  - 【向前(Forward)】：即前向选择法，逐个引入有显著性的变量。
  - 【向后(Backward)】：即后向消元法，首先将所有变量引入模型，然后逐个剔除没有显著性的变量。
  - 【逐步(Stepwise)】：即逐步法，逐个引入有显著性的变量，当引入一个变量后，检查并剔除模型中没有显著性的变量。本例选择此项。
  - 【如果 P<，输入变量(Enter variable if P<)】：如果变量相关的显著性水平$<P$，则引入该变量。
  - 【如果 P>，删除变量(Remove variable if P>)】：如果变量相关的显著性水平$>P$，则剔除该变量。
- 【图表选项(Graph options)】。
  - 【图表(Graph)】：
    - 【生存概率(Survival probability (%))】：绘制生存曲线，为下降曲线。
    - 【100-生存概率(100-Survival probability (%))】：绘制 100-生存概率图，即累积死亡曲线，为上升曲线。
  - 【图表子组(Graph subgroups)】：选择一个协变量，将显示该协变量(预测变量)所有数值对应的不同生存曲线(最多不能超过 8 个分类)，如果不选择协变量或所选的协变量不在回归模型中，则绘制所有协变量平均值的生存曲线。

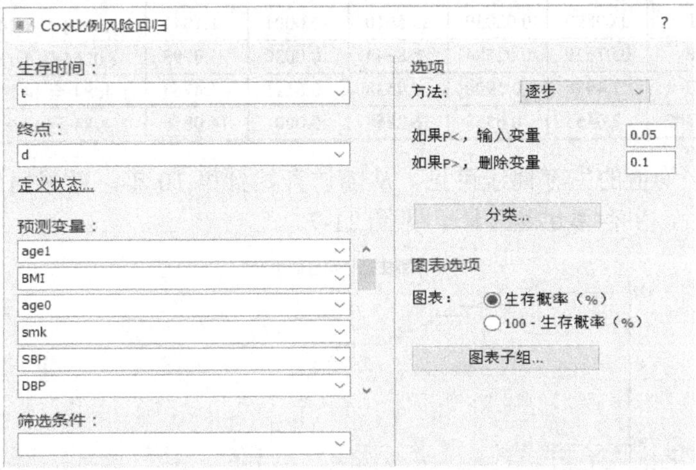

图 11-6 Cox 比例风险回归(Cox proportional-hazards regression)对话框

3) 单击【分类(Categorical)】按钮，打开类别变量(Categorical variables)对话框(参见图 10-18)。【选择类别变量(Select Categorical variables)】选择 “smk(吸烟状况)” 和 “ECG(心电图)”，并选择【将第一个类别作为参考类别(按字母顺序分析)(Use first category as reference category) (in alphanumeric order)】。

4) 主要结果与分析。

(1) 整体模型拟合优度(Overall model fit)：似然比检验是对模型回归系数整体的假设检

验。空模型的–2 对数似然，即$-2\ln L_0$，L_0为只包含截距的模型(空模型)的最大似然。全模型的–2 对数似然，即$-2\ln L$，L 为模型中包含所有协变量的最大似然。两个最大似然值的差值为用于测量协变量影响结局或因变量效果的χ^2统计量。本例$\chi^2=53.961$、$P<0.0001$ 时，按$\alpha=0.05$ 水准，拒绝H_0，接受H_1，全模型有统计学意义，即模型中的所有协变量整体来看与$\ln\dfrac{H(t)}{H_0(t)}$之间存在线性关系，表明模型中的协变量有助于预测结局，见结果 11-10。

结果 11-10 整体模型拟合度

空模型-2 对数似然	213.607
全模型-2 对数似然	159.645
卡方	53.961
DF	4
显著性水平	P < 0.0001

(2) 使用逐步法，将有统计学意义的 4 个变量引入方程，分别为 age1(Wald $\chi^2=23.5610$，$P<0.0001$)、DBP(Wald $\chi^2=8.8344$，$P=0.0030$)、ECG=1(Wald $\chi^2=6.4538$，$P=0.0111$)、ECG=2(Wald $\chi^2=16.2868$，$P=0.0001$)，可见对糖尿病患者生存率有影响的因素是患者随访开始年龄、舒张压和心电图结果，从回归系数的符号和相对危险度的大小来看，三者都是危险因素。当舒张压和心电图结果固定时，患者随访开始年龄每大 1 岁，糖尿病死亡风险将增大到 1.1041 倍，即增加 10.41%；当患者随访年龄和心电图结果固定时，舒张压每增加 1mmHg，糖尿病死亡风险将增大到 1.0798 倍，即增加 7.98%。由于心电图结果为分类变量，正常心电图(ECG=0)为参考分类，当患者随访年龄和舒张压固定时，舒张压每增加 1mmHg，心电图可疑组和心电图异常组糖尿病死亡风险分别是心电图正常组的 4.4763 倍、14.0878 倍，见结果 11-11。

结果 11-11 系数和标准误

协变量	b	SE	Wald	P	EXP(b)	Exp(b)的 95% CI
age1	0.09899	0.02039	23.5610	<0.0001	1.1041	1.0608 至 1.1491
DBP	0.07679	0.02584	8.8344	0.0030	1.0798	1.0265 至 1.1359
ECG=1	1.4988	0.5900	6.4538	0.0111	4.4763	1.4084 至 14.2271
ECG=2	2.6453	0.6555	16.2868	0.0001	14.0878	3.8984 至 50.9095

(3) 从协变量平均值的生存曲线可见，从随访开始到第 10 年，糖尿病患者的生存率下降缓慢，超过 10 年后，生存率迅速下降，见图 11-7。

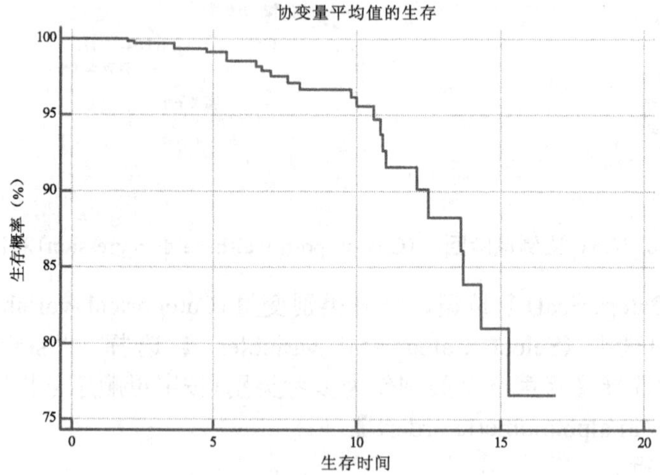

图 11-7 糖尿病患者协变量平均值的生存曲线

(4) 本例 Cox 模型表达式为 $H(t)=H_0(t)\times e^{0.09888age+0.07679DBP+1.4988ECG_1+2.6453ECG_2}$，指数部分 $0.09888age+0.07679DBP+1.4988ECG_1+2.6453ECG_2$ 越大，则风险函数 $H(t)$ 越大，即风险越大，预后相对越差，故称为预后指数(Prognostic Index，PI)。PI 越大，患者风险越大，预后越差；反之，PI 越小，预后越好。可按适当的 PI 分位数将观察对象分成若干组(2～5 组)，如低危组、中危组和高危组，以考察 PI 范围不同，其生存率的差异，对制定更合理的个体化治疗方案、正确指导患者的治疗、提高长期生存率有着重要意义。

如果对各变量进行标准化变换($\dfrac{x-\bar{x}}{s}$)后再拟合 Cox 模型，则可得到标准化的预后指数，当标准化 PI′=0 时，表示该患者的死亡风险达到平均水平；当标准化 PI′>0 时，表示该患者的死亡风险高于平均水平；当标准化 PI′<0 时，表示该患者的死亡风险低于平均水平。

5) 单击结果窗口右下角的【保存预示指数(Save predicted values)】超链接，打开保存预示指数(Save predicted values)对话框，见图 11-8。

- 【列(Column)】：选择用于保存 PI 的列。
  - 【仅列出空列(List empty columns only)】：仅列出没有数据的列。
- 【标题(Header)】：设定保存 PI 的列的标题(即变量名)。本例数据文件的指定列将增加一个变量“COXPH_PI2(预后指数)”。

6) 重复上述第一～四步，单击【图表子组(Graph subgroups)】按钮，打开子组变量(Subgroup variable)对话框，见图 11-9。

- 【识别子组的类别变量(Categorical variable to identify subgroups)】：选择“ECG(心电图)”。

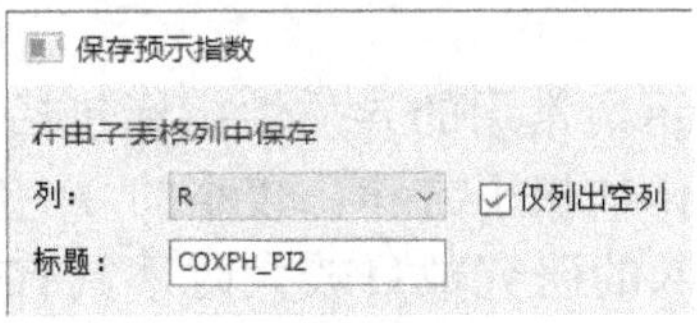

图 11-8　保存预示指数(Save predicted values)对话框

图 11-9　子组变量(Subgroup variable)对话框

心电图结果的分组生存曲线见图 11-10。根据心电图结果绘制的 3 条生存曲线，可见正常心电图糖尿病患者的生存曲线最高，心电图异常糖尿病患者的生存曲线最低。

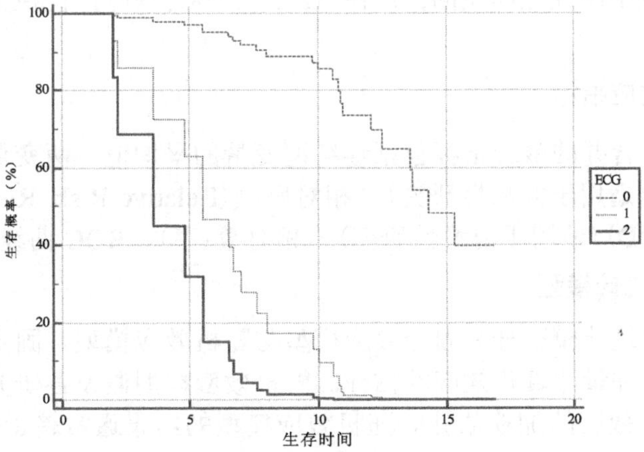

图 11-10　不同心电图结果的糖尿病患者生存曲线

第 12 章　Meta 分析

Meta 分析(Meta-analysis)又称荟萃分析，是对具有相同研究目的的多个独立研究结果进行系统的、定量的统计学综合分析与综合评价的一科研究方法。

12.1　Meta 分析概述

1．Meta 分析的步骤

Meta 分析统计方法主要分为两步：一是对统计量进行齐性检验(或称异质性检验)，二是对每个研究报告中的统计量(效应大小)都进行加权合并。如果各研究结果一致(齐性)，则可用固定效应模型(fixed effect model)进行加权合并；反之，则用随机效应模型(random effect model)进行加权合并。齐性检验是 Meta 分析的重要一环，目的是检查偏倚，明确各研究结果是否具有一致性，以发现和剔除明显不合理的研究结果。若发现产生不一致性的原因为某种特殊因素所致，如某个研究失访病例过多，则不应将这个研究结果列入 Meta 分析。

2．异质性检验

各研究间的一致性或不一致性可以通过异质性来表示，常用的异质性指标包括 Cohran's Q 统计量和 I^2 统计量。Q 统计量是各研究变异的标准化加权平方和，较小的 P 值(通常按 α<0.10 的水准)表示存在异质性。Q 统计量通常在纳入的研究数目较大时才具有较高的统计效能。I^2 统计量是观察到的研究间变异(由于真正的异质性而非偶然所观察的)所占的比例。计算公式为 I^2= 100%×(Q–df)/Q。其中 Q 为 Cochran's Q 异质性统计量；df 为自由度。由于 I^2 为负值时都取 0，所以 I^2 的取值在 0%～100%之间。I^2 为 0%表示没有观察到异质性，取值越大表示异质性越大。一般认为 I^2>56%时，表示各研究间存在较大的异质性；I^2<31%时，则可认为各个研究是同质的；I^2 在 31%～56%之间时，往往无法排除其异质性的存在。

3．Meta 分析的效应指标

MedCalc 中可用于合并的效应指标包括连续型变量的平均值、两变量间的相关系数、优势比(Odds Ratio, OR)(适用于回顾性研究)、相对风险(Relative Risk, Risk Ratio, RR)或风险差异(Risk Difference, RD)(适用于前瞻性研究)、相对数(率)、ROC 曲线下面积(AUC)等。

4．效应合并量的统计模型

用于效应合并量的统计模型分为固定效应模型与随机效应模型。固定效应假设各研究的真正效应一致，效应合并量即真正效应的估计。随机效应模型假设各研究的真正效应不同，效应合并量即对各研究效应的加权估计。随机效应模型的结果通常趋于保守(如有更宽的置信区间)，当不存在异质性时，固定效应模型与随机效应模型的结果通常一致。

5．森林图

Meta 分析的统计结果简单而直观表达形式是森林图(forest plot)。森林图是在平面直角坐标系中以一条垂直的无效线(横坐标刻度为 1 或 0)为中心，用平行于横轴的多条线段描述每个被纳入研究的效应量和置信区间，用一个菱形描述合并的效应量及其置信区间的一种图形，菱形的中心位置表示合并效应的大小，菱形的宽度表示合并效应的精度。效应(如 OR、RR、RD 与标准化平均值差)的 95%CI 横线与森林图的无效线相交时，表明两组差异无统计学意义。横线中央的空心圆表示研究的权重。如图 12-1 所示，图(a)中各空心圆大小相同，表示各研究的权重相等；而图(b)则表示各研究权重有差异。

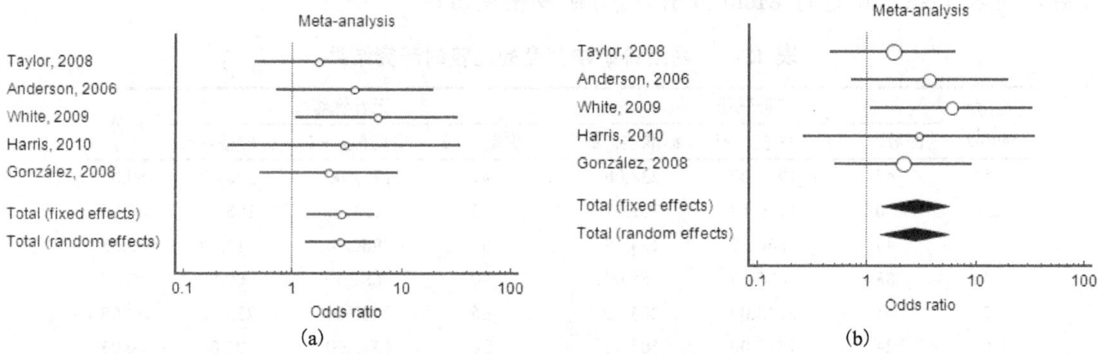

图 12-1　森林图示意图

6．漏斗图

在 Meta 分析中，偏倚是重要的问题之一，漏斗图(funnel plot)是检测偏倚的一个图形工具。如图 12-2 所示，在漏斗图中，横坐标为效应，纵坐标为标准误，垂直线表示固定效应计算得到的效应合并量，两条斜线表示不同标准误下效应合并量的 95%CI。在没有异质性的情况下，95%的研究都应该在置信区间内(也就是两条斜线下方)，且各研究的点是对称的。漏斗图主要用于观察某个 Meta 分析结果是否存在偏倚，如发表偏倚或其他偏倚。如果资料存在偏倚，则会出现不对称的漏斗图，不对称越明显，偏倚程度越大，见图 12-2(b)。值得注意的是，通过漏斗图进行偏倚的判断通常具有主观性，特别在纳入研究数目较少时，结果更加不可靠。

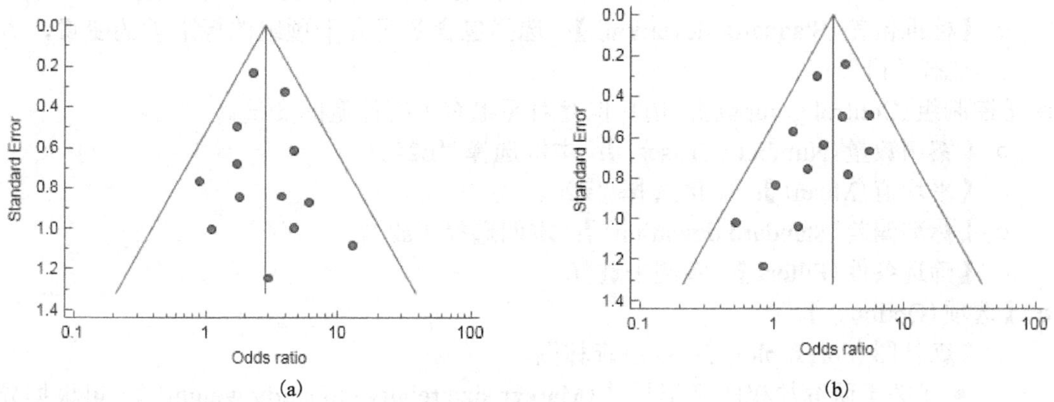

图 12-2　漏斗图示意图

12.2 连续型资料的 Meta 分析

对于连续型资料的 Meta 分析(通常是干预组和对照组间的平均值比较)，在固定效应模型中，MedCalc 采用 Hedges g 统计量计算标准化平均值差(SMD)作为效应合并量，而在随机效应模型中，计算 SMD 时将考虑异质性统计量的影响。

【例 12-1】为研究钙补充对儿童骨质密度的影响，某研究者收集了以儿童的骨矿物密度为指标的 9 项研究的资料，比较接受了钙补充儿童与没有接受钙补充的儿童的骨矿物密度有无差异，见表 12-1，试进行 Meta 分析。(骨矿物密度.mcl)

表 12-1 两组骨矿物密度的比较的研究结果

研究(study)	有补钙组			无补钙组			P 值
	例数，n1	平均值，x1	标准差，s1	例数，n2	平均值，x2	标准差，s2	
1	44	1783.00	238.00	47	1717.00	302.00	>0.05
2	30	1179.57	209.01	36	1151.25	195.57	>0.05
3	49	860.29	134.19	51	860.34	13.69	>0.05
4	88	685.55	88.00	90	681.50	80.55	>0.05
5	65	2143.00	265.00	66	2088.00	235.00	>0.05
6	24	1583.00	504.00	24	1512.00	372.00	>0.05
7	54	1932.11	292.33	57	1907.53	328.77	>0.05
8	22	1340.90	216.37	63	1186.10	285.32	<0.05
9	73	2796.00	415.00	70	2770.00	407.00	>0.05

1) 打开数据文件“骨矿物密度.mcl”。

2) 选择【统计(Statistic)】→【元分析(Meta-analysis)】→【持续测量(Continuous measure)】菜单，打开元分析：持续测量(Continuous measure)对话框，见图 12-3。

- 【研究(Studies)】：选择标识不同研究名称的变量，本例选择“study(研究)”。
- 【介入组(Intervention groups，干预组)】：本例选择保存干预组有关统计量的变量。
  - 【案例数量(Number of cases)】：本例选择包含各研究干预组的样本含量的变量，本例为“n1”。
  - 【平均值(Mean)】：选择包含各研究干预组的平均值的变量，本例选择“x1”。
  - 【标准偏差(Standard deviation)】：选择包含各研究干预组的标准差的变量，本例选择“s1”。
- 【控制组(Control groups)】：选择保存对照组有关统计量的变量。
  - 【案例数量(Number of cases)】：本例选择“n2”。
  - 【平均值(Mean)】：本例选择“x2”。
  - 【标准偏差(Standard deviation)】：本例选择“s2”。
  - 【筛选条件(Filter)】：本例未选择。
- 【选项(Options)】。
  - 【森林图(Forest plot)】：绘制森林图。
    - 【关于研究加权的标记尺寸(Marker size relative to study weight)】：可根据异质性检验的结果决定选择何种权重。可选择【固定效应模型权重(Fixed effect

model weights)】和【随机效应模型权重(Random effect model weights)】。

- 【综合效应-固定效应模型(Plot pooled effect – fixed effects model)】：在森林图中绘制固定效应模型的合并效应(pooled effect)。
- 【综合效应-随机效应模型(Plot pooled effect – random effects model)】：在森林图中绘制随机效应模型的合并效应。
- 【合并效应的菱形图(Diamonds for pooled effects)】：用菱形图表示合并效应，菱形的位置表示效应大小，宽度表示估计的精度。

○【漏斗图(Funnel plot)】：绘制漏斗图以检验研究是否有出版偏倚(publication bias)。

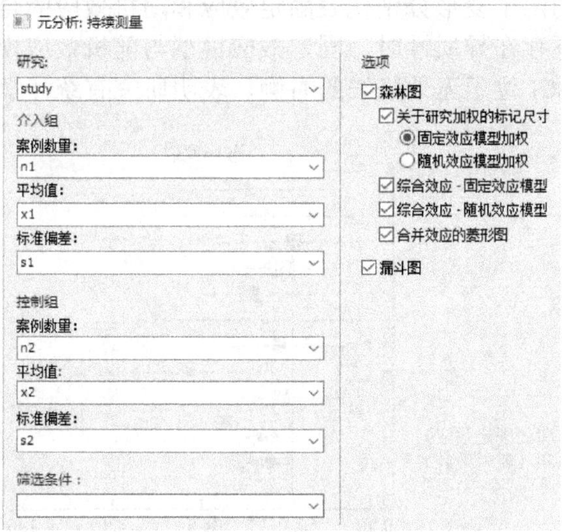

图 12–3　元分析：持续测量(Continuous measure)对话框

3)主要结果与分析。

(1)漏斗图：漏斗图中所有的研究都在标准化平均值差(SMD)的 95%CI 内，置信区间内各研究分布对称，可认为该研究的偏倚较小，见图 12-4。

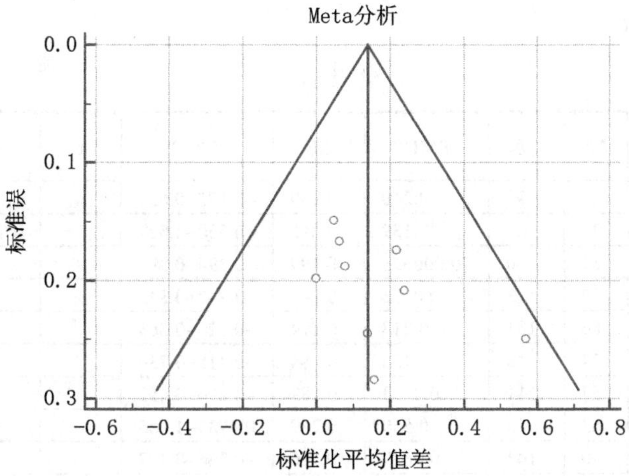

图 12-4　9 项骨矿物密度比较研究的漏斗图

(2)异质性检验：Q=4.6018，P=0.7992，I^2=0.00%，按 α=0.10 水准，尚不能认为各研究间存在异质性，应当选择固定效应模型，见结果 12-1。

(3)森林图：如图 12-5 所示，森林图所示的 9 个独立研究的效应量，图中实竖线为无效线，即 SMD=0，横线中央的方框表示效应量，方框越靠右侧，表示该研究的效应量越大，方框越大表示该研究权重越大，线条长短直观地表示置信区间范围的大小，若某个研究的 95%CI 的线条横跨无效竖线，则该研究无统计学意义；反之，若该横线落在无效竖线的左侧或右侧，则该研究有统计学意义。底部的两个菱形分别代表固定效应和随机效应的合并效应，菱形的宽度表示合并效应的精度，当不存在异质性时，固定效应模型与随机效应模型的结果通常一致。本例合并效应 SMD 的 95%CI 位于无效竖线的右侧，表明研究有统计学意义。

结果 12-1 异质性检验

Q	4.6018
DF	8
显著性水平	P = 0.7992
I^2(不一致)	0.00%
I^2的 95% CI	0.00–39.24

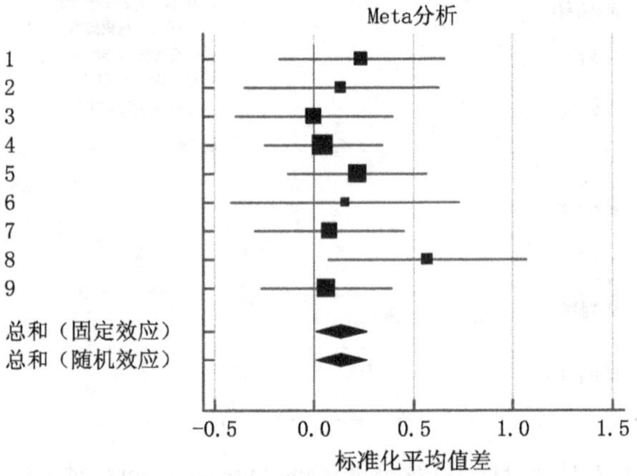

图 12-5 9 个骨矿物密度比较研究的森林图

(4)效应合并量：固定效应模型效应合并量为标准化平均值差，SMD=0.139，95%CI 为(0.0111，0.267)，不包含 0，t=2.133，P=0.033，按 α=0.05 水准，可认为经过 Meta 分析合并效应后，该两组个案收缩压的差异有统计学意义，有补钙组的骨矿物密度比无补钙组平均大 0.139，见结果 12-2。

结果 12-2

研究	N1	N2	总和	SMD	SE	95% CI	t	P	加权(%)	
									固定	随机
1	44	47	91	0.240	0.209	−0.175–0.655			9.74	9.74
2	30	36	66	0.139	0.245	−0.350–0.627			7.10	7.10
3	49	51	100	−0.000525	0.199	−0.394–0.393			10.78	10.78
4	88	90	178	0.0478	0.149	−0.247–0.342			19.05	19.05
5	65	66	131	0.218	0.174	−0.126–0.563			13.99	13.99
6	24	24	48	0.158	0.284	−0.415–0.730			5.25	5.25
7	54	57	111	0.0783	0.189	−0.296–0.452			11.93	11.93
8	22	63	85	0.569	0.249	0.0733–1.065			6.84	6.84
9	73	70	143	0.0629	0.166	−0.266–0.392			15.33	15.33
总和(固定效应)	449	504	953	0.139	0.0652	0.0111–0.267	2.133	0.033	100.00	100.00
总和(随机效应)	449	504	953	0.139	0.0652	0.0111–0.267	2.133	0.033	100.00	100.00

12.3　相关系数的 Meta 分析

相关系数(correlation)的 Meta 分析先根据 Hedges-Olkin 法使用相关系数的 Fisher Z 变换值(Fisher Z transformation)计算固定效应模型下的加权汇总相关系数(weighted summary correlation coefficient)，然后引入异质统计量计算随机效应模型下的汇总相关系数(summary correlation coefficient)。

【例 12-2】 为研究两生化指标的相关性，通过纳入排除标准最终筛选出 8 篇文献，具体数据见表 12-2，试对该两生化指标的相关系数进行 Meta 分析。(生化指标 1.mcl)

表 12-2　两生化指标的相关系数的研究结果

研究(Study)	相关系数(r)	例数(N)
Moore, 2006	0.56	133
Davis, 2008	0.43	149
Thomas, 1999	0.53	131
Miller, 2012	0.51	120
Williams, 2012	0.66	111
Young, 2013	0.46	152
Baker, 2009	0.33	60
Adams, 2006	0.38	122

1)打开数据文件“生化指标 1.mcl”。

2)选择【统计(Statistic)】→【元分析(Meta-analysis)】→【相关(Correlation)】菜单，打开元分析：相关(Correlation)对话框，见图 12-6。

- 【研究(Studies)】：本例选择“Study(研究)”。
- 【案例数量(Number of cases)】：本例选择“N(例数)”。
- 【相关系数(Correlation coefficients)】：本例选择包含不同研究报告相关系数的变量，本例为“r(相关系数)”。
- 【选项(Options)】：同例 12-1。

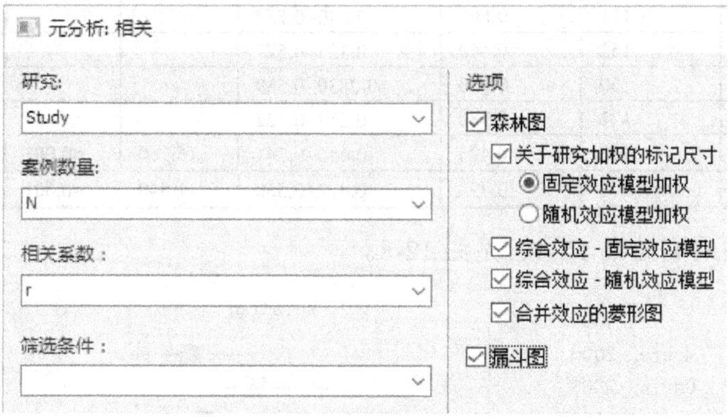

图 12-6　元分析：相关(Correlation)对话框

3)主要结果与分析。

(1)漏斗图中全部研究都在 95%CI 内，图 12-7 中各点基本对称，提示各研究间存在异质性的可能性小。置信区间内各研究分布较为对称，提示存在发表偏倚的可能性小。由于漏斗图的结果较为主观，需结合异质性检验的结果进行统计推断。

(2)异质性检验：Q =14.1536，P =0.0485，I^2=50.54%，按 α=0.10 水准，可认为各研究间存在异质性，应当选择随机效应模型，见结果 12-3。

(3)效应合并量：随机效应模型效应合并量为汇总相关系数，r=0.494，95%CI 为(0.422，0.560)，z=11.640，P<0.001，按 α=0.05 水准，可认为经过 Meta 分析合并效应后，

两个生物指标的相关系数具有统计学意义，可认为该两生物指标间存在相关关系(相关系数在 0.3～0.5 之间为低度相关)，见结果 12-4。

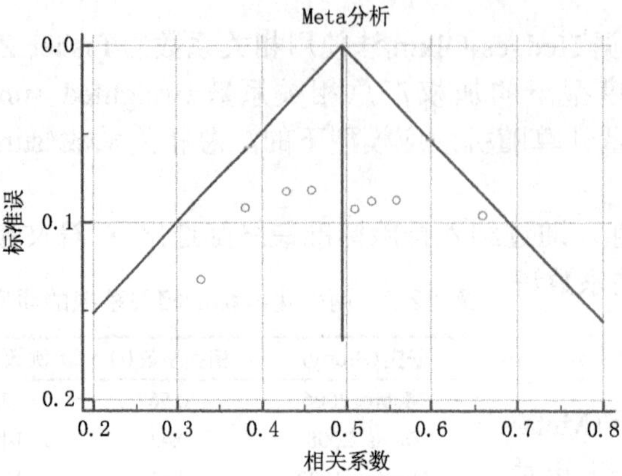

图 12-7　个相关系数研究的漏斗图

结果 12-3　异质性检验

Q	14.1536
DF	7
显著性水平	P = 0.0485
I^2(不一致)	50.54%
I^2 的 95% CI	0.00–77.88

结果 12-4

研究	采样尺寸	相关系数	95% CI	z	P	加权(%)	
						固定	随机
Moore, 2006	133	0.560	0.431–0.667			13.63	13.24
Davis, 2008	149	0.430	0.289–0.553			15.30	13.96
Thomas, 1999	131	0.530	0.394–0.643			13.42	13.14
Miller, 2012	120	0.510	0.364–0.632			12.26	12.58
Williams, 2012	111	0.660	0.540–0.754			11.32	12.08
Young, 2013	152	0.460	0.325–0.577			15.62	14.08
Baker, 2009	60	0.330	0.0830–0.539			5.97	8.25
Adams, 2006	122	0.380	0.217–0.522			12.47	12.68
总和(固定效应)	978	0.495	0.446–0.541	16.760	<0.001	100.00	100.00
总和(随机效应)	978	0.494	0.422–0.560	11.640	<0.001	100.00	100.00

(4)森林图的结果同结果 12-4，见图 12-8。

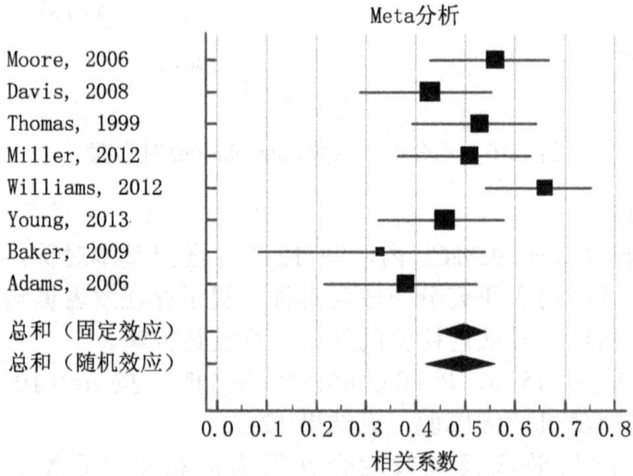

图 12-8　8 项相关系数研究的森林图

12.4　比例的 Meta 分析

比例(proportion)的 Meta 分析采用 Freeman-Tukey 变换(Freeman-Tukey transformation)计算固定和随机效应模型的加权汇总比例(weighted summary Proportion)。

【例 12-3】 为研究某药物的有效率，通过纳入排除标准最终筛选出 8 篇文献，具体数据见表 12-3，试对该药物疗效进行 Meta 分析。(药物有效率.mcl)

表 12-3　某药物的有效数据的研究结果

研究(Study)	阳性例数(Positive)	总例数(Total)
Ward, 1999	226	324
Li, 2012	48	61
Peterson, 2009	43	59
Kim, 2005	191	295
Chang, 2008	2532	5033
Reyes, 2013	64	110
Gauther, 2013	100	183
Garcia, 2007	35	45

1) 打开数据文件“药物有效率.mcl”。

2) 选择【统计(Statistic)】→【元分析(Meta-analysis)】→【比例(Proportion)】菜单，打开元分析：比例(Proportion)对话框，见图 12-9。

- 【研究(Studies)】：本例选择“Study(研究)”。
- 【案例总数(Total number of cases)】：选择包括不同研究总例数的变量，本例为“Total(总例数)”。
- 【阳性案例的数量(Number of positive cases)】：选择包括不同研究阳性例数的变量，本例为“Positive(阳性例数)”。
- 【选项(Options)】：同例 12-1。

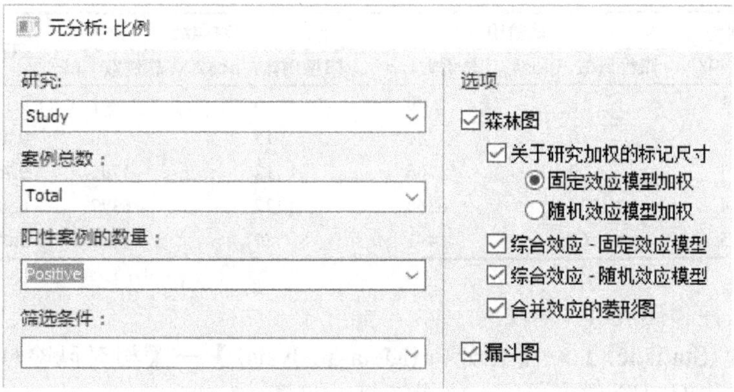

图 12-9　元分析：比例(Proportion)对话框

3) 主要结果与分析。

(1) 异质性检验：Q=111.5990，P<0.0001，I^2=93.73%，按 α=0.10 水准，可认为各研究

间存在异质性，应当选择随机效应模型，见结果 12-5。

(2) 效应合并量：随机效应模型效应合并量为加权汇总比例为 65.145%，其 95%CI 为(56.691，73.144)%，表示经过 Meta 分析合并效应后，该药物的加权汇总有效率为 65.145%，见结果 12-6。

结果 12-5 异质性检验

Q	111.5990
DF	7
显著性水平	P < 0.0001
I^2(不一致)	93.73%
I^2 的 95% CI	89.88–96.11

结果 12-6

研究	采样尺寸	比例 (%)	95% CI	加权 (%)	
				固定	随机
Ward, 1999	324	69.753	64.433–74.708	5.31	13.72
Li, 2012	61	78.689	66.319–88.136	1.01	11.17
Peterson, 2009	59	72.881	59.731–83.637	0.98	11.08
Kim, 2005	295	64.746	58.997–70.195	4.84	13.65
Chang, 2008	5033	50.308	48.917–51.699	82.28	14.45
Reyes, 2013	110	58.182	48.395–67.517	1.81	12.43
Gauther, 2013	183	54.645	47.134–62.003	3.01	13.17
Garcia, 2007	45	77.778	62.911–88.795	0.75	10.34
总和(固定效应)	6110	53.084	51.824–54.341	100.00	100.00
总和(随机效应)	6110	65.145	56.691–73.144	100.00	100.00

12.5 相对危险度的 Meta 分析

相对危险度(relative risk)的 Meta 分析(通常是干预组和对照组间的率比较)首先采用 Mantel-Haenszel 法计算固定效应模型下的加权合并相对危险度(weighted pooled relative risk)，然后引入异质性统计量计算随机效应模型下的汇总危险度(summary relative risk)。

【例 12-4】为研究硒与冠心病发生的关系，现搜集了满足要求的 5 项随机对照试验，其研究结果见表 12-4，试进行 meta 分析。(硒.mcl)

表 12-4 硒与冠心病发生的 5 项随机对照试验研究结果

研究 (Study)	试验组		对照组		RR
	阳性例数，pos1	总例数，n1	阳性例数，pos2	总例数，n2	
1	1	40	6	41	0.17
2	10	84	15	76	0.60
3	9	1706	12	1705	0.75
4	134	6364	137	6377	0.98
5	63	441	59	441	1.07

1) 打开数据文件“硒.mcl”。

2) 选择【统计(Statistic)】→【元分析(Meta-analysis)】→【相对风险(Relativerisk)】菜单，打开元分析：相对风险(Relativerisk)对话框，见图 12-10。

- 【研究(Studies)】：本例选择“study(研究)”。
- 【介入组(Intervention groups，干预组)】：
  - 【案例总数(Total number of cases)】：本例选择“n1”。

- ○【阳性结果的数量(Number with positive outcome)】：选择包含不同研究中干预组中的阳性结局例数，本例为“pos1”。
- ■【控制组(Control groups)】。
  - ○【案例总数(Total number of cases)】：本例选择“n2”。
  - ○【阳性结果的数量(Number with positive outcome)】：本例选择“pos2”。
- ■【选项(Options)】：同例 12-1。

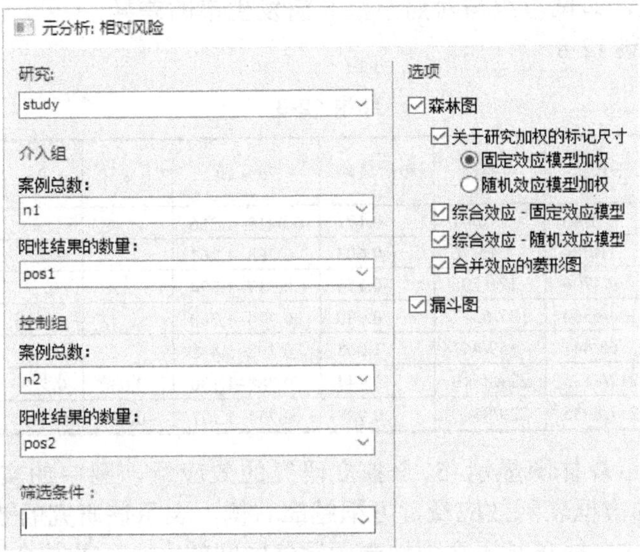

图 12-10 元分析：相对风险(Relativerisk)对话框

3)主要结果与分析。

(1)漏斗图：漏斗图中各研究均位于 RR 的 95%CI 内，各研究分布不对称，见图 12-11，提示可能存在一定的发表偏倚。由于漏斗图的结果较为主观，需结合异质性检验的结果进行统计推断。

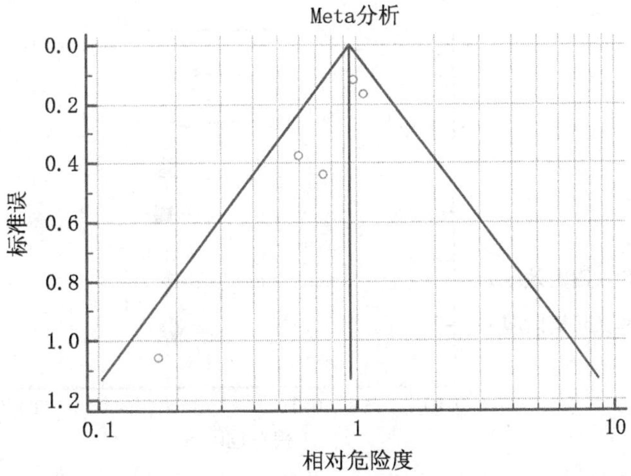

图 12-11 硒与冠心病发生的 5 项随机对照试验研究的漏斗图

(2) 异质性检验：Q=4.9422，P=0.2933，I^2=19.06%，按 α=0.10 水准，尚不能认为各研究间存在异质性，应当选择固定效应模型，见结果 12-7。

结果 12-7 异质性检验

Q	4.9422
DF	4
显著性水平	P = 0.2933
I^2(不一致)	19.06%
I^2 的 95% CI	0.00–84.16

(3) 效应合并量：固定效应模型的效应合并量为汇总危险度，RR_{MH}=0.944，其 95%CI 为(0.788，1.130)，z=−0.630，P=0.529，由于 RR_{MH} 的 95%CI 包含 1，则表明效应合并量与 1 的差异无统计学意义，即试验组与对照组冠心病发生率的差异无统计学意义，见结果 12-8。

结果 12-8

研究	干预组	对照组	相对风险	95% CI	z	P	加权(%)	
							固定	随机
1	1/40	6/41	0.171	0.0215–1.356			0.76	1.26
2	10/84	15/76	0.603	0.288–1.261			6.00	9.12
3	9/1706	12/1705	0.750	0.317–1.774			4.40	6.85
4	134/6364	137/6377	0.980	0.774–1.240			58.81	49.41
5	63/441	59/441	1.068	0.768–1.485			30.04	33.37
总和(固定效应)	217/8635	229/8640	0.944	0.788–1.130	−0.630	0.529	100.00	100.00
总和(随机效应)	217/8635	229/8640	0.927	0.734–1.171	−0.638	0.523	100.00	100.00

(4) 图 12-12 所示森林图显示 5 个独立研究的效应量，图中的实竖线为无效线，即 RR_{MH}=0，横线中央的方框表示效应量，方框越靠右侧，表示该研究的效应量越大；方框越大表示该研究权重越大，线条长短直观地表示置信区间的大小。若某个研究的 95%CI 的线条横跨无效竖线，则该研究无统计学意义；反之，若该横线落在无效竖线的左侧或右侧，则该研究有统计学意义。底部的两个菱形分别代表固定效应和随机效应的合并效应，菱形的宽度表示合并效应的精度，当不存在异质性时，固定效应模型与随机效应模型的结果通常一致。本例合并效应 RR_{MH} 的 95%CI 横跨无效竖线，表明研究无统计学意义。

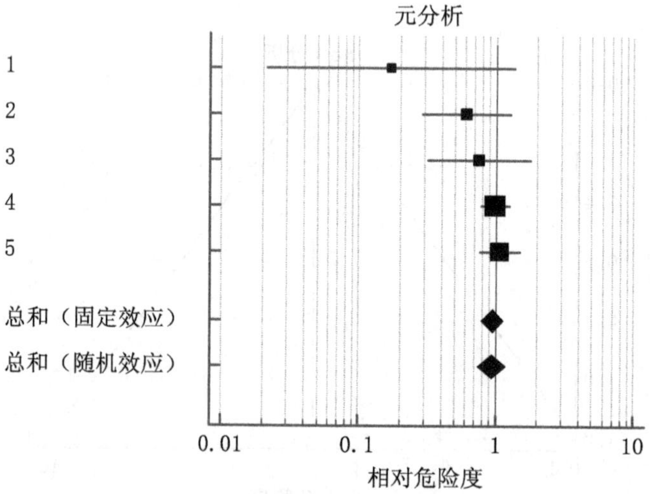

图 12-12 硒与冠心病发生的 5 项随机对照试验研究的森林图

12.6　风险差的 Meta 分析

与相对危险度的 Meta 分析一样，风险差(Risk Difference，RD)的 Meta 分析(通常是干预组和对照组间的率比较)首先采用 Mantel-Haenszel 法计算固定效应模型下的加权合并风险差(weighted pooled risk difference)，然后引入异质性统计量计算随机效应模型下的汇总风险差(summary risk difference)。

【例 12-5】 某研究者拟评价他汀类药物预防主要脑血管事件的效果，通过文献检索，收集了满足要求的 9 项独立研究，资料见表 12-5，试以 RD 为效应指标，进行 Meta 分析。(他汀类药物.mcl)

表 12-5　9 个他汀类药物预防主要脑血管事件的研究结果

研究(Study)	试验组		对照组	
	事件发生数，event1	患者数，n1	事件发生数，event2	患者数，n2
1	46	3302	51	3293
2	14	3304	17	3301
3	61	1585	62	1654
4	209	5170	231	5185
5	166	5168	212	5137
6	21	1428	39	1410
7	27	959	29	946
8	50	3866	62	3966
9	33	8901	64	8901

1) 打开数据文件“他汀类药物.mcl”。

2) 选择【统计(Statistic)】→【元分析(Meta-analysis)】→【风险差异(Risk difference)】菜单，打开元分析：风险差异(Riskdifference)对话框，参见图 12-10。

【研究(Studies)】选择“study(研究)”；【介入组(Intervention groups，干预组)】的【案例总数(Total number of cases)】选择“n1”，【阳性结果的数量(Number with positive outcome)】选择“event1”；【控制组(Control groups)】中的【案例总数(Total number of cases)】选择“n2”，【阳性结果的数量(Number with positive outcome)】选择“even2”；其他选项同例 12-1。

3) 主要结果与分析。

(1) 异质性检验：Q=9.9834，P=0.2662，I^2=19.87%，按 α=0.10 水准，尚不能认为各研究间存在异质性，应当选择固定效应模型，见结果 12-9。

结果 12-9　异质性检验

Q	9.9834
DF	8
显著性水平	P = 0.2662
I^2(不一致)	19.87%
I^2 的 95% CI	0.00–61.35

(2) 效应合并量：固定效应模型效应合并量为汇总风险差，RD_{MH}=–0.00407，95%CI 为(–0.00621，–0.00194)，z=–3.739，P<0.001，按 α=0.05 水准，可认为经过 Meta 分析合并效应后，两组患者心血管事件的发生率的差异有统计学意义，见结果 12-10。由于 RD_{MH} 的 95%CI 不包含 0，表明效应合并量与 0 的差异有统

计学意义，$RD_{MH}<0$，表明他汀类药物是保护因素，该药物对心血管事件的发生有预防作用，可使心血管事件发生的危险性降低 0.407%。

结果 12-10

研究	干预组	对照组	风险差异	95% CI	z	P	加权(%)	
							固定	随机
1	46/3302	51/3293	−0.00156	−0.00737–0.00425			6.95	9.96
2	14/3304	17/3301	−0.000913	−0.00421–0.00238			21.58	22.88
3	61/1585	62/1654	0.00100	−0.0122–0.0142			1.35	2.24
4	209/5170	231/5185	−0.00413	−0.0119–0.00364			3.89	6.02
5	166/5168	212/5137	−0.00915	−0.0164–−0.00189			4.45	6.79
6	21/1428	39/1410	−0.0130	−0.0235–−0.00236			2.09	3.39
7	27/959	29/946	−0.00250	−0.0177–0.0127			1.02	1.70
8	50/3866	62/3966	−0.00270	−0.00795–0.00255			8.50	11.75
9	33/8901	64/8901	−0.00348	−0.00564–−0.00132			50.17	35.25
总和(固定效应)	627/33683	767/33793	−0.00407	−0.00621–−0.00194	−3.739	<0.001	100.00	100.00
总和(随机效应)	627/33683	767/33793	−0.00324	−0.00525–−0.00123	−3.158	0.002	100.00	100.00

(3) 森林图：固定效应的 RD_{MH} 的 95%CI 位于无效竖线($RD_{MH}=0$)的左侧，表明研究有统计学意义，见图 12-13。

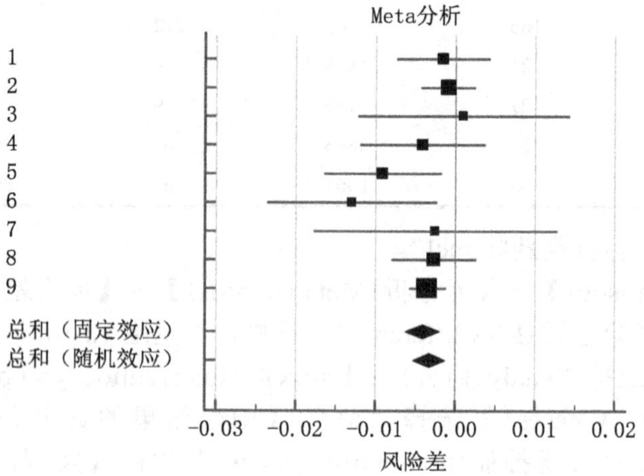

图 12-13 9 个他汀类药物预防主要脑血管事件研究的森林图

12.7 优势比的 Meta 分析

与相对危险度的 Meta 分析一样，优势比(odds ratio)的 Meta 分析(通常是病例组和对照组间的率比较)首先采用 Mantel-Haenszel 法计算固定效应模型下的加权合并优势比(weighted pooled odds ratio)，然后引入异质性统计量计算随机效应模型下的汇总优势比(summary odds ratio)。

【例 12-6】 为了研究极低频电磁场与儿童白血病关系，现收集了 9 项满足要求的病例-对照研究的资料见表 12-6，试进行 Meta 分析。(极低频电磁场.mcl)

表 12-6 极低频电磁场与儿童白血病关系的病例-对照研究结果

研究 study	病例组 HCC1	LCC1	n1	对照组 HCC2	LCC2	N2	OR
1	63	92	155	29	126	155	2.975
2	103	95	198	113	112	225	1.075
3	25	218	243	17	195	212	1.315
4	18	162	180	25	252	277	1.120
5	27	70	97	52	207	259	1.535
6	14	70	84	15	126	141	1.680
7	29	52	81	16	61	77	2.216
8	122	89	211	92	113	205	1.684
9	49	55	104	30	74	104	2.198

*HCC：极低频电磁场高暴露组人数；LCC：极低频电磁场低暴露组人数

1) 打开数据文件“极低频电磁场.mcl”。

2) 选择【统计(Statistic)】→【元分析(Meta-analysis)】→【机会比(Odds ratio)】菜单，打开机会比(Odds ratio)对话框，参见图 12-10。

【研究(Studies)】选择“study(研究)”;【介入组(Intervention groups)】的【案例总数(Total number of cases)】选择“n1”,【阳性结果的数量(Number with positive outcome)】选择“HCC1”;【控制组(Control groups)】的【案例总数(Total number of cases)】选择“n2”,【阳性结果的数量(Number with positive outcome)】选择“HCC2”;【选项(Options)】：同例 12-1。

3) 主要结果与分析。

(1) 异质性检验：Q=13.1817，P=0.1057，I^2=39.31%，按 α=0.10 水准，尚不能认为各研究间存在异质性，应当选择固定效应模型，见结果 12-11。

结果 12-11 异质性检验

Q	13.1817
DF	8
显著性水平	P = 0.1057
I^2(不一致)	39.31%
I^2 的 95% CI	0.00–72.06

(2) 效应合并量：固定效应模型效应合并量的结果为汇总优势比，OR_{MH}=1.608，95%CI 为(1.350，1.915)，z=5.329，P<0.001，按 α=0.05 水准，该研究有统计学意义。OR_{MH} 的 95%CI 下限大于 1，表明极低频电磁场高暴露组人群发生儿童白血病的风险比极低频电磁场低暴露组人群高，提示儿童白血病的发生与极低频电磁场暴露有关，见结果 12-12。

结果 12-12

研究	病例组	对照组	优势比	95% CI	z	P	加权(%) 固定	随机
1	63/155	29/155	2.975	1.777–4.982			11.69	12.11
2	103/198	113/225	1.075	0.733–1.575			21.26	16.46
3	25/243	17/212	1.315	0.690–2.509			7.45	9.08
4	18/180	25/277	1.120	0.592–2.118			7.65	9.25
5	27/97	52/259	1.535	0.896–2.630			10.72	11.50
6	14/84	15/141	1.680	0.766–3.682			5.04	6.83
7	29/81	16/77	2.126	1.041–4.341			6.09	7.87
8	122/211	92/205	1.684	1.142–2.481			20.64	16.25
9	49/104	30/104	2.198	1.239–3.897			9.46	10.64
总和(固定效应)	450/1353	389/1655	1.608	1.350–1.915	5.329	<0.001	100.00	100.00
总和(随机效应)	450/1353	389/1655	1.635	1.294–2.067	4.117	<0.001	100.00	100.00

12.8 ROC曲线下面积的Meta分析

ROC曲线下面积的Meta分析采用Zhou et等人提出的方法计算固定效应模型或随机效应模型下的加权汇总ROC曲线下面积(weighted summary area under the ROC curve)。

【例12-7】 为研究某生物指标诊断某疾病的效能(ROC曲线下面积，AUC)，通过纳入排除标准最终筛选出7篇文献，具体数据见表12-7，试对该生物指标诊断某疾病的效能进行Meta分析。(诊断资料.mcl)

表12-7 ROC曲线下面积的Meta分析数据

研究(Study)	ROC曲线下面积(AUC)	标准误(SE)
Study 1	0.789	0.057
Study 2	0.724	0.025
Study 3	0.851	0.028
Study 4	0.876	0.029
Study 5	0.782	0.102
Study 6	0.702	0.056
Study 7	0.652	0.038

1)打开数据文件“诊断资料.mcl”。

2)选择【统计(Statistic)】→【元分析(Meta-analysis)】→【ROC曲线下面积(Area under ROC curve)】菜单，打开ROC曲线下面积(ROC area)对话框，见图12-14。

- 【研究(Studies)】：本例选择“study(研究)”。
- 【ROC曲线下面积(AUC)(Area under ROC curve (AUC))】：选择包含不同研究的ROC曲线下面积的变量，本例为“AUC(ROC曲线下面积)”。
- 【AUC的标准误差(Standard error of AUC)】：选择包含不同研究的ROC曲线下面积的标准误的变量，本例为“SE(标准误)”。
- 【选项(Options)】：同例12-1。

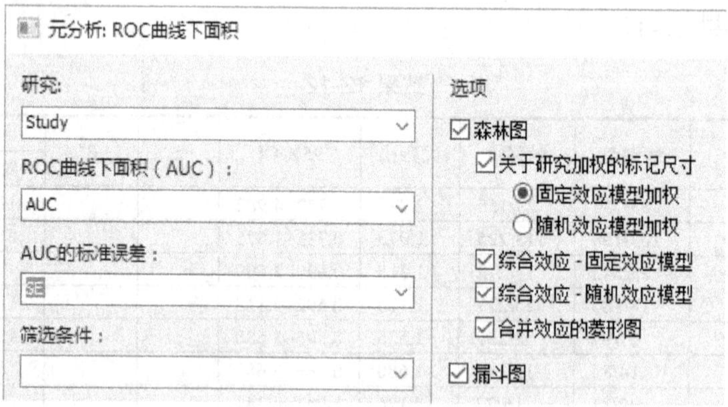

图12-14 ROC曲线下面积(ROC area)对话框

3)主要结果与分析。

(1)异质性检验：Q=35.7137，P<0.0001，I^2=83.2%，按α=0.10水准，可认为各研究间

存在异质性，应当选择随机效应模型，见结果 12-13。

(2) 效应合并量：随机效应模型效应合并量的结果为 AUC=0.770，95%CI 为(0.707，0.833)，z=24.013，P<0.001，按 α=0.05 水准，表明经过 Meta 分析合并效应后，该生物指标诊断某疾病的效能具有统计学意义，诊断效果较好，见结果 12-14。

结果 12-13　异质性检验

Q	35.7137
DF	6
显著性水平	P < 0.0001
I^2(不一致)	83.20%
I^2 的 95% CI	66.81–91.50

结果 12-14

研究	ROC 面积	标准误差	95% CI	z	P	加权(%)	
						固定	随机
Study 1	0.789	0.0570	0.677–0.901			5.62	12.33
Study 2	0.724	0.0250	0.675–0.773			29.20	17.98
Study 3	0.851	0.0280	0.796–0.906			23.28	17.50
Study 4	0.876	0.0290	0.819–0.933			21.70	17.33
Study 5	0.782	0.102	0.582–0.982			1.75	6.64
Study 6	0.702	0.0560	0.592–0.812			5.82	12.50
Study 7	0.652	0.0380	0.578–0.726			12.64	15.73
总和(固定效应)	0.781	0.0135	0.754–0.807	57.802	<0.001	100.00	100.00
总和(随机效应)	0.770	0.0321	0.707–0.833	24.013	<0.001	100.00	100.00

12.9　通用逆方差法的 Meta 分析

对于连续型或二分类资料，建议对应选择本章前述章节所述的方法，如果上述方法不可用或不适用时，则可以选择通用逆方差法(generic inverse variance method)。通用逆方差法可分析需直接输入各研究指标的估计值及对应的标准误，如比值类指标，输入前需要进行自然对数变换，即危险比(Hazard Ratio, HR)的自然对数 LN(HR)和 LN(HR)的标准误。该方法中，各研究的权重取决于各研究效应估计值变异的倒数(如标准误的平方的倒数)。因此，为了最小化合并效应的不确定性，样本含量较大的研究通常被赋予更多的权重。

【例 12-8】 为研究某生物指标与生存结局的相关情况，通过纳入排除标准最终筛选出 9 篇文献，具体数据见表 12-7，试对该生物指标与生存结局的相关情况进行 Meta 分析。(生存结局.mcl)

表 12-7　某生物指标与生存结局关系研究的数据

研究，Study	HR 的对数，HR_LN	LN(HR)的标准误，SE_HR_LN
Study 1	–0.077	0.212
Study 2	0.012	0.221
Study 3	0.323	0.426
Study 4	0.154	0.23
Study 5	0.051	0.348
Study 6	–0.661	0.232
Study 7	–0.199	0.337
Study 8	0.04	0.245
Study 9	0.305	0.432

1) 打开数据文件“生存结局.mcl”。

2) 选择【统计(Statistic)】→【元分析(Meta-analysis)】→【通用逆方差(Generic inverse

variance method)】菜单，打开元分析：通用逆方差(generic inverse variance method)对话框，见图 12-15。

- 【研究(Studies)】：本例选择“study(研究)”。
- 【估值(Estimate)】：本例选择“HR_LN(HR 的自然对数)”。
- 【标准误差(Standard error)】：本例选择“SE_HR_LN(LN(HR)的标准误)”。
- 【选项(Options)】。
    - 【输入的数据为自然对数(Data are entered as natural logarithms)】：分析资料为已进行自然对数变换的资料，本例资料已经进行自然对数变换，因此选择此项。其他选项同例 12-1。

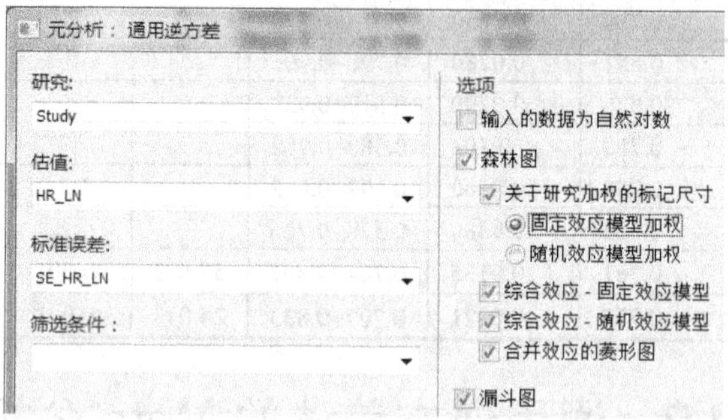

图 12-15 元分析：通用逆方差(generic inverse variance method)对话框

3)主要结果与分析。

(1)异质性检验：Q=9.6468，P=0.2907，I^2=17.07%，按 α=0.10 水准，尚不能认为各研究间存在异质性，应当选择固定效应模型，见结果 12-15。

结果 12-15 异质性检验

Q	9.6468
DF	8
显著性水平	P = 0.2907
I^2(不一致)	17.07%
I^2 的 95% CI	0.00–59.08

(2)效应合并量：由于原始资料已进行了自然对数变换，因此需要对效应合并量的结果进行逆变换，$HR = e^{-0.0648} = 0.937$，与结果 12-16 中固定效应的估值一致，其 95%CI 为(0.786，1.117)，z=–0.724，P=0.469，由于 HR 的 95%CI 包含 1，可认为经过 Meta 分析合并效应后，HR 与 1 的差异无统计学意义，尚不能认为该生物指标对生存结局有影响，见结果 12-16。

结果 12-16

研究	估值 (Log)	标准误	估值	95% CI	z	P	加权(%)	
							固定	随机
Study 1	–0.0770	0.212	0.926	0.611–1.403			17.83	16.65
Study 2	0.0120	0.221	1.012	0.656–1.561			16.41	15.64
Study 3	0.323	0.426	1.381	0.599–3.183			4.42	5.09
Study 4	0.154	0.230	1.166	0.743–1.831			15.15	14.71
Study 5	0.0510	0.348	1.052	0.532–2.081			6.62	7.35
Study 6	–0.661	0.232	0.516	0.328–0.814			14.89	14.51
Study 7	–0.199	0.337	0.820	0.423–1.586			7.06	7.78
Study 8	0.0400	0.245	1.041	0.644–1.682			13.35	13.31
Study 9	0.305	0.432	1.357	0.582–3.164			4.29	4.96
总和(固定效应)	–0.0648	0.0895	0.937	0.786–1.117	–0.724	0.469	100.00	100.00
总和(随机效应)	–0.0590	0.100	0.943	0.775–1.147	–0.589	0.556	100.00	100.00

(3)森林图：MedCalc 根据逆变换的效应量绘制森林图，固定效应的 HR 的 95%CI 横跨无效竖线(HR=1)，表明研究无统计学意义，见图 12-16。

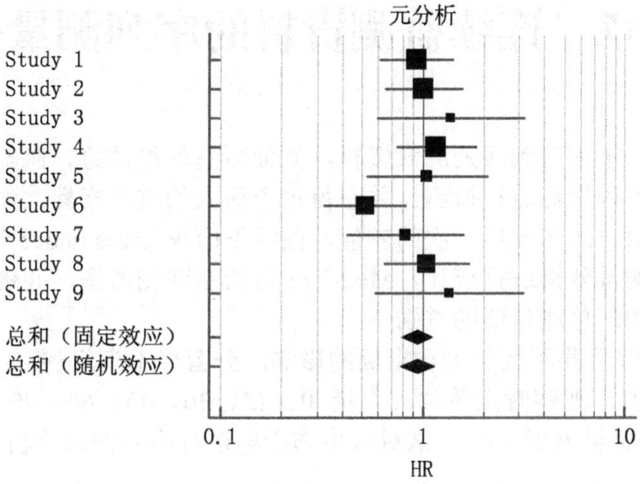

图 12-16　某生物指标与生存结局关系研究的森林图

第 13 章　连续监测资料的序列测量分析

医学实际工作中，常常遇到序列测量资料，如葡萄糖耐量试验、血药浓度监测的资料，我们常需要对病人的各种指标进行检测，并获得每个病人的重要指标，如：峰值(最大值)、到达峰值所需时间、第一次与最后一次的差值、曲线下面积(Area under the curve, AUC)等。这些指标可使用序列测量分析进行统计，MedCalc 可绘制观测值图，并进行适当的统计学检验以评估对不同子组的汇总测量值的差别。

【例 13-1】 为研究营养不良某生物指标的影响，分营养不良组(9 人)和正常组(5 人)连续观察该生物指标取值，观察时点单位：包括 0、15、30、45、60、90、120、150、180、240、300、360，部分资料见表 13-1，试对该生物指标进行序列测量分析。(营养不良.mcl)

表 13-1　某生物指标的监测资料

分组(Group)	序号(ID)	测量时间(Time)	取值(Value)
营养不良	1	0	0.08
营养不良	1	15	13.15
营养不良	1	30	5.70
营养不良	1	45	3.22
…	…	…	…
正常	14	180	2.51
正常	14	240	1.31
正常	14	300	0.70
正常	14	360	0.37

1) 打开数据文件“营养不良.mcl”。

2) 选择【统计(Statistic)】→【系列测量(Serial measurements)】菜单，打开系列测量(Serial measurements)对话框，见图 13-1。

- 【变量 Y(数据)(Variable Y (data))】：选择包含所有序列测量资料的变量，本例为“Value(取值)”。
- 【变量 X(时间)(Variable X (time))】：选择包含不同测量时间的变量，本例为“Time(测量时间)”。
- 【案例识别(Case identification)】：选择包含案例标识资料的分类变量，本例为“ID(序号)”。
- 【组(Groups)】：选择包含分组标识资料的分类变量，本例为“Group(分组)”。
- 【综合测量(Summary measure)】：选择其中一个统计分析的汇总测量指标。
  - 【最低(Minimum)】：最小测量值。
  - 【达到最低值所需的时间(Time to reach minimum)】：达到最小测量值所需的时间。
  - 【最高(Maximum)】：最大测量值。
  - 【达到最高值所需的时间(Time to reach maximum)】：达到最大测量值所需的时间。

- 【第一次观察(First observation)】：第一个测量值。
- 【最后一次观察(Last observation)】：最后一个测量值。
- 【第一次和最后一次的差异(Difference Last-First observation)】：最后一次测量值与第一次测量值的差值。
- 【第一次和最后一次的变化(%)(Change Last-First observation(%))】：计算公式为 $\frac{\text{最后一次测量值}-\text{第一次测量值}}{\text{第一次测量值}}\times 100\%$，计算此指标时第一次测量值不能为 0。
- 【与第一次相比的最大差别(Maximum difference with first observation)】：与第一次测量值的最大差值。
- 【与第一次相比的最大差别(%)(Maximum difference with first observation(%))】：计算公式为：$\frac{\text{最大差值}}{\text{第一次测量值}}\times 100\%$，计算此指标时第一次测量值不能为 0。
- 【时间加权平均值(Time-weighted average)】：计算公式为 $\frac{\text{AUC(基线为0)}}{\text{最后一次测量时间}-\text{第一次测量时间}}$，如果只有一个观测值，则该值视为时间加权平均值。
- 【曲线下面积(Area Under the Curve, AUC)】：可选择【基线=0(Baseline=0)】、【基线=第一个值(Baseline=first value)】或【基线=最小(Baseline=minimum)】。当选择第一个观测值时，AUC 有可能为负值。值得注意的是，MedCalc 要求所有的受试者的观察时间点相同，否则不能计算 AUC，此时可计算时间加权平均值。
- 【%时间(% Time above)】：计算时间【大于(Above)】、【大于或等于(Above or equal to)】、【小于(Below)】、【小于或等于(Below or equal to)】指定阈值的比例。

■【选项(Options)】。

- 【左侧对齐时间(Left-align time)】：将所有受试者的第一次观察时间都设为 0，使用原始时间减去第一次时间等到左侧对齐时间。

■【统计分析(Statistical analysis)】。

- 【自动化(Automatic)】：MedCalc 会计算各组的汇总统计量以及进行正态性检验(在分别将每组数值变换成 z 得分后，对全部资料进行正态性检验)。如果资料服从正态分布，则 MedCalc 将使用参数检验；否则，将对资料进行对数变换。如果变换后资料服从正态分布，则仍然使用参数检验；如不服从正态分布，则对未变换的资料进行非参数检验。如果资料经对数变换服从正态分布，则软件将对变换后的资料计算汇总统计量。
- 【参数检验(Parametric test)】：假设汇总测量值服从正态分布并进行参数检验。非参数检验包括适用于两组的 Mann-Whitney 秩和检验(Mann-Whitney rank sum test)和适用于多于两组的 Kruskal-Wallis 秩和检验(Kruskal-Wallis rank sum test)。
- 【对数变换的参数检验(Parametric test after Logarithmic transformation)】：对汇总测量值进行对数变换后，进行参数检验。参数检验包括适用于两组的 t 检验和适用于多于两组的单因素方差分析(One-way analysis of variance, ANOVA)；
- 【非参数检验(Non-parametric test)】：进行非参数检验。

*完成上述操作后，单击【确定(OK)】按钮。

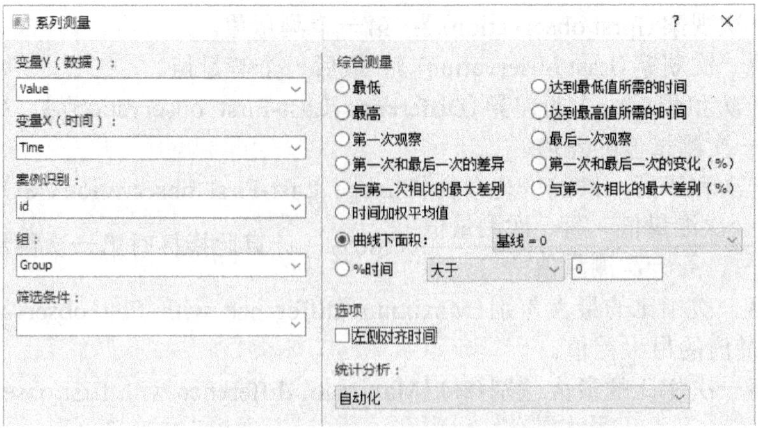

图 13-1　系列测量(Serial measurements)对话框

3)主要结果与分析。

(1)案例值：给出每个个案的汇总统计指标，包括时间区间、第一个测量值、最后一个测量值、最小值、最大值、曲线下面积等，见结果 13-1。

结果 13-1　案例值

组	案例 ID	时间区间	第一个	最后一个	最低	最高	曲线下面积(基线 = 0)
营养不良组	1	360	0.08	0.32	0.08	13.15	667.4250
营养不良组	2	360	0.08	0.28	0.08	6.37	569.6250
营养不良组	3	360	0.08	0.11	0.08	3.47	306.0000
营养不良组	4	360	0.08	0.12	0.08	3.3	298.2000
营养不良组	5	360	0.08	0.42	0.08	8.27	617.8500
营养不良组	6	360	0.08	0.08	0.08	4.92	256.2750
营养不良组	7	360	0.08	0.18	0.08	9.29	527.4750
营养不良组	8	360	0.08	0.2	0.08	2.54	388.8750
营养不良组	9	360	0.08	0.08	0.08	6.28	505.8750
正常组	10	360	0.08	0.29	0.08	16.02	919.8750
正常组	11	360	0.08	0.28	0.08	6.72	599.8500
正常组	12	360	0.08	0.08	0.08	9.98	499.5000
正常组	13	360	0.08	0.25	0.08	7.27	472.8750
正常组	14	360	0.08	0.37	0.08	17.61	1377.9750

(2)汇总统计量：按照分组汇总统计，营养不良组的平均 AUC 为 459.733±151.275，AUC 总体平均值的 95%CI 为(343.453，576.014)，AUC 总体中位数为 505.875，95%CI 为(299.276，611.196)。正常组的平均 AUC 为 774.051±381.582，AUC 总体平均值的 95%CI 为(300.218，1247.812)，AUC 中位数为 599.850(由于计算总体中位数的 95%CI 至少需要 6 个个案，因例数不够不能计算)，见结果 13-2。

结果 13-2　汇总统计量

组	n	平均值	95% CI	SD	中位数	95% CI
营养不良组	9	459.733	343.453–576.014	151.275	505.875	299.276–611.196
正常组	5	774.015	300.218–1247.812	381.582	599.850	

(3) t 验：MedCalc 自动进行 t 检验，说明本研究生物指标服从正态分布，或经对数变换后服从正态分布。两组平均值差为 314.2817，总体平均值差的 95%CI(7.3385，621.2248)，t=2.231，P=0.0455，按 α=0.05 水准，表明两组个案某生物指标组间 AUC 的差别有统计学意义，见结果 13-3。

结果 13-3　T 检验

差值	314.2817
差异的 95% CI	7.3385–621.2248
检验统计 t	2.231
自由度(DF)	12
双侧概率	P = 0.0455

(4) 观测值图绘制每个个案某生物指标不同时间的测量值变化曲线，见图 13-2。

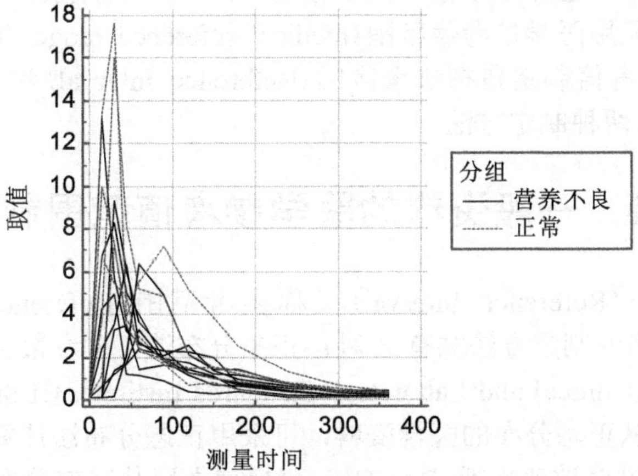

图 13-2　个案序列折线图

第 14 章　医学参考值范围的制定

医学参考值(reference value)是指包括绝大多数正常人的人体形态、功能和代谢产物等各种生理及生化指标常数，也称正常值。由于存在个体差异，生物医学资料并非常数，而是在一定范围内波动，故采用医学参考值范围(medical reference range)作为判定正常和异常的参考标准。MedCalc 参考值制定包括参考区间(Reference interval)和年龄别参考区间(Age-related reference interval)两种制定方法。

14.1　一般资料的医学参考值范围制定

MedCalc 参考区间(Reference interval)又称参考范围(Reference range)、正常范围(Normal range)，该区间的制定方法共有 3 种：正态分布法、非参数百分位数法以及美国临床实验室标准化研究所(Clinical and Laboratory Standards Institute, CLSI)指南 C28-A2 中提到的稳健估计方法。对服从正态分布的医学资料，可采用正态分布法计算参考值范围；对呈偏态分布的资料，若能通过对数变换或 Box-Cox 变换使之服从正态分布后，也可用正态分布法制定参考值范围；对于经变换后仍不服从正态分布的资料，可采用非参数百分位数法制定参考值范围。样本含量不足 120 的资料，建议选择稳健估计法。

【例 14-1】为了制定成年男性红细胞数正常范围，某医生测量了 130 名正常成年男性红细胞数(RBC，单位：万/mm)，试制定其 95%参考值范围。(红细胞.mcl)

1)打开数据文件“红细胞.mcl”。

2)选择【统计(Statistic)】→【参考区间(Reference interval)】→【参考区间(Reference interval)】菜单，打开参考区间(Reference interval)对话框，见图 14-1。

- 【测量(Measurements)】：选择需制定正常值范围的变量，本例为“rbc(红细胞数)”。
- 【选项(Options)】。
  - 【区间(Interval)】：可设定。

参考区间(Reference interval)包括 90%、95%、99%、99.9%和 99.99%，通常使用的医学参考值范围有 90%、95 %、99%等，最常用及推荐设置的是 95%CI。参考区间类型选项见表 14-1。

表 14-1　参考区间类型

区间类型	示意图	适用范围
【两侧(Double sided)】	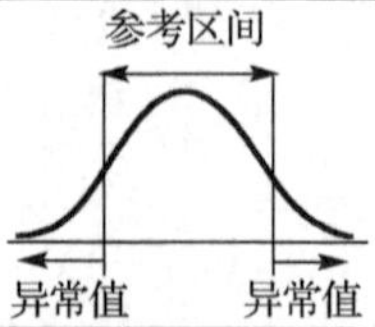	测量值无论过低或过高均属异常时，如红细胞数，选择此项，以制定双侧参考值范围上侧界值和下侧界值

续表

区间类型	示意图	适用范围
【左侧(Left sided)】	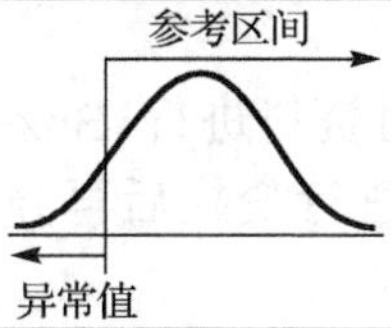	当测量值过低时为异常，如肺活量，选择此项，以制定单侧参考值范围下侧界值
【右侧(Right sided)】	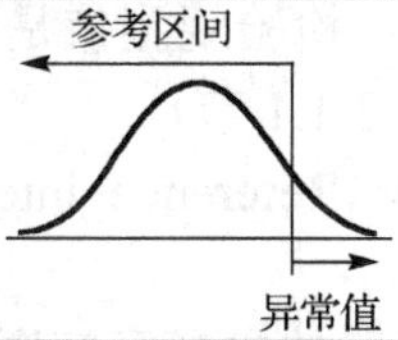	仅测量值过高时为异常时，如转氨酶，选择此项，以制定单侧参考值范围上侧界值

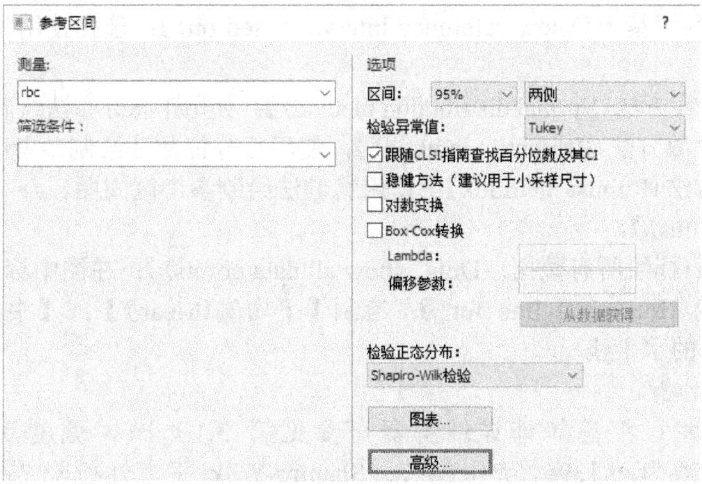

图 14-1　参考区间(Reference interval)对话框

- 【检验异常值(Test for outliers)】：选择检验异常值的方法。异常值检验仅报告可疑异常值，但不会在分析中剔除异常值，研究者可以根据列表对资料进行核查以决定是否剔除观测值。
  - 【none】：不进行异常值检验。
  - 【Reed】：Reed 法只检验最大值和最小值。
  - 【Tukey】：Tukey 检验可以识别多个异常值。研究者应核查异常值并决定是否剔除异常值，更多介绍请参见第 3.2 节。
- 【跟随 CLSI 指南查找百分位数及其 CI(Follow CLSI guidelines for percentiles and their CIs)】：选择此项将按照美国临床实验标准委员会(NCCLS)和 CLSI 指南 C28-A2 估计百分位数及其上下限的 90%CI，百分位数使用观测值所对应的秩 $r=p(n+1)$进行计算，CLSI 参考限(reference limits)90%CI 则使用整数秩计算保守的置信区间(置信区间至少为 90%)。如果不选择此项，则百分位数使用观测值所对应的秩 $r=pn+0.5$，并使用迭代法计算较不保守和更精确的置信区间。
- 【稳健方法(建议用于小采样尺寸)(Robust method (Recommended for smaller sample sizes))】：当样本量小于 120 时，建议选择此项，此结果会对 CLSI 指南 C28-A2 的

方法进行稳健估计。单击【高级(Advanced)】按钮可设定稳健法的自助抽样选项。

- 【对数变换(Logarithmic transformation)】：对资料进行对数变换(如当资料成正偏态时)。
- 【Box-Cox 变换(Box-Cox transformation)】：对资料进行 Box-Cox 变换(参见第 2.10 节)。如选择此项，则在自动按照设定的参数进行变换后再分析，并将结果逆变换为原始尺度。本例未选择。
- 【检验正态分布(Test for normal distribution)】：检验观测值是否服从正态分布，本例选择【Shapiro-Wilk 检验(Shapiro-Wilk test)】(参见第 3.1.1 节)。

3) 单击【图表(Graph)】按钮，打开参考区间图表(Reference interval graph)对话框，见图 14-2。

- 【显示图表(Show graph)】：绘制以置信区间表示的参考区间图。
- 【显示参考区间基于(Show reference interval based on)】：选择使用如下方法绘制参考区间图。
    - 【正态分布方法(Normal distribution method)】：使用正态分布法绘制参考区间图。
    - 【百分位数方法(Percentile method)】：使用百分位数法绘制参考区间图。
    - 【稳健方法(Robust method)】：使用稳健法绘制参考区间图。
- 【选项(Options)】。
    - 【点状图(标绘所有数据)(Dots (show all data points)】：在图中标出所有数据点。
    - 【水平线(Horizontal line for)】：绘制【平均值(Mean)】或【中间值(Median，中位数)】的水平线。

4) 主要结果与分析。

(1) 汇总统计量：汇总统计详细解释可参见第 3.1.1 节，偏度系数为 0.01150，P=0.9557；峰度系数为−0.1396，P=0.8447；Shapiro-Wilk 正态性检验结果为 W=0.9955、P=0.9593，按 α=0.05 水准，接受正态性，因此可使用正态分布法估计红细胞数的正常范围，见结果 14-1。

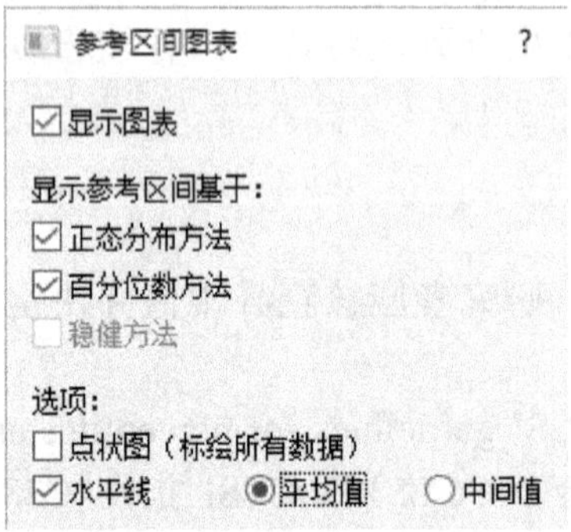

图 14-2 参考区间图表(Reference interval graph)对话框

结果 14-1

采样尺寸	130
最低值	379.0000
最高值	588.0000
算术平均值	479.3538
中位数	479.0000
标准差	41.5063
偏度系数	0.01150 (P=0.9557)
峰度系数	−0.1396 (P=0.8447)
Shapiro-Wilk 检验 正态分布	W=0.9955 接受正态性(P=0.9593)

(2) 使用 Tukey 法进行异常值检验，未发现疑似异常值，见结果 14-2。

(3) 正常成年男性血红细胞数正态分布法的双侧 95%参考值范围为(398.00，560.71)万/mm，非参数百分位数法(CLSI C28-A3)的双侧 95%参考值范围为(395.10，568.45)万/mm，此外给出了参考值范围上限和下限的 90%CI，见结果 14-3。

结果 14-2 疑似异常值[①]

无

注：① Tukey, 1977。

(4) 参考区间图：以图示方式直观地描述正态分布法和百分位数法估计的正常成年男性血红细胞数的双侧 95%参考值范围，由于资料服从正态分布，因此正态分布法估计参考值范围上限的 90%CI 更精确，见图 14-3。

结果 14-3　双侧 95% 参考区间

A. 基于正态分布的方法	
下限	398.0030
90% CI	387.6050–408.4010
上限	560.7047
90% CI	550.3067–571.1027
B. 非参数百分位数方法（CLSI C28–A3）	
下限	395.1000
90% CI	379.0000–410.0000
上限	568.4500
90% CI	546.0000–588.0000

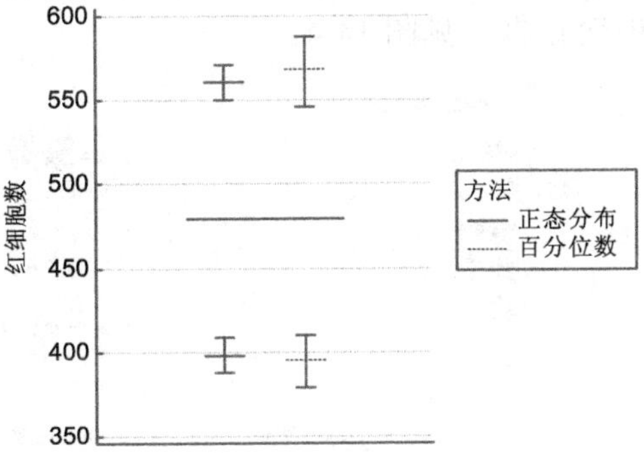

图 14-3　正常成年男性红细胞数的 95%参考值范围

14.2　年龄别参考值范围的制定

医学科研与实践工作中，很多测量指标将随着时间、年龄等不同而变化，例如青少年儿童的身高、体重、胸围等随着年龄的增长而变化，胎儿双顶径、孕妇血中 AFP 浓度随着孕周的变化而变化，因此需要根据不同年龄、孕周制定年龄别参考值范围，又称年龄相关参考区间（age-related reference interval）、年龄别参考区间（age-specific reference interval）或年龄依赖参考区间（age-dependent reference interval）。

MedCalc 根据 Altman（1993）、Altman & Chitty（1993）、Wright & Royston（1997a）等人提出的方法对年龄别参考值范围进行估计。具体步骤如下。

(1) 如果不同年龄水平中用于制定参考范围的测量值的分布存在偏斜，将对测量值进行对数变换或 Box-Cox 幂变换（Box-Cox power transformation）。

(2) 使用加权多项式回归（weighted polynomial regression）对测量值（变换后测量值）按年龄建模，模型给出测量值（变换后测量值）的平均值年龄函数，如 mean（age）。

(3) 计算回归模型的残差。

(4) 残差的绝对值乘以 $\sqrt{\pi/2}$ 后，使用加权多项式回归按年龄建模（第 2 个模型），该模型给出给出（变换后）测量值的标准差的年龄函数，如 SD（age）。

(5) 对于观测值范围中的每个年龄参考区间的计算公式为 mean（age）$\pm z \times$SD（age）。如果计算 95%的参考区间，z=1.96。如果在第 1 步中进行数据变换，则 MedCalc 将按照原始刻度报告逆变换后的结果。

(6) 模型可根据所有观测值的 z 得分图进行分析及评估，例如，观测值 y 的 z 得分（z-scores）可根据如下公式计算：z=[y−mean（age）]/SD（age）。z 得分应服从正态分布，否则提示模型拟合效果欠佳，建议选择其他幂次的多项式回归模型。

【例 14-2】 为研究胎儿生长发育的规律，收集了 592 名孕妇的孕期资料，包括胎儿双顶径(单位：mm)和孕周(单位：周)，试制定不同孕周胎儿的双顶径的正常值范围。(双顶径.mcl)

1)打开数据文件“双顶径.mcl”。

2)选择【统计(Statistic)】→【参考区间(Reference interval)】→【与年龄相关的参考区间(Age-related reference interval)】菜单，打开与年龄相关的参考区间(Age-related reference interval)对话框，见图 14-4。

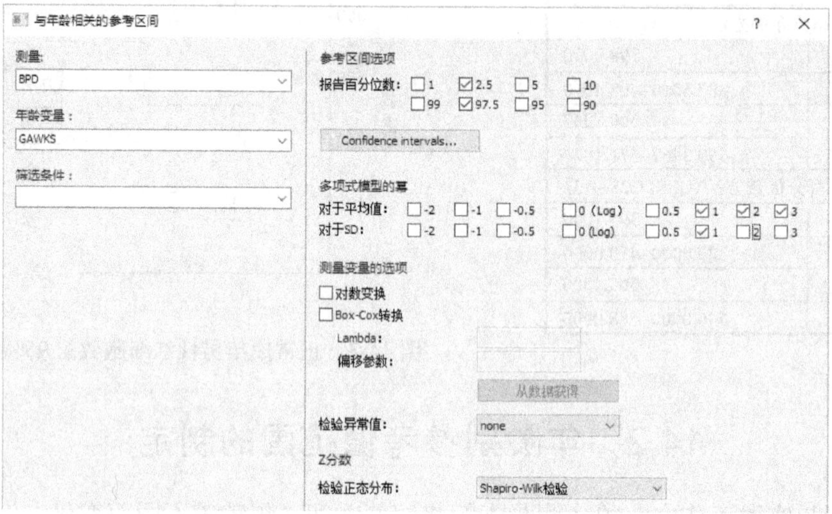

图 14-4　与年龄相关的参考区间(Age-related reference interval)对话框

- 【测量(Measurements)】：选择“BPD(双顶径)”。
- 【年龄变量(age variable)】：选择“GAWKS(孕周)”。
- 【参考区间选项(Reference interval options)】。
  - 【报告百分位数(Report centiles)】：研究者可选择感兴趣的任意百分位数。例如，计算双侧 95%参考区间可选择百分位数 2.5 和 97.5。
- 【Confidence intervals(置信区间)】按钮：设定置信区间的计算选项，当只选择 1 个或 2 个百分位数时，该选项才有效。
- 【多项式模型的幂(Powers for polynomial model)】：指定平均值和标准差多项式模型的幂次。
  - 【对于平均值(For mean)】：特殊值 0 表示以 10 为底的对数变换，其他皆为幂函数。例如，勾选了“0”、“1”、“2”，模型的形式为 $Y = b_0+b_1\ \log(\text{age})+b_2\ \text{age}+b_3\ \text{age}^2$，各系数 b_i 将由软件估计，b_0 为回归模型的截距项。本例勾选 1、2、3。
  - 【对于 SD(For SD，对于标准差)】：解释同平均值。本例勾选 1。
- 【测量变量的选项(Options for Measurements variable)】。
  - 【对数变换(Logarithmic transformation)】：本例未选择。
  - 【Box-Cox 变换(Box-Cox transformation)】：本例未选择，参见第 2.10 节。
- 【检验异常值(Test for outliers)】：本例选择【none】，参见第 14.1 节。

- 【*z* 分数(z-scores)】:
  - 【检验正态分布(Test for Normal distribution)】：检验 *z* 得分是否服从正态分布，本例选择【Shapiro-Wilk 检验(Shapiro-Wilk test)】(参见第 3.1.1 节)。

3) 主要结果与分析。

(1) 模型汇总：建立了胎儿双顶径平均值、标准差与孕周的多项式回归模型(见结果 14-4)如下：

$$\text{Mean}_{\text{BPD}}=-17.3352+2.5569\times\text{孕周}+0.05582\times\text{孕周}^2-0.001246\times\text{孕周}^3$$
$$\text{SD}_{\text{BPD}}=1.2399+0.06702\times\text{孕周}$$

结果 14-4　模型汇总

BPD	
平均值	−17.3352 + 2.5569 年龄+0.05582 年龄 2−0.001246 年龄 3
SD	1.2399 + 0.06702 年龄

(2) 百分位数：列出不同孕周胎儿双顶径的百分位数，MedCalc 通常只列出 6～12 个不同的年龄取值，见结果 14-5。读者可单击表格下方的【以 Excel 格式获得综合表】超链接，获取所有年龄(孕周)的百分位数表，以便制定更多年龄段的正常值范围。

(3) 平均值和标准差的拟合方程：结果 14-6、14-7 详细列出了平均值和标准差加权回归模型的详细信息，如模型回归项的系数、标准误、*t* 值和 *P* 值等。值得注意的是，无须太在意此处的 *P* 值，因为它不用于决定对应的回归项是否保留，主要是看最后模型拟合的效果。

结果 14-5　百分位数

年龄变量	百分位数 BPD	
GAWKS	0.025	0.975
15	24.9712	33.7725
20	41.1038	51.2187
25	56.2889	67.7175
30	69.5920	82.3343
35	80.0785	94.1344
40	86.8138	102.1834

结果 14-6　平均值的拟合方程

术语	系数	标准误	t	P
(常量)	−17.3352			
年龄	2.5569	0.4899	5.219	<0.0001
年龄 2	0.05582	0.01930	2.891	0.0040
年龄 3	−0.001246	0.0002407	−5.177	<0.0001

(4) *z* 得分分析是评价模型拟合数据效果优劣的重要步骤。*z* 得分的偏度系数为 −0.1626，P=0.1050；峰度系数为 0.09398，P=0.5823；Shapiro-Wilk 正态性检验结果为 W=0.9967、P=0.2654。上述指标 *P* 值均大于 0.05，按 α=0.05 水准，接受正态性，表明 *z* 得分服从正态分布，模型拟合效果较好，见结果 14-8。

结果 14-7　标准差的拟合方程

术语	系数	标准误	t	P
(常量)	1.2399			
年龄	0.06702	0.01144	5.860	<0.0001

结果 14-8　*z* 得分

最低值	−3.4384
最高值	2.8460
偏度系数	−0.1626 (P=0.1050)
峰度系数	0.09398 (P=0.5823)
Shapiro-Wilk 检验 正态分布	W=0.9967 接受正态性(P=0.2654)

(5) z 得分散点图：也可用于判断 z 得分的正态性，右击 z 得分散点图（见图 14-5），选择【信息（Information）】菜单，可查看该图的详细信息（见结果 14-9），散点图中两条粗水平线分别位于 z=1.645 和 z=−1.645 处，中心线（细线）为 80%平滑度的 LOESS（局部回归平滑）趋势线，LOESS 趋势线位于 z=0 处并大致呈直线。z 得分散点图应满足如下的全部要求：①所有年龄段的 z 得分应该不存在任何模式，并且随机分散在中 0 的两侧。②期望有 5%的个案位于 z=1.645 对应的水平线上方及有 5%的个案位于 z=−1.645 对应的水平线下方，本例分别 4.9%和 4.6%，与期望值 5.0%接近。③所有个案随机分布在观测年龄范围内。如不能满足上述任何一个要求，则表明需要对模型进行修改。

结果 14-9　90%区间以外的 z 得分

	观察的	预期的
z < −1.645	29 (4.9%)	29.6 (5.0)
z > 1.645	27 (4.6%)	29.6 (5.0)

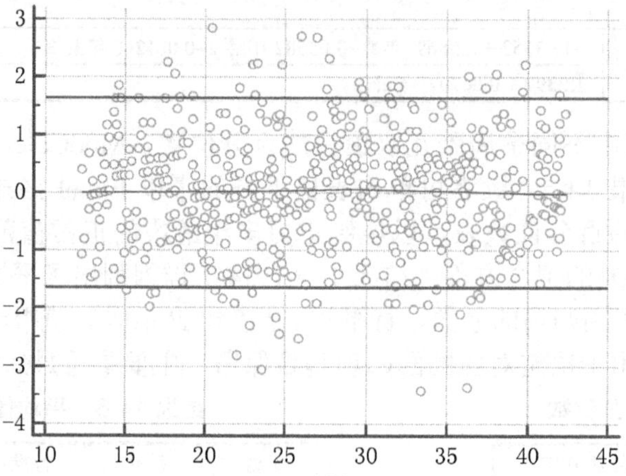

图 14-5　胎儿双顶径 z 得分的散点图

(6) 百分位数图：展示了不同孕周胎儿双顶径的含散点以及多项式回归模型曲线，中心线及两侧曲线分别表示不同孕周胎儿双顶径的平均值和百分位数，见图 14-6，可见模型拟合效果较好。

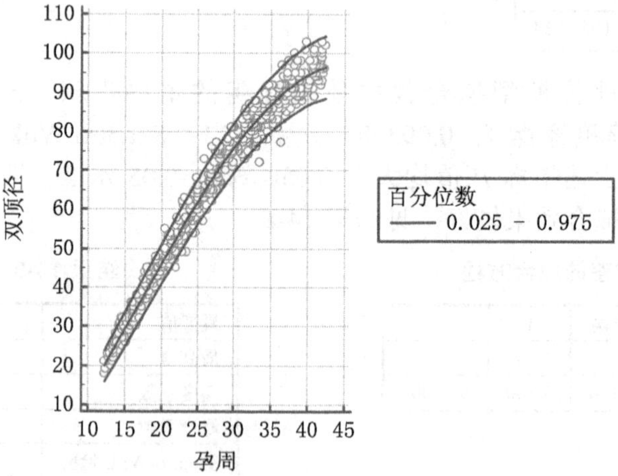

图 14-6　百分位数图

第 15 章　方法比较和评价

实验室准备用一个新检测系统或测定方法(或新试剂盒、新仪器)进行病人标本测定前，应与原有检测系统或者公认的参考方法一起检测一批病人标本，根据测定结果间的差异了解新检测系统或方法引入后的偏倚，如果偏倚不大，或者偏倚量在允许误差范围内，则说明两检测系统或方法对病人标本测定结果基本相符，新检测系统或方法替代原有检测系统或方法不会对临床引入明显偏倚。这样的试验称为方法学比较试验。

方法比较和评价中最常见的目的是一致性检验，所谓“一致性”是指对同一个体用两种仪器或从两种角度进行检测，测量值之间接近程度或测量效果相似性的一个指标。一致性检验主要用于以下几个方面：①诊断试验方法与金标准的一致性；②多种检测(诊断)方法对同一样本检测(诊断)的一致性；②同一评分者对同一观察对象进行多次观察的结果一致性；③两个或两个以上评分者对同一观察对象进行观察的结果一致性等。根据资料的类型、检测(诊断)方法或评分者的数量以及研究的目的，可选择不同的一致性检验方法。

MedCalc 的方法比较和评价方法包括 Bland-Altman 图(Bland-Altman plot)、山形图(Mountain plots)、Deming 回归(Deming regression)、Passing-Bablok 回归(Passing & Bablok regression)以及两次测量中的变异系数(Coefficient of variation from duplicate measurements)、组内相关系数(Intraclass correlation coefficient)、一致性相关系数(Concordance correlation coefficient)、评分者间的一致性 κ 系数(Inter-rater agreement (kappa))、Cronbach α 系数(Cronbach's alpha)和响应能力(Responsiveness)等。

15.1　连续变量一致性评价的 Bland-Altman 图

Bland-Altman 图(Bland-Altman plot)又称差异图(difference plot)，可用于评估两次观测(或两个方法、两个评分者)：Y_1、Y_2 的一致性，在该方法以两次观测的平均差 A 作为横坐标，两次观测的差值 D 作为纵坐标绘制散点图，然后画出一致性界限。如果其中一种方法是参考方法或金标准，则根据其方法进行绘图。

Bland-Altman 图(见图 15-1)中央的蓝色水平虚线表示平均差(mean difference，A)，其上下两条绿色的细实线为一致性界限(Limits of Agreement，LoA)，LoA = $A \pm 1.96\sigma_D$。一般认为，图形中的点位于 LoA 范围内的要占到所有点的 95%，同时还要考虑该 LoA 不超出专业上可接受的临界值范围，即又称最大允许差异(maximum allowed difference，Δ)，则可认为两种方法是等价的，并且可以互换。当 Δ 大于上 LoA 值的 95%CI 的上限，且 $-\Delta$ 小于下 LoA 值的 95%CI 的下限时，表明有 95%的把握断定两种方法不矛盾。

Bland-Altman 图有助于揭示差异与平均值之间的关系，发现系统偏倚及一致性，也可用于检查一个方法的变异性或精确度是否与被测特征的大小有关。当每个对象都使用多种方法两次或多次测量时，应绘制每个对象多次测量的 Bland-Altman 图(参见第 15.2 节)。

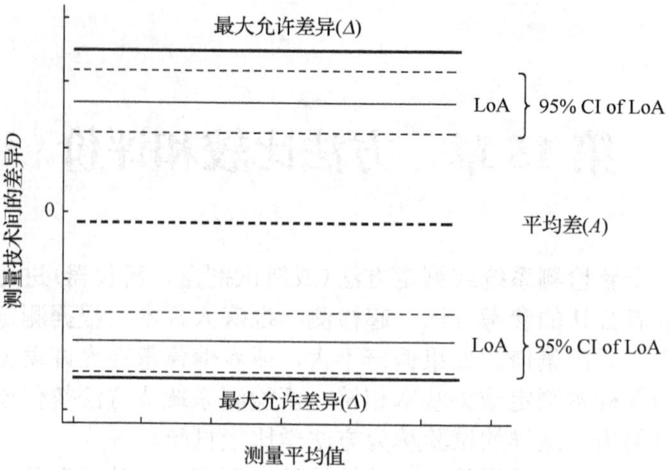

图 15-1 Bland-Altman 图

此外，只用 Bland-Altman 图来评价一致性是不够的，还要检查两种测量方法的相关性。只有 Bland-Altman 回归的截距和斜率为零且高度相关，才能说明两个变量的等价性。

15.1.1 两个连续变量一致性评价的 Bland-Altman 图

Bland-Altman 图(Bland-Altman plot)功能可绘制经典的 Bland-Altman 图及各种变体，其纵坐标可以为差值、横坐标可以为差值比例、比值，纵坐标可以为两种方法的平均值、第一种方法或第二种方法的测量值、两种方法的几何平均值，并可在图形上绘制各种指标的水平参考线，包括均等线、平均差、LoA 及其 95%CI、最大允许差异等，以及绘制 Bland-Altman 回归线及其 95%置信带。

【例 15-1】 某医疗器械公司希望确定其新血压监测仪是否等同于市场中的类似型号，使用这两种仪器随机获取了 60 个人的收缩压样本，临床上可接受的临界值范围为±5mmHg，试检验两种血压监测仪的测量结果是否一致。(血压监测仪.mcl)

1) 打开数据文件“血压监测仪.mcl”。

2) 选择【统计(Statistics)】→【方法对比和评估(Method comparison & evaluation)】→【Bland-Altman 图(Bland-Altman plot)】菜单，打开 Bland-Altman 图(Bland-Altman plot)对话框，见图 15-2。

- 【第一种方法(First method)】：本例选择“new(新监测仪)”。
- 【第二种方法(Second method)】：本例选择“old(老监测仪)”。
- 【筛选条件(Filter)】：未选择任何变量。
- 【图表(Plot)】。
  - 【图形对比(X 轴)(Plot against (X-axis))】：可选择绘制不同变体的 Bland-Altman 图，可选择【两种方法的平均值(Mean of both method)】、【第一种方法(First method)】、【第二种方法(Second method)】或【两种方法的几何平均值(Geometric mean of both method)】，本例选择【两种方法的平均值(Mean of both method)】。
  - 图形的 Y 轴可选择以下选项。
    - 【图形差异(Plot differences)】：Bland-Altman 法的默认选项。

- 【图形差异百分比(Plot differences as %)】：X 轴为两个测量值的差值比例(%)，适用于测量幅度很大时，其差值的变异相应增大的情况。
- 【图形比率(Plot ratios)】：X 轴为两个测量值的比值(避免进行对数变换)，适用于测量幅度很大时，其差值的变异相应增大的情况。但此方法在其中一个测量方法的结果为 0 时，程序会报错。

○【选项(options)】。

- 【Maximum allowed difference between methods(方法间的最大允许差异)】：设定专业上可接受的临界值范围，如果 LoA 不超过这个范围表示临床不相关或可以忽略，即可认为两种方法是等价的。根据上述选项可输入一个差值、比例(%)或比值，本例为“5”。
- 【画均等线(差异=0)(Draw line of equality(difference=0))】：绘制差异为 0 的均等线，可用于检测系统差异。
- 【为 95%CI 差异平均值画线(Draw lines for 95% CI of mean of differences)】：绘制平均差及其 95%CI(LoA)的水平线。LoA 反映系统差异的大小，如果均等线不在 LoA 内，表明系统差异有显著性。
- 【为 95%CI 的一致性限制画线(Draw lines for 95% CI of limits of agreement)】：绘制一致性界限(LoA)的上限和下限。
- 【画差异的回归线(Draw regression line of differences)】：绘制平均差与测量值的回归线，回归线有助于检测比例差异(proportional difference)。选择【95%的置信区间(95% confidence interval)】将绘制回归线的 95%置信带。

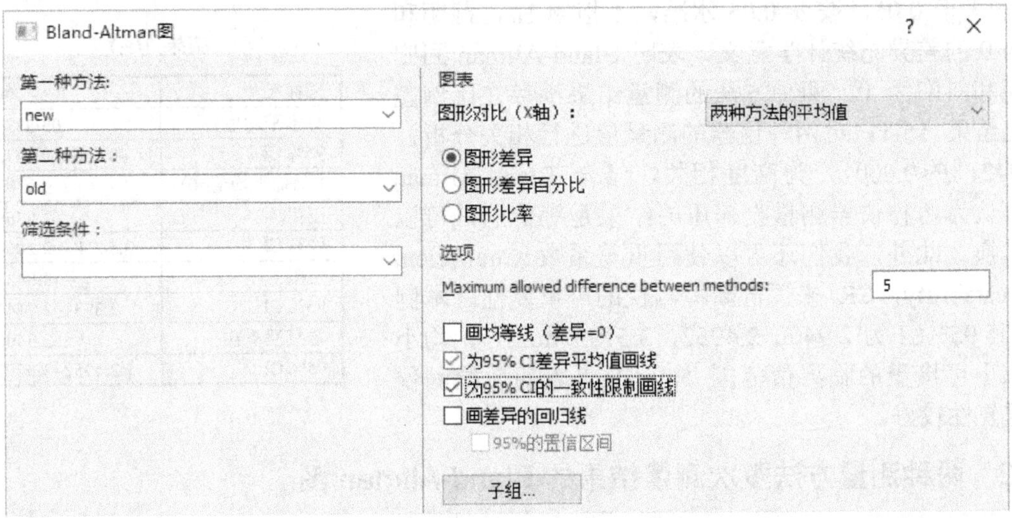

图 15-2　Bland-Altman 图(Bland-Altman plot)对话框

3)主要结果与分析。

(1)本例使用两种仪器测量 60 个人的收缩压样本，从图 15-3 所示的 Bland-Altman 图可见，有两个点(3.33%)落在 LoA 以及其 95%CI 之外，但落在最大允许差异(Δ)内，其他点均随机分布在平均差水平线的上下及 LoA 内。LoA 的 95%CI 均位于 Δ 内。图中央紫色的 Bland-Altman 回归线基本在位于 0 的水平线上。

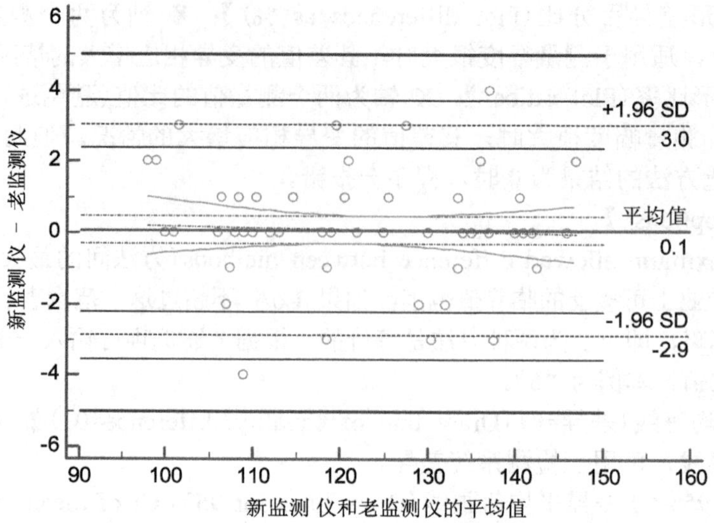

图 15-3　两种仪器测量心脏收缩血压的 Bland-Altman 图

(2)右击 Bland-Altman 图，选择【信息(Information)】子菜单，可得到 Bland-Altman 图的详细信息，两种仪器测量结果的平均差为 0.08333mmHg，总体平均差的 95%CI(–0.3068，0.4735)mmHg，包含 0，结合 P=0.6707，按 α=0.05 水准，不拒绝 H_0，可认为两种方法的测量值的差异无统计学意义。Bland-Altman 回归方程 y=0.6818–0.004883x，方程总体截距和斜率的 95%CI 分别为(–2.8175，4.1812)和(–0.03325，0.02349)，均包含 0，P 均大于 0.05，按 α=0.05 水准，不拒绝 H_0，截距和斜率与 0 的差异无统计学意义，表明 Bland-Altman 回归的截距和斜率为 0，两种方法的测量结果不存在比例差异，见结果 15-1。对两种仪器的测量值进行相关分析，r=0.9942，P<0.0001，为高度相关，结合 Bland-Altman 图，可认为两种仪器测量收缩压的结果是等价的，可以互相替换。此外，我们还可以使用重复系数(Coefficient of Repeatability，CR)来评价新检测仪的可重复性。本例 CR 及其 95%CI 为 2.9400(2.4952，3.5793)mmHg，均小于临床上可接受的临界值范围 5mmHg，表明新检测仪的可重复性较好。

结果 15-1

采样尺寸	60
算术平均值	0.08333
95% CI	–0.3068–0.4735
P (H₀:平均值=0)	0.6707
下限	–2.8769
95% CI	–3.5474– –2.2064
上限	3.0436
95% CI	2.3731–3.7141
重复性系数	2.9400
95% CI	2.4952–3.5793

15.1.2　两种测量方法多次测量结果的 Bland-Altman 图

两种方法测量值的一致性评价中，大多数情况是每个观测对象用一种方法测量一次，当对每个观测对象都用同一种方法测量多次时，如果忽略多次测量因素，将所有的测量值视为独立的样本，则经典 Bland-Altman 图估计的 LoA 将变得过于狭窄。此时，需要使用每个对象多次测量的 Bland-Altman 图(Bland-Altman plot with multiple measurements per subject)功能对其一致性进行分析。

【例 15-2】 某心内科医生采用两种方法(RV 法和 IC 法)测量了 12 个研究对象的心射血

指数，每个对象用两种方法同时测量 3～7 次不等，共得到两种方法 60 个测量值对，试检验两种方法的测量结果是否一致。(射血分数.mcl)

1) 打开数据文件“射血分数.mcl”。

2) 选择【统计 (Statistics)】→【方法对比和评估 (Method comparison & evaluation)】→【每个对象多元测量的 Bland-Altman 图 (Bland-Altman plot with multiple measurements per subject)】菜单，打开每个个体多次观察的 Bland-Altman 图 (Bland-Altman plot) 对话框，见图 15-4。

- 【第一种方法 (First method)】：本例选择“IC”。
- 【第二种方法 (Second method)】：本例选择“RV”。
- 【对象识别 (Subject identification)】：选择包含对象识别代码的变量，本例为“Subject (对象编号)”。
- 【筛选条件 (Filter)】：未选择任何变量。
- 【模型 (Model)】。
  - 【每个对象的真值为常量 (True value is constant in each subject)】：每个对象的真值都为常量时，选择此项，即两种方法都对同一对象进行了多次测量。Bland-Altman 图中的每个点代表一个对象，点数与对象数相等。若不选择此项，则 Bland-Altman 图中的每个点代表每个测量值对。
- 【选项 (options)】。
  - 【图形对比 (X 轴) (Plot against (X-axis))】：选择【两种方法的平均值 (Mean of both method)】。
- 【画均等线 (差异=0) (Draw line of equality (difference=0))】：可用于检测系统差异，本例选择此项。

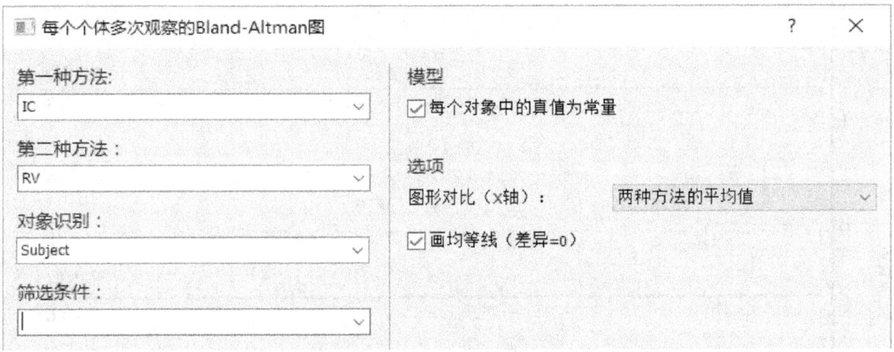

图 15-4　每个个体多次观察的 Bland-Altman 图 (Bland-Altman plot with multiple measurements per subject) 对话框

3) 主要结果与分析：本例共测量了 12 个研究对象的心射血指数，由于选择了真值为常量，因此 Bland-Altman 图仅标绘了 12 个点，每个点代表每个测量值对，本例均等线 (差异=0) 位于 LoA 内，表示两种方法不存在系统差异。12 个点随机分布在平均差水平线的上下两侧，并且均落在 LoA 内，在忽略临床上可接受的临界值范围的前提下，可认为用 RV 法和 IC 法两种测量心射血指数的方法是等价的，可以互相替换，见图 15-5。

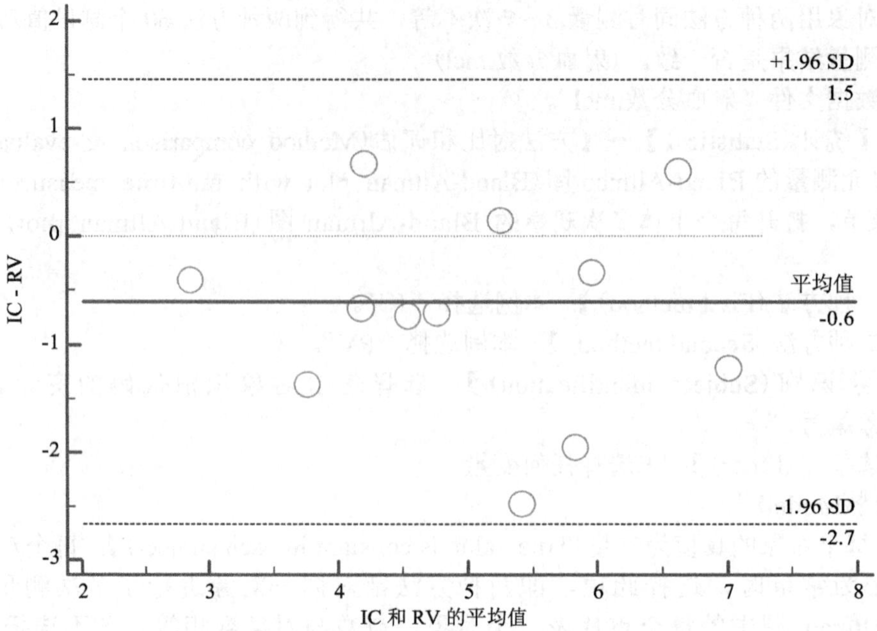

图 15-5　RV 法和 IC 法测量心射血指数的 Bland-Altman 图

4) 取消选择【每个对象的真值为常量(True value is constant in each subject)】，其他选项不变，可见 Bland-Altman 图中不同颜色和形状的点代表不同的测量对，相同颜色和形状的点都较为接近，只有 1 个点(1.67%)落在 LoA 之外，同样可认为用 RV 法和 IC 法两种测量心射血指数的方法是等价的，可以互相替换，见图 15-6。

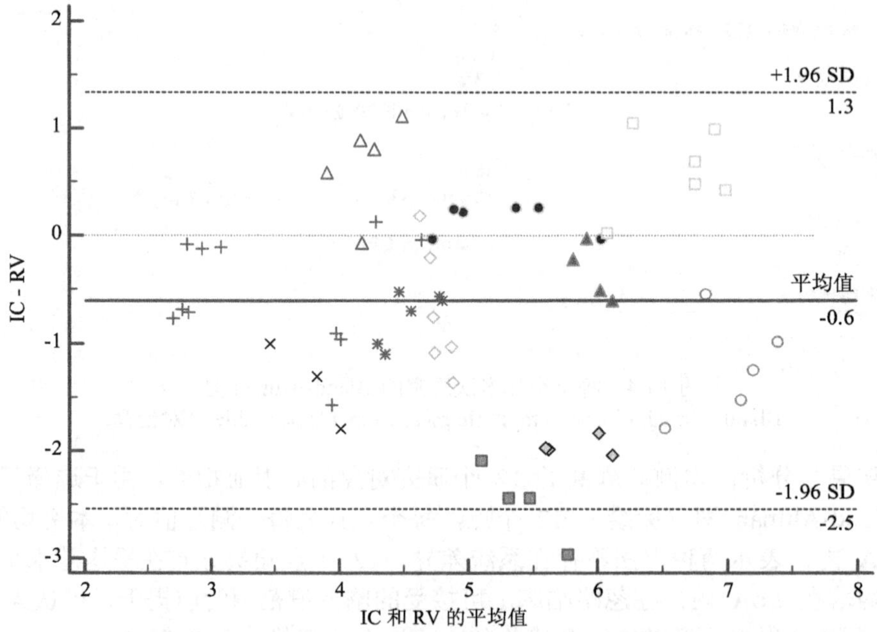

图 15-6　RV 法和 IC 法测量心射血指数的 Bland-Altman 图

15.1.3 多个连续变量一致性评价的 Bland-Altman 图

多个测量方法比较的 Bland-Altman 图是将 Bland-Altman 图扩展到两个以上方法的比较， 对于每个方法，差值为该方法与参照方法(金标准)的测量差值。

【例 15-3】某研究中心开展骨质疏松的纵向研究，使用 DXA 骨密度仪测量研究对象的骨密度(BMD)，在研究期间需购买两台 DXA 仪，由于试验的有效性评价是考察相对于基准水平 BMD 的改变，因此必须确保新旧仪器测得的 BMD 值的等价性或一致性，因此使用这 3 台 DXA 仪同时测量了 10 名正常志愿者的 AP 脊骨 BMD(单位：mg/cm^2)，见表 15-1，试分析两台新 DXA 仪能否替代老的 DXA 仪。(骨密度仪.mcl)

表 15-1 3 台不同 DXA 仪测量的 10 名志愿者的 AP 脊骨 BMD 值

志愿者编号	老 DXA 仪(x1)	新 DXA 仪 1(x2)	新 DXA 仪 2(x3)
1	1.342	1.328	1.352
2	1.303	1.312	1.317
3	1.093	1.100	1.078
4	1.092	1.116	1.087
5	1.215	1.215	1.216
6	1.155	1.157	1.137
7	1.125	1.117	1.097
8	1.434	1.437	1.447
9	1.230	1.225	1.231
10	1.326	1.324	1.313

1)打开数据文件“骨密度仪.mcl”。

2)选择【统计(Statistics)】→【方法对比和评估(Method comparison & evaluation)】→【方法对比-多种方法(Comparison of multiple methods)】菜单，打开方法对比-多种方法(Comparison of multiple methods)对话框，见图 15-7。

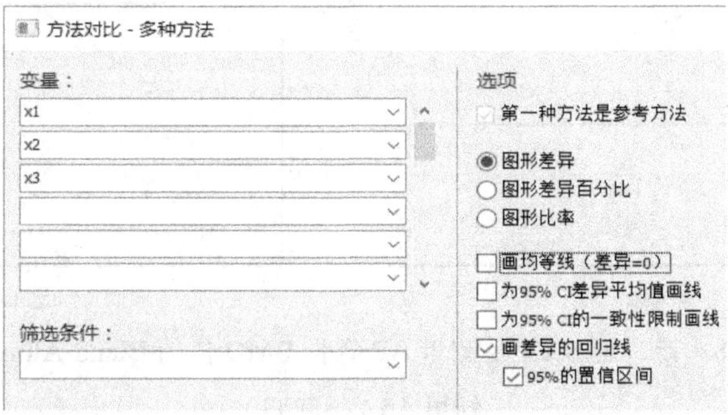

图 15-7 方法对比-多种方法(Comparison of multiple methods)对话框

- 【变量(Variables)】：本例选择“x1”、“x2”和“x3”。
- 【筛选条件(Filter)】：未选择任何变量。
- 【选项(Options)】。
  - 【第一种方法是参考方法(First method is the reference method)】：所选第一个方法的测量值为参考值，本选项为固定选项。

图形的 Y 轴选择【图形差异(Plot differences)】。Bland-Altman 图的参考线选择【画差异的回归线(Draw regression line of differences)】及其【95%的置信区间(95% confidence interval)】。

3)主要结果与分析。

(1)新 DXA 仪 1 与老 DAX 仪比较：除了 1 个点落在 LoA 之外，其他所有点均随机分布在平均差水平线的上下及 LoA 内，回归线总体截距 α 的 95%CI 为(−0.04101，0.1260)，包含 0；总体斜率 β 的 95%CI 为(−0.1007，0.03433)，包含 0，P=0.2897，按 α=0.05 水准，没有把握认为新 DXA 仪 1 与老 DAX 仪的 Bland-Altman 回归线的总体截距和斜率不为 0，见图 15-8 和结果 15-2。

(2)新 DXA 仪 2 与老 DAX 仪比较：所有点均落在 LoA 内，但是随着平均差的增大，位于平均差水平线以上点更多，回归线总体斜率 β 的 95%CI 为(0.01577，0.1565)，不包含 0，P=0.0224，按 α=0.05 水准，可认为新 DXA 仪 2 与老 DAX 仪的 Bland-Altman 回归线的总体斜率不为 0，见图 15-8 和结果 15-2。

(3)对新 DXA 仪 1 与老 DAX 仪以及新 DXA 仪 2 与老 DAX 的测量值分别进行相关分析，得到 r_{12}=0.9964，P<0.0001，r_{13}=0.9969，P<0.0001，均呈高度相关。当两种方法的一致性比较需要满足 Bland-Altman 一致性时，两种方法高度相关且 Bland-Altman 的截距和斜率为零，才能说明两个变量的等价性。因此，可认为用新 DXA 仪 1 可以替代老 DXA 仪；由于新 DXA 仪 2 与老 DAX 仪的 Bland-Altman 回归线和斜率不为 0，故 DXA 仪 2 不能替代老 DXA 仪。

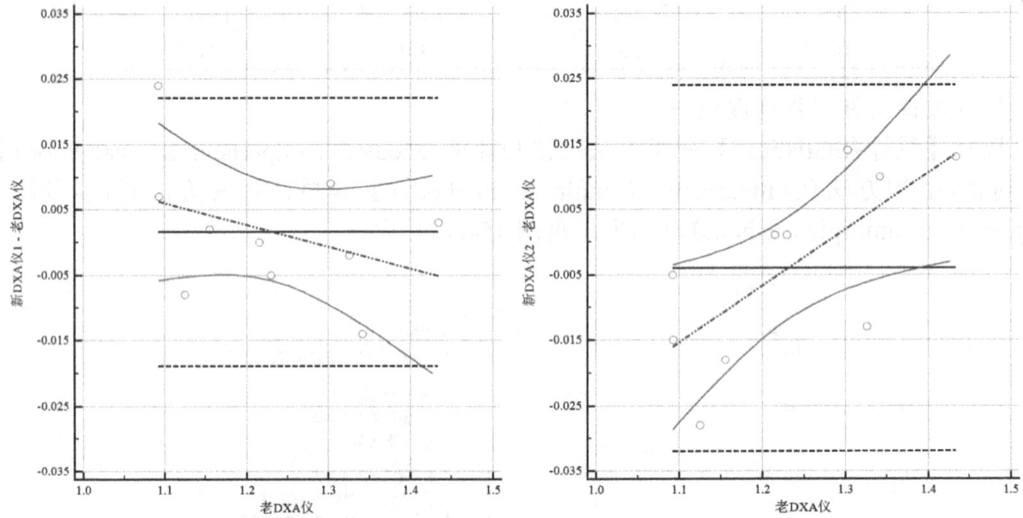

图 15-8　新、老 DXA 仪测量 AP 脊骨 BMD 值的 Bland-Altman 图

结果 15-2　回归

变量	截距	95% CI	斜率	95% CI	P
x2	0.04249	−0.04101–0.1260	−0.03320	−0.1007–0.03433	0.2897
x3	−0.1101	−0.1971– −0.02307	0.08613	0.01577–0.1565	0.0224

(4)绝对误差百分比：绝对误差百分比(Absolute Percentage Error，APE)的计算公式为 $APE = 100 \times \left| \frac{y - 参考值}{参考值} \right|$，MedCalc 可计算 APE 中位数(MdAPE)及第 95 百分位数，P_{95} 的意

义为有 95%的把握，测量值与参考值的差值比例不超过 P_{95}，当样本含量足够大时，还可以计算 APE 的 95%CI。见结果 15-3。

结果 15-3　绝对百分比误差

变量	n	中位数	95% CI	第 95 个百分位数	95% CI
x2	10	0.52%	0.16–0.89	2.20%	
x3	10	0.94%	0.26–1.47	2.49%	

15.2　连续变量一致性评价的山形图

山形图(mountain plots)又称折叠经验累积分布图(folded empirical cumulative distribution plot)，可用于比较 2 个或 3 个测量方法的测量值。MedCalc 根据新方法和参考方法间的每个秩差(ranked difference)计算百分位数以绘制山形图。山形图的纵坐标为第 0～50 百分位数，为了图形折叠，将所有超过 P_{50} 的数据进行变换：百分位数=100–百分位数。纵坐标为两种方法的差值。山形图是 Bland-Altman 图的有效补充，具有如下优点：即使资料不服从正态分布，也能够较容易地发现位于中心的 95%的资料，使不同分布的比较变得更容易。

15.2.1　两个连续变量一致性评价的山形图

【例 15-4】 试根据例 15-1 的数据，绘制山形图。(血压监测仪.mcl)

1) 打开数据文件“血压监测仪.mcl”。

2) 选择【统计(Statistics)】→【方法对比和评估(Method comparison & evaluation)】→【山状图(Mountain plot)】菜单，打开山状图(Mountain plot)对话框，见图 15-9。

用户可选择 2 种或 3 种检测方法结果进行比较，如果选择 3 种检测结果，那么第 2 种方法和第 3 种方法分别和第 1 种方法比较。

- 【第一种方法(参考方法)(First method(reference method))】：本例选择“old(老监测仪)”。
- 【第二种方法(Second method)】：本例选择“new(新监测仪)”。
- 【点状图(标绘所有数据)(Dots(plot all data))】：在图中标绘所有数据点，该选项有助于标识异常值。本例选择此项。

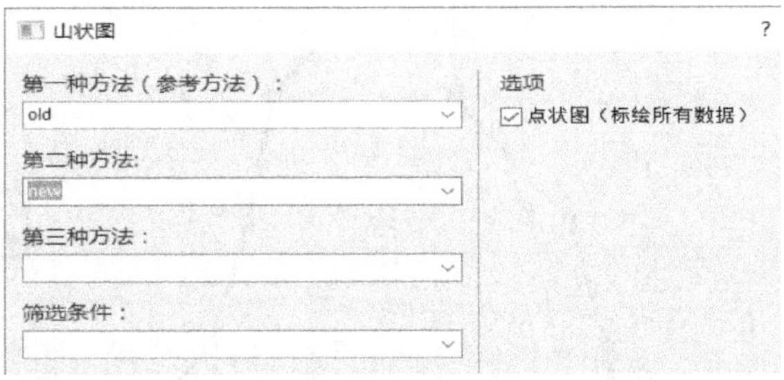

图 15-9　山状图(Mountain plot)对话框

3) 主要结果与分析：山形图为在 P_{50} 折叠的经验累积分布图，如果两种方法测量值差异不大，那么山顶趋向于靠近 0，长尾则表示两种方法的测量值差异较大。本例超过 40%的差值为 0，只有两个差值为±4mmHg，所有差值均在临床上可接受的临界值范围±5mmHg 内，见图 15-10。

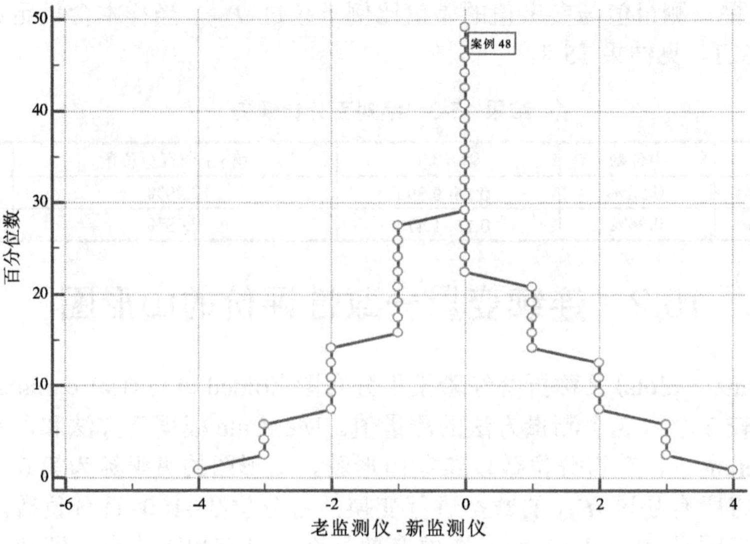

图 15-10　新、老血压监测仪测量值的山形图

15.2.2　三个连续变量一致性评价的山形图

【例 15-5】 试根据例 15-3 的资料绘制山形图。(骨密度仪.mcl)

1) 打开数据文件"骨密度仪.mcl"。

2) 山状图(Mountain plot)对话框(参见图 15-9)中，【第一种方法(参考方法)(First method(reference method))】: 选择"x1",【第二种方法(Second method)】选择"x2",【第三种方法(Third method)】选择"x3"、并选择【点状图(标绘所有数据)(Dots(plot all data))】。

3) 主要结果与分析：与老 DAX 仪(x1)比较，新 DXA 仪 1(x2)的山形图比新 DXA 仪 2(x3)的山形图更靠近 0，表明新 DXA 仪 1 的 AP 脊骨 BMD 值与老 DAX 仪更接近，见图 15-11。

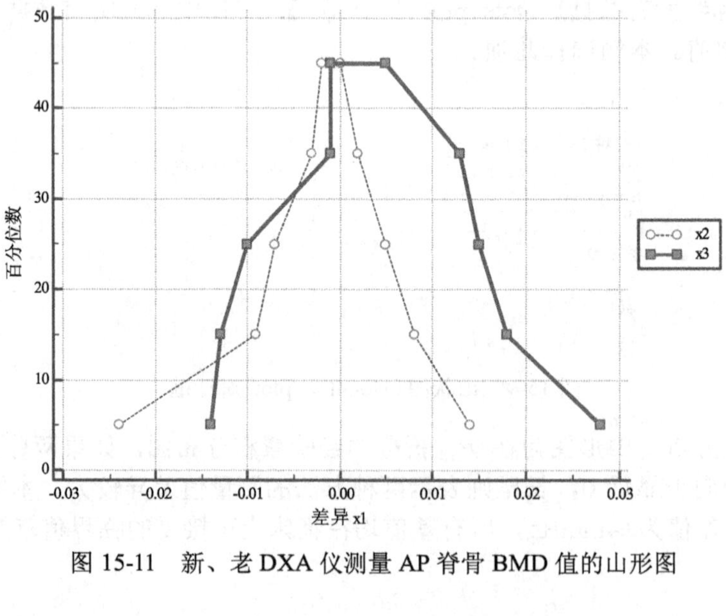

图 15-11　新、老 DXA 仪测量 AP 脊骨 BMD 值的山形图

15.3　两个连续变量一致性评价的 Deming 回归

在临床检验中常常需要比较两种仪器、两种方法或两个不同实验室的测量结果是否相同，如对两种结果进行普通的最小二乘回归，由于此类资料因变量(Y)和自变量(X)都包含测量误差(随机变量)，不符合最小二乘回归的假设条件(只有因变量包含测量误差)。如果在 X 和 Y 都包含测量误差时使用最小二乘回归分析资料，斜率可能会出现偏倚，从而影响结果的有效性，此时应使用 Deming 回归(Deming Regression)。Deming 回归又称正交回归(Orthogonal Regression)或戴明回归，可用于检验两种仪器或两种方法是否提供相似的测量结果。

Deming 回归用于检验两个连续变量之间的线性关系：因变量(Y)和自变量(X)，并可提供与资料“最佳”拟合的线。最佳拟合线为最小化标绘点与直线之间的加权正交距离的线，可用于确定两种检验方法是否等价，检验因变量如何随自变量的变化而变化以及根据自变量(X)预测因变量(Y)的值。

Deming 回归必须满足以下假定：自变量和响应分别包含一个表示为 X 和 Y 的固定未知数量以及一个误差分量，误差项为独立项，误差项的平均值为零而且包含恒定方差，自变量和响应呈线性相关。

要确定两种方法是否等同，总体回归系数(斜率)的置信区间应包含 1，而总体截距的置信区间应包含 0。

回归系数的假设为 H_0：$\beta=1$，H_1：$\beta\neq1$；截距的假设为 H_0：$\alpha=0$，H_1：$\alpha\neq0$。

15.3.1　两种方法单次测量结果的 Deming 回归

【例 15-6】 已知例 15-1 的资料中，新、老监测仪对 60 个人收缩压测量值的变异系数分别为 11.39 和 11.45，试对两种监测仪得到的收缩压测量值进行 Deming 回归。(血压监测仪.mcl)

1) 打开数据文件“血压监测仪.mcl”。

2) 选择【统计(Statistics)】→【方法对比和评估(Method comparison & evaluation)】→【Deming 回归(Deming Regression)】菜单，打开 Deming 回归(Deming Regression)对话框，见图 15-12。

可选择要比较的包含两种方法测量结果的变量，如每种方法对每个样品分别测量了两次，那么每种方法都应选择两个变量；如果每种方法只选择了一个变量，则应输入已经计算好的变异系数(%)。

- 【方法 Y(Method Y)】：本例选择“new(新监测仪)”，【或者 CV=(Or CV=)】为 11.39%。
- 【方法 X(Method X)】：本例选择“old(老监测仪)”，【或者 CV=(Or CV=)】为 11.45%。
- 【图表窗口(Graphic windows)】。
    - 【散布图&回归线(Scatter diagram & regression line)】：绘制散点图与回归线(实线)以及 $y=x$ 的标识线(虚线)。
    - 【残差(Residuals)】：绘制残差图。

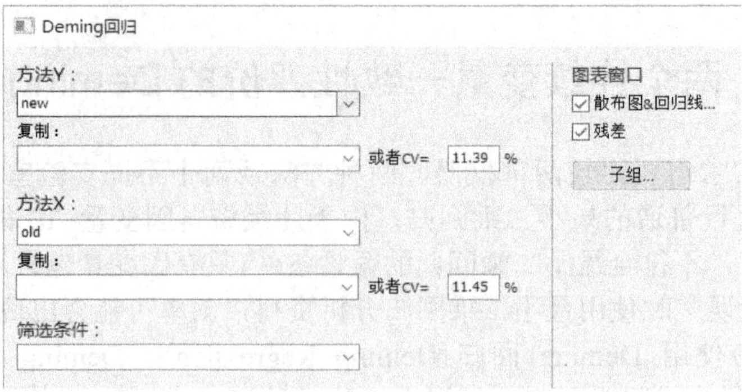

图 15-12　Deming 回归(Deming Regression)对话框

3) 主要结果与分析。

(1) Deming 回归的结果解读方法：两种方法对比时，两种方法不同的原因大致分成两类，即常数偏差和比例偏差。理论上两种方法结果完全一致时，其斜率 β=1，截距 α=0，即 y=x(见图 15-13(a)。常数偏差为 y 法测量值高于 x 法测量值一个常数，即 $\alpha\neq0$，见图 15-13(b)。比例偏差为 y 法测量值比 x 法的测量值增加或减少一个比例常数，即 $\beta\neq1$，见图 15-13(c)。如果两类偏差都存在，见图 15-13(d)。

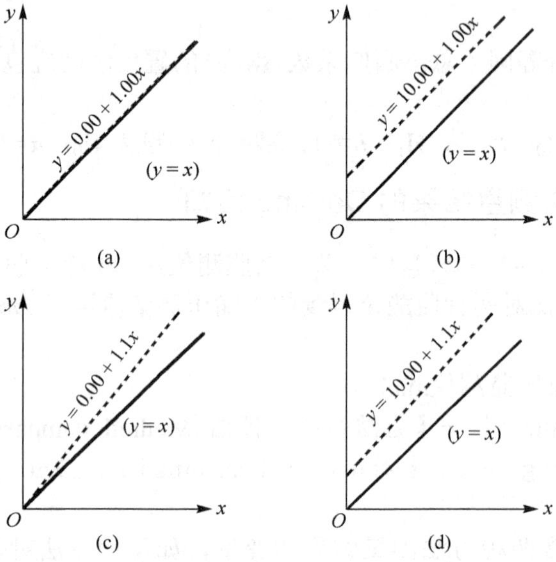

图 15-13　常数偏差和比例偏差示意图

(2) 本例得到拟合的 Deming 回归方程为 y=0.6787+0.9951x。Deming 回归线与 y=x 的标识线几乎重叠，总体截距 α 的 95%CI 为(-2.7622，4.1195)，包含 0，而总体回归系数 β 的 95%CI 为(0.9673，1.0230)，包含 1，按 α=0.05 水准，没有理由支持常数偏差和比例偏差存在，见结果 15-4 和图 15-14。

结果 15-4　回归方程

y = 0.6787 + 0.9951 x			
参数	系数	标准误	95% CI
截距	0.6787	1.7196	-2.7622–4.1195
斜率	0.9951	0.01393	0.9673–1.0230

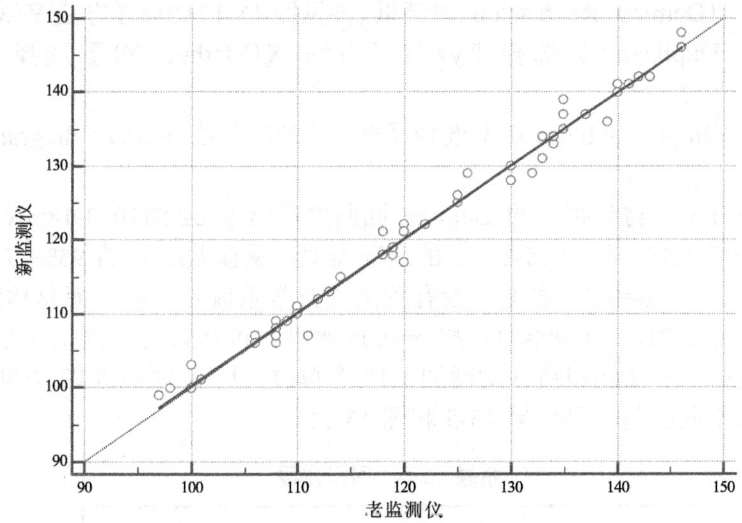

图 15-14　两种血压监测仪收缩压测量结果的 Deming 回归图

(3) 残差图：各点随机均匀地分布在参考线 (y=0) 的上下两侧，没有呈现某种特别的趋势，说明此资料用于拟合直线同归方程是恰当的，见图 15-15。

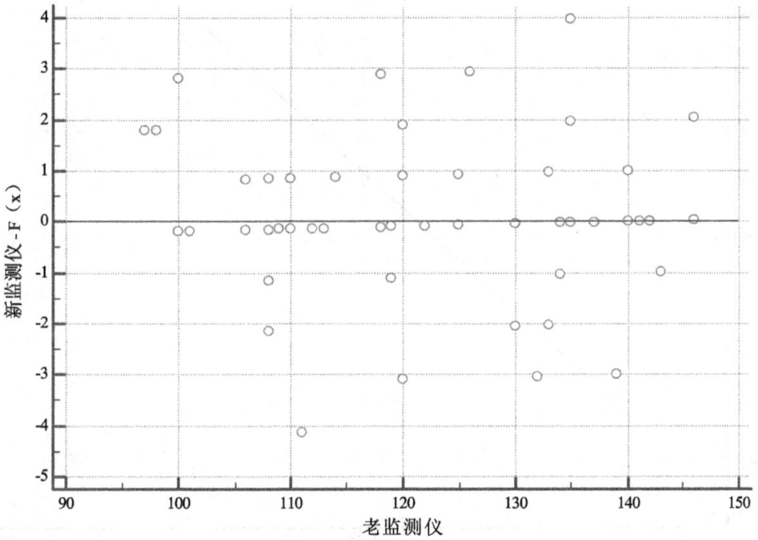

图 15-15　两种血压监测仪收缩压测量结果的 Deming 回归的残差图

15.3.2　两种方法重复两次测量结果的 Deming 回归

【例15-7】 用一种新方法 (Y) 和标准 (参照) 方法 (X) 测量某物质的浓度，了解两法变化的一致性，每个样品用同一方法在重复测定两次结果，试建立两法的 Deming 回归方程。(物质浓度.mcl)。

1) 打开数据文件 “物质浓度.mcl”。

2) Deming 回归(Deming Regression)对话框(参见图 15-12)中，【方法 Y(Method Y)】选择“y1”，【重复(Duplicate)】选择“y2”；【方法 X(Method X)】选择“x1”，【重复(Duplicate)】选择“x2”。

- 【图表窗口(Graphic windows)】选择【散布图&回归线(Scatter diagram & regression line)】。

3) 主要结果与分析：得到拟合的 Deming 回归方程为 y=62.5410+1.1856x。Deming 回归线位于 y=x 的标识线上方，与图 15-13(c)的情况类似，总体截距 α 的 95%CI 为(–84.8556，209.9376)，包含 0，按 α=0.05 水准，没有理由支持常数偏差存在。而总体回归系数 β 的 95%CI 为(1.0388，1.3324)，不包含 1，按 α=0.05 水准，可认为比例偏差存在，即 X 法测得值每增加一个单位时，Y 法测得值平均增加 1.19 个单位，比 X 法高 0.19 个单位，这 0.19 个单位完全由于方法不同引起，见结果 15-5 和图 15-16。

结果 15-5 回归方程

y = 62.5410 + 1.1856 x			
参数	系数	标准误	95% CI
截距	62.5410	65.1575	–84.8556–209.9376
斜率	1.1856	0.06490	1.0388–1.3324

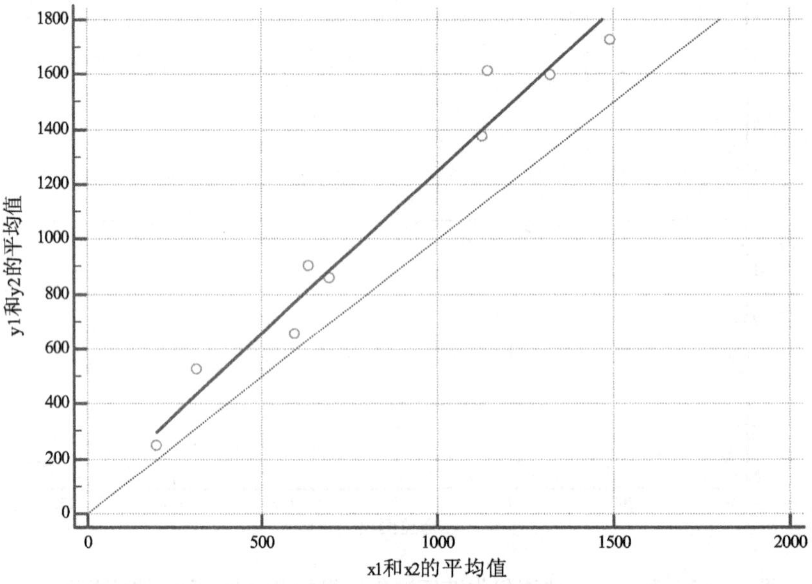

图 15-16 两种方法测量某物质浓度的 Deming 回归图

15.4 两个连续变量一致性评价的 Passing-Bablok 回归

Passing-Bablok 回归(Passing & Bablok regression)是一种用于方法比较研究的非参数回归(non-parametric regression)的统计分析方法。该方法不要求样本分布和测量误差满足特别的假设，当出现一个或几个离群值时，是均匀和稳健的。其结果不依赖 x 和 y 的方法或仪器的分配。由于其优点是可能(似乎)更容易解释，因此在方法比较研究中得到更广泛的应用。Passing-Bablok 回归使用非参数方法拟合线性方程 $y=a+bx$ 的参数 a 和 b。系数 b 为任意两点间直线($b=0$ 和 $b=\infty$除外)的所有斜率的中位数，而参数 a 则为 y_i-bx_i 的中位数，并且估算 a 和 b 的 95%CI。当 x 和 y 存在直线关系时，Passing-Bablok 回归在两种方法的测量值高度相关时才有效，直线关系可通过累积和检验(cusum test)进行评估。在实际工作中建议结合 Bland-Altman 图一起使用。

要确定两种方法是否可比，总体回归系数(斜率)β 的置信区间应包含 1，而总体截距 α 的置信区间应包含 0。如果同时接受 $\alpha=0$ 及 $\beta=1$，则可推断 $y=x$，即两种方法是相同的。

回归系数的假设为 H_0：$\beta=1$，H_1：$\beta\neq1$；截距的假设为 H_0：$\alpha=0$，H_1：$\alpha\neq0$。

如果总体截距 α 的 95%CI 不包含 0 或总体回归系数 β 的 95%CI 不包含 1，则表明两种方法存在系统差异或比例差异。

【例 15-8】 某实验室购进了自动分析仪，准备用谷氨酸脱氢酶的速率法(自动法，y 方法)代替尿酶水解后吲哚酶比色法(手工法，x 方法)来测定血清中尿素的含量。现用两种方法同时测量 40 个血样的尿素含量(单位：mmol/L)，试分析两种方法的可比性。(尿素.mcl)

1)打开数据文件“尿素.mcl”。

2)选择【统计(Statistics)】→【方法对比和评估(Method comparison & evaluation)】→【Passing-Bablok 回归(Passing & Bablok regression)】菜单，打开 Passing-Bablok 回归(Passing & Bablok regression)对话框，见图 15-17。

- 【变量 Y(Variable Y)】：本例选择“y(自动法)”。
- 【变量 X(Variable X)】：本例选择“x(手工法)”。
- 【筛选条件(Filter)】：本例未选择。
- 【选项(Options)】。
    - 【计算垂直残差(Calculate perpendicular residuals)】：和用传统的最小二乘回归法计算与 y 轴平行的残差不同，选择此项可计算与回归线垂直的残差。由于不是所有观测值都落在回归线 $y=a+bx$ 上，实际上观测值往往定义为 $y=a+bx+e$，e(残差)为 y 与 x 值对应的回归方程预测值的差值。Passing-Bablok 回归计算垂直残差，垂直残差表示校正系统差异和比例差异后剩余的差异。由于 Passing-Bablok 回归假设 y 和 x 为线性关系，因此残差应显示为随机模式及接近正态分布。95%的残差应位于±1.96 残差标准差(RSD)区间内，该区间定义了两种检测方法的随机差异。当截距接近 0、斜率接近 1、残差图和偏倚图显示较好的对应关系时，可认为两种测量方法是相似的。
- 【图表窗口(Graph window)】。
    - 【散布图与回归线(Scatter diagram & regression line)】：回归散点图与回归线，以及回归线的置信带和 $y=x$ 的标识线。
    - 【残差(Residuals)】：绘制残差图。
        - 【等级次序图(Plotted by rank number)】：按照秩次绘制残差图。
- 【子组(Subgroups)】按钮：设定散点图与残差图的分组。

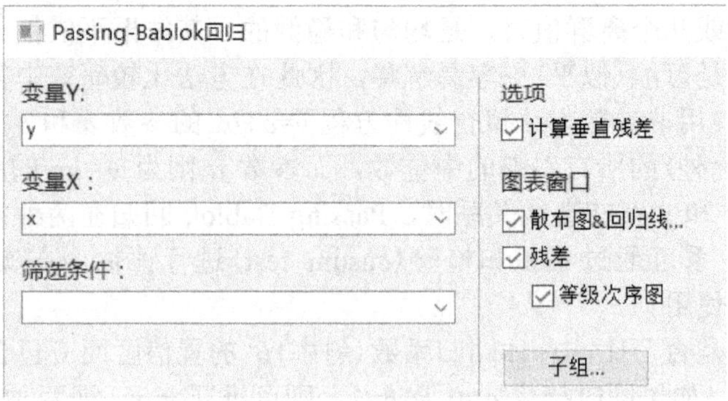

图 15-17 Passing-Bablok 回归(Passing & Bablok regression)对话框

3)主要结果与分析。

(1)Passing-Bablok 回归的残差图：除了第 25 对测量值的残差以外，各点随机均匀地分布在参考线 $F(x)$的上下两侧，没有呈现某种特别的趋势，说明此资料用于拟合直线回归方程是恰当的，见图 15-18。

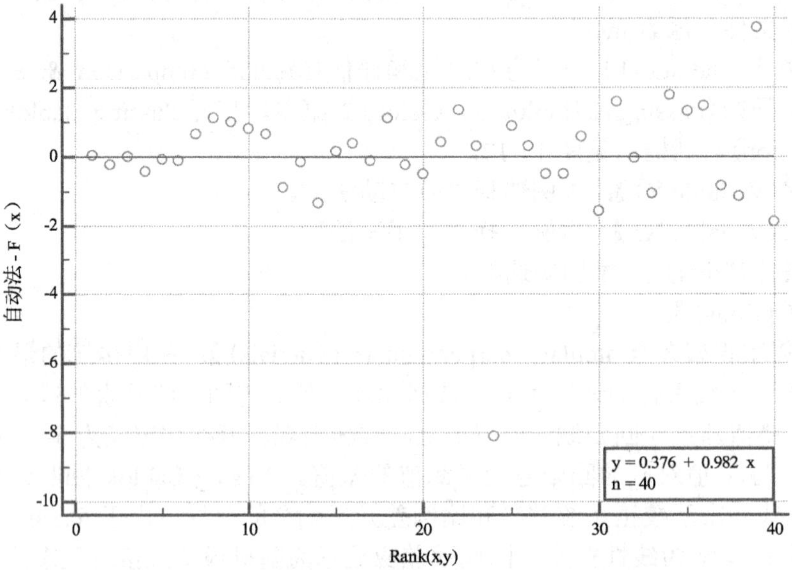

图 15-18 两种尿素测量方法 Passing-Bablok 回归的残差图

(2)两种尿素测量方法的 Passing-Bablok 回归方程为 y=0.376211+0.981970x。Passing-Bablok 回归主要考察两种方法的系统差异(systematic differences)、比例差异(proportional differences)和随机差异(random differences)。

① 系统差异：总体截距表示两种方法的系统差异，总体截距 α 的 95%CI 用于检验 α=0 的假设。本例 α=0.3762，其 95%CI 为(–0.2635，1.1219)，包含 0，按 α=0.05 水准，尚不能认为两种方法存在系统差异，见结果 15-6。

② 比例差异：总体斜率 β 表示两种方法的比例差异，总体斜率 β 的 95%CI 用于检验 β=1 的假设。本例 β=0.9820，其 95%CI 为(0.9479，1.0225)包含 1，按 α=0.05 水准，尚不能认为两种方法存在比例差异，见结果 15-6。

③ 随机差异：残差标准差(RSD)表示两种方法的随机差异，95%的随机误差将位于±1.96RSD 区内内，如果区间过大，两种方法可能不一致。本例有 95%(38/40)的残差位于±1.96RSD 区间(–3.3476，3.3476)内，见图 15-19 和结果 15-6。

从 Passing-Bablok 回归图可见，拟合的 Passing-Bablok 回归线与 $y=x$ 的标识线几乎重叠，有 95%(38/40)的点落在 Passing-Bablok 回归线的 95%置信带中，见图 15-19。

(3)线性模型有效性(Linear model validity)：线性累积和检验(cusum test for linearity)用于评价线性模型对资料拟合的效果，该方法只能用于检验 Passing-Bablok 法的适用性，但不能用于解释两种方法的可比性。如果 $P<0.05$，表明两种方法不存在线性关系，Passing-Bablok 法是不适用的。本例 $P=0.80$，表明使用 Passing-Bablok 回归比较两种尿素测量方法是合适的，见结果 15-6。

(4)结合两种尿素测量方法的系统差异、比例差异、随机差异，其测量值高度相关($r_s=0.991$)(见结果 15-7)，有 95%的残差位于±1.96RSD 区间内，可认为两种尿素测量方法是相同的，可用自动法代替手工法。

结果 15-6　回归方程

y=0.376211+0.981970x	
系统差异	
截距 A	0.3762
95% CI	–0.2635–1.1219
比例差异	
斜率 B	0.9820
95% CI	0.9479–1.0225
随机差异	
残差标准差(RSD)	1.7079
± 1.96 RSD 区间	–3.3476–3.3476
线性模型有效性	
线性累积和检验	线性度无明显偏差(P=0.80)

结果 15-7　Spearman 等级相关系数

相关系数	0.991
显著性水平	P<0.0001
95% CI	0.983–0.995

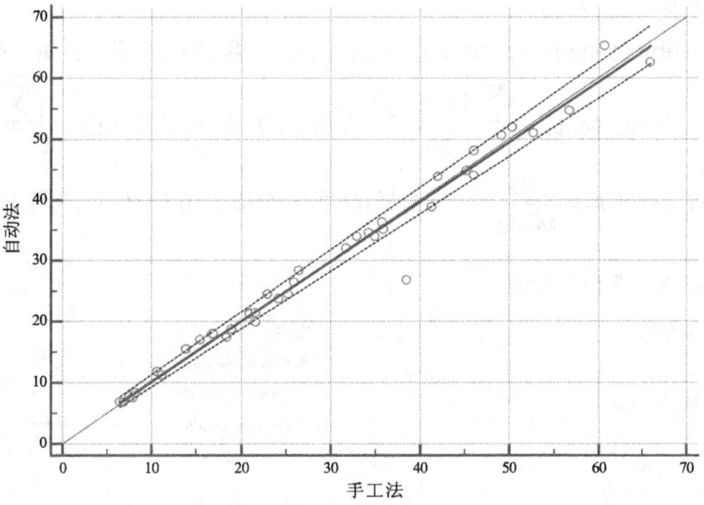

图 15-19　两种尿素测量方法 Passing-Bablok 回归图

15.5 两次测量中的变异系数

在测量研究中，对象内的差异是不均匀的，而且与测量值呈一定的比例，此时需要计算对象内的变异系数。两次测量中的变异系数(coefficient of variation from duplicate measurements)可用于计算对不同对象或材料进行两次测量的变异系数(CV)，以便确定两次测量(或替代方法)的重复性，并估计运行内部的不精确性。

【例 15-9】 试根据例 15-3 的资料，分别计算新 DXA 仪 1 与老 DXA 仪、新 DXA 仪 2 与老 DXA 仪两次测量的变异系数。(骨密度仪.mcl)

1)打开数据文件“骨密度仪.mcl”。

2)选择【统计(Statistics)】→【方法对比和评估(Method comparison & evaluation)】→【重复测量中的变异系数(Coefficient of variation from duplicate measurements)】菜单，打开重复测量中的变异系数(Coefficient of variation from duplicate measurements)对话框，见图 15-20。

- 【第一次测量(First measurement)】：本例选择“x1(老 DXA 仪)”。
- 【第二次测量(Second measurement)】：本例选择“x2(新 DXA 仪 1)”。
- 【方法(Method)】：可选择以下 3 种方法计算 CV。
  - 【Root mean square method(均方根法)】： $\mathrm{CV}(\%)=100\times\sqrt{\dfrac{\sum\left(\dfrac{d}{m}\right)^2}{2n}}$，其中 d 为两个配对测量值的差值；m 为配对测量值的平均值。当 1 对或以上的配对测量值的平均值为 0 时，不能使用该方法。
  - 【Logarithmic method(对数法)】：首先计算观测值对数的差值平方和 $\mathrm{sl}=\sum(\ln x_1-\ln x_2)^2$，然后计算 $\mathrm{CV}(\%)=100\times(\mathrm{e}^{\sqrt{\mathrm{sl}/(2n)}}-1)$，当任意值为 0 或负值时，不能使用本方法。
  - 【Within-subject standard deviation method(对象内标准差法)】：首先计算总平均值(overall Mean) $\mathrm{Mean}=\dfrac{\sum(x_1+x_2)}{2n}$ 以及对象内标准差 $\mathrm{SD}=\sqrt{\dfrac{\sum(x_1+x_2)^2}{2n}}$，然后计算 $\mathrm{CV}(\%)=100\times\dfrac{\mathrm{SD}}{\mathrm{Mean}}$，当测量的总平均值为 0 时不能使用本方法。

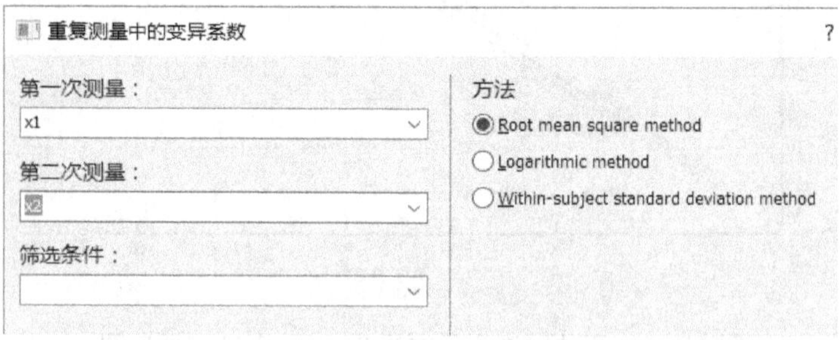

图 15-20 重复测量中的变异系数(Coefficient of variation from duplicate measurements)对话框

3) 重复上述步骤，分别选择 3 种方法以及【第二次测量(Second measurement)】选择"x3(新 DXA 仪 2)，得到的结果见表 15-2。

4) 主要结果与分析：均方根法和对数法均计算两次测量中的 CV 及其 95%CI，对象内标准差法仅计算 CV，3 种方法得到 x3 与 x1 两次测量中的 CV 均大于 x2 与 x1，相对于 x3 与 x1，x2 与 x1 的对象内变异更小，即 x2 与 x1 的一致性更高，见表 15-2。

表 15-2 两种新 DXA 仪与老 DXA 仪两次测量中的变异系数

测量方法	均方根法		对数法		对象内标准差法
	CV(%)	95%CI	CV(%)	95%CI	CV(%)
x2 与 x1	0.6115	0.0000，0.9426	0.6134	0.3026，0.9251	0.5761
x3 与 x1	0.8494	0.2043，1.1838	0.8531	0.4207，1.2874	0.8121

15.6 多个连续变量或有序变量一致性评价的类内相关系数

类内相关系数(Intraclass Correlation Coefficient，ICC)又称组内相关系数或信度(reliability)，可评估多种测量方法或多个评分者定量或有序测量值的信度，即评分者或测量方法间方差占全体评分者或测量方法间方差之和(总变异)的比例。0≤ICC≤1，ICC 越接近 1，说明测量结果的可重复性(repeatability)越好，测量误差越小。ICC 诊断界值一般取 0.75 ，超出界值后就可考虑评分者或测量方法间的一致性了。ICC 包括两种研究模型：①每个对象都从评分者库中随机抽取不同的评分者进行评定；②每个对象都由相同的评分者进行评定。

研究的因素分为随机因素和选择因素。选择因素是指，样本中涉及的该因素水平是研究者所关心的水平的全体。例如，A、B、C 三种药物疗效研究中的研究因素是药物，该因素就是一个三水平因素，研究者关心的就是这三种药物的疗效差异。随机因素则不然，随机因素是指样本中所涉及该因素的水平是某一总体的样本，研究者关心的不仅仅是被涉及的几个水平，而是总体。例如，同一名医生用同一方法对多位病人各重复测定多次，这里只有"病人"一个因素，因此被抽到的若干名病人是所有病人(总体)的一个随机样本，且研究目的不限于被抽到的若干名病人的重复测量是否一致，而是要研究对总体，即对所有病人来说，医生对病人的重复测量是否一致，所以"病人"这个研究因素是一个随机因素。

15.6.1 单因素随机模型设计资料的 ICC

【例 15-10】 在一次对某病的多中心研究中，采用同样的测量方法，同一名医生对 10 名病人进行重复测量两次的结果见表 15-3，试分析该医生两次测量结果的一致性。(ICC01.mcl)

表 15-3 一名医生对 10 名病人的测量结果

编号	第一次结果	第二次结果
1	8.6	8.5
2	8.2	8.2
3	8.5	8.7
4	8.8	9
5	8.9	8.5
6	8.7	8.2
7	8.1	8
8	7.2	7.2
9	9.2	8.9
10	8.8	8.8

本例中，病人为一个随机因素，各有两次重复的测量。

1) 打开数据文件"ICC01.mcl"。

2) 选择【统计(Statistics)】→【一致性和响应能力(Agreement & responsiveness)】→【同类相关系数(Intraclass correlation coefficient)】菜单，打开同类相关系数(Intraclass correlation coefficient)对话框，见图 15-21。

- 【测量(Measurements)】：选择包含不同评分者或测量方法结果的变量，本例为“x1”和“x2”。
- 【选项(Options)】。
  - 【模型(Model)】。
    - 【每个对象的评定者都是随机选择的(Raters for each subject were selected at random)】：所有对象的评分者是不相同的，随机选择评分者或评估者评定每个对象。
    - 【所有对象共用相同的评定者(The same raters for all subjects)】：由一个评分者评定所有的对象。本例选择此项。
  - 【类型(Type)】。
    - 【一致性(Consistency)】：一致性与评分者间的系统差异无关时，选择此项。由于本例的评分者均为同一人，因此选择此项。
    - 【绝对一致(Absolute agreement)】：一致性与评分者间的系统差异有关时，选择此项。

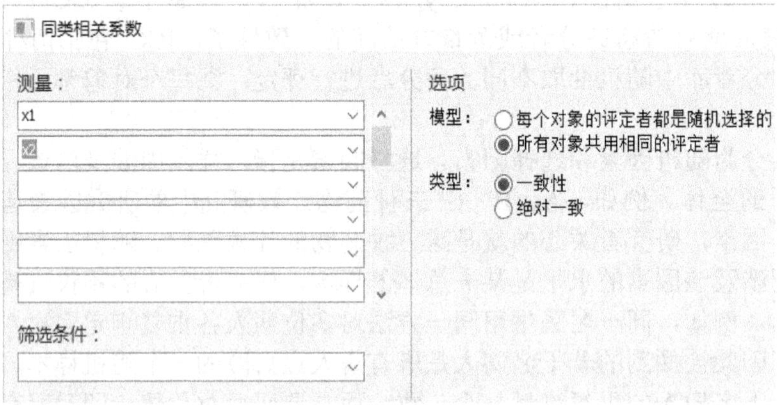

图 15-21　同类相关系数(Intraclass correlation coefficient)对话框

3) 主要结果与分析。

(1) ICC 包括单次测量(Single measures)和平均测量(Average measures)的 ICC，单次测量 ICC 可用于说明对每个受试者进行一次测量时的误差，因此也称一次测量的类内相关系数，本例为 0.9071>0.75，其 95%CI 为(0.6720，0.9761)，该医生重复测量的一致性较好。平均测量(Average measures) ICC 是该医生对每名受试者进行两次测量结果平均值的类内相关系数，本例为 0.9513，大于单次测量的 ICC，用两次测量结果的平均值作为每个病人的测量结果，比采用一次测量结果的误差更小，可信度更高，见结果 15-8。

结果 15-8　类内相关系数

	类内相关①	95%的置信区间
单次测量②	0.9071	0.6720–0.9761
平均测量③	0.9513	0.8038–0.9879

注：① 测量中一致性的等级。
② 评估单次评级的可靠性。
③ 评估平均评级的 k 可靠性。

(2) 上述结果认为病人的系统误差对一致性的结果影响不大或没有影响，病人的系统误差对一致性存在影响，于是应计算绝对一致性系数，得到的结果为 $ICC_{单次}$=0.9004，$ICC_{平均}$=0.9476。

15.6.2 两因素混合模型设计资料的 ICC

【例 15-11】 试根据例 15-3 的资料，分别计算新 DXA 仪 1、新 DXA 仪 2 与老 DXA 仪的 ICC。(骨密度仪.mcl)

本例中，“志愿者”因素是随机因素，“DXA 仪”为选择因素。

1) 打开数据文件“骨密度仪.mcl”。

2) 同类相关系数 (Intraclass correlation coefficient) 对话框 (见图 15-21) 中，【测量 (Measurements)】选择“x2 (新 DXA 仪 1)”和“x1 (老 DXA 仪)”。由于每个志愿者分别用不同的 DXA 仪进行测量，因此【模型 (Model)】选择【每个对象的评定者都是随机选择的 (Raters for each subject were selected at random)】。

3) 重复上述步骤，计算“x3 (新 DXA 仪 2)”和“x1 (老 DXA 仪)”的 ICC。

4) 主要结果与分析：新 DXA 仪 1 和老 DXA 仪的 ICC 为 0.9962，新 DXA 仪 2 和老 DXA 仪的 ICC 为 0.9933，新 DXA 仪 2 和老 DXA 仪的 ICC 非常高，但 Bland-Altman 回归显示出有统计学意义的不一致性，说明用 ICC 评价两台扫描仪的一致性的灵敏度较低。此外，ICC 的样本变异依赖性也是其不足之处，但其优点是，用 ICC 更易于评价超过两个以上测量结果的一致性。

15.6.3 两因素随机模型设计资料的 ICC

【例 15-12】 为了评价某精神量表是否可行，随机抽取了 5 位医生给 3 位病人用同一量表在同一时间内评分 (见表 15-4)，试分析这种量表在医生的测量间的一致性是否良好。(精神量表.mcl)

表 15-4 医生评分表

患者编号	医生序号				
	1	2	3	4	5
1	24	25	23	25	23
2	8	9	9	8	7
3	10	15	18	17	15

本例中的医生和病人都是随机抽取的。

1) 打开数据文件“精神量表.mcl”。

2) 同类相关系数 (Intraclass correlation coefficient) 对话框 (见图 15-21) 中，【测量 (Measurements)】选择 “x1” ～ “x5”。由于医生和病人都是随机抽取的，因此【模型 (Model)】选择【每个对象的评定者都是随机选择的 (Raters for each subject were selected at random)】。

3) 主要结果与分析：ICC 为 0.9433，其 95%CI 为 (0.7562，0.9985)，由于 ICC 接近 1，医生测量结果间的一致性较好。

15.7 两个连续变量的一致性相关系数

一致性相关系数(concordance correlation coefficient)ρ_c 用于评价观测值对落在通过原点的 45° 线的程度，包括精确度量 ρ 和准确度量 C_b，它们有如下关系。

$$\rho_c=\rho C_b$$

式中，ρ 为 Pearson 相关系数(pearson correlation coefficient)，属于精确度量(measure of precision)，用于测量每个观测值偏离最佳拟合线的距离；C_b 为偏倚校正因子(bias correction factor)，属于准确度量(measure of accuracy)，用于测量最佳拟合线偏离经过原点的 45° 线的距离。ρ_c 用于描述两个连续变量的一致性强度，当 $\rho_c<0.90$ 时，表明一致性较差；当 $0.90\leqslant\rho_c<0.95$ 时，表明一致性中等；当 $0.95\leqslant\rho_c\leqslant0.99$ 时，表明一致性非常好；当 $\rho_c>0.99$ 时，表明一致性近乎完美。

【例 15-13】 为了比较皮下动态血糖测量仪与实验室常规检测血糖的一致性，对 10 名糖尿病患者在同一时间分别采用两种方法检测 24 小时空腹血糖(见表 15-5)，试计算两种方法的一致性相关系数。(血糖一致性.mcl)

表 15-5 10 名糖尿病患者采用两种方法检测血糖结果(单位：mmol/L)

患者序号	常规检测法(x)	皮下检测法(y)
1	5.4	6.0
2	7.3	8.3
3	10.0	11.6
4	11.6	12.8
5	8.9	9.2
6	5.5	6.1
7	14.0	13.0
8	6.0	4.7
9	9.3	9.6
10	11.2	9.2

1) 打开数据文件“血糖一致性.mcl”。

2) 选择【统计(Statistics)】→【一致性和响应能力(Agreement & responsiveness)】→【一致性相关系数(Concordance correlation coefficient)】菜单，打开一致性相关系数(Concordance correlation coefficient)对话框，见图 15-22。

- 【变量 Y(Variable Y)】：本例选择“y(皮下检测法)”。
- 【变量 X(Variable X)】：本例选择“x(常规检测法)”。
- 【选项(Options)】。
  - 【对数变换 Y(Logarithmic transformation Y)】：对变量 Y 进行对数变换。
  - 【对数变换 X(Logarithmic transformation X)】：对变量 X 进行对数变换。

3) 主要结果与分析：皮下动态血糖测量仪与实验室常规检测血糖的一致性相关系数 $\rho_c=\rho C_b= 0.9165\times 0.9989=0.9155$，其 95%CI 为(0.7003–0.9781)，两者一致性一般，见结果 15-9。

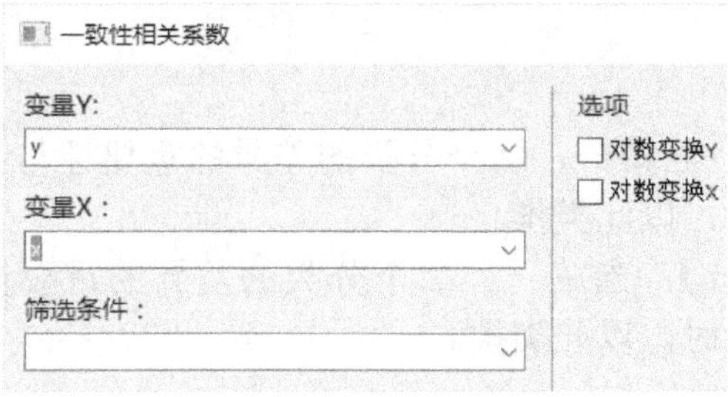

结果 15-9

样本含量	10
一致性相关系数	0.9155
95%的置信区间	0.7003–0.9781
Pearson ρ（精确）	0.9165
偏差校正因子 Cb（准确）	0.9989

图 15-22　一致性相关系数(Concordance correlation coefficient)对话框

15.8　两个分类变量一致性的 Kappa 系数

评分者间一致性统计量 Kappa 可用于评价两个有序尺度或名义尺度分类资料的一致性。MedCalc 可根据原始资料或整理成表格的汇总资料计算 Kappa 值，包括 Kappa 系数(κ)和加权 Kappa 系数(κ_W)，及其标准误和 95%CI。κ 取值在–1～+ 1 之间，$\kappa=1$ 时，表明两次判断(或两人判断)完全一致；$\kappa=-1$ 时，表明完全不一致；$-1<\kappa<0$ 时，观察一致性小于机遇一致性；$\kappa=0$，表明一致性完全由机遇造成。实际应用中，κ 只有在 0～+1 时判断一致性才有意义。κ 越大，说明一致性越好。一般而言，$\kappa<0.4$ 时，表明一致性较差；$0.40<\kappa\leq0.60$ 时，表明中度一致；$0.60<\kappa\leq0.80$ 时，表明有较高的一致性；$\kappa>0.80$ 时，表明有极好的一致性。

由于普通 κ 值没有考虑评分间的一致程度，所有不同的评分均视为完全不一致。因此，当评分为有序分类时，最好使用加权 Kappa 值(κ_W)。κ_W 是将两次检查结果的每个观察值都根据它们的一致程度赋予权重，然后再计算出 Kappa 值，它考虑了不同水平一致性的每个评分对一致性的影响，适用于多分类的两次检查结果的资料。

MedCalc 提供了两种加权方法。①线性加权(Linear weights)：$w_i=1-\dfrac{i}{k-1}$；②二次加权(Quadratic weights)：$w_i=1-\dfrac{i^2}{(k-1)^2}$。

例如，有 5 个分类时，当差值分别为 0(完全一致)、1、2、3 和 4 个分类时，线性加权的权重分别为 1、0.75、0.50、0.25 和 0，而二次加权的权重分别为 1、0.937、0.750、0.437 和 0。

15.8.1　原始资料的 Kappa 系数

【例 15-14】 甲、乙两名医生分别对 246 名肺癌可疑者的 X 光平片进行有无肺癌的诊断，试评价甲、乙两医生诊断的一致性。(肺癌.mcl)

1) 打开数据文件“肺癌.mcl”。

2) 选择【统计(Statistics)】→【一致性和响应能力(Agreement & responsiveness)】→【评分者间一致性(kappa)(Inter-rater agreement (Kappa))】菜单，打开评分者间一致性(kappa)(Inter-rater agreement (Kappa))对话框，见图 15-23。

- 【观察员 A 的数据(Data for observer A)】：选择包含分类资料的离散变量，分类资料可以是数值或字符串变量，本例选择“甲医生(doctorA)”。
- 【观察员 B 的数据(Data for observer B)】：本例选择“乙医生(doctorB)”。

- 【选项(Options)】。
  - 【加权 Kappa(Weighted Kappa)】。
    - 【线性加权(Linear weights)】：当第一、二个分类的差异的重要性与第二、三个分类的差异的重要性相同时，以此类推。
    - 【二次加权(Quadratic weights)】：当第一、二个分类的差异的重要性小于第二、三个分类的差异的重要性时，以此类推。

本例未选择任何加权方法。

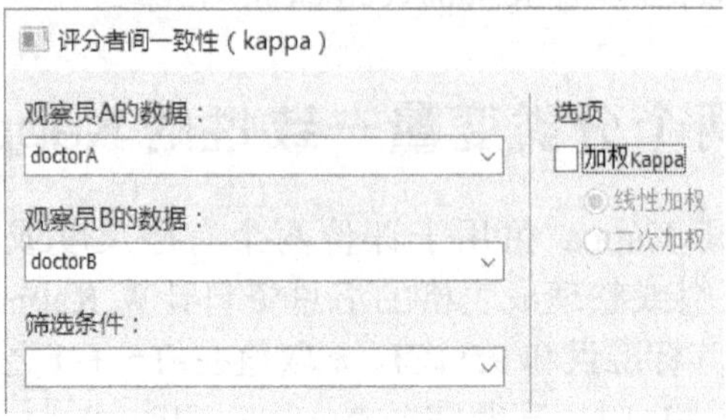

图 15-23 评分者间一致性(kappa)(Inter-rater agreement (Kappa))对话框

3) 主要结果与分析。

(1) 诊断结果的四格表，列出了甲、乙两医生肺癌对可疑者的 X 光平片进行有无肺癌的诊断结果，见结果 15-10。

(2) 诊断的一致性，κ 值为 0.589，其 95%CI 为(0.490，0.688)，κ>0.4，说明两医生诊断结果一致性尚可，见结果 15-11。

结果 15-10

	观察员 A		
观察员 B	阴性	阳性	
阴性	116	12	128 (52.0%)
阳性	38	80	118 (48.0%)
	154 (62.6%)	92 (37.4%)	246

结果 15-11

Kappa	0.589
标准误	0.0506
95% CI	0.490–0.688

15.8.2 汇总资料的 Kappa 系数

【例 15-15】 在刺五加注射液治疗冠心病心绞痛的临床试验评价中，需要根据患者的症状、体征和心电图的检查情况，对患者的疗效进行综合评价。为了考核疗效评价标准及医生在试验中的执行情况(见表 15-6)，将审核医生判定的结果与执行医生判定的结果相比较，试评价两名医生判定结果的一致性。

表 15-6 冠心病疗效审核医生和执行医生评价的一致性情况

执行医生判定	审核医生判定			合计
	显效	有效	无效	
显效	105	ct	0	109
有效	24	220	20	264
无效	0	5	39	45
合计	129	230	59	418

1) 选择【检验(Tests)】→【评分者间一致性(Inter-rater agreement)】菜单，打开评分者间一致性(Inter-rater agreement)对话框，见图 15-24。

- 【检验数据(Test data)】:【观察员 A(Observer A)】和【观察员 B(Observer B)】最多各有 6 类，可最多可输入两个分类系统 6×6 列联表资料。本例依次输入 3×3 列联表资料。

本例未选择任何加权方法，单击【检验(Test)】按钮得到结果。

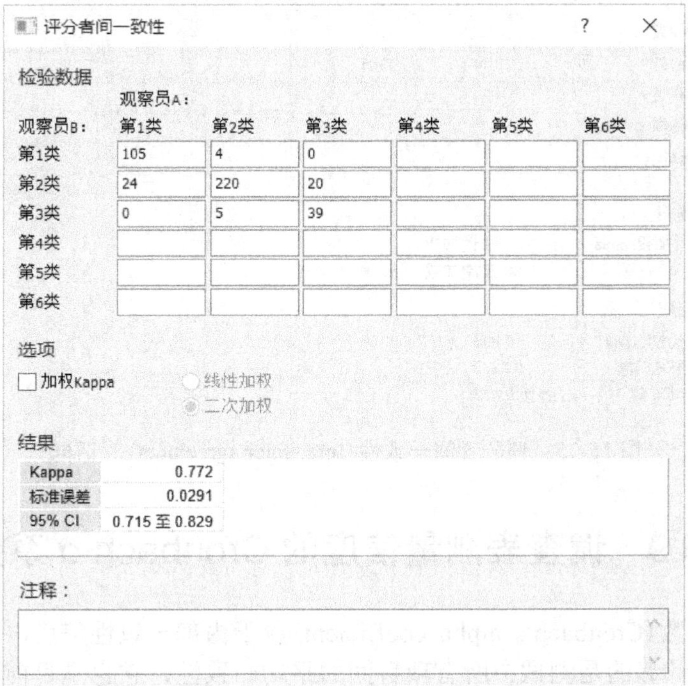

图 15-24　评分者间一致性(Inter-rater agreement)对话框

2) 重复上述步骤，分别选择两种加权方法，结果见表 15-7。

3) 主要结果与分析。

(1) 从表 15-7 可见，加权法 κ_w 值的计算考虑了两次检查结果的所有观察值，而未加权 κ 是将多分类转换成二分类资料后，即完全一致和不一致，再计算 κ 值，丢失了部分资料信息，因此对于多分类资料的一致性评价，建议计算 κ_w 值。选择何种加权方法，则应根据专业进行判断。

表 15-7　不同加权方法的 κ/κ_w 值

加权方法	κ/κ_w	标准误	95%CI
未加权	0.772	0.0291	(0.715，0.829)
线性加权	0.797	0.0262	(0.746，0.848)
二次加权	0.848	0.0222	(0.791，0.877)

(2) 由于本例的分类排列是按照显效、有效、无效进行的，上述二次加权 κ_w 值是显效和有效的差异的重要性小于有效和无效的差异的重要性的情况。如果从临床上认为，无效和有效的差异的重要性小于有效和显效的差异的重要性，则应按照无效、有效、显效的顺序重新

分类，见图 15-25。经对比，两种分类方法未加权和线性加权的 κ/κ_w 值是相同的，而二次加权的 κ_w 值则不相同，这是在实际应用中值得注意的。

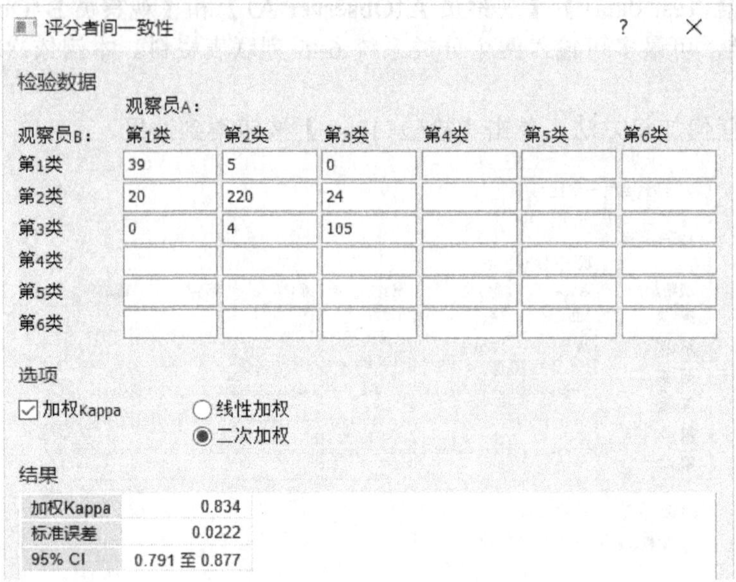

图 15-25 评分者间一致性(Inter-rater agreement)对话框

15.9 调查表测量信度的 Cronbach α 系数

Cronbach α 系数(Cronbach's alpha coefficient)属于内部一致性信度，是评价调查表测量信度的统计量，所计算的是测试中所有项目间的平均一致性，它也是目前最常使用的信度系数，可以处理任何测验的内部一致性系数的计算问题。调查表中每个项目的得分与总分的变化越一致，α 值越大，表明量表或调查表的内部一致性越高。α 值一般介于 0～1 之间，一般而言，$\alpha<0.5$ 时，表明一致性不可接受；$0.5\leqslant\alpha<0.6$ 时，表明一致性较差；$0.6\leqslant\alpha<0.7$ 时，表明一致性存疑；$0.7\leqslant\alpha<0.8$ 时，表明一致性可接受；$0.8\leqslant\alpha<0.9$ 时，表明一致性好；$\alpha\geqslant0.9$ 时，表明一致性非常好。一般认为 α 系数应达到 0.7 以上，即具有较好的一致性，可以认为研究问卷具有较好的信度。在临床上，最好能够达到 0.9。

【例 15-16】 在学生的性格特征调查中共选了 10 名学生在 8 个项目上进行测试(见表 15-8)，试对其进行信度分析。(性格特征. mcl)

表 15-8 10 名学生性格特征调查的资料

序号	内向性 x1	活动性 x2	支配性 x3	深思性 x4	健壮性 x5	稳定性 x6	社会性 x7	激动性 x8
1	4	6	5	5	5	3	5	4
2	2	5	4	5	5	3	4	2
3	3	5	3	6	4	1	3	1
4	5	6	4	7	5	5	6	2
5	3	6	5	6	4	4	6	3
6	3	3	3	2	1	1	2	1

续表

序号	内向性 x1	活动性 x2	支配性 x3	深思性 x4	健壮性 x5	稳定性 x6	社会性 x7	激动性 x8
7	4	6	6	6	5	6	5	1
8	7	6	2	6	4	5	6	4
9	2	3	2	2	7	4	7	2
10	2	3	4	4	5	6	3	1

1）打开数据文件“性格特征. mcl”。

2）选择【统计（Statistics）】→【一致性和响应能力（Agreement & responsiveness）】→【Cronbach's alpha 系数（Cronbach's alpha）】菜单，打开 Cronbach alpha 系数（Cronbach's alpha）对话框，见图 15-26。

- 【变量（Variables）】：选择调查表不同问题回复的变量，本例为“x1”～“x8”。
- 【筛选条件（Select）】：本例未选择。
- 【选项（Options）】。
  - 【校正可能出现的比例倒转（Correct for scale reversal）】：有些变量可能和其他变量呈反比，若选择此项，MedCalc 则将根据相关矩阵自动检测这些变量，并在分析前将其倒转。本例未选择。

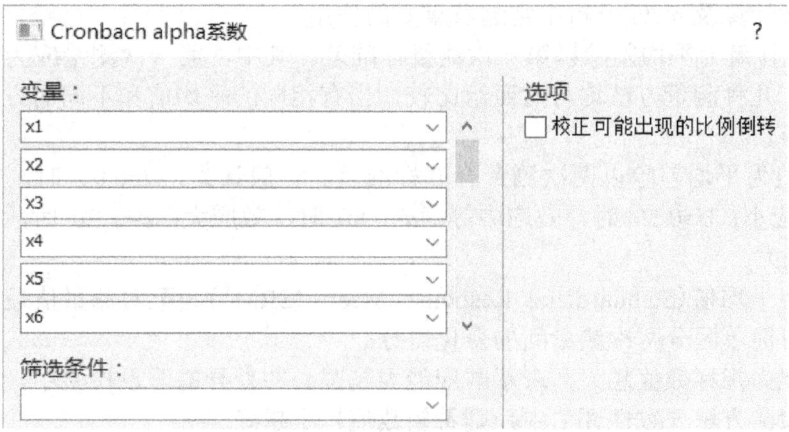

图 15-26　Cronbach alpha 系数（Cronbach's alpha）对话框

3）主要结果与分析。

（1）Cronbach α 系数为 0.7901，大于 0.7，表明学生的性格特征调查中 8 个项目的一致性较好，但仍有优化的空间，见结果 15-12。

（2）删除变量后的效应，MedCalc 计算删除每个问题后的 α 值，如果删除某个问题后会导致 α 值明显增加，则可考虑删除该问题。本例删除“x3（支配性）”后，α=0.8017，其增加量（0.01158）最大，增加并不明显，因此这 8 个问题均可考虑保留，见结果 15-13。

结果 15-12　原始变量的 Cronbach alpha

Cronbach alpha 系数	0.7901
95%置信下限	0.5735

（3）前述的 Cronbach α 系数是根据问卷的原始资料计算的，当问卷中的问题有较大的变异时，会导致结果的变异也较大。标准化（将资料变换为平均值为 0、标准差为 1）的资料中，各问题的权重将相等。本例的标准化 Cronbach α 系数为 0.7898，见结果 15-14。

结果 15-13 删除变量的效应

删除的变量	Alpha	变更
x1	0.7729	–0.01721
x2	0.7297	–0.06044
x3	0.8017	0.01158
x4	0.7439	–0.04629
x5	0.7934	0.003214
x6	0.7665	–0.02366
x7	0.7446	–0.04558
x8	0.7715	–0.01862

结果 15-14 标准化变量的 Cronbach alpha

Cronbach alpha 系数	0.7898
低于置信限度 95%	0.5728

15.10 响应能力分析

响应能力(responsiveness)可计算配对或独立连续变量比较的各种响应能力指标，响应能力可用于检测任何变化的能力。MedCalc 的响应能力指标包括两种效应大小(Glass *Δ* 统计量和 Cohen's d)以及标准化响应平均值(SRM)。在统计学中，效应大小(effect size，ES)是反映现象强度的数量度量。例如两个变量间的相关系数、回归中的回归系数甚至发生某事件的危险性均属于 ES。ES 的绝对值越大，表明效应越强。ES 是统计假设检验的补充，在功效分析、样本含量计算及 meta 分析中常起着重要的作用。

Glass *Δ* 统计量为平均差除以第一次测量标准差。其中，第一次测量应为对照组或金标准方法，可用于几种测量方法均与对照组比较，当有相同的平均值和不同的方差时，其效应大小不会有差异。

Cohen *d* 值为平均差除以两次测量合并标准差。一般认为，d=0.01 时，效应非常小；d=0.20 时，效应小；d=0.50 时，效应中等；d=0.80 时，效应大；d=1.20 时，效应非常大；d=2 时，效应极大。

标准化响应平均值(Standardized Response Mean (SRM))为配对测量值差值的平均值除以其标准差，可简单区分两次测量间的变化得分。

上述响应能力指标数值越大，表示响应能力越强。在差异的假设检验中，希望数值越大越好；但是在检测方法一致性评估中，则希望数值越小越好。

15.10.1 配对样本资料的响应能力分析

【例 15-17】 试根据例 15-3 的资料，分别计算两台新 DXA 仪与老 DXA 仪测量骨密度结果比较的响应能力指标。(骨密度仪.mcl)

1) 打开数据文件“骨密度仪.mcl”。

2) 选择【统计(Statistics)】→【一致性和响应能力(Agreement & responsiveness)】→【响应能力(Responsiveness)】菜单，打开响应能力(Responsiveness)对话框，见图 15-27。

- 【第一次测量(1st measurement)】：选择第一个测量变量，包含参考方法、金标准或对照组变量应选入此项，本例选择“x1(老 DXA 仪)”。
- 【第二次测量(2nd measurement)】：选择第二个测量变量，本例选择“x2(新 DXA 仪 1)”。

【筛选条件(Filter)】：本例未选择。

- 【选项(Options)】。
  - 【成对数据(Paired data)】：当第一次测量和第二次测量为配对资料(对同一对象重复测量 2 次)时，选择此项。如果两次测量结果为独立样本资料，则取消选择此项。
- 【高级(Advanced)】按钮：使用偏置校正与加速(BCa)自助法计算响应能力指标的 95%CI，单击此按钮可设定自助法重复抽样次数和随机数字种子。

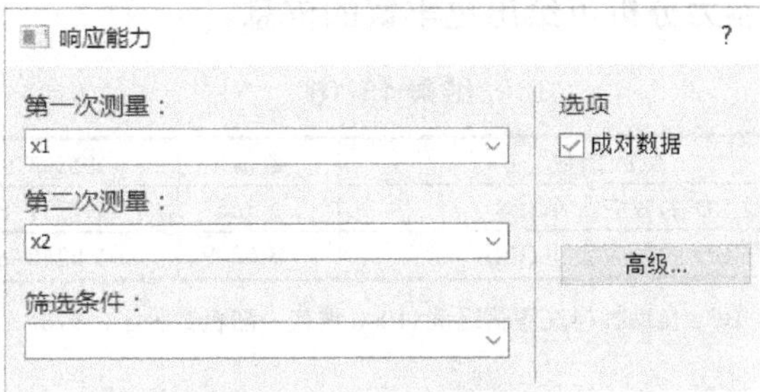

图 15-27　响应能力(Responsiveness)对话框

3)主要结果与分析。

(1)新 DXA 仪 1 与老 DXA 仪比较的 3 个响应能力指标，即 Glass Δ 统计量、Cohen d 值及 SRM 的 95%CI 均包含 0，按 α=0.05 水准，尚不能认为两种测量方法比较的响应能力指标不等于 0。Cohen d=0.01387≈0.01，表明效应非常小，见结果 15-15。

结果 15-15

响应指数	数值	95% CI[①]
使用基线 SD 的效应大小(ES)	0.01367	−0.03872–0.08188
使用合并 SD 的效应大小(ES)	0.01387	−0.03894–0.08442
标准化响应平均值(SRM)	0.1531	−0.5293–0.8755

注：① BCa 自助抽样法置信区间(1000 迭代；随机数种子：978)。

(2)进一步计算新 DXA 仪 2 与老 DXA 的响应能力指标，结果见表 15-9。

新 DXA 仪 2 与老 DXA 仪比较的三个响应能力指标的 95%CI 虽然均包含 0，但是各响应能力指标的绝对值均大于新 DXA 仪 1 与老 DXA 仪比较的响应能力指标，可见新 DXA 仪 1 与老 DXA 仪测量骨密度结果的一致性更高。

表 15-9　新 DXA 仪 2 与老 DXA 仪比较的三个响应能力比较

与老 DXA 仪比较	Glass Δ 统计量		Cohen d 值		SRM	
	估计值	95%CI	估计值	95%CI	估计值	95%CI
新 DXA 仪 1	0.01367	(−0.03872，0.08188)	0.01387	(−0.03894，0.08442)	0.1531	(−0.5293，0.8755)
新 DXA 仪 2	−0.03416	(−0.1280，0.04320)	−0.03267	(−0.1250，0.04171)	−0.2802	(−0.9596，0.4530)

15.10.2　独立样本资料的响应能力分析

【例 15-18】 试根据例 7-5 的资料，计算正常组和低氧组心肌血流量比较的响应能力指标。(心肌血流量 1.mcl，blood1(正常组)，blood2(低氧组))。

1)打开数据文件“心肌血流量 1.mcl”。

2)响应能力(Responsiveness)对话框(参见图 15-27)中，【第一次测量(1st measurement)】选

择“blood1(正常组)”;【第二次测量(2nd measurement)】选择 blood2(低氧组);取消选择【成对数据(Paired data)】。

3)主要结果与分析:由于是独立样本资料的比较,MedCalc 不计算 SRM,Glass Δ 统计量、Cohen *d* 的 95%CI 均不包含 0,按 α=0.05 水准,可认为正常组和低氧组心肌血流量比较的效应大小均不等于 0,Cohen *d*=3.6209>2.0,表明效应极大,见结果 15-16。可见,与独立样本 t 检验比较,响应能力分析可给出更丰富的信息。

结果 15-16

响应指数	数值	95% CI①
使用基线 SD 的效应大小(ES)	5.3557	2.7237–8.0249
使用合并 SD 的效应大小(ES)	3.6209	1.8248–6.0029

注:① BCa 自助抽样法置信区间(1000 迭代;随机数种子:978)。

第16章 诊断试验

16.1 ROC曲线分析概述

受试者工作特征曲线分析(Receiver Operating Characteristic curve analysis)简称ROC曲线分析，是诊断试验的一个重要的方法，可用于评估试验的诊断性能或评估试验区分研究对象“有病”和“无病”的准确性。ROC 曲线也可以用于比较两个或以上的实验室或诊断试验的诊断性能。这里所指的“诊断(diagnosis)”是泛指某对象(如人、仪器、设备、试剂、试验及方法等)对确定事件做出正常或异常判断的过程。在日常工作中，很难用特定试验结果来完美地区分两组人群：病例组和对照组，如帕金森病的有与无、肿瘤的恶性与良性、肿块的一个与多个等。如图16-1所示，检验结果往往是重叠的。

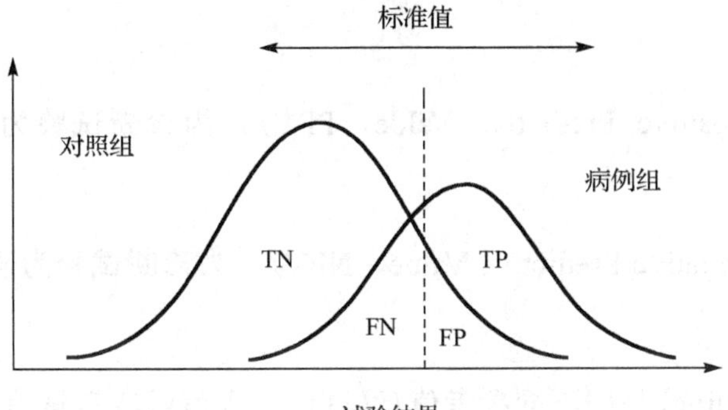

图16-1 诊断试验结果示意图

对于每个可能用于区分两组人群的分割点(cut-off point)或标准值(criterion value)，都会将一些病例正确归类为阳性，即真阳性(True Positive，TP)，而将另一些病例归类为阴性，即假阴性(False Negative，FN)；也会将一些对照个案正确归类为阴性，即真阴性(True Negative，TN)，而将另一些对照个案归类为阳性，即假阳性(False Positive，FP)。这些指标可采用2×2列联表(contingency table)或决策矩阵(decision matrix)定义，见表16-1。

表16-1 诊断试验的2×2列联表

检验	病例		对照		合计
	定义	N	定义	n	
阳性	真阳性(TP)	a	假阳性(FP)	c	$a+c$
阴性	假阴性(FN)	b	真阴性(TN)	d	$b+d$
合计		$a+b$		$c+d$	

诊断试验可产生如下统计量。

(1) 灵敏度(Sensitivity，Se)：称为真阳性率(True-Positive Fraction，TPF 或 True-Positive Rate，TPR)，为病例组中诊断试验正确诊断为阳性的概率，$\text{TPR}=\dfrac{a}{a+b}$。

(2) 特异度(Specificity，Sp)：称为真阴性率(True-Negative Fraction，TNF 或 True-Negative Rate，TNR)：为对照组中诊断试验正确诊断为阴性的概率，$\text{TNR}=\dfrac{d}{c+d}$。

(3) 假阴性率(False-Negative Fraction，FNF 或 False-Negative Rate，FNR)：为病例组中错误诊断试验为阴性的概率，$\text{FNR}=\dfrac{b}{a+b}$。假阴性将导致病情延误与治疗延期等危害。

(4) 假阳性率(False-Positive Fraction，FPF 或 False-Positive Rate，FPR)：为对照组中诊断试验错误诊断为阳性的概率，$\text{FPR}=\dfrac{c}{c+d}$。假阳性将导致治疗不正确，患者有时需要遭受风险很大的确证试验。

(5) 阳性似然比(Positive Likelihood Ratio，LR^+)：为真阳性率与假阳性率的比值，即 $\dfrac{\text{TPR}}{\text{FPR}}=\dfrac{\text{Se}}{1-\text{Sp}}$。

(6) 阴性似然比(Negative Likelihood Ratio，LR^-)：为假阴性率与真阴性率的比值，即 $\dfrac{\text{FNR}}{\text{TNR}}=\dfrac{1-\text{Se}}{\text{Sp}}$。

(7) 阳性预测值(Positive Predictive Value，PPV)，为诊断试验为阳性结果中病人的概率，即 $\dfrac{a}{a+c}$。

(8) 阴性预测值(Negative Predictive Value，NPV)，为诊断试验为阴性结果中非病人的概率，即 $\dfrac{d}{b+d}$。

ROC 曲线(ROC curve)是用不同参考值(又称诊断界值或决策阈值)的真阳性率(灵敏度)和假阳性率(100-特异度)绘制而成的曲线(函数)。ROC 曲线的每个点都代表一个特定参考值的灵敏度/特异度对，完美诊断试验的 ROC 曲线将通过左上角(100%的灵敏度与 100%的特异度)。ROC 曲线越接近左上角，诊断试验的总体精度越高。理论上讲，一个完美的诊断试验的 ROC 曲线恰好通过左上角(AUC=1)，左上角的灵敏度(真阳性率)是 100%，假阳性率是 0(即特异度是 100%)。这样的诊断试验可以区分所有的病人和非病人，即受试对象中所有的病人均为阳性，而所有的非病人均为阴性，无漏诊和误诊。如果一个诊断试验的 ROC 曲线恰是一条从左下角到右上角的、与 x 轴呈 45° 的直线(A=0.5)，则这个诊断试验完全没有区分病人和非病人的能力，即灵敏度和特异度均为 0。因此，ROC 曲线越接近左上角，区分病人和非病人的能力越强，即准确性越高，见图 16-2。

ROC 曲线下面积(area under the ROC curve)记为 A，A 值可以用来综合评价诊断的准确性，可以将它理解为在所有特异度下的平均灵敏度，其取值范围为 $0\leqslant A\leqslant 1$，在 $A>0.5$ 的情况下，A 越接近 1 说明诊断的准确性越高。$A=0.5$ 说明诊断完全不起作用；$A<0.5$ 不符合实际情况。一般认为，$0.5<A\leqslant 0.7$ 表示诊断价值较低；$0.7<A\leqslant 0.9$ 表示诊断价值中等；$A>0.9$ 表示诊断价值较高。A 的 95%置信区间(95% Confidence Interval)用于检验理论 A 为 0.5 的原假设，当 95%CI 包含 0.5 时，将没有证据表明诊断试验能够有效区分病例和对照。

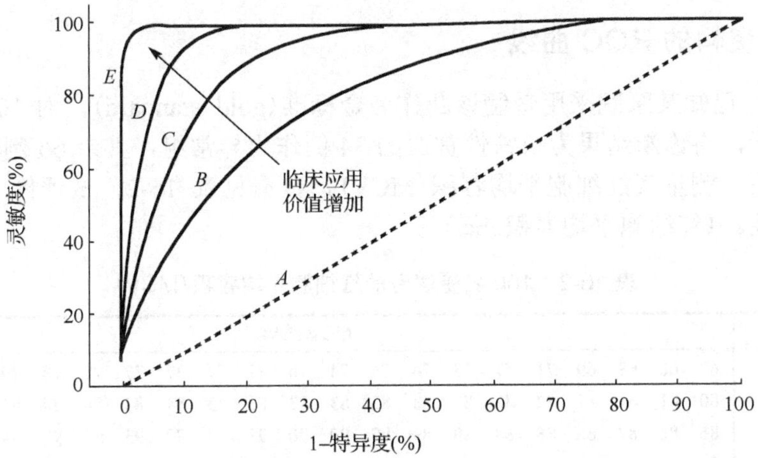

图 16-2 ROC 曲线

Youden 指数 J(Youden index)，记为 Se+Sp–1 或 Se–FPR，可反映相对于对照组，病例组获得阳性结果的可能性大小。MedCalc 将把具有最大 Youden 的值标记为标准值，即

$$J = \max\left[\mathrm{Se}_i + \mathrm{Sp}_i - 1\right]$$

Se_i 和 Sp_i 为对应于所有可能预知的灵敏度和特异度。J 所对应的值为 ROC 曲线上距离对角线最远的点。如图 16-3 所示，当参考值大于标准值时，特异度和真阴性率将增加，而真阳性率和灵敏度则降低；反之，当参考值小于标准值时，真阳性率和灵敏度将增加而，特异度和真阴性率将降低。在筛检(screening)试验中，应选择具有较高灵敏度和真阳性率的参考值，并对筛检试验阳性的对象进行不同的试验以确诊疾病。后者要求有较高的特异度和阳性预测值。

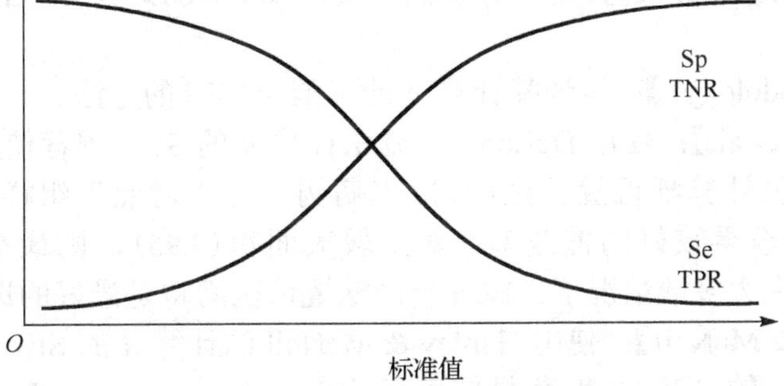

图 16-3 参考值选择示意图

16.2 ROC 曲线分析

ROC 曲线分析(ROC curve analysis)功能可绘制 ROC 曲线图并给出完整的灵敏度/特异度报告。ROC 曲线可对医学诊断试验性能进行评价，通过改变参考值，获得多对真阳性率(或灵敏度)和假阳性率(或 100–特异度)值，以假阳性率为横坐标(x 轴)、真阳性率为纵坐标(y 轴)绘制 ROC 曲线，计算并比较 ROC 曲线下的面积，以此反映诊断价值(或检测方法)的大小(或好坏)。ROC 分析的资料大致可分为连续资料与有序分类资料两种形式。

16.2.1 连续资料的 ROC 曲线

【例 16-1】 已知某医院采用骨髓诊断作为金标准(gold standard)，对 100 例疑似缺铁性贫血患者做诊断，将诊断结果为缺铁性贫血的 34 例作为异常组，其余 66 例非缺铁性贫血作为正常组，然后，测量其红细胞平均容积(MCV)，数据见表 16-2，试评价 MCV 诊断缺铁性贫血的准确性。(红细胞平均容积.mcl)

表 16-2　100 名受试者的红细胞平均容积(MCV)

骨髓诊断	MCV 结果
	60 66 68 69 71 71 73 74 74 74 76 77 77 77 77 78 78 79 79 80
正常组	80 81 81 81 82 82 83 83 83 83 83 83 83 84 84 84 84 85 85 86
($g = 0$)	86 86 87 88 88 88 89 89 89 90 90 91 91 92 93 93 93 94 94 94
	94 96 97 98 100 103
异常组	52 58 62 65 67 68 69 71 72 72 73 73 74 75 76 77 77 78 79 80
($g = 1$)	80 81 81 81 82 83 84 85 85 86 88 88 90 92

1) 打开数据文件“红细胞平均容积.mcl”。

2) 选择【统计(Statistics)】→【ROC 曲线(ROC curves)】→【ROC 曲线分析(ROC curve analysis)】菜单，打开 ROC 曲线分析(ROC curve analysis)对话框，见图 16-4。

- 【变量(Variable)】：选择作为诊断指标的变量，本例为“mcv(红细胞平均容积)”。
- 【分类变量(Classification variable)】：选择标示诊断结果的二分变量，默认编码为 0：阴性；1：阳性。本例为“g(分组)”。如需要设定不同的编码，可单击下方的【定义状态(Define status)】按钮，在定义状态(Define status)对话框(参见图 10-17)中设置不同的编码。
- 【筛选条件(Filter)】：选择用于分析的个案，如“AGE>21”、“SEX="Male"”等，本例未选择。
- 【方法(Methodology)】：可选择计算 *A* 的标准误(SE)的方法。
  - 【DeLong et al.】：使用 DeLong et al.法计算 *A* 的 SE，推荐使用该法。使用该法的 SE 估计值计算渐近置信区间时，“病例”与“对照”组样本含量至少应有 30 例，方能获得较好的覆盖率。对于较大面积(0.95)，则最小样本含量应增加到 150 例。在大多数情况下，BCa 自助法置信区间将是最好的选择。
  - 【Hanley & McNeil】：使用 Hanley & McNeil 法计算 *A* 的 SE。
- 【用于 AUC 的二项式精确置信区间(Binomial exact confidence interval for the AUC)】：计算 *A* 的精确二项置信区间(Exact binomial confidence interval)，推荐选择此项。如果不选择此项，则可根据公式 $A \pm 1.96\text{SE}$ 计算 95%CI。
- 【疾病流行性(或者预先检验疾病流行的可能性)(Disease prevalence(or pre-test probability of disease))】：与灵敏度和特异度不同，LR^+和 LR^-独立于患病率(disease prevalence)，而阳性预测值和阴性预测值则依赖于患病率或疾病的先验概率。因此，当患病率未知时，不能计算阳性预测值和阴性预测值。临床上，患病率与诊断试验之前的疾病出现的概率(疾病的先验概率)是相同的。可选择以下项。
  - 【未知(Unknown)】：当患病率未知或与当前统计分析无关时，选择此项。
  - 【正反两组的案例比率反映疾病的流行性(The ratio of cases in the positive and

negative groups reflects the prevalence of the disease)】：阳性组和阴性组的样本含量反映人群真实的患病率时，选择此项。

- ○【其他值(Other value (%))】：选择此项可直接输入患病率(%)。

■【选项(Options)】。

- ○【列出具有检验特性的标准值(List criterion values with test characteristics)】：在ROC 曲线对应的坐标处显示一个包含标准值(criterion value)、灵敏度、特异度、似然比和预测值的标签。
  - ●【包含所有观察到的标准值(Include all observed criterion values)】：选择此项时，程序将显示所有可能阈值(threshold value)的灵敏度和特异度。如不选择此项，程序只显示 ROC 曲线中较重要的点。对于相同的灵敏度和特异度，程序只显示具有最高的灵敏度和特异度的阈值，即标准值。
  - ●【95%的置信区间(95% Confidence Interval)】。

    【敏感性/特异性(sensitivity/specificity)】：显示灵敏度和特异度的 95%CI。

    【概率比(Likelihood ratio)】：显示似然比的 95%CI。

    【预测值(Predictive values)】：显示预测值的 95%CI。
- ○【计算需要考虑的最佳标准值成本(Calculate optimal criterion value taking into account costs)】：计算最佳标准值时考虑患病率和真(或假)阳性(或阴性)的决策成本。此选项只能用于疾病患病率已知的情况。
  - ●【FPc】：假阳性决策(false positive decision)成本。
  - ●【FNc】：假阴性决策(false negative decision)成本。
  - ●【TPc】：真阳性决策(true positive decision)成本。
  - ●【TNc】：真阴性决策(true negative decision)成本。

上述数据用于计算参数 S，即

$$S=\frac{\mathrm{FP_c}-\mathrm{TN_c}}{\mathrm{FN_c}-\mathrm{TP_c}}\times\frac{1-P}{P}$$

式中，P 表示目标人群的患病率。ROC 曲线中与斜率为 S 的直线接触的点为最佳工作点，该点考虑和患病率和不同的决策成本。成本可以是经济成本或健康成本，但 4 个成本因子均需要用一个共同的尺度表示。假设检验假阴性决策成本($\mathrm{FN_c}$)为假阳性决策成本($\mathrm{FP_c}$)的两倍，且没有真阳性决策成本($\mathrm{TP_c}$)和真阴性决策成本($\mathrm{TN_c}$)，则在【$\mathrm{FN_c}$】中输入“2”，在【FPc】中输入“1”，且【TPc】和【TNc】中均输入“0”。

由于斜率 S 必须为正值，因此 4 个成本因子存在如下逻辑关系：

$\mathrm{FP_c}$ 不能等于 $\mathrm{TN_c}$；

$\mathrm{FN_c}$ 不能等于 $\mathrm{TP_c}$；

当 $\mathrm{TN_c}$ 大于 $\mathrm{FP_c}$ 时，则 $\mathrm{TP_c}$ 必须大于 $\mathrm{FN_c}$；

当 $\mathrm{TN_c}$ 小于 $\mathrm{FP_c}$ 时，则 $\mathrm{TP_c}$ 必须小于 $\mathrm{FN_c}$；

当 $(\mathrm{FP_c}-\mathrm{TN_c})/(\mathrm{FN_c}-\mathrm{TP_c})=1$，即 $(\mathrm{FP_c}-\mathrm{TN_c})$ 与 $(\mathrm{FN_c}-\mathrm{TP_c})$ 相等时，参数 S 为“成本中性”，此时最优决策值将只取决于患病率。

■【图表(Graphs)】。

- ○【显示 ROC 曲线窗口(Display ROC curve window)】：在单独的窗口中显示 ROC 曲线。

- 【与标准值相应的标记点(Mark points corresponding to criterion values)】：以黄色标签标记标准值。
- 【包含 95%的置信界(Include 95% Confidence Bounds)】：显示 ROC 曲线的95%置信带。

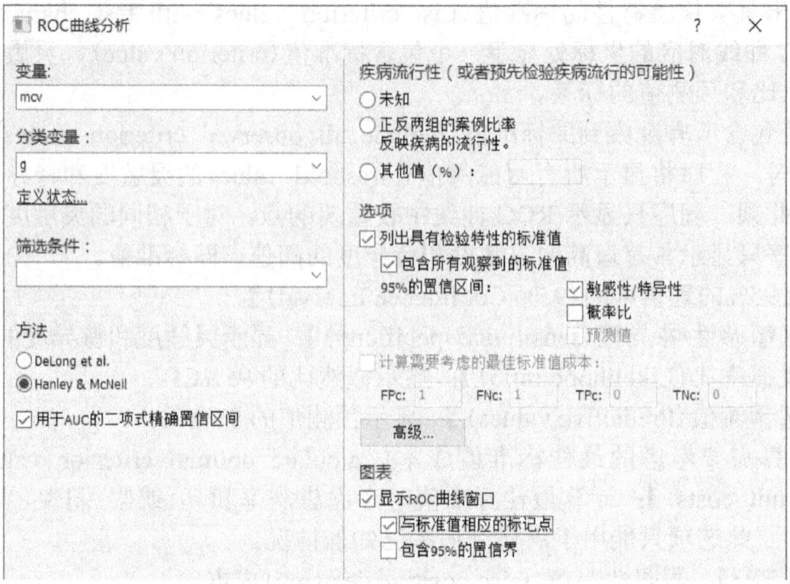

图 16-4 ROC 曲线分析(ROC curve analysis)对话框

3)单击【高级(Advanced)】按钮，打开高级选项(Advanced options)对话框，见图 16-5。此对话框可设定是否使用自助法，其计算时间较长。

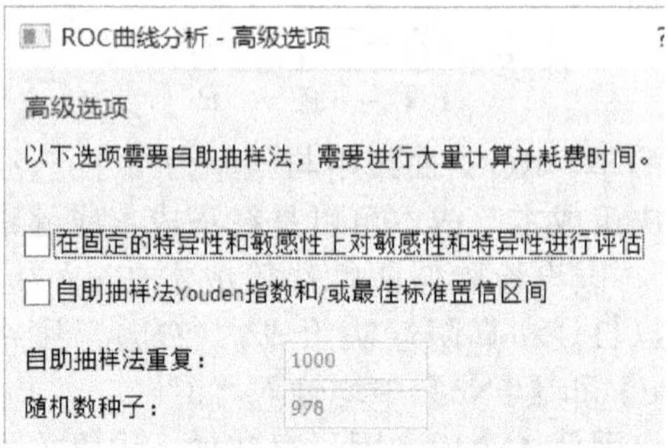

图 16-5 高级选项(Advanced options)对话框

- 【在固定的特异性和敏感性上对敏感性和特异性进行评估(Estimation of sensitivity and specificity at fixed specificity and sensitivity)】：计算固定或预先指定的特异度或灵敏度(如 80%、90%、95%和 97.5%等)的灵敏度和特异度估计值及其自助纠偏 95%置信区间(BCa bootstrapped 95% confidence interval)。
- 【自助抽样法 Youden 指数和/或最佳标准置信区间(Bootstrap Youden index confidence interval)】：计算 Youden 及其对应标准值的自助纠偏 95%置信区间。
- 【自住抽样法重复(Bootstrap replications)】：输入自助法重复的次数，文献中最常用的次数为1000，次数越多精度越高，但计算时间也越长。

■ 【随机数种子(Random-number seed)】：设定随机数发生器的种子。0为随机种子，当过程重复时，会产生不同的置信区间。当指定任意可重复的随机序列时，其置信区间的结果为可重复值。

4)主要结果与分析。

(1)样本含量：本例样本含量为100，其中阳性组34例、阴性组66例，一般认为对于ROC试验，要求总例数超过100例才能得到有意义的定性结论，见结果16-1。

(2)ROC曲线下的面积：本例 A 为0.717，其标准误为0.0526，95%CI为(0.618，0.803)，不包含0.5，按 α=0.05水准，认为 A 不等于0.5。与 A=0.5比较，Z=4.126，P<0.0001，按 α=0.05水准，可得到同样的结果，见结果16-2。

(3)Youden指数：临床上常用Youden指数确定最佳参考值，本例Youden指数的最大值为0.3422，对应的最佳参考值为MCV≤81，因此可认为对于缺铁性贫血的诊断，当MCV≤81时，可考虑诊断为缺铁性贫血，见结果16-3。

结果 16-1

样本含量	100
阳性组 a	34(34.00%)
阴性组 b	66(66.00%)

结果 16-2 ROC 曲线下面积

ROC曲线的AUC(AUC)	0.717
标准误①	0.0526
95%的置信区间②	0.618–0.803
Z统计	4.126
显著性水平P(面积=0.5)	<0.0001

注：① Hanley & McNeil, 1982。
② 二项式精确。

结果 16-3 Youden 指数

Youden指数J	0.3422
相关标准	≤81
灵敏度	70.59
特异度	63.64

(4)ROC曲线(ROC curve)为位于对角线左上方的曲线，ROC曲线越接近左上角，诊断试验的总体精度较高，当单击曲线上的点时，可显示该点的灵敏度、特异度和标准值，见图16-6。

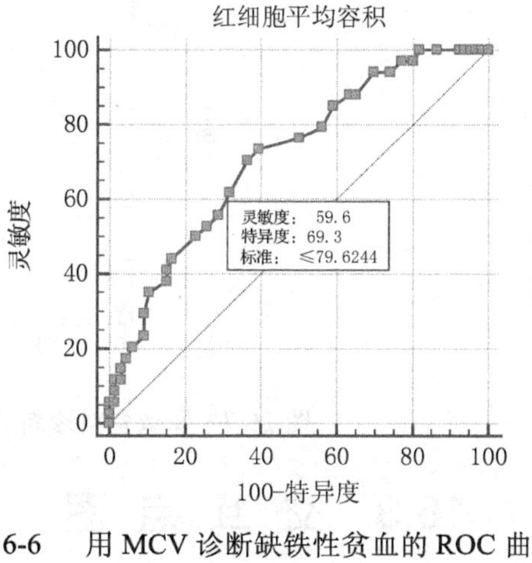

图16-6 用MCV诊断缺铁性贫血的ROC曲线

16.2.2 有序分类资料的ROC曲线

【例16-2】 某医生按“肯定正常(1)”、“可能正常(2)”、“异常可疑(3)”、“可能异常(4)”与“肯定异常(5)”对病例组样本43份，对照组样本193份影像资料进行诊断分类，

数据结果见表 16-3，问该医生对这批影像资料的诊断水平如何并绘制 ROC 曲线。(影像资料.mcl)

1) 打开数据文件“影像资料.mcl”。

2) ROC 曲线分析(ROC curve analysis)对话框(参见图 16-4)中，【变量(Variable)】选择“class(分类)”，【分类变量(Classification variable)】选择 “g(分组)”，其他选项同例 16-1。

3) 主要结果与分析。

(1) ROC 曲线下面积：*A* 为 0.784，标准误为 0.039，95%CI 为(0.726，0.834)，*Z*=7.269，*P*<0.0001，结果表明该医生对这批影像资料的诊断水平较高，见结果 16-4。

表 16-3 两组影像资料的诊断分类

分 类	1	2	3	4	5
病例组	2	3	8	18	12
对照组	35	68	49	29	12

结果 16-4 ROC 曲线下面积

ROC 曲线的 AUC(AUC)	0.784
标准误[①]	0.0390
95%的置信区间[②]	0.726–0.834
Z 统计	7.269
显著性水平 P(面积=0.5)	<0.0001

注：① Hanley & McNeil, 1982。
② 二项式精确。

(2) Youden 指数：Youden 指数最大值为 0.4852，对应的最佳参考值为分类>3，当影像资料的诊断分类>3 时，可考虑诊断为病例，见结果 16-5。

(3) ROC 曲线(ROC curve)：由于影像资料的诊断分类只有 6 类，因此 ROC 曲线为这 6 个分类对应的灵敏度/特异度对的连接折线，见图 16-7。

结果 16-5 Youden 指数

Youden 指数 J	0.4852
相关标准	>3
灵敏度	69.77
特异度	78.76

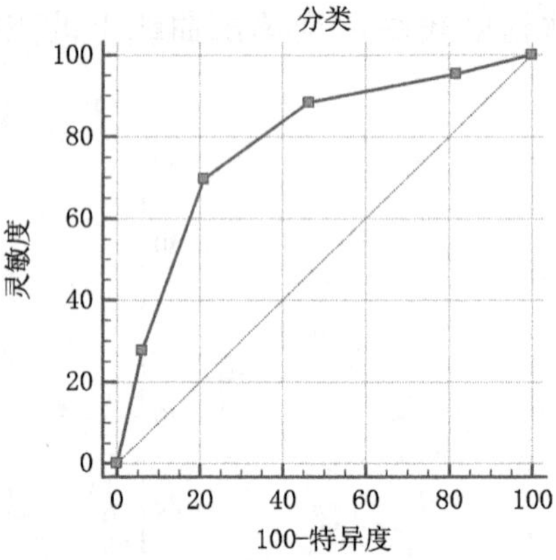

图 16-7 影像资料诊断分类对某病诊断的 ROC 曲线

16.3 交 互 点 图

交互点图(Interactive dot diagram)功能可在两条垂直的轴线上显示阴性组和阳性组的数据点，图中的水平参考线默认位于最佳区分两组(最少的假阴性和假阳性结果)的分界点处，并在水平线的右侧显示相应检验分界值大小及其灵敏度和特异度。交互点图可用于研究诊断试验的准确性。

【例 16-3】试根据例 16-1 的资料，绘制两组对象 MCV 的交互点图。(红细胞平均容积.mcl)

1) 打开数据文件“红细胞平均容积.mcl”。

2) 选择【统计(Statistics)】→【ROC 曲线(ROC curves)】→【交互式点状图(Interactive dot diagram)】菜单，打开交互式点状图(Interactive dot diagram)对话框，见图 16-8。

- 【变量(Variable)】：本例选择“mcv(红细胞平均容积)”。
- 【分类变量(Classification variable)】：本例选择“g(分组)”。
- 【筛选条件(Filter)】：本例未选择。
- 【选项(Options)】。
  - 【对数变换(Logarithmic transformation)】：对分析的数据进行对数变换，本例未选择。

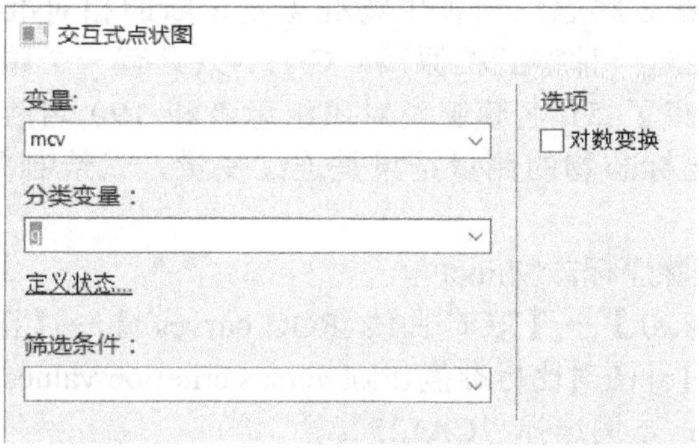

图 16-8 交互式点状图(Interactive dot diagram)

3) 主要结果与分析。

(1) 从图 16-9 所示交互点图(interactive dot diagram)可见，对照组和病例组的 MCV 的数据点按大小分布在两条垂直的轴线上，蓝色的水平参考线默认位于最佳区分两组的分界点处，水平线右侧显示分界值的大小及其灵敏度和特异度。本例的最佳分界值为 81，其灵敏度为 70.6，特异度为 63.6。当 MCV≤81 时，考虑诊断为缺铁性贫血。本例中，位于水平参考线下方的对照组个案为假阳性，位于水平参考线上方的病例组个案为假阴性。

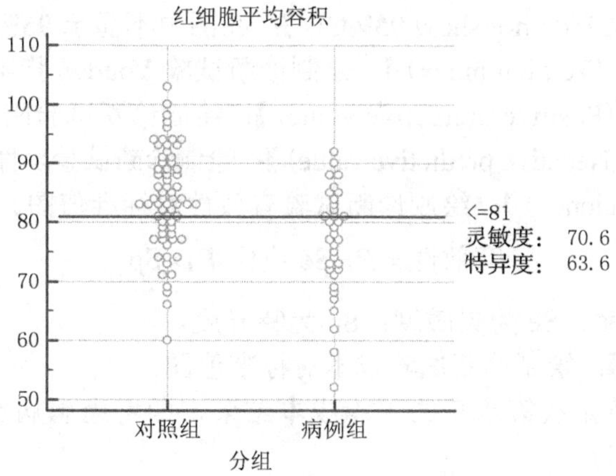

图 16-9 两组对象 MCV 的交互点图

注：大于最佳分界值的个案诊断为阳性时，假阴性和假阳性的判断与本例相反。

(2) 单击交互点图，可上下移动水平参考线。本例中，水平参考线上移时，灵敏度和假阴性率增加，而特异度和假阳性率减少；反之，灵敏度和假阴性率减少，而特异度和假阳性率增加。读者可通过改变水平参考线位置来比较上述指标的变量，根据研究的目的确定最佳的分界值。

16.4 参考值图

图对比标准值(Plot versus criterion values)功能可绘制参考值图，即诊断试验中有关统计量对应标准值图，包括灵敏度和特异度及其 95%CI、Youden 指数、阳性预测值、阴性预测值、有效性和成本。

【例 16-4】 某研究者对胰腺癌两种生物标志物诊断的相对准确度进行研究，这两种生物标志物分别为 CA125(一种癌胚抗原)和 CA19-9(具有一个碳水化合物抗原决定簇的单克隆抗体)。研究者收集了 51 名胰腺炎对照组患者和 190 名胰腺癌病例组患者这两种标志物的血清浓度，生物标志物的测量结果是连续变量，试绘制参考值图。(胰腺癌标志物.mcl)

1) 打开数据文件“胰腺癌标志物.mcl”。

2) 选择【统计(Statistics)】→【ROC 曲线(ROC curves)】→【图对比标准值(Plot versus criterion values)】菜单，打开图对比标准值(Plot versus criterion values)对话框，见图 16-10。

- 【变量(Variable)】：本例选择“CA125”。
- 【分类变量(Classification variable)】：本例选择“g(分组)”。
- 【筛选条件(Filter)】：本例未选择。
- 【选项(Options)】：绘制以下统计量对标准值图。
  - 【敏感性与特异性(Sensitivity and specificity)】：
    【显示 95%的置信区间为(Show 95% Confidence Intervals as)】：设定灵敏度和特异度的 95%CI 的显示方式。
  - 【误差条形图(error bars)】：用误差条表示 95%CI。
  - 【连接线(connected lines)】：用线条连接 95%CI，当标准值较高时，建议选择此项。
  - 【不显示 95%CI(do not show 95%CI)】：在图中不显示 95%CI。
  - 【Youden 指数(Youden index)】：绘制诊断试验 Youden 指数对标准值图。
  - 【阳性预测值(Positive predictive value)】：绘制诊断试验阳性预测值对标准值图。
  - 【阴性预测值(Negative predictive value)】：绘制诊断试验阴性预测值对标准值图。
  - 【有效性(Efficiency)】：绘制诊断试验有效性对标准值图。

$$\text{有效性} = P \times \mathrm{Se} + (1-P) \times \mathrm{Sp}$$

其中，P 为患病率；Se 为灵敏度；Sp 为特异度。

  - 【成本(Cost)】：绘制诊断试验成本对标准值图。
    诊断试验在特定决策水平的平均成本结果，即考虑患病率与 TP_c、FP_c、TN_c 及 FN_c。其公式为

$$\text{Cost} = \text{FN}_c \times (1-\text{Se})P + \text{FP}_c \times (1-\text{Sp}) \times (1-P) + \text{TP}_c \times \text{Se} \times P + \text{TN}_c \times \text{Sp}(1-P)$$

式中，P 为患病率；Se 为灵敏度；Sp 为特异度；FN_c 为假阴性决策成本；FP_c 为假阳性决策成本；TP_c 为真阳性决策成本；TN_c 为真阴性决策成本。

- 【误分类-成本项(Misclassification-Cost Term (MCT))】：MCT 仅考虑患病率、FP_c 和 FN_c。

$$\text{MCT} = \frac{\text{FN}_c}{\text{FP}_c} \times P \times (1-\text{Se}) + (1-P) \times (1-\text{Sp})$$

成本可以是经济成本或健康成本，4 个成本因素必须用相同的尺度来表示。成本和 MCT 的最小值可作为最佳选择标准的指示器。

【FPc】：假阳性决策成本。

【FNc】：假阴性决策成本。

【TPc】：真阳性决策成本，计算 MCT 时不需要输入 TP_c。

【TNc】：真阴性决策成本，计算 MCT 时不需要输入 TN_c。

- 【疾病盛行率(Disease prevalence，患病率)】：当选择【阳性预测值(Positive predictive value)】、【阴性预测值(Negative predictive value)】、【有效性(Efficiency)】或【成本(Cost)】成本时，还可以选择此项。如果选择了【观察盛行率(Observed prevalence)】，则可最多输入 4 个以百分数(0～100)表示的患病率，每个患病率都将绘制一条曲线。
- 【对数变换(Logarithmic transformation)】：当分析的数据为正偏态时，可进行对数变换，本例选择此项。

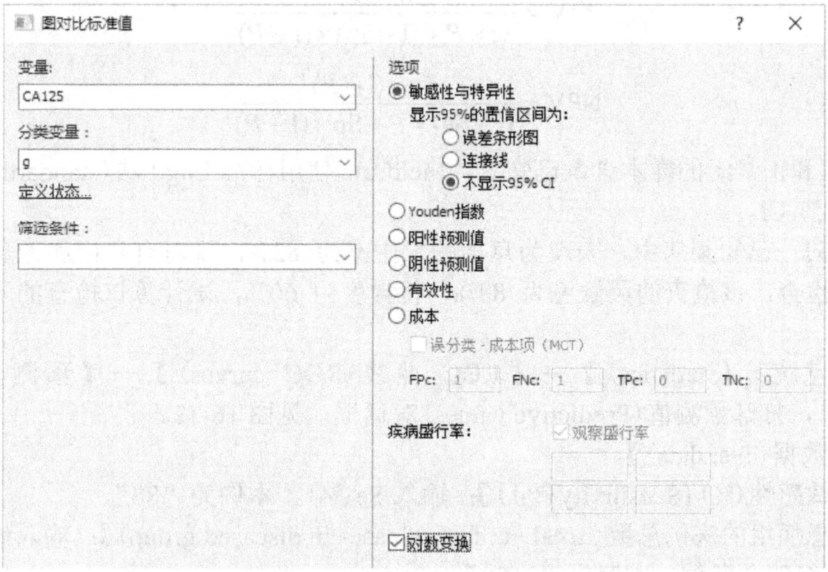

图 16-10 图对比标准值(Plot versus criterion values)对话框

3)主要结果与分析：灵敏度和特异度曲线交叉时，见图 16-11。所对应的 CA125 值为标准值，当参考值大于标准值时，特异度和真阴性率将增加，而真阳性率和灵敏度则降低；反之，当参考值小于标准值时，真阳性率和灵敏度将增加，而特异度和真阴性率将降低。读者可根据研究的目的，选择所需要的参考值。

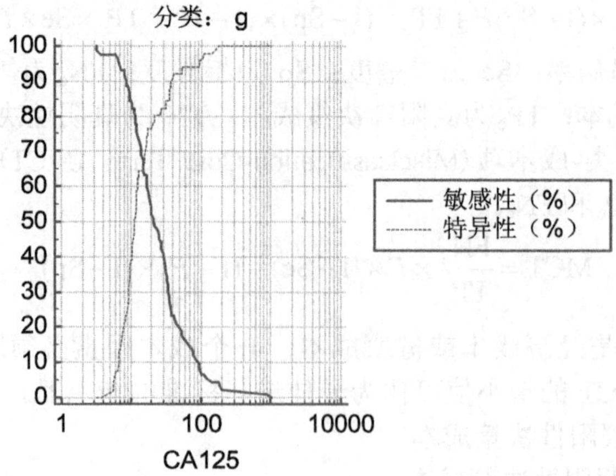

图 16-11 CA125 诊断胰腺癌的标准值图

16.5 预测值计算

预测值(Predictive values)功能可使用 Bayes 定理，计算不同患病率(或疾病的先验概率)、灵敏度及特异度计算诊断试验的阳性预测值(PPV)和阴性预测值(NPV)。其计算公式分别为

$$\mathrm{PPV}=\frac{\mathrm{Se}\times P}{\mathrm{Se}\times P+(1-\mathrm{Sp})\times(1-P)}$$

$$\mathrm{NPV}=\frac{\mathrm{Sp}\times(1-P)}{(1-\mathrm{Se})\times P+\mathrm{Sp}\times(1-P)}$$

当疾病组和正常组的样本含量已知时，MedCalc 使用标准 Logit 法(standard logit method)计算预测值 95%CI。

【例 16-5】 已知某病中，表现为息肉的发生率为 83%，现对有息肉和无息肉的患者各 2500 名进行检查，该检查的灵敏度为 88%、特异度为 60%，试计算该检查的阳性预测值和阴性预测值。

1) 选择【统计(Statistics)】→【ROC 曲线(ROC curves)】→【预测值(Predictive values)】菜单，打开预测值(Predictive values)对话框，见图 16-12。

■【检验数据(Test data)】。
- ○【敏感性(%)(Sensitivity(%))】：输入 Se(%)，本例为“88”。
- ○【患病组的病例总数(Total number of cases in diseased group)】：输入诊断试验中疾病组的个案数，本例为“2500”。
- ○【特异性(%)(Specificity(%))】：输入特异度(%)，本例为“60”。
- ○【正常组的病例总数(Total number of cases in normal group)】：输入诊断试验中正常组的个案数，本例为“2500”。
- ○【疾病流行性(Disease prevalence)】：输入患病率(%)，本例为“83”。

2) 主要结果与分析：该检查的阳性预测值为 91.48%，其 95%CI 为 (91.1，91.9)%；阴性预测值为 50.60%，其 95%CI 为 (47.8，53.4)%，见图 16-12。

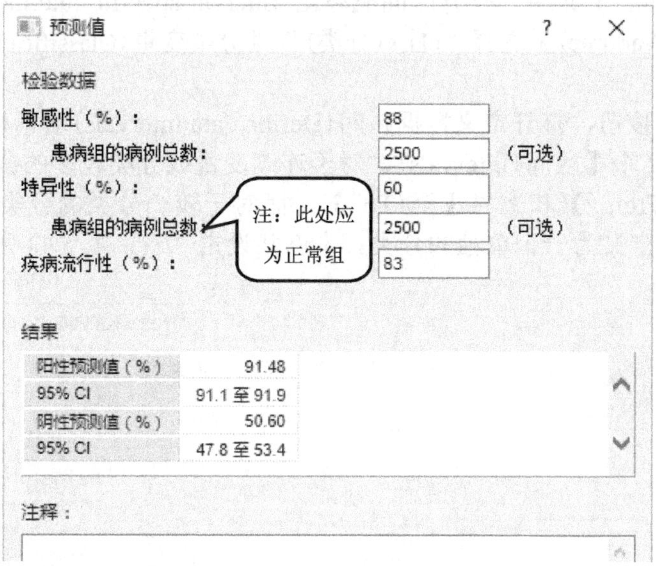

图 16-12　预测值 (Predictive values) 对话框

16.6　区间似然比

似然比 (Likelihood Ratio，LR) 是一个诊断试验准确度指标，即以下两个概率之比：患病组出现某检测结果的概率与未患病组出现相同结果的概率。似然比可用于根据疾病的先验概率计算其后验概率。似然比反映了某特定检测结果相对于未患病者组更倾向于患病者组的证据力度。LR=1.0 表示该检测结果出现在患病者与未患病者中的可能性相同；LR>1.0 表示该检测结果出现在患病者中的可能性大于未患病者；LR<1.0 表示该检测结果出现在未患病者中的可能性更大。似然比值越大，与未患病者组相比患病者组出现该结果的可能性越大。

在连续或有序结果的 ROC 曲线中，如果根据参考值将研究对象分成两类来计算灵敏度、特异度或似然比，将会损失有用的信息。此时，应分别计算不同区间对应的似然比，因为当试验测量结果为连续性变量时，诊断试验特征的最好表达方式是区间似然比，而不是常用的灵敏度和特异度，似然比描述诊断试验的特征更为全面。例如，试验结果范围是 0～100，则可分别计算诸如 LR(0～10)、LR(11～20)、…、LR(91～100) 时的似然比。MedCalc 可计算原始资料及汇总资料的区间似然比。

$$LR11\sim20=\frac{\text{病人组的试验结果在}11\sim20\text{范围内所占概率}}{\text{无病组的试验结果在}11\sim20\text{范围内所占概率}}$$

16.6.1　原始资料的区间似然比

【例 16-6】 根据例 16-2 的资料，试计算不同诊断分类的似然比。(影像资料.mcl)

1）打开数据文件“影像资料.mcl”。

2）选择【统计（Statistics）】→【ROC 曲线（ROC curves）】→【区间概率比（Interval-specific likelihood ratios）】菜单，打开区间概率比（Interval-specific likelihood ratios）对话框，见图 16-13。【变量（Variable）】选择“class（分类）”，【分类变量（Classification variable）】选择“g（分组）”。

3）单击【确定】按钮，打开定义数据区间（Define data intervals）对话框，见图 16-14。

最多可以定义 12 个【区间（Intervals），对于连续变量或分类较多的分类变量，应输入每个区间的下界【从（From）】和上界【至（To）】。而对于较少分类的分类变量，则只需输入 1 个数字即可将区间定义为一个单独的分类。本例共设定 1～5 共 5 个分类，其右侧为每个分类的例数（n）。

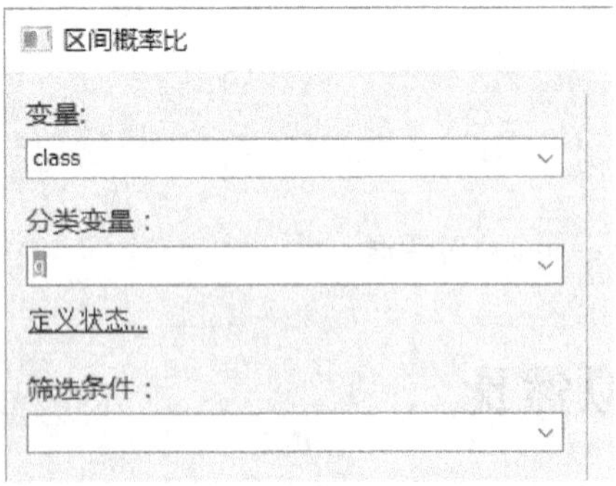

图 16-13　区间概率比（Interval-specific likelihood ratios）对话框

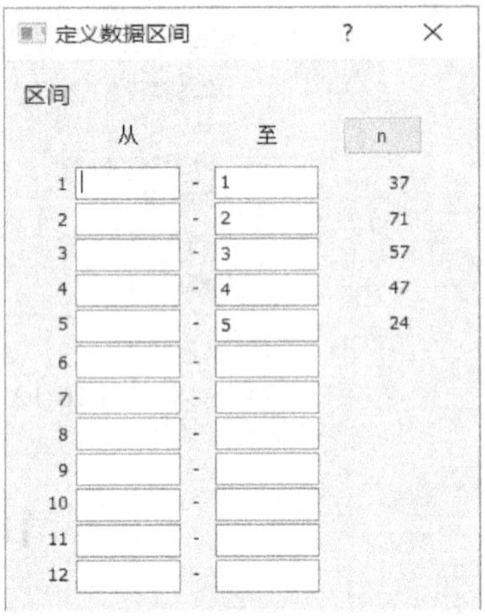

图 16-14　定义数据区间（Define data intervals）对话框

4）主要结果与分析。

（1）分类为 1、2 和 3 时，LR<1，表明非病人在这 3 个分类的可能性更大，以分类 1 为例，病人在分类 1 的可能性是非病人的 0.256 倍；分类为 4 和 5 时，LR>1，表明病人在这两个分类中出现的可能性更大，以分类 3 为例，病人在分类 3 的可能性是非病人的 2.786 倍。见结果 16-6。

（2）分类数字越大，似然比越大。表明分类数字越大，患病者出现的可能性越大，见结果 16-6。

结果 16-6

水平	阳性①	阴性②	概率比	95% CI
1	2	35	0.256	0.0641 至 1.026
2	3	68	0.198	0.0654 至 0.600
3	8	49	0.733	0.375 至 1.433
4	18	29	2.786	1.713 至 4.531
5	12	12	4.488	2.166 至 9.302
总和	43	193		

注：① g=1；② g=0。

16.6.2 汇总资料的区间似然比

【例 16-7】 为研究 X 线对纵隔淋巴结肿大的实际诊断效果，将 X 线平片资料的异常程度分为 5 级，追踪胸部 X 线平片检查过的 200 例就诊患者，经临床病理证实患有纵隔淋巴结肿大的有 110 人，资料见表 16-4，试计算其区间似然比。

表 16-4 纵隔淋巴结肿大的 X 线平片诊断

分组	例数	检查结果				
		——	–	±	+	++
D+	110	6	10	15	35	44
D–	90	46	20	14	8	2

1) 选择【检验(Tests)】→【概率比(2×k 表格)(Likelihood ratios (2×k table))】菜单，打开概率比(Likelihood ratios)对话框，见图 16-15。

- 【检验数据(Test data)】：依次输入各【水平(Level)】的【阳性(Postive)】和【阴性(Negative)】例数，总共可输入 12 个。

*完成上述操作后，单击【检验(Test)】按钮。

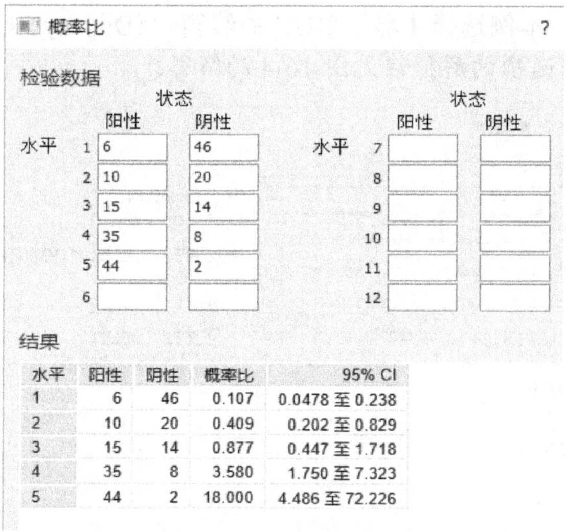

水平	阳性	阴性	概率比	95% CI
1	6	46	0.107	0.0478 至 0.238
2	10	20	0.409	0.202 至 0.829
3	15	14	0.877	0.447 至 1.718
4	35	8	3.580	1.750 至 7.323
5	44	2	18.000	4.486 至 72.226

图 16-15 概率比(Likelihood ratios)对话框

2) 主要结果与分析：在概率比(Likelihood ratios)对话框(见图 16-15)的底部，可得到 X 线平片资料的异常程度 5 个分级的区间似然比及其 95%CI，其中分级为– –、–、±时，LR<1；分级为+和++时，LR>1。

16.7 ROC 曲线比较

诊断试验的准确性和 ROC 曲线下面积的大小密切相关，*A* 值越大，诊断的准确性越好，在诊断试验研究中，我们最关心的是哪种检验方法的准确性最高、两个或多个检验方法的准确性有无差别。这时我们需要比较两个或两个以上 *A* 值的差别是否有统计学意义。MedCalc 可进行相依 ROC 曲线(dependent ROC curves)及独立 ROC 曲线(independent ROC curves)比较。

16.7.1 相依 ROC 曲线比较

ROC 曲线对比(Comparison of ROC curves)功能可检验两个或两个以上的相依样本(又称非独立样本，即来自相同的个案)ROC 曲线下面积的差别有无统计学意义。对于 3 组或 3 组以上的相依 ROC 曲线，还可以输出两两比较的结果。

【例 16-8】 试根据例 16-4 的资料，比较 CA125 和 CA19-9 诊断胰腺癌的准确性有无差别。(胰腺癌标志物.mcl)

1)打开数据文件“胰腺癌标志物.mcl”。

2)选择【统计(Statistics)】→【ROC 曲线(ROC curves)】→【ROC 曲线对比(Comparison of ROC curves)】菜单，打开 ROC 曲线对比(Comparison of ROC curves)对话框，见图 16-16。

- 【变量(Variable)】：可以选择 2～6 个变量，本例选择“CA125”和“CA19_9”。
- 【分类变量(Classification variable)】：本例选择“g(分组)”。
- 【方法(Methodology)】：本例选择【Hanley & McNeil】。
  - 【用于 AUC 的二项式精确置信区间(Binomial exact Confidence Interval for the AUC)】：本例选择此项。
- 【图表(Graphs)】：本例选择【显示 ROC 曲线窗口(Display ROC curve window)】。

注：本例对话框有关选项的解释详见图 16-4 的解释。

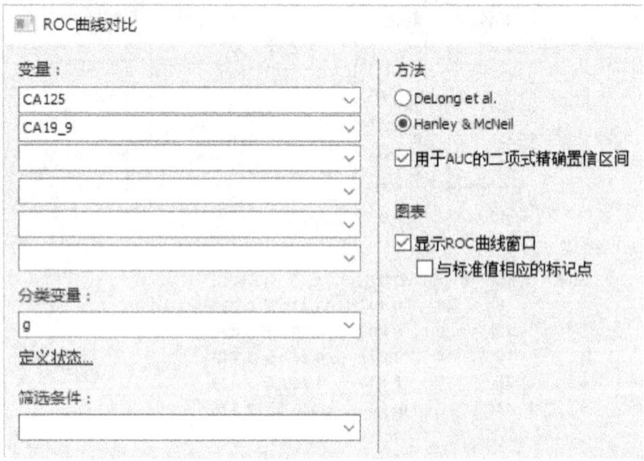

图 16-16 ROC 曲线对比(Comparison of ROC curves)对话框

3)主要结果与分析。

(1)两条 ROC 曲线下面积：见结果 16-7，CA125 对胰腺癌诊断试验的 A 值为 0.699，SE 为 0.0466，其 95%CI 为(0.617，0.774)；CA19-9 对胰腺癌诊断试验的 A 值为 0.862，SE 为 0.0305，其 95%CI 为(0.794，0.914)。

(2)两条 ROC 曲线的比较结果：两个面积的差值为 0.613，差值的标准误为 0.0532，差值的 95%CI 为(0.0583，0.267)，不包含 0，按 α=0.05 水准，可认为两个 A 值有差别。Z=3.058，P=0.0022，按 α=0.05 水准，拒绝 H_0，接受 H_1，可认为两个 A 值的差别有统计学意义，CA19-9 对胰腺癌的诊断准确性高于 CA125，见结果 16-8。

结果 16-7

变量	AUC	SE[①]	95% CI[②]
CA125	0.699	0.0466	0.617–0.774
CA19_9	0.862	0.0305	0.794–0.914

注：① Hanley & McNeil, 1982。
② 二项式精确。

结果 16-8 ROC 曲线成对对比

CA125～CA19_9	
面积之间的差异	0.163
标准误[①]	0.0532
95%的置信区间	0.0583–0.267
Z 统计	3.058
显著性水平	P = 0.0022

注：① Hanley & McNeil, 1983。

(3)两条 ROC 曲线比较：ROC 曲线越靠近左上角，其诊断准确性越高。由图 16-17 可见，与 CA125 相比，CA19-9 的 ROC 远离对角线，更接近左上角；CA19-9 的 *A* 值比 CA125 大，表明 CA19-9 对胰腺癌的诊断准确性高于 CA125。

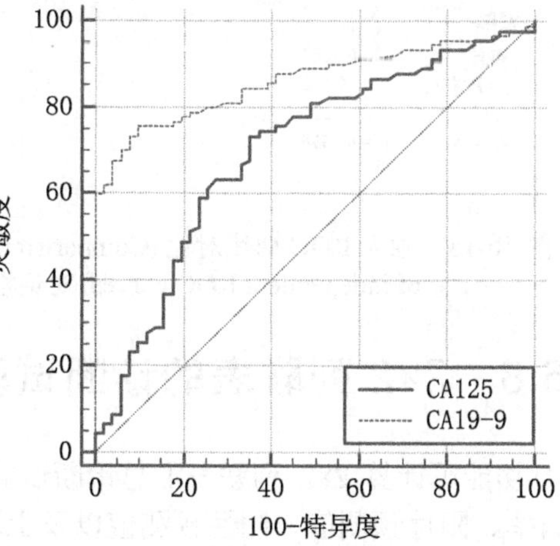

图 16-17 CA125 和 CA19-9 诊断胰腺癌的 ROC 曲线

16.7.2 独立 ROC 曲线比较

独立 ROC 曲线对比(Comparison of independent ROC curves)功能可用于比较两个独立样本(来自不同的个案)ROC 曲线下面积的差别有无统计学意义，该功能不能对原始数据进行分析，仅能根据汇总数据的统计量(*A* 值及其标准误)进行计算。

【例 16-9】 某医院通过测量损伤 24 小时内的脑脊髓液 CK-BB 同工酶含量来预测严重颅脑损伤的结局，已计算出头部创伤数据年轻患者与年长患者的 ROC 曲线下面积分别为 0.7656 和 0.9238，标准误分别为 0.0886 和 0.0858，试比较脑脊髓液 CK-BB 同工酶含量对于预测严重颅脑损伤年轻患者和年长患者结局的准确性有无差别。

1) 选择【检验(Tests)】→【平均值(Comparison of)】→【独立 ROC 曲线下面积(Areas under independent ROC curves)】菜单，打开独立 ROC 曲线对比(Comparison of independent ROC curves)对话框，见图 16-18。

分别输入【第 1 个 ROC 曲线(1st ROC curve)】和【第 2 个 ROC 曲线(2nd ROC curve】的【曲线下面积(Area under the Curve (AUC))】和【标准误差(Standard Error (SE)，标准误)】。

*完成上述操作后，单击【检验(Test)】按钮。

2) 主要结果与分析：Z=1.283，P=0.1996，按 α=0.05 水准，不拒绝 H_0，差别无统计学意义，尚不能认为脑脊髓液 CK-BB 同工酶含量对于预测严重颅脑损伤年轻患者和年长患者结局的准确性不同，见图 16-18。

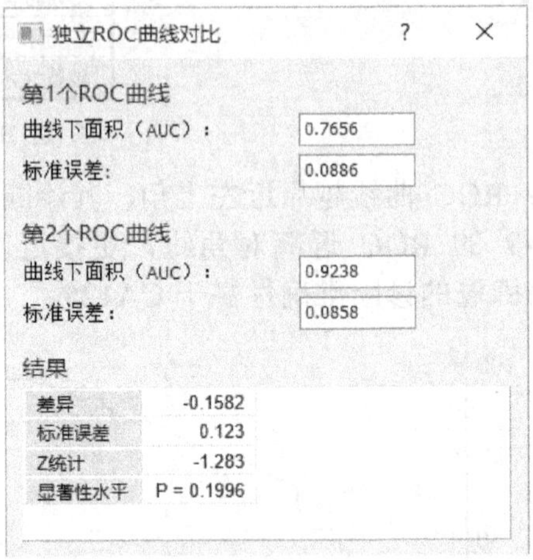

图 16-18 独立 ROC 曲线对比(Comparison of independent ROC curves)对话框

16.8 2×2 列联表的诊断试验

诊断试验(Diagnostic test)功能可计算 2×2 列联表汇总诊断试验资料的灵敏度、特异度、阳性似然比、阴性似然比、患病率、阳性预测值、阴性预测值以及上述指标的 95%CI 等。

【例 16-10】某医院在对慢性乙型肝炎人群进行 AFP 诊断肝癌试验，检查结果见表 16-5，试对该诊断试验进行评价。

表 16-5 AFP 诊断肝癌的临床研究评价

检验	金标准评价最终结果	
	肝癌	非肝癌
AFP(+)	80	100
AFP(–)	20	900
合计	100	1000

1) 选择【检验(Tests)】→【诊断检验(2×2 表格)(Diagnostic test(2×2 table))】菜单，打开诊断检验(Diagnostic test)对话框，见图 16-19。

- 【2×2 表格(2×2 table)】：依次输入检验结果(【检验阳性(Test Positive)】、【检验阴性(Test Negative)】)与是否患有疾病(【存在疾病(Disease Present)】、【不存在疾病(Disease Absent)】)所对应的例数。
- 【选项(Options)】：如果上述资料不能反映疾病的患病率，则还应输入【疾病的流行性(Disease prevalence)】，即疾病的患病率。

*完成上述操作后，单击【检验(Test)】按钮。

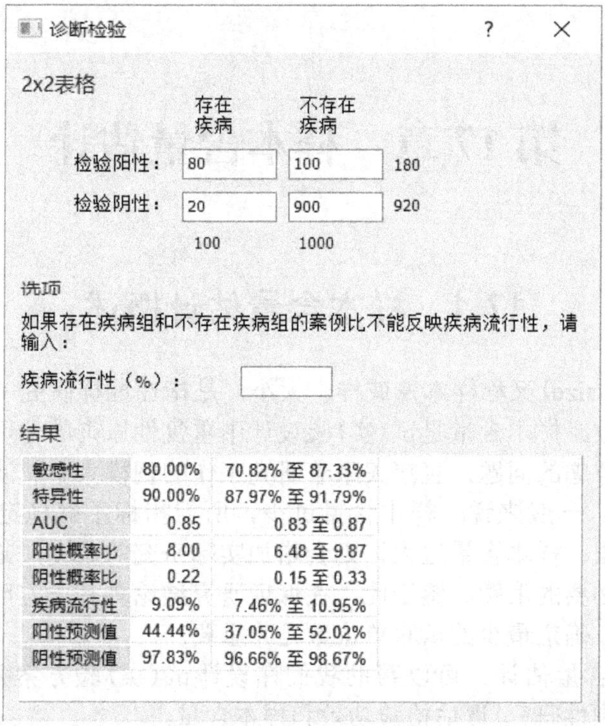

图 16-19　诊断检验(Diagnostic test)对话框

2)主要结果与分析：MedCalc 可在慢性乙型肝炎人群中进行 AFP 诊断肝癌试验的灵敏度(Se)、特异度(Sp)、阳性似然比(LR^+)、阴性似然比(LR^-)、患病率、阳性预测值(PPV)、阴性预测值(NPV)及上述指标的 95%CI，见图 16-19。

第 17 章　样本含量估计

17.1　样本含量估计概述

样本含量(sample size)又称样本量或样本大小，是指在抽样研究中每个样本所包含的调查对象数或受试对象数。样本含量是试(实)验设计中重复性原则的体现，是试(实)验设计中研究工作者必须重点考虑的问题，直接关系着研究工作的规模大小，涉及研究工作经费、人力物力和时间的安排。一般来说，样本含量过少，所得指标不够稳定，试验结果缺少可靠性，结论缺乏充分依据；样本含量过大，则会增加实际研究的难度，延长研究周期，造成时间、人力、经济上不必要的浪费。鉴于此，在保证研究结论具有一定可靠性的条件下，对样本含量进行合理估算，确定最少的试验单位数尤为重要。

通过功效和样本含量估计，可以帮助我们在设计试(实)验方案并执行之前(前瞻性研究)，或执行之后(回顾性研究)评估检验功效和样本含量。

(1) 前瞻性研究：应用在试验资料收集之前以充分考虑研究设计的灵敏度。研究者需要确保研究有足够大的检验功效，能够将确定为重要变量的差值(效应)检测出来。例如，可以通过增大样本含量或采取措施控制容许误差来提高设计的灵敏度。

(2) 回顾性研究：应用在试验资料收集之后帮助了解已完成试验的检验功效。假设开展了一项研究，但资料分析显示研究中并没有任何统计学差异的结果，你可以基于期望试验检测到的变量的最小差值(效应)计算出检验功效。如果检验功效较低，那么可能需要修改试验设计后继续评估计算；但如果计算得到的检验功效很高，那么可能要断定研究中确实不存在有意义的差值(效应)，并终止试验。

通常来说，样本含量大小与检验水准 α、检验功效 $(1-\beta)$、容许误差 δ、单双侧检验以及总体的相关信息密切相关。

1. 检验水准

检验水准 α 是指在假设检验中出现第 I 类错误的可能性，即当相比较的两个事物间原本并不存在差异时，通过假设检验检验出两者存在差异的可能性，一般用概率来度量。用公式表示为第 I 类错误的概率 $=P$(拒绝 H_0 | H_0 为真) $\leqslant\alpha$。在假设检验中，α 的数值是事先确定的，一般取 $\alpha=0.05$ 或 $\alpha=0.01$(偶尔可取 0.10)，但 α 的数值不能主观随意确定，必须根据第 I 类错误的危害性来决定。

例如，在做新药与常规药物疗效比较时，第 I 类错误会将原本等效的新药不恰当地奉为创新，而将原本市场上的常规药物摒弃，造成错误和浪费。当然，要想彻底消灭第 I 类错误是不可能的，因此必须结合研究实际情况确定合适的 α 值大小。在样本含量估计中，要求 α 值越小，研究所需的样本含量越大。

2．检验功效

检验功效$(1-\beta)$是指在特定的 α 水准下，若总体间确实存在差异，则该次研究能发现此差异的能力。$(1-\beta)$越大，假设检验的效能越高。根据样本假设检验得到的推论结合真实情况，假设检验有 4 种可能的结果。检验的功效是指当 H_0 为假时准确否定它的概率。这 4 种可能的结果见表 17-1。

表 17-1　假设检验 4 种可能的结果

假设检验的结论	真实情况	
	H_0 为真	H_0 为假
拒绝 H_0	Ⅰ类错误，$P = \alpha$	正确决策，$p = 1-\beta$
不拒绝 H_0	正确决策	Ⅱ类错误，$P=\beta$

如果假设检验 H_0 实际上是正确的，但由样本资料计算获得的检验统计量得出拒绝 H_0 的结论，那么统计学上称此类情况为发生了Ⅰ类错误。发生Ⅰ类错误的概率称为 α(alpha)，即检验水准。

如果假设检验 H_0 为假，但由样本资料计算获得的检验统计量得出不拒绝 H_0 的结论，就发生了Ⅱ类错误。发生Ⅱ类错误的概率称为 β(beta)。

在科研设计时只有确定 β 的数值才能进一步估算样本含量大小。通常取 β=0.1 或 β=0.2，相应检验功效为 0.9 或 0.8，一般检验功效最低不宜低于 0.75，否则可能出现非真实的阴性结果。在样本含量估计中，要求$(1-\beta)$值越大，研究所需的样本含量越大。

3．差值或容许误差

在实际应用中，差值指样本与总体、两样本之间平均值或率指标之差等。在样本含量的计算中，需要根据专业知识判断或预试验结果来预计样本统计量($\bar{x}$ 或 p)与相应总体参数(μ 或 π)的最大差异控制在什么范围内，即确定容许误差大小 δ。

在科研设计中，容许误差和检验功效的大小成正比，而与样本统计量的准确性要求成反比，即要求的容许误差越小，调查结果准确性越高，则把握程度越低；反之，容许误差范围增大，样本统计量的准确性减小，把握程度随之增大。因此，要求容许误差 δ 越小，所需样本含量越大。

4．单、双侧检验

在实际研究工作中何时使用单侧检验，何时使用双侧检验要根据研究的目的、资料性质及样本特征来确定。例如，为了研究某新药的减肥效果，欲评价新药减重的效果和传统药物的减重效果是否相同时，可以使用独立样本双侧 t 检验的样本含量估计来检测具有足够功效的差异需要多少样本；而在实际工作中，我们希望是新药的平均减重 μ 不能低于传统药物，因此可将研究目的改为“新药的平均减重 μ 不低于传统药物”，此时，使用独立样本单侧 t 检验的样本含量估计来检测具有足够功效的差异需要多少样本。同一试验中，用单侧检验比用双侧检验所需例数少。但选用单侧检验需要谨慎，在专业上必须有充分的理由。

5．总体的相关信息

进行平均值比较时，需了解个体变异大小，即总体标准差 σ。率的比较需了解总体率 π 的大小，相关分析时需了解总体相关系数 ρ 的大小。σ 越大，所需样本含量越多；总体率 π

越接近于 0.50，则所需样本含量越多；ρ 越小，所需样本含量越多。σ、π、ρ 一般未知，通常以样本的 s、p、r 作为估计值，多由预试验、查阅文献、经验估计获得。

综上所述，使检验假设的结论具有一定可靠性时所必需的样本含量，即指按照一定的检验水准(假设检验的 I 类错误概率 α)发现所比较因素间特定的效应差异 δ，同时又保证检验功效为(1–β)时所需的最少试验单位数。

MedCalc 可为以下类型的研究计算样本含量：样本平均值与总体平均值比较、两独立样本平均值比较、配对样本 t 检验、样本比例与总体率比较、样本比例与总体率比较、两相关样本比例比较、相关系数、生存分析对数秩检验、Bland-Altman 图、两独立样本 ROC 曲线下面积比较、两相关样本 ROC 曲线下面积比较以及置信区间估计与精确度的样本含量估计。

17.2 平均值比较的样本含量估计

平均值比较的样本含量估计包括样本平均值与总体平均值比较、两独立样本平均值比较及配对样本 t 检验的样本含量估计

17.2.1 样本平均值与总体平均值比较的样本含量估计

单一平均值(Single mean)功能可估计样本平均值与指定值(总体平均值)比较所需的样本含量，可用于估计单样本 t 检验或配对 t 检验所需的样本含量。例如，根据指定检验功效大小和最小差异，计算在特定功效水平检测到指定差值所需的样本含量。

【例 17-1】 经以往大量调查得知某地足月单胎新生儿的平均出生体重为 3.2kg。该地随机抽取部分孕妇进行了孕期的营养干预，经预试验，足月单胎新生儿的平均出生体重为 3.34kg，标准差为 0.5kg，为了解孕期营养干预对新生儿的出生体重有无影响，取 $\alpha_{双侧}$= 0.05，β=0.20，试估计该试验所需的样本含量。

1) 选择【采样尺寸(Sample size)】→【单一平均值(Single mean)】菜单，打开采样：单一平均值(Single mean)对话框，见图 17-1。

- 【I 型或II型误差(Type I and Type II error)】。
  - 【I 型误差(Alpha，显著性)(Type I error(Alpha，Significance))】：输入双侧 α，可根据研究目的设定 0.01、0.05、0.10 等，本例为“0.05”。
  - 【II型误差(Beta，1-Power)(Type II error(Beta，1-Power))】：可根据研究目的设定 0.10、0.20 等，本例为“0.20”。
- 【输入(Input)】。
  - 【平均值(Mean)】：输入假设平均值，即与原假设值有生物统计学差异的值，本例为“3.34”。
  - 【标准偏差(Standard deviation)】：输入假设标准差，该值可根据预试验或从文献中获得，本例为“0.5”。
  - 【无假设值(Null hypothesis value)】：又称原假设值或零假设值，本例为“3.2”。
- 【结果(Results)】。
  - 【所需的最小采样尺寸(Minimal required sample size)】：设定上述参数后，单击【计算(Calculate)】按钮，得到所需的最小样本含量为“103”。
- I 型误差与II型误差对应表：可显示与设定值相邻的 α 与 β 所需的样本含量。

2) 主要结果与分析：如取 $\alpha_{双侧}$=0.05，β=0.20，本研究至少需要对 103 例孕妇进行营养干预。此外，读者还可以根据实际情况选择不同 α 或 β 水平所需的样本含量。如果取 $\alpha_{双侧}$=0.05、β=0.10，则至少干预 136 例孕妇。如果研究的目的是营养干预是否能够提高足月单胎新生儿的出生体重，取 $\alpha_{单侧}$=0.05，β=0.20，由于 MedCalc 仅支持计算 $\alpha_{双侧}$，而双侧 u_α=单侧 $u_\alpha/2$，此时我们应该看 $\alpha_{双侧}$=0.10 和 β=0.20 的结果，至少需要对 81 例孕妇进行干预，见图 17-1。

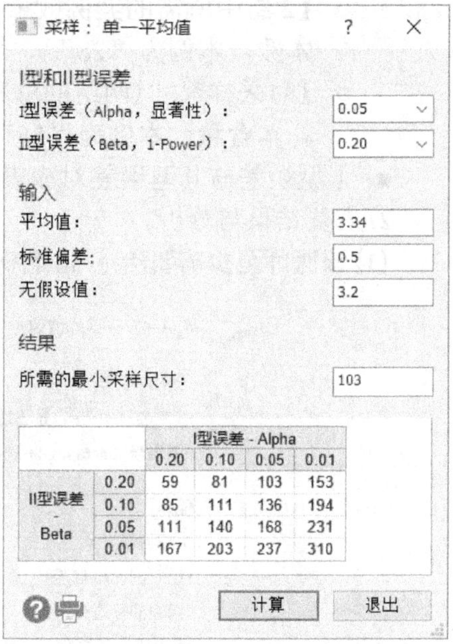

图 17-1　采样：单一平均值 (Single mean) 对话框

17.2.2　两独立样本平均值比较的样本含量估计

平均值对比 (Comparison of two means) 功能可估计两独立样本平均值比较的样本含量，可用于估计独立样本 t 检验所需的样本含量。

【例 17-2】 某医师研究某药物治疗原发性高血压的疗效，经预试验得治疗前后舒张压差值 (单位：mmHg) 资料，试验药物组为 (17.1±8.175) mmHg，安慰剂组为 (9.9±3) mmHg。当取 δ=5mmHg，$\alpha_{单侧}$=0.05、β=0.10 时，需治疗多少例可认为该药物有效？

1) 选择【采样尺寸 (Sample size)】→【两个平均值对比 (Comparison of two means)】菜单，打开采样：平均值对比 (Comparison of means) 对话框，见图 17-2。

- 【Ⅰ型和Ⅱ型误差 (Type Ⅰ and Type Ⅱ error)】。
  - 【Ⅰ型误差 (Alpha，显著性) (Type Ⅰ error (Alpha，Significance))】：输入 $\alpha_{双侧}$，本例为 $\alpha_{单侧}$=0.05，由于 MedCalc 仅支持计算 $\alpha_{双侧}$，而双侧 u_α=单侧 $u_\alpha/2$，因此本例输入“0.1”。
  - 【Ⅱ型误差 (Beta，1-Power) (Type Ⅱ error (Beta，1-Power))】：本例为“0.10”。
- 【输入 (Input)】。
  - 【平均值差异 (Difference)】：输入认为有生物统计学差异的假设差异，本例为 5。
  - 【1 组中的标准偏差 (Standard deviation in group 1)】：输入第 1 组的假设标准差，该值可根据预试验或从文献中获得，本例为“8.175”。
  - 【2 组中的标准偏差 (Standard deviation in group 2)】：输入第 2 组的假设标准差，该值可根据预试验或从文献中获得，本例为“3”。
  - 【1 组/2 组中的采样尺寸比率 (Ratio of sample sizes in Group 1 / Group 2)】：输入第 1 组和第 2 组样本含量之比。例如，输入 1，表示两组的样本含量相等；输入 2，表示第 1 组的样本含量是第 2 组的 2 倍。也可以输入“1/0.7”等，本例为“1”。

注：当两组输入的标准差相同时，假设使用方差齐的独立样本 t 检验。如果输入两个不同的标准差值，则假设使用方差不齐的独立样本 t′检验。

单击【计算 (Calculate)】按钮，得到【结果 (Results)】如下：

- 【1 组中所需的案例数量 (Number of cases required in Group 1)】：第 1 组需要的样本数，本例为“28”。

- 【2 组中所需的案例数量(Number of cases required in Group 2)】：第 2 组需要的样本数，本例为“28”。
- 【总采样尺寸(两组的总和)(Total sample size(both groups together))】：两组的总样本含量，本例为“56”。

■ Ⅰ型误差与Ⅱ型误差对应表：可显示与设定值相邻的 α 与 β 所需的样本含量。

2) 主要结果与分析。

(1) 该医师至少需要治疗 56 名病人，即试验组和对照组至少各需治疗 28 例，见图 17-2。

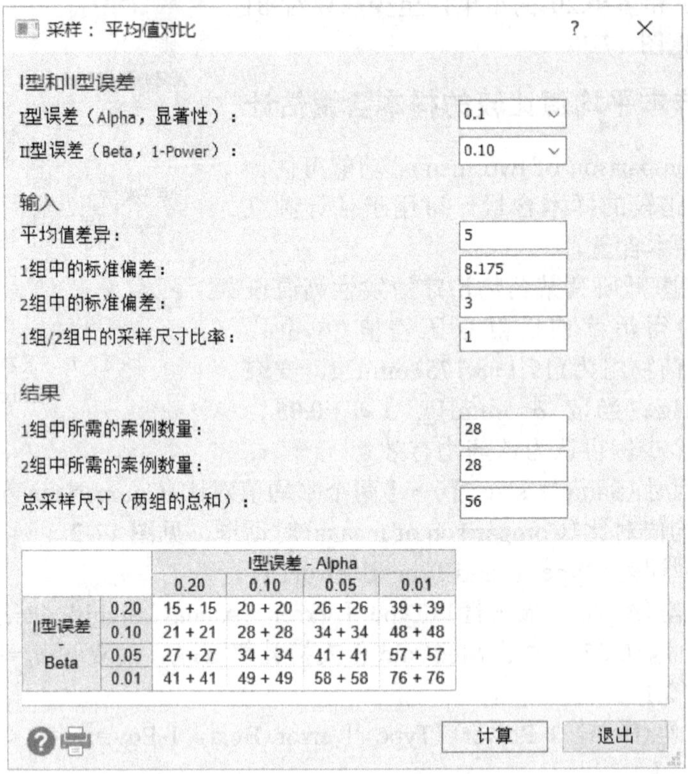

		I型误差 - Alpha			
		0.20	0.10	0.05	0.01
II型误差 - Beta	0.20	15 + 15	20 + 20	26 + 26	39 + 39
	0.10	21 + 21	28 + 28	34 + 34	48 + 48
	0.05	27 + 27	34 + 34	41 + 41	57 + 57
	0.01	41 + 41	49 + 49	58 + 58	76 + 76

图 17-2 平均值对比(Comparison of means)对话框

(2) 如果考虑安慰剂疗效差，则观测人数可适当减少，取 0.7，在【1 组/2 组中的采样尺寸比率(Ratio of sample sizes in Group 1 / Group 2)】中输入“1/0.7”，试验组至少需治疗 35 例，对照组至少需要治疗 25 例，共 60 例。

17.2.3 配对样本 t 检验的样本含量估计

成对样本 t 检验(Paired samples t-test)功能可计算配对样本 t 检验的样本含量。

【例 17-3】 某医师拟用新药治疗矽肺患者，按照年龄、性别、病程先进行配对，其中预试验中新药组的尿矽排出量比对照组平均增加 15mg/L，标准差为 25mg/L ，若 $\alpha_{单侧}$=0.05、β=0.10，问需观察多少患者可认为该药有效？

1) 选择【采样尺寸(Sample size)】→【成对样本 T 检验(Paired samples t-test)】菜单，打开 Sample Size：Paired samples t-test 对话框，见图 17-3。

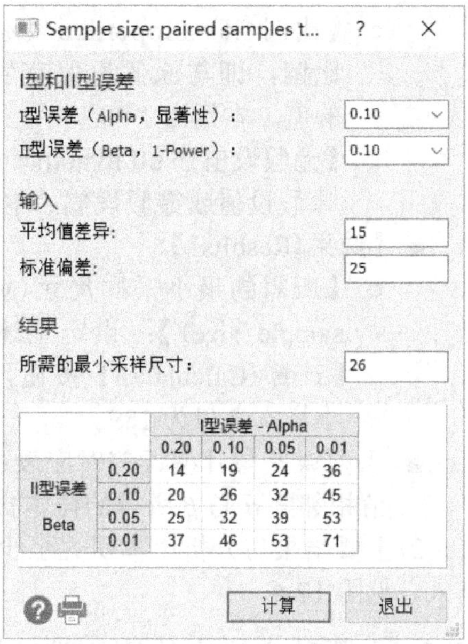

图 17-3　Sample size: paired samples t-test 对话框

- 【Ⅰ型和Ⅱ型误差(Type Ⅰ and Type Ⅱ error)】
  - 【Ⅰ型误差(Alpha，显著性)(Type Ⅰ error (Alpha，Significance))】：输入 $\alpha_{双侧}$，本例为 $\alpha_{单侧}$=0.05，由于 MedCalc 仅支持计算 $\alpha_{双侧}$，而双侧 $u_{\alpha}=u_{\alpha}/2$，因此本例输入“0.10”。
  - 【Ⅱ型误差(Beta，1-Power)(Type Ⅱ error (Beta，1-Power))】为“0.10”。
- 【输入(Input)】。
  - 【平均值差异(Mean difference)】：输入认为与假设值 0 有生物统计学差异的假设差异，本例为“15”。
  - 【标准偏差(Standard deviation)】：输入假设标准差，该值可根据预试验或从文献中获得，本例为“25”。
- 【结果(Results)】。
  - 【所需的最小采样尺寸(Minimal required sample size)】：设定上述参数后，单击【计算(Calculate)】按钮，得到所需的最小样本含量为“26”。
- Ⅰ型误差与Ⅱ型误差对应表：可显示与设定值相邻的 α 与 β 所需的样本含量。

2)主要结果与分析：该医师需要用新药至少治疗 26 例矽肺患者，见图 17-3。

17.3　比例比较的样本含量估计

比例比较的样本含量估计包括样本比例与总体比例比较、两独立样本比例比较以及两相关样本比例比较的样本含量估计。

17.3.1　样本比例与总体比例比较的样本含量估计

单一比例(Single proportion)功能可估计样本比例与指定值(总体比例)比较所需的样本含量。

【例 17-4】 某种外科手术对某种病的治愈成功率为 80%，但这种手术所需条件、费用较高。某医院发明了一种简单的手术治疗该病，治愈率达到了 70%，为检验该新疗法与传统疗法有无差异，取 α=0.05、β= 0.10，问需要治疗多少病例？

1)选择【采样尺寸(Sample size)】→【单一比例(Single proportion)】菜单，打开采样：单一比例(Single proportion)对话框，见图 17-4。

- 【Ⅰ型和Ⅱ型误差(Type Ⅰ and Type Ⅱ error)】。
  - 【Ⅰ型误差(Alpha，显著性)(Type Ⅰ error (Alpha，Significance)】：本例为“0.05”。
  - 【Ⅱ型误差(Beta，1-Power)(Type Ⅱ error(Beta，1-Power))】：本例为“0.10”。
- 【输入(Input)】。

- ○ 【比例(%)(Proportion (%))】：输入假设比例，即与原假设值有生物统计学差异的值，本例为“70”。
- ○ 【无假设值(Null hypothesis value)】：又称原假设值或零假设值，本例为“80”。
- ■ 【结果(Results)】。
  - ○ 【所需的最小采样尺寸(Minimal required sample size)】：设定上述参数后，单击【计算(Calculate)】按钮，得到所需的最小样本含量为 189。
- ■ Ⅰ型误差与Ⅱ型误差对应表：可显示与设定值相邻的 α 与 β 所需的样本含量。

2)主要结果与分析：本研究至少需治疗 189 名病人，见图 17-4。

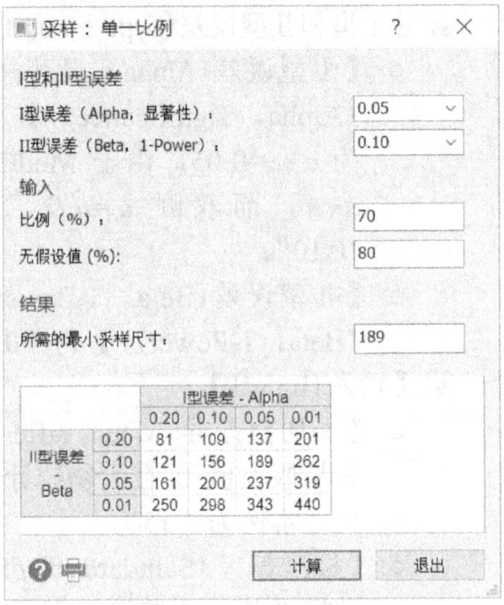

图 17-4 采样：单一比例(Single proportion)对话框

17.3.2 两独立样本比例比较的样本含量估计

两个比例对比(Comparison of two proportions)功能可进行两独立样本比例比较的样本含量估计，包括卡方检验和 Fisher 精确检验的样本含量估计。

【例 17-5】 某药厂欲检测服用过 A 药是否对肺心病患者发生心律失常症状有影响，根据以往研究，曾用 A 药组的心律失常发生率为 49.4%，未用 A 药组的心律失常发生率为 37.3%。取 α=0.05、β=0.2，该研究每组需要观察多少例患者(假设采用双侧检验)？

1)选择【采样尺寸(Sample size)】→【两个比例对比(Comparison of two proportions)】菜单，打开采样：比例对比(Comparison of proportions)对话框，见图 17-5。

- ■ 【Ⅰ型和Ⅱ型误差(Type Ⅰ and Type Ⅱ error)】。
  - ○ 【Ⅰ型误差(Alpha，显著性)(Type Ⅰ error (Alpha，Significance)】：本例为“0.05”。
  - ○ 【Ⅱ型误差(Beta，1-Power)(Type Ⅱ error(Beta，1-Power))】：本例为“0.20”。
- ■ 【输入(Input)】。
  - ○ 【组 1 中的比例(%)(Proportion in group 1(%))】：输入第 1 组的假设比例，本例为“49.4”。
  - ○ 【组 2 中的比例(%)(Proportion in group 2 (%))】：输入第 2 组的假设比例，本例为“37.3”。两个比例间的差异可认为具有生物学显著性。
  - ○ 【1 组/2 组中的采样尺寸比率(Ratio of sample sizes in Group 1 / Group 2)】：输入第 1 组和第 2 组样本含量之比。例如，输入“1”，表示两组的样本含量相等；输入“2”，表示第 1 组的样本含量是第 2 组的 2 倍；也可以输入“1/0.7”等。本例为“1”。
  - ○ 【统计分析(Statistical analysis)】：选择用于分析研究资料的统计检验方法，可选择【卡方检验(Chi-squared test)】或【Fisher 精确检验(Fisher's exact test)】。

单击【计算(Calculate)】按钮，得到【结果(Results)】如下：

- ○ 【1 组中所需的案例数量(Number of cases required in Group 1)】：第 1 组需要的样本数，本例为“263”。

- ○【2 组中所需的案例数量(Number of cases required in Group 2)】：第 2 组需要的样本数，本例为“263”。
- ○【总采样尺寸(两组的总和)(Total sample size(both groups together))】：两组的总样本含量，本例为“526”。

■ Ⅰ型误差与Ⅱ型误差对应表：可显示与设定值相邻的 α 与 β 所需的样本含量。

2)主要结果与分析：本研究每组需要观察 263 例患者，共 526 例患者，见图 17-5。

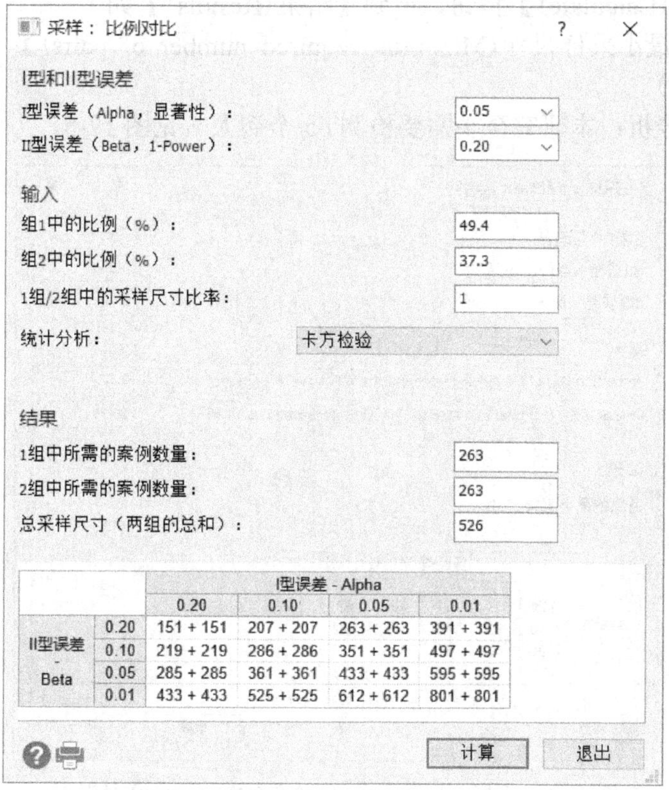

图 17-5　采样：比例对比(Comparison of proportions)对话框

17.3.3　两相关样本比例比较的样本含量估计

McNemar 检验的样本含量估计功能可计算比较两个相关样本比例的 McNemar 检验的样本含量。

【例 17-6】 为了比较 A、B 两种方法诊断肺癌的检测结果差异，查阅文献，已知在所有肺癌病人中，在 A 法为阳性、而在 B 法为阴性的病人占 3.77%，在 A 法为阴性、而在 B 法为阳性的病人占 20.75%，取 α=0.05、β=0.2，该研究需要检测多少个病人(假设采用双侧检验)？

1)选择【采样尺寸(Sample size)】→【麦内玛检验(McNemar test)】菜单，打开采样：McNemar 检验(McNemar test)对话框，见图 17-6。

■【Ⅰ型和Ⅱ型误差(Type Ⅰ and Type Ⅱ error)】。

- ○【Ⅰ型误差(Alpha，显著性)(Type Ⅰ error (Alpha，Significance)】本例为“0.05”。

- ○【Ⅱ型误差(Beta，1-Power) (Type Ⅱ error(Beta，1-Power))】本例为“0.20”。

■【输入(Input)】。

- ○【Proportion (%) of total expected to shift from Positive to Negative】：输入期望从阳性转换成阴性的个案占所有个案的比例，本例为“3.77”。
- ○【Proportion (%) of total expected to shift from Negative to Positive】：输入期望从阴性转换成阳性的个案占所有个案的比例，本例为“20.75”。

单击【计算(Calculate)】按钮，得到【结果(Results)】如下：

- ○【所需的最小采样尺寸(Minimum required number of pairs)】：最小的样本含量为65例(对)。

2) 主要结果与分析：本研究至少需要检测65个病人，见图17-6。

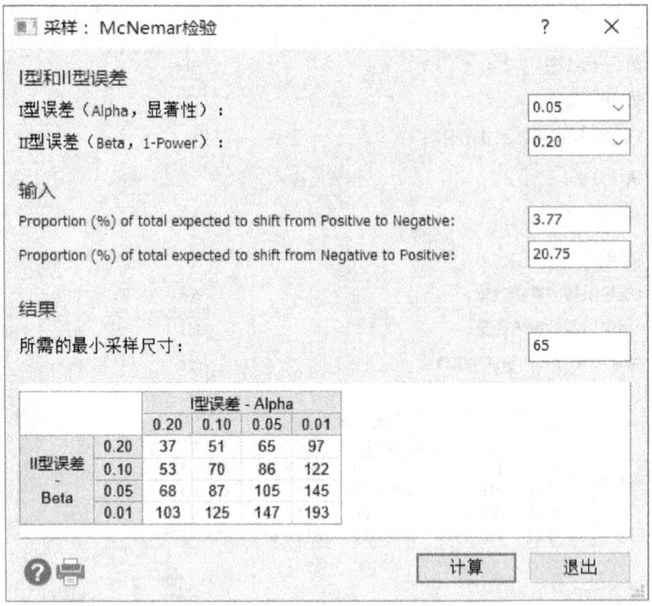

图 17-6 采样：McNemar 检验(McNemar test)对话框

17.4 相关系数的样本含量估计

相关系数(Correlation coefficient)的样本含量功能可对两样本相关系数进行样本含量估计。

【例 17-7】 某医生为了研究某地区健康儿童头发中的硒含量和血液中的硒含量的关系，查阅文献得知两者的相关系数为0.88，取 $\alpha=0.05$、$\beta=0.10$，该研究至少需要检测多少名健康儿童？

1) 选择【采样尺寸(Sample size)】→【相关系数(Correlation coefficient)】菜单，打开采样：相关系数(Correlation coefficient)对话框，见图17-7。

■【Ⅰ型和Ⅱ型误差(Type Ⅰ and Type Ⅱ error)】。

- ○【Ⅰ型误差(Alpha，显著性) (Type Ⅰ error (Alpha，Significance))】：本例为“0.05”。
- ○【Ⅱ型误差(Beta，1-Power) (Type Ⅱ error(Beta，1-Power))】：本例为“0.10”。

■【输入(Input)】。

○【相关系数(Correlation coefficient)】：输入假设相关系数，本例为“0.88”。

单击【计算(Calculate)】按钮，得到【结果(Results)】如下：

○【所需的最小采样尺寸(Minimum required number of pairs)】：最小的样本含量为 9 例。

2)主要结果与分析：本研究至少需要检测 9 名健康儿童，见图 17-7。

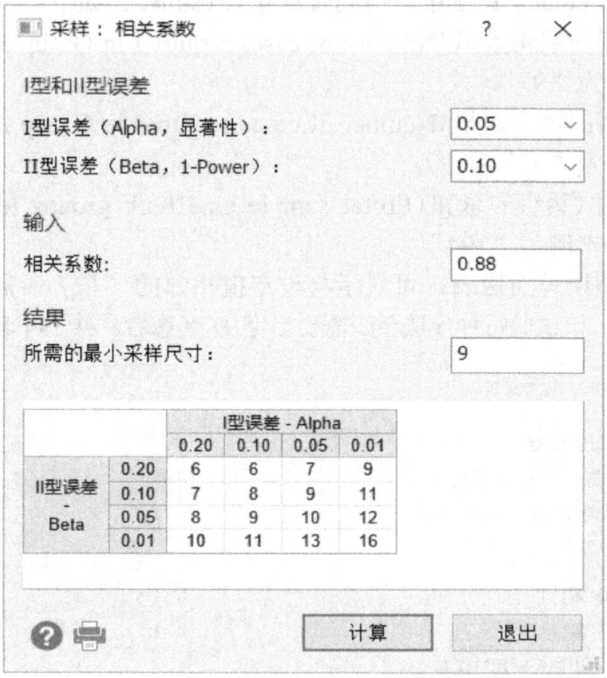

图 17-7　采样：相关系数(Correlation coefficient)对话框

17.5　生存分析对数秩检验的样本含量估计

生存分析对数秩检验(Survival analysis (logrank test))样本含量估计功能可对两独立样本生存率比较的对数秩检验进行样本含量估计。

【例 17-8】 某医生为了比较甲、乙两种疗法的治疗某肿瘤的疗效，经查阅文献，甲疗法患者的 3 年生存率为 63.25%，乙疗法患者的 3 年生存率为 43.17%，取 α=0.05、β=0.20，该试验至少需要治疗多少名患者？

1)选择【采样尺寸(Sample size)】→【生存分析(对数秩检验)(Survival analysis (logrank test))】菜单，打开采样：生存分析(Survival analysis)对话框，见图 17-8。

■【Ⅰ型和Ⅱ型误差(Type Ⅰ and Type Ⅱ error)】。

○【Ⅰ型误差(Alpha，显著性)(Type Ⅰ error (Alpha，Significance))】：本例为“0.05”。

○【Ⅱ型误差(Beta，1-Power)(Type Ⅱ error(Beta，1-Power))】：本例为“0.20”。

■【输入(Input)】。

○【生存率 第 1 组(Survival rate Group 1)】：输入第 1 组的假设生存率，本例为“0.6325”。

- 【生存率 第 2 组(Survival rate Group 2】：输入第 2 组的假设生存率，本例为“0.4317”。
- 【1 组/2 组中的采样尺寸比率(Ratio of sample sizes in Group 1 / Group 2)】：输入第 1 组和第 2 组样本含量之比。例如，输入“1”，表示两组的样本含量相等；输入“2”，表示第 1 组的样本含量是第 2 组的 2 倍。也可以输入“1/0.7”等。本例为 1。

单击【计算(Calculate)】按钮，得到【结果(Results)】如下：

- 【1 组中所需的案例数量(Number of cases required in Group 1)】：第 1 组需要的样本数，本例为“97”。
- 【2 组中所需的案例数量(Number of cases required in Group 2)】：第 2 组需要的样本数，本例为“97”。
- 【总采样尺寸(两组的总和)(Total sample size(both groups together))】：两组的总样本含量，本例为“194”。

■ I 型误差与 II 型误差对应表：可显示与设定值相邻的 α 与 β 所需的样本含量。

2) 主要结果与分析：该试验每种疗法至少需要治疗 97 名患者，共 194 名患者，见图 17-8。

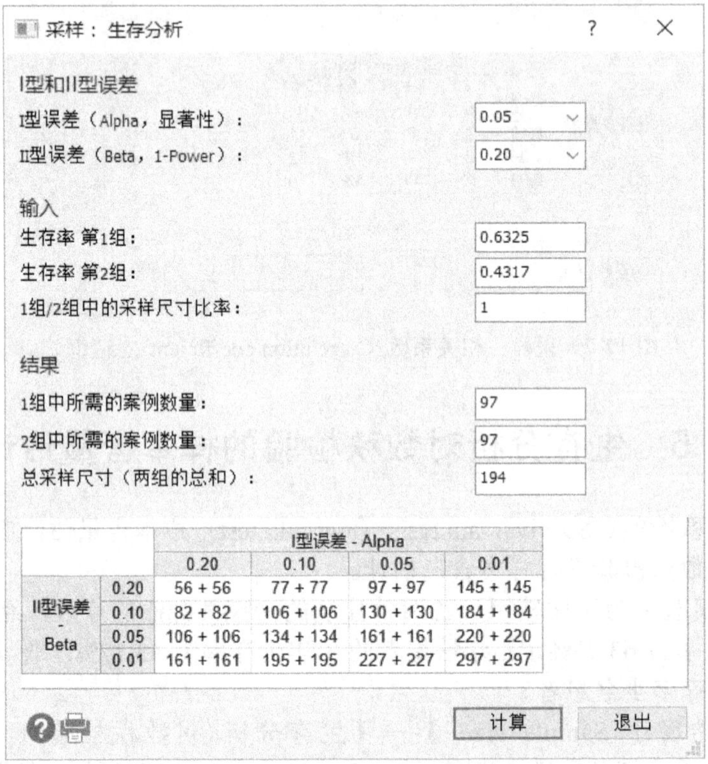

图 17-8 采样：生存分析(Survival analysis)对话框

17.6 Bland-Altman 图的样本含量估计

Bland-Altman 图(Bland-Altman plot)的样本含量功能可对方法比较研究的 Bland-Altman 图进行样本含量估计。

【例 17-9】 某医院检验科为了比较两种检验方法的一致性，经预试验得到，两种方法的平均差为 0.001167 单位，平均差的标准差为 0.001129 单位。两种方法的最大允许误差为 0.004 单位，取 α=0.05、β=0.20，至少需要检测多少个样本？

1) 选择【采样尺寸(Sample size)】→【Bland-Altman 图(Bland-Altman plot)】菜单，打开 Sample size：Bland-Altman 图(Bland-Altman plot)对话框，见图 17-9。

- 【Ⅰ型或Ⅱ型误差(Type Ⅰ and Type Ⅱ error)】
  - 【Ⅰ型误差(Alpha，显著性)(Type Ⅰ error (Alpha，Significance))】，本例为“0.05”。
  - 【Ⅱ型误差(Beta，1-Power)(Type Ⅱ error(Beta，1-Power))】，本例为“0.20”。
- 【输入(Input)】。
  - 【Expected mean of differences(期望平均差)】：输入比较研究中两种方法测量值的差值的期望平均值，本例为“0.001167”。
  - 【Expected Standard Deviation of differences(期望差值的标准差)】：输入两种方法测量值的差值的期望标准差，本例为“0.001129”。
  - 【Maximum allowed difference between methods(方法间的最大允许差异，Δ)】：为预定义的一致性限，当差异位于该范围内可认为与临床无关或差异可以忽略。Δ 必须大于期望平均值+1.96×期望差值的标准差，本例为“0.004”。

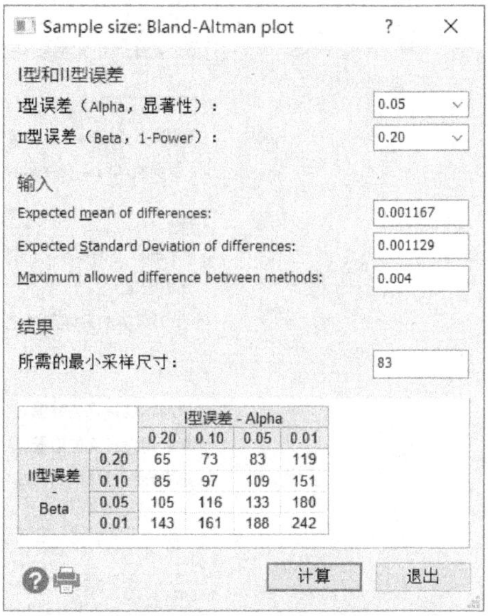

图 17-9　Bland-Altman 图(Bland-Altman plot)对话框

单击【计算(Calculate)】按钮，得到【结果(Results)】如下：

- 【所需的最小采样尺寸(Minimum required number of pairs)】：最小的样本含量为 83。

2) 主要结果与分析：该研究至少需要检测 83 个样本，见图 17-9。

17.7　ROC 曲线的样本含量估计

ROC 曲线的样本含量估计包括两独立样本 ROC 曲线下面积比较和两相关样本 ROC 曲线下面积比较的样本含量估计。

17.7.1　两独立样本 ROC 曲线下面积比较的样本含量估计

ROC 曲线下面积(Area Under ROC Curve，AUC)的样本含量估计功能可估计 ROC 曲线下面积与原假设值比较的样本含量，可用于两独立样本 ROC 曲线下面积比较的样本含量估计。

【例 17-10】 已知某医疗器械公司某型号的 CT 诊断某病的 ROC 曲线下面积为 0.8470，现该公司对 CT 进行改进，经预试验，新型号 CT 诊断某病的 ROC 曲线下面积为

0.9074，为了比较新型号 CT 诊断某病的 ROC 曲线下面积与老型号有无不同，取 α=0.05、β=0.20，试估算其样本含量。

1) 选择【采样尺寸(Sample size)】→【ROC 曲线下面积(Area under ROC curve)】菜单，打开采样：ROC 曲线下面积(Area under ROC curve)对话框，见图 17-10。

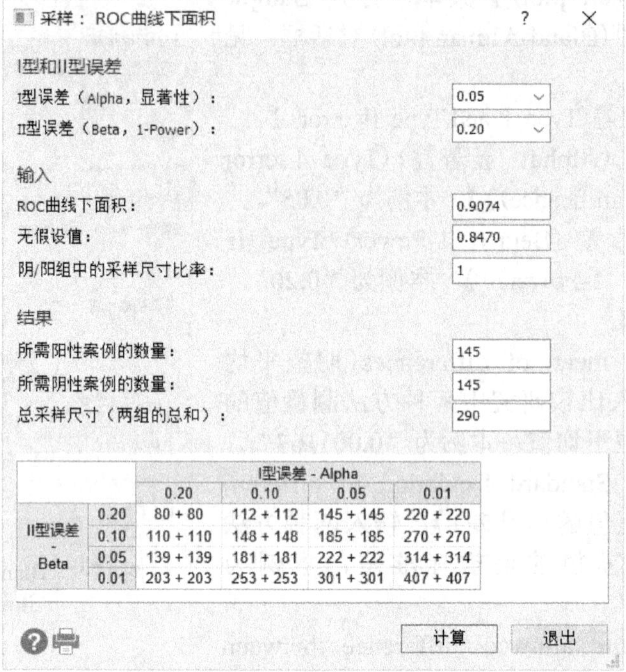

图 17-10 采样：ROC 曲线下面积(Area under ROC curve)对话框

- 【Ⅰ型或Ⅱ型误差(Type Ⅰ and Type Ⅱ error)】。
  - 【Ⅰ型误差(Alpha，显著性)(Type Ⅰ error (Alpha，Significance)】：本例为“0.05”。
  - 【Ⅱ型误差(Beta，1-Power)(Type Ⅱ error(Beta，1-Power))】：本例为“0.20”。
- 【输入(Input)】。
  - 【ROC 曲线下面积(Area under ROC curve)】：输入假设 ROC 曲线下面积，即研究期望的 ROC 曲线下面积，本例为“0.9074”。
  - 【无假设值(Null hypothesis value)】：输入 ROC 曲线下面积的原假设值，如为了检验 ROC 曲线下面积有无统计学意义，如“0.5”(表示没有诊断价值)，本例为“0.8470”。
  - 【阴/阳组中的采样尺寸比率(Ratio of sample sizes in Group 1 / Group 2)】：输入正常组(阴性组)与病例组(阳性组)样本含量之比。例如，输入“1”，表示两组的样本含量相等；输入“2”，表示第 1 组的样本含量是第 2 组的 2 倍；也可以输入“1/0.7”等。本例为“2”。

单击【计算(Calculate)】按钮，得到【结果(Results)】如下：

- 【所需阳性案例的数量(Number of positive cases required)】：所需阳性个案的例数，本例为“145”。

- 【所需阴性案例的数量(Number of negative cases required)】：所需阴性个案的例数，本例为“145”。
- 【总采样尺寸(两组的总和)(Total sample size (both groups together))】：总样本含量，本例为“290”。

2)主要结果与分析：该研究至少需要检测有病和无病个案各 145 例，合计 290 例，见图 17-10。

17.7.2　两相关样本 ROC 曲线下面积比较的样本含量估计

比较两 ROC 曲线(Comparison of two ROC curves)的样本含量估计功能可估计两相关样本(源自相同的个案)ROC 曲线下面积比较的样本含量。

【例 17-11】 某医师为了比较 ROC 曲线下面积分别为 0.825 和 0.9 的两种检验方法诊断某病的效果的差异，经预试验得知阴性和阳性组中，两种方法的秩相关系数均为 0.4，取 α=0.05、β=0.20，阳性组与阴性组按 1:2 的比例分配，试估算该研究所需的样本含量。

1)选择【采样尺寸(Sample size)】→【两个 ROC 曲线对比(Comparison of two ROC curves)】菜单，打开采样：ROC 曲线对比(Comparison of ROC curves)对话框，见图 17-11。

- 【Ⅰ型或Ⅱ型误差(Type Ⅰ and Type Ⅱ error)】。
  - 【Ⅰ型误差(Alpha，显著性)(Type Ⅰ error (Alpha，Significance)】：本例为“0.05”。
  - 【Ⅱ型误差(Beta，1-Power)(Type Ⅱ error(Beta，1-Power))】：本例为“0.20”。
- 【输入(Input)】。
  - 【ROC 曲线 1 下面积(Area under ROC curve 1)】：输入第 1 条 ROC 曲线下面积的假设值，本例为“0.825”。
  - 【ROC 曲线 2 下面积(Area under ROC curve 2)】：输入第 2 条 ROC 曲线下面积的假设值，本例为“0.9”。
- 【阳性组中的相关性(Correlation in positive group)】：输入阳性组(不正常个案)中两种方法测量值的秩相关系数的假设值，本例为“0.4”。
- 【阴性组中的相关性(Ratio of sample sizes in negative / positive groups)】：输入阴性组(不正常个案)中两种方法测量值的秩相关系数的假设值，本例为“0.4”。
- 【阴/阳组中的采样尺寸比率(Ratio of sample sizes in Group 1 / Group 2)】：输入正常组(阴性组)与病例组(阳性组)样本含量之比。例如，输入“1”，表示两组的样本含量相等；输入“2”，表示第 1 组的样本含量是第 2 组的 2 倍；也可以输入“1/0.7”等。本例为“2”。

单击【计算(Calculate)】按钮，得到【结果(Results)】如下：

- 【所需阳性案例的数量(Number of positive cases required)】：所需阳性个案的例数，本例为“133”。
- 【所需阴性案例的数量(Number of negative cases required)】：所需阴性个案的例数，本例为“266”。
- 【总采样尺寸(两组的总和)(Total sample size (both groups together))】：总样本含量，本例为“399”。

2)主要结果与分析：按照 1:2 的比例分配，有病组至少需要 133 例，无病组至少需要 266 例，共 399 例，见图 17-11。

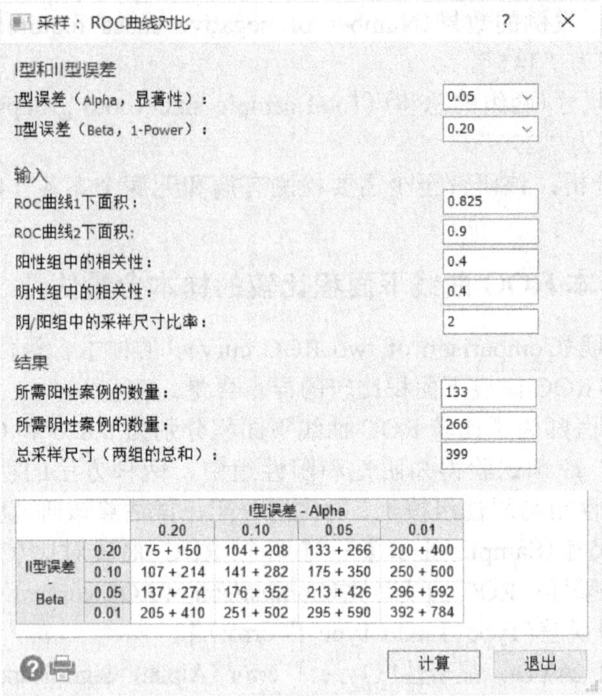

图 17-11 采样：ROC 曲线对比(Comparison of ROC curves)对话框

17.8 置信区间估计与精确度的样本含量估计

在医学研究中，常需要随机抽取一定数量的符合某些条件的个体对其某项(些)指标进行测量，然后对响应的总体参数进行估计，如某地某年龄组男童身高的估计、某年级的近视患病率的估计等。置信区间估计和精度(Confidence Interval estimation & Precision)的样本含量估计功能可在给定条件(置信区间的覆盖率和估计精度)下合理估计样本含量。值得注意的是由于本功能不包含原假设和功效因子($1-\beta$)。因此，估计的样本含量不能确定某特定值是否在置信区间之内或之外，样本含量仅为达到指定置信区间宽度所需的最小例数，包括单样本平均值、两独立样本平均值差、配对样本平均差、单样本比例、独立样本比例、配对样本比例、两次测量中的变异系数及基于回归的参考区间的样本含量估计

17.8.1 单样本平均值置信区间的样本含量估计

单个平均值置信区间(Confidence Interval for a single mean)的样本含量估计功能可根据正态分布资料平均值的置信区间及标准差计算所需的最小样本含量。

【例 17-12】 在血吸虫防治工作中，需要做抽样调查估计血吸虫病人群的血红蛋白含量(单位：g/L)，希望估计误差不超过 5 g/L(即置信区间上限与下限之差为 10 g/L)，样本标准差为 30 g/L，取 α=0.05，问该研究需要调查多少患者？

1) 选择【采样尺寸(Sample size)】→【Confidence Interval estimation & Precision】→【单一平均值(Single mean)】菜单，打开 Sample size：CI for single mean 对话框，见图 17-12。

- 【Confidence level (%)】：设定所需要的置信水平(confidence level)，如 90%、95%或 99%等，最常选择是 95%置信水平，本例选择此值。
  - 【输入(Input)】。
- 【标准偏差(Standard deviation)】：输入期望标准差，可根据既往研究或文献得到，本例为“30”。
- 【Confidence interval width (2-sided)】：输入置信区间的总宽度，本例为“10”。
- 【结果(Results)】。
  - 【所需的最小采样尺寸(Minimal required sample size)】：设定上述参数后，单击【计算(Calculate)】按钮，得到所需的最小样本含量为“141”。

2) 主要结果与分析：该研究至少需要调查 141 名患者，见图 17-12。

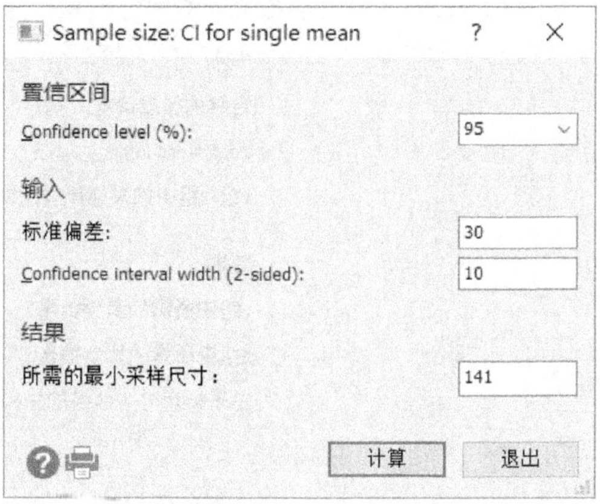

图 17-12　Sample size: CI for single mean 对话框

17.8.2　两独立样本平均值差的置信区间的样本含量估计

平均值差的置信区间(Confidence Interval for a difference between means)的样本含量估计功能可根据两独立样本平均值差的置信区间宽度及合并标准差计算所需的最小样本含量。

【例 17-13】 某研究者为了研究两组人群某指标间平均值差的 95%CI 表示两组间的差异，两人群该指标的合并标准差为 35，希望总体平均值差的置信区间宽度不超过 20(即置信区间上限与下限之差为 20)，试确定该研究所需的样本含量。

1) 选择【采样尺寸(Sample size)】→【Confidence Interval estimation & Precision】→【Difference between means】菜单，打开 Sample size: CI for difference between means 对话框，见图 17-13。

- 【Confidence level (%)】：本例选择 95%。
- 【输入(Input)】。
  - 【合并的标准偏差(Pooled standard deviation)】：输入两组指标的合并标准差，本例为“35”。
  - 【Confidence interval width (2-sided)】：输入置信区间的总宽度，本例为“20”。
  - 【1 组/2 组中的采样尺寸比率(Ratio of sample sizes in Group 1 / Group 2)】：本例为“1”。

单击【计算(Calculate)】按钮，得到【结果(Results)】如下：

  - 【1 组中所需的案例数量(Number of cases required in Group 1)】：第 1 组需要的样本数，本例为“97”。
  - 【2 组中所需的案例数量(Number of cases required in Group 2)】：第 2 组需要的样本数，本例为“97”。
  - 【总采样尺寸(两组的总和)(Total sample size(both groups together))】：两组的总样本含量，本例为“194”。

2) 主要结果与分析：该研究每组至少需要 97 例，合计 194 例，见图 17-13。

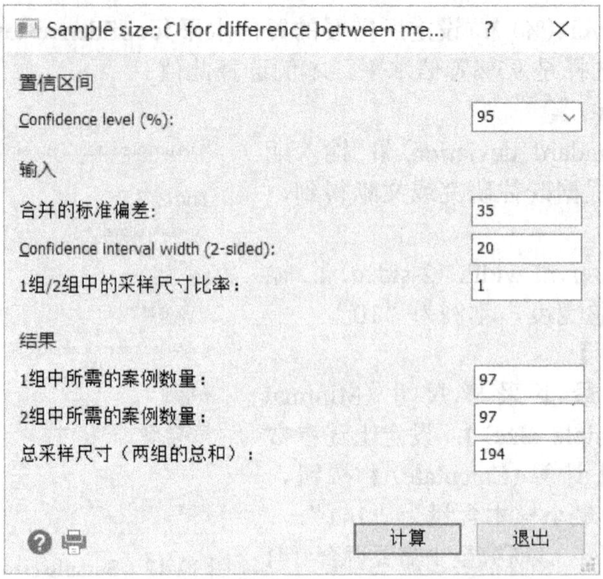

图 17-13 Sample size: CI for difference between means 对话框

17.8.3 配对样本平均差的置信区间的样本含量估计

配对样本平均差(Confidence Interval for a mean difference)的样本含量估计功能可根据配对观测值平均差的置信区间宽度及标准差计算所需的最小样本含量。

【例 17-14】 为了比较非洛地平与常规药物治疗高血压的疗效差异，某医生欲测量高血压患者治疗前后的收缩压，收缩压差值的标准差为 8mmHg，希望总体平均差的置信区间宽度不超过 5mmHg，试确定该研究所需的样本含量。

1) 选择【采样尺寸(Sample size)】→【Confidence Interval estimation & Precision】→【Mean difference between paired samples】菜单，打开 Sample size: CI for mean difference-paired samples 对话框，见图 17-14。

- 【Confidence level (%)】：本例选择 95%。
- 【输入(Input)】。
  - 【标准偏差(Standard deviation)】：输入期望标准差，可根据既往研究或文献得到，本例为“8”。
  - 【Confidence interval width (2-sided)】：输入置信区间的总宽度，本例为“5”。
- 【结果(Results)】。
  - 【所需的最小采样尺寸(Minimal required sample size)】：设定上述参数后，单击【计算(Calculate)】按钮，得到所需的最小样本含量为“42”。

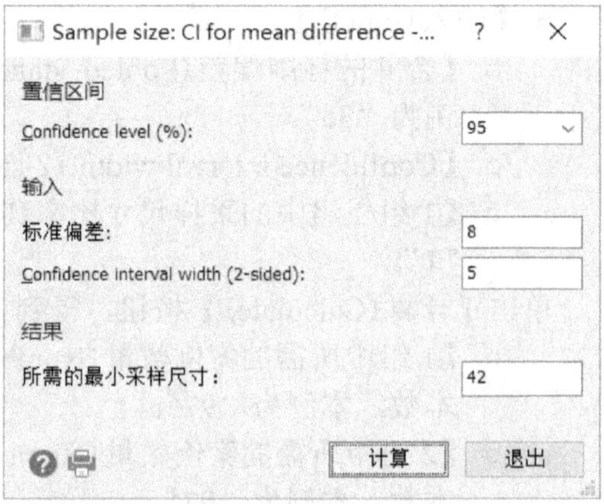

图 17-14 Sample size: CI for mean difference paired samples 对话框

2) 主要结果与分析：该研究至少测量 42 名病人治疗前后的收缩压，见图 17-14。

17.8.4　单样本比例的置信区间的样本含量估计

单样本比例置信区间(Confidence Interval for a single proportion)的样本含量估计功能可根据单个比例及置信区间宽度计算所需的最小样本含量。

【例 17-15】 某疾控中心欲开展该地区 45～54 岁男性高血压的流行病学调查，经查阅文献，该年龄组男性高血压的患病率为 30%，希望估计误差不超过 5%(即置信区间上限与下限之差为 10)，取 α=0.05，问该研究需要调查多少名 45～54 岁男性？

1) 选择【采样尺寸(Sample size)】→【Confidence Interval estimation & Precision】→【单一比例(Single proportion)】菜单，打开 Sample size: CI for single proportion 对话框，见图 17-15。

- 【Confidence level (%)】：本例选择 95%。
  - 【输入(Input)】。
- 【比例(%)(Proportion (%))】：输入期望比例，可根据既往研究或文献得到，本例为“30”。
- 【Confidence interval width (2-sided)】：输入置信区间的总宽度，本例为“10”。
- 【结果(Results)】。
  - 【所需的最小采样尺寸(Minimal required sample size)】：设定上述参数后，单击【计算(Calculate)】按钮，得到所需的最小样本含量为“320”。

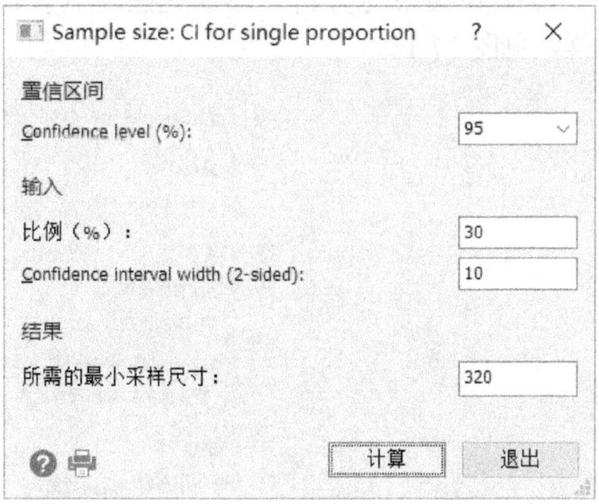

图 17-15　Sample size: CI for single proportion 对话框

2) 主要结果与分析：该研究至少需要调查 320 名 45～54 岁男性，见图 17-15。

17.8.5　两独立样本比例差值的置信区间的样本含量估计

两样本比例差值的置信区间(Confidence Interval for a difference between proportions)的样本含量估计功能可根据两个独立样本比例及其差值的置信区间宽度计算所需的最小样本含量。

【例 17-16】 某检验机构为了解当地的一个污水排放口在高温季节和低温季节中污水水样的伤寒菌检率，根据往年测量结果，水样高温季节和低温季节的伤寒菌检出率分别为 8.33%和 58.33%，希望两比例差值的置信区间宽度不超过 20%，问需要检测多少个污水水样？

1) 选择【采样尺寸(Sample size)】→【Confidence Interval estimation & Precision】→【Difference between proportions】菜单，打开 Sample size: CI for Difference between proportions 对话框，见图 17-16。

- 【Confidence level(%)】：本例选择 95%。
- 【输入(Input)】。
  - 【组 1 中的比例(%)(Proportion in group 1(%))】：第一个样本的假设比例(%)，本例为“8.33”。
  - 【组 2 中的比例(%)(Proportion in group 2(%))】：第二个样本的假设比例(%)，本例为“58.33”。

- 【Confidence interval width (2-sided)】：输入比例差值的置信区间的总宽度，本例为“20”。

单击【计算(Calculate)】按钮，得到【结果(Results)】如下：

- 【1 组中所需的案例数量(Number of cases required in Group 1)】：第 1 组需要的样本数，本例为“123”。
- 【2 组中所需的案例数量(Number of cases required in Group 2)】：第 2 组需要的样本数，本例为“123”。
- 【总采样尺寸(两组的总和)(Total sample size(both groups together))】：两组的总样本含量，本例为“246”。

2) 主要结果与分析：本研究在高温季节和低温季节至少需要各检测 123 个水样，合计 246 个水样，见图 17-16。

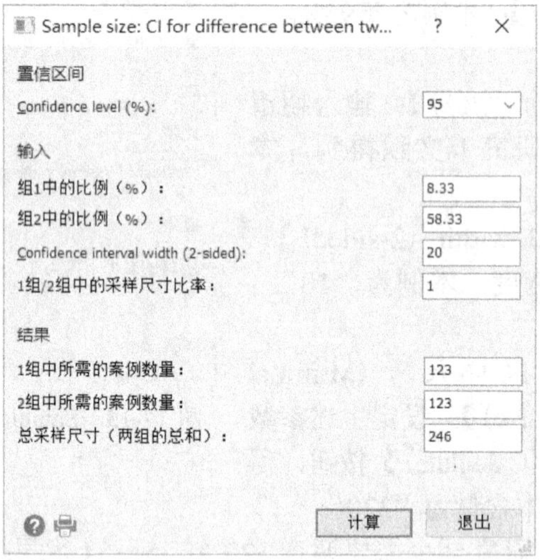

图 17-16 Sample size: CI for Difference between proportions 对话框

17.8.6 配对样本比例差值的置信区间的样本含量估计

配对样本比例差值置信区间(Confidence Interval for a difference between paired proportions)的样本含量估计功能可根据配对样本比例、差值的置信区间宽度以及两者的相关系数计算所需的最小样本含量。

【例 17-17】 某地卫生局为了调查在校学生在 12 岁和 14 岁的感冒发病率，经预调查，受访学生 12 岁和 14 岁时的感冒发病率分别为 27%和 35%，12 岁和 14 岁时感冒的发病情况(是/否)的相关系数为 0.3，希望差值的置信区间宽度不超过 5%，问需要调查多少名在校学生？

1) 选择【采样尺寸(Sample size)】→【Confidence Interval estimation & Precision】→【Difference between paired proportions】菜单，打开 Sample size: CI for Difference between two paired proportions 对话框，见图 17-17。

- 【Confidence level (%)】：本例选择 95%。
- 【输入(Input)】。

- ○【组 1 中的比例(%)(Proportion in group 1(%))】：第一个观测集的假设比例(%)，本例为“27”。
- ○【组 2 中的比例(%)(Proportion in group 2 (%))】：第二个观测集的假设比例(%)，本例为“35”。
- ○【相关系数(Correlation coefficient)】：输入配对观测值的相关系数，本例为“0.3”。
- ○【Confidence interval width (2-sided)】：输入配对比例差值置信区间的总宽度，本例为“5”。

■【结果(Results)】。

- ○【所需的最小采样尺寸(Minimal required sample size)】：设定上述参数后，单击【计算(Calculate)】按钮，得到所需的最小样本含量为“1829”。

2)主要结果与分析：本研究至少需要调查 1829 名在校学生，见图 17-17。

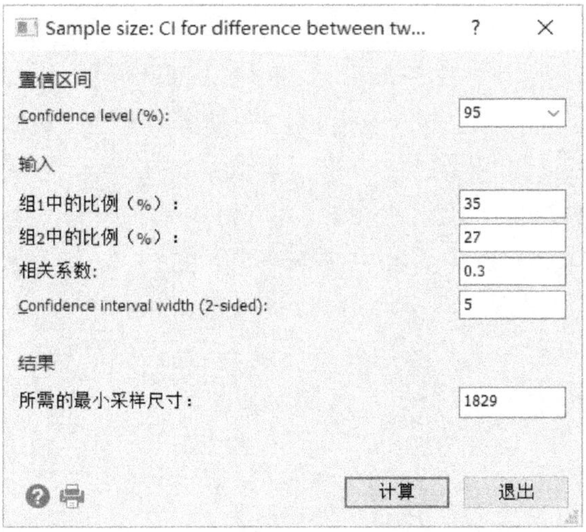

图 17-17　Sample size: CI for Difference between two paired proportions 对话框

参 考 文 献

[1] Geoffrey R N orman，David L Streiner. 生物统计学基础(中文版·原书第 3 版)[M]. 凌莉，主译. 北京：人民卫生出版社，2009.

[2] ELISA T LEE. 生存数据分析的统计方法[M]. 陈家鼎，戴中维，译. 北京：中国统计出版社，1997.

[3] L 沃塞曼. 现代非参数统计[M]. 吴喜之，译. 北京：科学出版社，2008.

[4] Altman D G.Construction of age-related reference centiles using absolute residuals[J]. Statistics in Medicine ,1993(12): 917-924.

[5] Egger M, Smith G D, Schneider M, et al.Bias in meta-analysis detected by a simple, graphical test[J]. BMJ ,1997(315): 629-634, https://www.medcalc.org/manual/index.php.

[6] NCCLS (2000) How to define and determine reference intervals in the clinical laboratory: approved guideline. 2nd edition. NCCLS document C28-A2. Wayne, PA: NCCLS.

[7] Schoonjans F, De Bacquer D, Schmid P.Estimation of population percentiles[J]. Epidemiology,2011(22): 750-751.

[8] Sterne J A, Sutton A J, Ioannidis JP, et al. Recommendations for examining and interpreting funnel plot asymmetry in meta-analyses of randomised controlled trials[J]. BMJ, 2011(343): d4002.

[9] Wright E M, Royston P.Simplified estimation of age-specific reference intervals for skewed data[J]. Statistics in Medicine ,1997(16): 2785-2803.

[10] 陈希孺. 非参数统计[M]. 上海：上海科学技术出版社，1989.

[11] 邓伟，贺佳. 临床试验设计与统计分析[M]. 北京：人民卫生出版社，2012.

[12] 方积乾，陆盈，等. 现代医学统计学[M]. 2 版.北京：人民卫生出版社，2015.

[13] 方积乾. 生物医学研究的统计方法[M]. 北京：高等教育出版社，2007.

[14] 方积乾. 卫生统计学[M].6 版. 北京：人民卫生出版社，2008.

[15] 方积乾. 医学统计学与电脑[M]. 4 版. 上海：上海科学技术出版社，2012.

[16] 冯仁丰. 临床检验质量管理技术基础[M]. 上海：上海科学文献出版社，2003.

[17] 郝元涛, 邱洪斌. 医学统计学[M]. 北京：北京大学医学出版社, 2013.

[18] 洪楠，侯军，李志辉，等. STATISTICA for Windows 统计与图表分析教程[M]. 北京：清华大学出版社，北方交通大学出版社，2002.

[19] 姜晶梅. 医学实用多元统计学[M]. 北京：科学出版社，2014.

[20] 金丕焕. 医用统计方法[M]. 2 版. 上海：复旦大学出版社，2003.

[21] 李志辉, 李欣. MINITAB 统计分析方法及应用[M]. 2 版. 北京：电子工业出版社, 2017.

[22] 李志辉，罗平. SPSS 常用统计分析教程(SPSS 22.0 中英文版)[M]. 4 版. 北京：电子工业出版社，2015.

[23] 柳青. 中国医学统计百科全书. 多元统计分册[M]. 北京：中国统计出版社，2013.

[24] 沈洪兵，齐秀英. 流行病学[M]. 8 版. 北京：人民卫生出版社，2013.

[25] 孙振球，徐勇勇. 医学统计学[M]. 4 版. 北京：人民卫生出版社，2014.

[26] 万崇华，罗家洪. 高级医学统计学[M]. 北京：科学出版社，2014.
[27] 谢鸿光，王吉利. 新编英汉·汉英统计大词典[M]. 北京：中国统计出版社，2014.
[28] 熊鸿燕，易东. 医学科研方法：设计、测量与评价[M]. 重庆：西南师范大学出版社，2005.
[29] 徐勇勇. 中国医学统计百科全书. 医学研究与临床统计设计分册[M]. 北京：中国统计出版社，2013.
[30] 颜虹，徐勇勇. 医学统计学[M]. 3 版. 北京：人民卫生出版社，2015.
[31] 颜虹. 中国医学统计百科全书. 单变量推断统计分册[M]. 北京：中国统计出版社，2011.
[32] 杨秋月，陈耀茂. 医护统计与 SPSS 分析方法与应用[M]. 台北：五南图书出版有限公司，2015.
[33] 景学安，程琮. 中国医学统计百科全书. 非参数统计分册[M]. 北京：中国统计出版社，2013.

平均值、标准差（第3.1.1节）